Terapia Psicomotora

Dados Internacionais de Catalogação na Publicação (CIP)
(Câmara Brasileira do Livro, SP, Brasil)

Fonseca, Vítor da
　　Terapia Psicomotora : estudo de casos / Vítor da Fonseca. – Petrópolis, RJ : Vozes, 2008.
　　Bibliografia
　　ISBN 978-85-326-3717-8
　　1. Crianças – Desenvolvimento psicomotor 2. Psicologia educacional 3. Psicologia infantil 4. Terapia psicomotora – Estudo de casos I. Título.

08-07947　　　　　　　　　　　　　　　　　　CDD-155.412

Índices para catálogo sistemático:
　1. Terapia psicomotora : Estudo de casos
　　　Psicologia infantil　　155.412
　2. Psicomotricidade: Estudo de casos :
　　　Psicologia infantil　　155.412

Vítor da Fonseca

Terapia Psicomotora
Estudo de casos

Petrópolis

© 2008, Editora Vozes Ltda.
Rua Frei Luís, 100
25689-900 Petrópolis, RJ
Internet: http://www.vozes.com.br

Todos os direitos reservados. Nenhuma parte desta obra poderá ser reproduzida ou transmitida por qualquer forma e/ou quaisquer meios (eletrônico ou mecânico, incluindo fotocópia e gravação) ou arquivada em qualquer sistema ou banco de dados sem permissão escrita da Editora.

Diretor editorial
Frei Antônio Moser

Editores
Ana Paula Santos Matos
José Maria da Silva
Lídio Peretti
Marilac Loraine Oleniki

Secretário executivo
João Batista Kreuch

Editoração: Dora Beatriz V. Noronha
Projeto gráfico: AG.SR Desenv. Gráfico
Capa: Omar Santos

ISBN 978-85-326-3717-8

Este livro foi composto e impresso pela Editora Vozes Ltda.

Do ato ao pensamento e do gesto à palavra.

(A evolução psicomotora do ser humano.)

Sumário

Introdução, 9

Parte I. Abordagem pluridimensional da psicomotricidade, 19
  1. Para uma epistemologia da psicomotricidade, 21
  2. Elementos metodológicos para um estudo epistemológico da psicomotricidade, 42
  3. A importância das obras de Wallon e de Piaget no estudo da gênese da psicomotricidade, 54
  4. Algumas bases do desenvolvimento psicomotor, 77
  5. Dados sobre a organização psicomotora, 94
  6. A importância do conhecimento do corpo no desenvolvimento psicológico da criança, 104

Parte II. Perspectivas da Terapia Psicomotora (TPM), 161
  1. Conceito e Parâmetros da Terapia Psicomotora (TPM), 163
  2. Modelos de intervenção e de relação, 177
  3. Terapias Psicomotoras e suas aplicações, 187

Parte III. Análise sumária de uma casuística, 257
  1. Considerações prévias, 259
  2. Plano de Terapia Psicomotora, 262
  3. Abordagem metodológica, 267
  4. Apresentação sumária da casuística – Centro de Investigação Pedagógica – 1972, 318
  5. Alguns exemplos de sessões-tipo, 436

Conclusão, 491

Índice, 503

Introdução

O presente livro procura apresentar algumas bases epistemológicas da Terapia Psicomotora, considerando a psicomotricidade como uma *ciência do homem* na qual as funções psicológicas não se oponham às funções motoras, o cérebro não se oponha ao corpo, o organismo não se oponha ao ecossistema, o pensamento não se oponha à ação, a palavra não se oponha ao gesto, isto é, em que o biológico e o social se inter-relacionam recíproca e sistemicamente, em que a *criança*, o verdadeiro pai do ser humano, é perspectivado como um ser total, único e evolutivo.

A Terapia Psicomotora é preconizada nesta obra como uma medida promotora do potencial de adaptabilidade, de interação e de aprendizagem em crianças com sinais de imaturidade psicomotora e com perturbações do desenvolvimento, visando à redução, à compensação e à minimização das síndromes, das dificuldades ou dos problemas da sua *psicogênese*.

O livro que apresentamos propõe abordar a psicomotricidade na sua vertente terapêutica, com recurso a uma fundamentação interdisciplinar e a duas das suas aplicações: em primeiro lugar a de diagnóstico clínico, e em segundo lugar a de intervenção terapêutica numa casuística composta por um pequeno grupo de crianças com dificuldades psicomotoras e com dificuldades de aprendizagem.

A *psicomotricidade* é por nós definida como o campo transdisciplinar que estuda e investiga as relações e as influências, recíprocas e sistêmicas, entre o psiquismo e a motricidade, por isso interessa a muitos profissionais que atendem crianças com problemas de desenvolvimento, de adaptação e de aprendizagem.

Nascida como uma *prescrição da neuropsiquiatria infantil*, a sua teoria, o seu modelo de avaliação dinâmica e a riqueza das suas propostas de intervenção são um instrumento de enorme relevância em vários âmbitos, nomeadamente da saúde mental e da educação em todas as suas dimensões.

O *psiquismo*, nesta perspectiva, é entendido como sendo constituído pelo conjunto do funcionamento mental, ou seja, integra as sensações, as percepções, as imagens, as emoções, os afetos, os fantasmas, os medos, as projeções, as aspirações, as representações, as simbolizações, as conceitualizações, as idéias, as construções mentais, etc., assim como a complexidade dos processos relacionais e sociais.

O psiquismo, nesta dimensão, integra a *totalidade dos processos cognitivos*, compreendendo as funções de atenção, de processamento e integração multissensorial (íntero, próprio e exteroceptiva), de planificação, de regulação, de controle e de execução motora.

A ativação de tais funções psíquicas corresponde a vários *substratos neurológicos* de origem filogenética e emergidos num contexto sociogenético, subentendendo uma plasticidade neuronal, uma hierarquização funcional e uma auto-atualização que se desenvolvem ao longo da ontogênese, mas que tendem a dilapidar-se no processo inevitável da retrogênese.

A *motricidade*, nesta dimensão, é entendida como o conjunto de expressões mentais e corporais, envolvendo as funções tônicas, posturais, somatognósicas e práxicas que as suportam e sustentam. Com base neste pressuposto, a motricidade não pode ser compreendida apenas nos seus efeitos extra-somáticos, aliás como a linguagem, uma vez que ela depende de motivações, significações e fins que a justifiquem, não sendo possível, portanto, separá-la dos processos psicológicos que a integram, representam, elaboram e executam.

A motricidade estrutura-se e organiza-se sempre em coesão e coibição com a fenomenologia das necessidades, com a contextualização das situações e com a diversidade das circunstâncias, a partir das quais é desencadeada como ato significativo e intencional.

Ao longo da *evolução da espécie* (filogênese e sociogênese) e do *desenvolvimento da criança e do jovem* (ontogênese, integrando este conceito igualmente à sua condição atípica, isto é, a disontogênese), a motricidade permitiu, permite e permitirá a sobrevivência e afiliação, a manutenção de estilos de vida (caça, recoleção, tecnologia, etc.) e a fabricação de utensílios e instrumentos, a domesticação de animais e a produção de obras de arte, a invenção e expressão da fala e da escrita, ou seja, foi, é e será a plataforma a partir da qual o pensamento reflexivo, a cultura e a civilização emergiram e se perpetuaram, se conservaram no passado e se co-construirão no futuro.

Neste pressuposto, a psicomotricidade tem como finalidade principal o estudo da unidade e da complexidade humanas através das relações funcionais, ou disfuncionais, entre o psiquismo e a motricidade, nas suas múltiplas manifestações bio-psico-sociais e nas suas mais diversificadas expressões, envolvendo concomitantemente a investigação, a observação e a intervenção com relação às suas dissociações, desconexões, perturbações e transtornos ao longo do processo do desenvolvimento.

Partindo duma *matriz teórica* original, multi e transdisciplinar, a psicomotricidade estuda e pesquisa as complexas relações recíprocas e sistêmicas da motricidade com o todo da personalidade que caracteriza a criança, especificamente nas suas expressões afetivo-emocionais e psico-sócio-cognitivas.

O objetivo principal da Terapia Psicomotora visa, conseqüentemente, aprofundar a influência das interações recíprocas entre a *motricidade* e o *psiquismo* humanos, assumindo a *unidade*, a *identidade*, a *subjetividade*, a *diversidade* e a *complexidade transcendente da personalidade da criança* como componentes estruturantes do seu conhecimento e do seu desenvolvimento.

Neste parâmetro de enquadramento conceitual, a *motricidade* é entendida como o *conjunto de expressões corporais não-verbais e verbais* (a linguagem falada não deixa de ser uma oromotricidade em que participam cerca de cem músculos, e a linguagem escrita não deixa de ser uma grafomotricidade onde participam cerca de sessenta músculos), que sustentam e suportam as manifestações do *psiquismo*, sendo este entendido e concebido como o funcionamento mental total.

Cabem, nesta concepção dinâmica, holística, sistêmica e atuante do psiquismo todos os processos cognitivos que integram, modelam, planificam, regulam, controlam, monitorizam e executam a motricidade, como uma resposta adaptativa intencional e inteligível que ilustra a evolução da espécie e, obviamente, a evolução da criança, seu representante prospectivo.

A *psicomotricidade*, característica da espécie humana, não deve ser confundida com a *motricidade* característica das espécies animais, uma vez que só pode ser entendida como o conjunto de expressões tônico-posturais, somatognósicas e práxicas que expressam e fazem emergir o psiquismo.

Deste modo, a motricidade no ser humano revela a plenitude da sua vida psíquica, quer em termos de comportamento e de aprendizagem, quer nas atitudes, nos gestos, nas mímicas e na própria linguagem verbal, quer falada, quer escrita. Por toda esta implicação, a psicomotricidade é considerada como um instrumento original de intervenção terapêutica.

A psicomotricidade, como conhecimento transdisciplinar e, obviamente, como modalidade de intervenção educativa, reeducativa e terapêutica, tem como pressuposto conceber o corpo como a síntese da personalidade, ao mesmo tempo que tem por objetivo *estudar as relações e dissociações entre o potencial motor, as funções afetivo-relacionais e o potencial cognitivo*.

O estudo da psicomotricidade é algo intrinsecamente envolvido em todas as manifestações de adaptação e de aprendizagem na psicogênese da criança, como tão bem evocou Wallon, um dos seus primeiros e principais pioneiros.

Dada essa implicação com o psiquismo, *a psicomotricidade diferencia-se da motricidade*, uma vez que a sua intervenção tem por finalidade elevar as sensações e as percepções e outros componentes do funcionamento psíquico em níveis de regulação, consciencialização, simbolização, verbalização e conceitualização, aperfeiçoando por mediação do corpo, do gesto, da ação e da solução de problemas, a conduta intencional e o ato mental integrados pela linguagem interior, mobilizando e reorganizando, em paralelo, a totalidade das funções mentais, consubstanciando a unidade do ser em ação.

Ao contrário da motricidade, a psicomotricidade não tem objetivos de rendimento físico, fisiológico ou performático. Nela a motricidade não é um fim em si próprio, ela é um pretexto para atingir, modular e auto-organizar funções mentais que a transcendem. A psicomotricidade é uma expressão cultural e não uma mera manifestação natural.

Enquanto a motricidade traduz a estreita, inata e direta dependência da criança em relação ao mundo exterior, a psicomotricidade, por efeitos da *atividade psíquica auto-engendrada e aprendida*, que está na origem da elaboração e execução motora, impõe tal organização intencional, ao próprio mundo exterior, modificando-o e transformando-o de acordo com as suas necessidades e aspirações.

A psicomotricidade, neste contexto, é exclusiva do ser humano, considerado antropologicamente o vertebrado dominante, ao contrário da motricidade que caracteriza o triunfo adaptativo da maioria dos animais vertebrados.

Por meio duma *motricidade autoplanificada, auto-regulada e pré-organizada no cérebro*, o ser humano conseguiu produzir movimentos corporais complexos e fabricar utensílios que estão na origem da cultura e dos seus estilos de vida ao longo da evolução. A Terapia Psicomotora segue também na sua fundamentação estes mesmos enquadramentos conceituais.

No ser humano, dada a libertação morfológica e funcional iniciada e provocada pela conquista da postura bípede, os *músculos de relação* (ditos de superfície e pluriarticulares) adquiriram ao longo da evolução, em comparação com outros animais vertebrados, *novos atributos sensoriais, neuronais e proprioceptivos*, através do fuso neuromuscular, do sistema háptico (sentidos cutâneos) e do sistema vestibular.

Com tais novos *dispositivos cinesiológicos informacionais* decorrentes da motricidade, o cérebro humano expandiu-se, organizou-se e complexificou-se (desde o cerebelo e do tronco cerebral, ao sistema límbico e ao sistema cortical) em novos sistemas neurofuncionais que estão na origem do antropomorfismo.

Com a aquisição do controle postural; com o afinamento atencional, intra e intersensorial e vísuo-espacial; com a noção do corpo; com a dominância manual; com a explosão práxica, etc., ou seja, com uma motricidade conscientemente antecipada, o gênero *Homo* ascende à *especialização hemisférica*, que permitiu a emergência da fala, e domina novos tipos de interação com os vários ecossistemas naturais e culturais.

As sensações provindas dos músculos e distintas do tato, pela sua dupla inervação (motora e sensitiva) dão assim origem, pela primeira vez na evolução filogenética dos vertebrados, à *somatognosia* no ser humano, que não é mais do que o modelo dinâmico interno e endógeno que antecede e dá sentido à ação humana.

É desta *neomotricidade*, isto é, da psicomotricidade na sua essência mais clara, que emana o fenômeno instrumental humano (*praxia*); é dela que se trata quando abordamos o desenvolvimento psicomotor da criança. A praxiologia consubstancia, deste modo, um processo integrado com o qual se compõe a psicogênese da criança. É este também, quanto a nós, um dos fundamentos teóricos primordiais da Terapia Psicomotora.

A motricidade no ser humano, ao contrário da dos outros vertebrados, transforma-se numa psicomotricidade, exatamente porque a contração muscular arrasta consigo uma *informação cinestésica* corticalmente integrada, especificamente no lobo parietal, uma referência com implicação teleonômica que permite atingir uma autonomia interiorizada face às necessidades biológicas e, por isso, face ao mundo exterior.

Estas raízes neuro-evolutivas estão na origem de uma *linguagem corporal* exclusiva da espécie humana, uma comunicação não-verbal emergida dum corpo expressivo e dotado de psiquismo que esboça os contornos de uma *inteligência emocional e relacional* única e que está na base da manifestação de outros tipos de inteligência mais complexos e diversificados e que se aprendem mais tarde na criança.

A *ação* entendida nestes moldes constitui-se como o *berço da cognição*, daí a inter-relação profunda das funções psíquicas com as funções motoras, inter-relação essa que preside a qualquer manifestação adaptativa ou de aprendizagem. Pelo contrário, a emergência de *transtornos adaptativos* e de *dificuldade de aprendizagem*, surgida da desintegração psicomotora, tende a dar lugar a sinais de desatenção, de hiperatividade, de dispraxia, de dislexia, de disgrafia, etc.

A vida psíquica e, conseqüentemente, o potencial de aprendizagem, manifestam-se e materializam-se na motricidade. As causas das suas perturbações de desenvolvimento ou de aprendizagem não se vêm, mas as suas conseqüências, em termos de motricidade e de comportamento, são óbvias.

A psicomotricidade corresponde a uma *formulação ideacional*, ou seja, uma representação motora de nível superior que uma vez organizada psicologicamente (função ideocinética cortical) se impõe ao mundo exterior, não dependendo dele como ocorre, por exemplo, com a motricidade animal, cuja organização é mais automática.

Em síntese, a psicomotricidade procura ilustrar a evolução do ser humano e a aprendizagem na criança, na medida em que é o meio privilegiado do organismo para interagir ativamente com o mundo exterior e, concomitantemente, para aprender, com a ajuda do qual o indivíduo constrói a sua própria representação do real.

Por tudo o que acabamos de expor, os efeitos produzidos pela motricidade no ser humano são simultaneamente psíquicos, pois não só revelam ao sujeito a sua própria *subjetividade e identidade*, como revelam as propriedades dos objetos e do meio ambiente que o rodeiam.

Por meio da psicomotricidade, e não pela motricidade, o ser humano acrescentou ao mundo natural um mundo civilizacional, exatamente porque o tal efeito singular e transcendental a que nos referimos atrás retrata a sua filogênese e sociogênese, assim como a sua ontogênese, e também a sua *disontogênese*, paradigma desviante fulcral do desenvolvimento e da aprendizagem na criança e que é o enfoque fundamental da Terapia Psicomotora.

A psicomotricidade está também implicada na origem da *formação do Eu da criança*, da sua incomparável *cognição auto-regulada* e do seu *potencial de aprendizagem*. É a singularidade desta autonomia do organismo que carateriza a psicomotricidade do ser humano e a sua aprendizagem intencional, atributo não observável na motricidade do animal, onde a aprendizagem é esporádica e episódica.

São estas algumas das diferenças, entre a psicomotricidade e a motricidade, que gostaríamos de realçar em termos de redesenvolvimento e reaprendizagem, e é este também um dos principais paradigmas da Terapia Psicomotora como tentaremos expor ao longo do presente livro.

A motricidade humana, a única que se pode designar como psicomotricidade, estudada em pressupostos claramente diferenciados da sensoriomotricidade animal, é, portanto, compreendida como suporte das funções mentais próprias e exclusivas do ser humano, donde evolui a sua *identidade singular e plural* em muitos aspetos do seu desenvolvimento, da sua adaptabilidade, da sua aprendizagem e da sua socialização.

O enquadramento científico da Terapia Psicomotora parte igualmente duma *concepção multifacetada da unidade, da subjetividade, da complexidade, da excepcionalidade e da diversidade da criança humana*, visando uma caracterização, ontogenética ou disontogenética, aprofundada e complexa das suas necessidades bio-psico-sociais.

A sua matriz científica e prática clínico-terapêutica encerra uma *concepção de educação, de reabilitação e de Terapia Psicomotora*, em cujo campo se integra a psicomotricidade como um subsistema de conhecimento e de intervenção específica, para além de outros. A Terapia Psicomotora tem a finalidade de estudar as condições predisponentes à otimização e modificabilidade máximas do potencial de adaptabilidade e de aprendizibilidade do indivíduo normal ou excepcional, tendo em vista a sua acessibilidade mais eficaz aos vários ecossistemas.

A visão de uma educação ou terapia ancorada à noção de psicomotricidade leva em consideração não só o indivíduo normal, como o indivíduo portador de deficiências, de dificuldades e de desvantagens de diversas ordens, como uma *subjetividade transcendente* como um todo único, original e evolutivo, em que as funções da motricidade e da corporeidade são consideradas indissociáveis das funções afetivas, relacionais, lingüísticas e cognitivas.

O *corpo* e a *motricidade* são concebidos na Terapia Psicomotora como uma imanência absoluta em que habita a subjetividade, da qual emerge um ser vivo e original situado no mundo e em perfeita interação com ele.

Como entidades psíquicas dinâmicas, o *corpo humano* e a *motricidade humana* não se reduzem a uma pura realidade biológica, na medida em que agregam uma dimensão metafísica. Como organismo complexo que é, o ser humano é portador de uma experiência interna transcendente, ascende a uma dimensão ontológica onde emerge o sentimento íntimo e o conhecimento interno imediato do seu Eu e da sua consciência, atributos inseparáveis da sua natureza.

A psicomotricidade considera ainda preponderante em termos ontológicos o *contexto sócio-histórico e cultural*, no qual o ser humano está inserido, com a finalidade de gerar novos processos de facilitação e de interação com os *ecossistemas*, no sentido de ele poder adaptar-se a uma sociedade em mudança acelerada. Desta concepção de educação, de reabilitação e de Terapia Psicomotora decorrerá obviamente a relevância da sua inovação e da sua investigação.

A psicomotricidade, tal qual a concebemos hoje, tem uma história de cerca de 100 anos, mas apresenta uma estrutura de conhecimento já enraizada num longo passado de mais de cinco milhões de anos, quando decorreu a maravilhosa história da hominização. Como concepção dinâmica e evolutiva do ser humano, ela é extremamente atual.

A psicomotricidade parte de uma evidência ontológica inquestionável: somos seres vivos antes de sermos seres humanos e seres culturais; por essa imanência transcendente, só a podemos formular numa *vocação epistemológica bio-psico-social*.

Os seus paradigmas de desenvolvimento, de aprendizagem e de adaptação, não sendo ainda cabal e sistemicamente entendidos como uma relação transcendente entre a situação externa e a ação internamente elaborada, caminham no futuro, à luz das novas disciplinas emergentes, para uma reflexão epistemológica mais integrada, alargada e atualizada. Com o presente livro tentamos lançar, de forma modesta, alguns dos seus novos fundamentos.

O alcance do enquadramento teórico e conceitual da Terapia Psicomotora, embora requeira uma contenção nas suas abrangências conteudísticas, perspectiva uma síntese viável à luz do *conhecimento sistêmico e complexo*, obviamente comportando riscos, erros e ilusões que necessariamente pairam no espírito humano desde a sua origem.

Como qualquer conhecimento, o conceito da psicomotricidade, a sua função, o seu papel e a sua importância no desenvolvimento integral da criança e o seu modelo de aplicação e intervenção terapêutica não escapam ao risco do erro em qualquer pioneiro ou novo messias que a conceba e aplique.

Como ciência emergente, a psicomotricidade encerra em síntese uma *visão transdisciplinar*, dirige-se ao ser humano em todas as suas dimensões ontológicas e experienciais e espalha-se em termos interventivos, pelos mais variados contextos, desde os educativos, aos clínicos e aos sociais.

Esta obra de índole psicopedagógica e clínica, desenvolvida com um grupo de crianças com dificuldades de aprendizagem, apresenta os fundamentos científicos da Terapia Psicomotora, os processos de observação clínica dos seus perfis psicomotores e a planificação e mediatização pedagógico-terapêutica da intervenção casuística levada a efeito.

Esperamos que a leitura crítica desta obra interesse a todos os que, direta ou indiretamente, se interessam pelo desenvolvimento harmonioso da criança.

Oeiras (Portugal), janeiro de 2007

Vítor da Fonseca
Universidade Técnica de Lisboa
Faculdade de Motricidade Humana
Departamento de Educação Especial e Reabilitação

Parte I

Abordagem pluridimensional da psicomotricidade

1

Para uma epistemologia da psicomotricidade

Partindo dos conceitos históricos de "exercício físico" e de "ginástica médica" de Tissié (1894), passando pela perspectiva hipnótica de Charcot (1887), e pela teoria somatopsíquica de Freud (1930), bem como pelas inferências filosóficas do *thay-chi* chinês, do *yoga* hindu e dos filósofos somáticos e fenomenológicos (Kant, Kierkegaard, Marx, Cassirer, M. de Biran, Camus, Nietzsche, Merleau Ponty e outros), o Autor (A.) procura estudar a matriz teórica da psicomotricidade, analisando as relações complexas entre o movimento e o pensamento e reconceitualizando os paradigmas críticos entre o corpo e o cérebro. Com base em Dupré (1925); Wallon (1925, 1932, 1934); Piaget (1947, 1956, 1962, 1976) e Ajuriaguerra (1952, 1970, 1974), reformula as bases da teoria psicomotora, perspectivando prospectivamente a necessidade de integrar no seu corpo conteudístico as novas contribuições das neurociências desde Paillard (1961), Bernstein (1967), Luria (1975), Sperry (1979), Eccles (1989), Gardner (1994) a Damásio (1995).

Em termos epistemológicos, a psicomotricidade não encerra só a história dos conceitos do *exercício físico*, da *motricidade* e do *corpo*, convocados para restaurar uma "ordem psíquica perturbada" ou para facilitar o "funcionamento do espírito", mas também o estudo causal e a análise de condições de adaptação e de aprendizagem que tornam possível o comportamento humano.

Foi Tissié (1894), um médico, que no século XIX "tratou" pela primeira vez "um caso de instabilidade mental com impulsividade mórbida", através da chamada "ginástica médica".

Um jovem paciente de 17 anos, rejeitado socialmente, portador de idéias obsessivas e fixas, e extremamente colérico, que andava longas distâncias, mesmo quilômetros, não para conhecer o meio ambiente ou dar expressão às suas necessidades de exploração da natureza ou aos seus sentimentos de liberdade ou evasão, mas apenas, e só, para andar depressa e ininterruptamente, uma espécie de "marcha em fuga" característica de muitos casos esquizofrênicos.

A ginástica dita médica da época consistia na execução de movimentos elementares coordenados, de flexões de membros, de equilíbrios, de percursos a pé, de boxe e de percursos de bicicleta, com duchas frias administradas em intervalos regulares. Para Tissié (1901), um trabalho muscular medicamente dirigido compensaria as impulsões enfermas dos seus pacientes.

O movimento começa assim, há cerca de um século, a ser concebido como agente curativo, "pondo na ordem as orientações energéticas". O paradigma desta perspectiva pioneira sustentava que "dominando os movimentos, o paciente disciplinaria a razão", um conceito psicomotor relevante.

À ação curativa da ginástica médica juntou-se a ação psicodinâmica da "ginástica respiratória", que emergiu essencialmente duma perspectiva higienista, com a finalidade de "estimular os centros da sugestão" (TISSIÉ, 1901).

Para Tissié (1894), a ginástica médica e o controle respiratório "desenvolvem o autodomínio, solicitando os centros cerebrais onde se encontram os pensamentos, os movimentos e o lugar onde nasce a vontade".

Estará aqui outro dos paradigmas da psicomotricidade?

É de realçar que na época a influência de Charcot (1887), se fazia sentir de forma singular. O *hipnotismo* e a *teoria da sugestão* ou da *per-*

suasão, segundo este autor que marcadamente influenciou Freud (1930), centra-se e enfoca-se no *sentido muscular*. De fato, a *hipnose* não é mais do que uma *estranha cumplicidade entre a idéia e o movimento*, ou pelo menos evoca uma dialética inseparável entre tais componentes da vida psíquica.

Os métodos criados por Charcot (1887) atribuíram ao movimento uma função de restauração das idéias sãs, exatamente porque são desejadas pela vontade do paciente. Segundo este autor: "Por hipnose, a palavra do médico reeduca um pensamento desviante ou pervertido. É por meio de palavras, de gestos e de atitudes que imprimimos ao sujeito que ele atinge a idéia que desejamos transmitir-lhe".

Residirá também aqui um paradigma da relaxação psicossomática?

"Pela ginástica médica, o exercício físico dirigido pelo próprio indivíduo intercederá na ordem psicológica, gerando uma qualidade cuja natureza é, por um lado, moral e, por outro, psicológica" (TISSIÉ, 1894).

Nestas palavras de Tissié, a denominada ginástica médica já pressupõe a tomada de consciência e a intencionalidade do movimento, que mais tarde o "dogma sueco" esvaziará, em detrimento de uma supervalorização anátomo-funcional e morfológica, de uma ginástica analítico-corretiva, de uma teoria mecanicista do movimento e de uma educação física de base e de manutenção, mas que o *Thai-Shi* chinês e o *Yoga* indu, muitos anos antes por inerência filosófico-cultural, e a *terapia* e a *reeducação psicomotora,* por fundamento comportamental, mais recentemente priorizam.

Tissié (1894, 1899) é certamente o primeiro autor ocidental a abordar as *ligações entre o movimento e o pensamento*, construindo um novo espaço de conceitos que hesitam entre a fisiologia e a psicologia, para além de preconizar historicamente a medicação pelo movimento.

Tratar-se-ia de uma utopia?

Um século de história e vários séculos de passado, tem portanto o processo de conhecimento da psicomotricidade, uma palavra que pode dar cobertura a muitos conceitos diferentes e mesmo até, em alguns modelos, a um verdadeiro caos semântico que se espalha por várias profissões, desde fisiatras a psiquiatras, desde fisiologistas a ortopedistas, desde psicólogos a psicoterapeutas, desde fisioterapeutas a professores de educação física, desde professores de música a professores de expressão artística, etc.

A dimensão do que encerra o *paradigma entre o corpo e o cérebro*, o *body and mind problem* dos filósofos somáticos e dos fenomenologistas como Kant, Kierkegaard, Marx, Cassirer, Maine de Biran, Camus, Nietzsche, M. Ponty, etc., resta por esclarecer.

A deslumbrante concepção da psicanálise equacionada por Freud (1962, 1976) procura desvendar as relações entre o soma e o psíquico a partir de zonas do corpo como a boca, o ânus e os órgãos genitais, zonas erógenas que induzem processos libidinais vitais que inferem, em contrapartida, numa *somatanálise*, donde emergem as primeiras representações dum "corpo emocional e intrapsíquico", instrumento essencial à construção da personalidade do indivíduo e à sua autoconsciência, o verdadeiro "Eu" que emerge exatamente de necessidades e experiências relacionais.

Schilder (1963) refere-se aos processos libidinais como narcísicos, tendo como objeto a imagem do corpo, o tal estado de auto-reflexão corporal, donde emana o fluxo paralelo da consciência (*self*) , verdadeira síntese psicomotora da pessoa (FONSECA, 1997).

Corpo e cérebro, motricidade e psiquismo, portanto, co-integram-se em co-interação ao longo da ontogênese. Um não é possível sem o outro, implicando daí a sua co-estabilidade. É esse sentido de harmonia que ilustra a unidade psicossomática, algo que se pode dissociar nas perturbações psíquicas (ex.: histeria, hipocondria, anorexia, catatonia, depressão, distimia, hipomania, etc.), a maioria das quais espelham uma linguagem do corpo própria.

Damásio, 1995, evoca que "o corpo e o cérebro encontram-se indissociavelmente integrados por circuitos neurais e bioquímicos reciprocamente dirigidos de um para o outro". Para este neurocientista português de renome mundial, "qualquer que seja a questão que possamos levantar sobre o que somos e porque é que somos como somos, uma coisa é certa: somos organismos vivos complexos, com um corpo propriamente dito e um sistema nervoso".

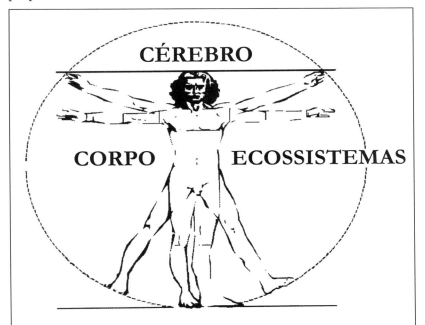

"A mente não seria o que é se não existisse uma interação entre o corpo e o cérebro durante o processo evolutivo, o desenvolvimento individual e a interação com o ambiente" (DAMÁSIO).

Apesar dum percurso histórico-científico titubeante a psicomotricidade, embora se encontre hoje claramente esclarecida e amplamente demonstrada pelas neurociências (ECCLES, 1989; LURIA, 1965, 1974, 1975; SECHENOV, 1965; PAILLARD, 1961; DAMÁSIO, 1979), mas o seu reconhecimento, como disciplina e como profissão, não está ainda conquistado em muitos países.

Sinopse do reconhecimento da psicomotricidade

Primeiro com Tissié (1894) e com Dupré (1925), depois com Janet (1928) e, fundamentalmente, com Wallon (1925, 1932, 1934), a psicomotricidade ganha definitivamente o reconhecimento institucional. Ela é uma prescrição habitual da medicina psiquiátrica e tem lugar nas terapias das doenças mentais e do comportamento desviante, onde atua e previne pelo movimento e pela ação os "efeitos perversos de tensões e energias mal orientadas", em que através dele, e pela inerência à função simbólica a que ele se deve referenciar, as condutas agressivas, desviantes e atípicas se organizam progressivamente.

Outros precursores como Itard (1801) e Seguin (1846), inspirados nos alienistas e nos teóricos da idiotia e da histeria, desenvolvem também aproximações aos conceitos básicos da psicomotricidade.

Neles o sensualismo é considerado como a origem da vontade. Os métodos que desenvolveram consubstanciavam-se nas implicações das sensações sobre as funções da atenção e sobre os centros psicomotores (aqui sustentando ainda um paralelismo funcional e não uma integração sistêmica), considerados como a sede da vontade, ou melhor, como centros onde as idéias se convertiam em ações.

Nos nossos dias, esta perspectiva neurofuncional, respeitadas as necessárias distâncias de fundamentação, é atualmente designada por integração sensorial (AYRES, 1972, 1979; FISHER et al., 1991), e constitui hoje uma metodologia terapêutica inovadora, internacionalmente reconhecida no contexto da intervenção precoce.

A partir destes conteúdos mal-definidos e delimitados, emerge de certa forma o movimento médico-pedagógico que influenciou massivamente as teorias da "ducha psíquica" e das "ortopedias mentais", sacerdócios da renovação e da recuperação do organismo através das reeducações psicofísicas, pressupondo que as regiões do cérebro que presidem ao movimento voluntário poderiam desenvolver-se pelo exercício físico.

Tal ideologia voluntarista, defendida por exemplo por Petat (1942), que transportou para a reeducação física as idéias neurológicas de Babinsky (1934), baseava-se numa prática em que o simples exercitar do movimento era tido como elemento de construção da razão.

Foi assim, com tais pressupostos, que o exercício físico foi ganhando reconhecimento institucional. A recuperação dos "iletrados físicos" e dos deficientes, visando fins retificadores, corretivos e também sociabilizadores, segundo os seus defensores, foi-se impondo à margem dos conceitos psicomotores mais puristas. A era dos Centros de Ginástica Corretiva (WALTHER, 1948), de Reeducação da Atitude e de Reeducação Física (LAPIERRE, 1968), teve então e tem ainda hoje um desenvolvimento disputado e cerrado entre fisioterapeutas, terapeutas ocupacionais e professores de educação física.

A discussão e a rivalidade entre a Educação Física e a Cinesiologia, entre a Reeducação Física, atividade física e/ou motora adaptada, e a Cinesioterapia, foi-se dividindo, e subseqüentemente divergindo, entre um "corpo físico, higienista e em esforço" hipotecado ao anatômico e ao fisiológico, defendendo um paralelismo psicofísico desintegrado de que são exemplos paradigmáticos as afirmações *mens sana in corpore sano* e "um cérebro irrigado por meio do exercício físico funciona melhor", e um "corpo afetivo, emocional e relacional" mais próximo dos fundamentos psicomotores wallonianos e ajuriaguerrianos.

Guilman (1935), discípulo de Wallon, em centros de reeducação de jovens com problemas de comportamento, fora dos contextos institucionais da escola regular e dos centros de reeducação física, desenvolve uma *Sistemática da psicomotricidade* essencialmente dirigida aos instáveis, aos impulsivos, aos paranóicos ligeiros, aos emotivos, aos obsessivos, aos apáticos e mesmo aos delinqüentes. A sua visão de exame psicomotor e de motricidade perturbada no contexto das perturbações do comportamento retoma a essência do pensamento walloniano, no qual a gênese dos atos irrefletidos, da instabilidade e da impulsividade, das facetas da turbulência, da incontinência motora, das perturbações afetivas e das emoções descontroladas, é concebida como distorções da maturação tônica e da integração do esquema corporal.

Esta aplicação original do pensamento walloniano e ajuriaguerriano, mais ou menos negligenciada nos centros de formação de educação e reeducação física, está na origem das formulações da Reeducação Psicomotora, em que se põe em realce as *relações entre a afetividade, a vigilidade e a motricidade*, relações estas postas em dúvida por muitos especialistas, mas defendidas por outros, nomeadamente por psiquiatras que criam, em 1961, pela primeira vez na Europa, exatamente no Hospital Henri Rousselle, o primeiro Centro de Formação Superior em Psicomotricidade com o diploma de reeducador da psicomotricidade, aberto a cinesioterapeutas, educadores, professores de ginástica, etc., onde Soubiran e Jolivet (1967) se confirmam como os principais mentores de uma nova profissão.

A Educação Física alheia a este movimento no contexto da saúde e da higiene mental recupera o pensamento walloniano fundamentalmente com a *Educação Física Estruturalista* de Parlebas (1970), com a *Psicocinética* de Le Boulch (1967, 1972), e com a *Pedagogia Institucional* de Mérand (1970), correntes de pensamento que se cruzam numa matriz teórica do movimento humano assumido mais como instrumento de utilização que é preciso educar, aperfeiçoar, dominar e controlar, do que como unidade e totalidade do ser que busca conteúdos na psiquiatria, na psicologia, na neurologia, na fenomenologia ou na patologia.

Em síntese, a psicomotricidade com o seu pluralismo histórico *fixa a sua origem nas práticas no esquema corporal*, conceito-chave ainda hoje do seu edifício terapêutico e reeducativo. A importância da sua vivência e consciencialização, do papel da ação na emergência das noções fundamentais à volta das quais se organiza a linguagem (QUIRÓS & SCHRAGER, 1978) e o pensamento constituem o seu paradigma crucial.

A psicomotricidade, ao contrário das concepções de educação física, não privilegia o "físico", hipotecando-o ao anatômico, ao fisiológico e ao morfofuncional, reforçando um paralelismo psicofísico ou psicocinético, nem tampouco valoriza os segmentos corporais e os componentes musculares, visando à excelência da prestação física, à destreza, ao alto rendimento ou à pura proficiência motora.

Em psicomotricidade, o corpo não é entendido como fiel instrumento de adaptação ao meio envolvente ou como instrumento mecânico que é preciso educar, dominar, comandar, automatizar, treinar ou aperfeiçoar; pelo contrário, o seu enfoque centra-se na importância da qualidade relacional e na mediatização, visando à fluidez eutônica, à segurança gravitacional, à estruturação somatognósica e à organização práxica expressiva do indivíduo. Privilegia a totalidade do ser, a sua dimensão prospectiva de evolução e a sua unidade psicossomática, por isso está mais próxima da neurologia, da psicologia, da psiquiatria, da psicanálise, da fenomenologia, da antropologia, etc. Os seus paradigmas principais abordam a significação do corpo e da motricidade na disontogênese, na despersonalização, na dismorfofobia, nas dificuldades adaptativas e de aprendizagem.

A *simbólica do movimento*, apesar das formulações avançadas por Wallon (1925: *L'Énfant turbulent*; 1934: *Les origines du caratére chez l'enfant*), e apesar da visão inovadora sobre o esquema corporal introduzida pela psicanálise, cuja falta do corpo está na base do fantasma original que ilustra o seu conceito nuclear de terapia, apesar de lhe sugerir um bradicineticismo, tende a perder pertinência contextual entre os anos 30 e os anos 60.

Nos nossos dias, a psicomotricidade, estando rodeada por uma profusão incomensurável de práticas corporais desconceitualizadas e com discursos teóricos pouco consistentes, espalha-se por uma *neurologia* de tipo restritivo, por uma *psicologia* ora do tipo racional, ora do tipo relacional, e por temáticas que se prendem com as *emoções* e os *afetos*, sem contudo ter ainda definido os seus contornos conteudísticos, os seus paradigmas e problemas essenciais e os seus objetos de pesquisa.

A inflação psicomotora que abusivamente grassa nos nossos dias, a ponto de evocar que toda a atividade corporal é psicomotora, complica o seu quadro de esclarecimento teórico. As tentativas de abordagem epistemológica à motricidade humana, alicerçada em análises filosóficas atraentes e em correntes de pensamento contemporâneo, que passam ao lado de fundamentos neurológicos, psicológicos, psiquiátricos e patológicos básicos, tornam o objeto de estudo da psicomotricidade um desafio mais sério de integração teórica.

Na *Enciclopédia Universal*, o termo psicomotricidade é abordado com certo equívoco, explorando a ambigüidade dos conceitos a que ela se associa, assim como a significação dessa associação. A psicomotricidade é nela definida de forma muito ampla e vaga: "campo de todas as tentativas para analisar e realizar a perfeição do comportamento".

De onde vem esta concepção?

As teses de Piaget (1947, 1956, 1962, 1976) e de Wallon (1925, 1932, 1934, 1956, 1969), sobre a gênese da inteligência e do pensamento da criança, são um ponto de referência indispensável ao conhecimento em devir da psicomotricidade.

Quer um, quer outro, como tentamos demonstrar nos livros *Contributo para o estudo da gênese da psicomotricidade* e *Escola, escola, quem és tu?* (FONSECA, 1975, 1976) sublinham, cada um com a sua visão singular de psicomotricidade com um método e uma conceitualização distintas.

Ambos reforçam que o psiquismo e o motor não são duas categorias ou realidades estranhas, fechadas, separadas ou submetidas uma às leis do pensamento puro, e outra aos mecanismos físicos e fisiológicos, mas, bem pelo contrário, enfocam a Psicomotricidade como a expressão bipolar e circular, dum só e único processo, ou seja, a adaptabilidade e a aprendizibilidade humanas.

Ajuriaguerra (1952, 1970, 1974) é um dos primeiros autores a integrar os saberes destes dois pioneiros da psicologia genética e os modelos clínicos de Reich, Schilder, Lacan e M. Klein, tendo construído uma aplicação não meramente teórica ou conceitual, mas sim terapêutica, ressaltando mais a significação relacional, afetiva e mediatizadora dos problemas psicomotores do que a sua infra-estrutura anátomo-fisiológica.

É com base nesta concepção neuropsiquiátrica integradora original que emerge a sua definição de *Reeducação psicomotora*: "Técnica que, pelo recurso ao corpo e ao movimento, se dirige ao ser humano na sua totalidade. Ela não visa à readaptação funcional ou a supervalorização do músculo, mas sim à fluidez do corpo no envolvimento. O seu fim é permitir uma melhor integração e um melhor investimento da corporalidade, uma maior capacidade de se situar no espaço, no tempo e no mundo dos objetos e facilitar e promover uma melhor harmonização na relação com o outro" (AJURIAGUERRA & SOUBIRAN, 1959).

Definida desta forma, a psicomotricidade é uma forma de terapia que pode incluir técnicas psicossomáticas, métodos expressivos, métodos de relaxamento, atividades lúdicas, ou seja, processos de ação inspirados na psicanálise e na psicoterapia (VAYER, 1961, 1971). Uma espécie de *exegese* que sofre de limites mal fixados e que ampliam a sua ambigüidade, mas que não deixam de reforçar a sua utilidade psicoeducacional.

Do "corpo corrigido" do princípio do século, com um passado tenebroso sobre as relações entre o espírito e o corpo (BUYTENDJK, 1957), caminhamos para um "corpo informacional" característico da última década (FAUCHÉ, 1993).

O psíquico e o motor do presente enunciam um evangelismo epistemológico, a identidade da psicomotricidade e a validade dos conceitos que emprega para se legitimar revelam uma síntese inquestionável entre o afetivo e o cognitivo, que se encontram no motor, i.é, a lógica do funcionamento do sistema nervoso, em cuja integração maturativa emerge uma mente que transporta imagens e representações e que resulta duma aprendizagem mediatizada dentro dum contexto sociocultural e sóciohistórico (FONSECA, 1989).

Esta opção epistemológica, certamente superadora do dualismo cartesiano que Damásio (1995) desmascara com tanto brilhantismo, não deseja mais do que pôr em prática, em termos educativos, reeducativos, habilitativos e terapêuticos as relações ativas, eficientes e modificadoras entre o corpo e as atividades mentais, intelectuais e afetivas, atividades essas que devem ser balizadas por uma neuropsicologia evolutiva, por uma psiquiatria e uma psicanálise, por uma psicofisiologia e uma psicossomática atuais, que assumam uma integração teórica e viabilizem uma prática multidimensional e multifacetada.

Muitas dificuldades de teorização nascerão, muitos conflitos da prática se equacionarão, mas a evolução da psicomotricidade não pode deixar de ter como orientação básica que o ser humano é único, total e evolutivo, e que ela, na sua essência interventiva, lhe deve facilitar o acesso a um funcionamento psíquico normal otimizado.

A história do saber da psicomotricidade representa já um século de esforço de ação e de pensamento, a sua cientificidade na era da cibernética e da informática vai-nos permitir, certamente, ir mais longe na descrição das relações mútuas e recíprocas da *convivência do corpo com o psíquico*. Esta intimidade filogenética e ontogenética representa o triunfo evolutivo da espécie humana, um longo passado de vários milhões de anos de conquistas psicomotoras.

A psicomotricidade, em síntese, atreve-se a clarificar o paradigma da evolução da espécie humana, de certa forma a única que pode atingir uma *metamotricidade*, dado que os outros animais desfrutam conosco também duma motricidade, dum corpo e dum cérebro em interação com o seu habitat específico (FONSECA, 1989).

Cada vertebrado possui uma motricidade própria cuja evolução neuroanatômica materializa uma interação entre o seu corpo, o seu cérebro e o seu habitat, mas só o ser humano, o vertebrado dominante (FONSECA, 1989), desenvolveu uma *motricidade pensante e transcendente*, que reflete uma complexidade organizacional única no ecossistema, uma construção integrada de substratos neurológicos (o *neocórtex*), desde a *protomotricidade* dos reflexos à *neomotricidade* da reflexão (FONSECA, 1989, 1992).

A emergência de uma motricidade intencional e planificada, portadora de significações extramotoras, extrabiológicas e extra-somáticas, de distância interior e de consciencialização entre o pensamento e a ação, está na base da criação dum mundo civilizacional, acrescentado à natureza, por meio de uma nova motricidade e por uma *praxiologia*, cuja complexidade é desconhecida na motricidade animal.

O surgimento de uma inteligência criadora só pode ser compreendido à luz da evolução de uma inteligência sensório-motora e vertebrada, que permitiu à espécie humana, através da sua *inteligência corporal e sinestésica* (GARDNER, 1995), transformar a natura e acrescentar-lhe cultura. A inteligência, neste contexto, não pode se distanciar das condições sócio-históricas concretas de onde ela emergiu, ou seja, ela é o corolário de uma motricidade que se interiorizou (AJURIAGUERRA & HECAEN, 1964; BERNSTEIN, 1967).

A fronteira que separa a motricidade animal da humana é, em tese, a transformação e a transcendência de uma motricidade inacessível ao animal, não só por características únicas que deram origem a libertações anátomo-funcionais, mas por aquisições de novas capacidades intencionais delas surgidas.

Ao perspectivar a evolução humana numa complexa espiral que decorre da ação ao pensamento (WALLON, 1969), do gesto à palavra, a motricidade libertada do corpo e nele provocando impressionantes alterações morfológicas (FONSECA, 1992), torna-se cada vez mais dependente das intenções criadas pelo homem (DAMÁSIO, 1979).

Qual o objeto de conhecimento da psicomotricidade?

A psicomotricidade, na sua essência, não é só a chave da sobrevivência, como se observa no animal e na espécie humana, mas é igualmente a chave da criação cultural. Em síntese, a primeira e última manifestação da inteligência. A psicomotricidade, em termos filogenéticos, tem portanto um passado de vários milhões de anos, porém uma história restrita de apenas cem anos.

A motricidade humana, a única que se pode denominar por psicomotora, é distinta da motricidade animal por duas características: é voluntária e possui novos atributos de interação com o mundo exterior (ECCLES, 1989).

Para Sperry (1979), Prêmio Nobel de Medicina, a atividade mental e, como tal, a inteligência, é um meio para executar ações, em vez de se evocar que a motricidade é apenas uma forma subsidiária projetada para satisfazer os pedidos e as necessidades dos centros nervosos superiores.

Em Bernstein (1967), o estudo da ação não interessa só à *performance* motora, mas sim a todas as formas de realização de comportamentos significativos, só possível de concretizar através da planificação e da resolução de problemas, envolvendo para o mesmo autor não só uma iniciação eferente (problema), como uma finalização aferente (solução) com conseqüências sensoriais.

Para ambos, "não agimos para conhecer, antes conhecemos para agir". É esta separação ou retardamento teleonômico, entre os estímulos e as respostas, entre objetivos e fins, entre as gnosias e as praxias, que no fundo está na base do surgimento da inteligência, é uma distância que converte a informação intra-somática (eu) e extra-somática (não-eu) em estados de consciencialização, um intermediário poderoso; numa palavra, o âmago do ser, i.é, a *somatognosia*, dirigido por intenções manejadas pelo sujeito (DAMÁSIO, 1995; FONSECA, 1997).

Esta capacidade de intencionalidade inerente à motricidade humana modificou por completo a vida mental da espécie humana e modifica de forma construtiva e co-construtiva a vida mental da criança ao longo do seu desenvolvimento psicomotor.

Nesta linha de pensamento, Gardner (1994), uma das maiores autoridades atuais sobre inteligência humana, concebe a mesma com múltiplas componentes (*The Theory of Multiple Intelligences*), exatamente sete tipos de inteligência, em que destaca a *inteligência sinestésico-corporal*, por ele definida como: "controle do corpo, de objetos e de situações, envolvendo movimentos globais ou movimentos delicados dos dedos, produzindo ações altamente diferenciadas para fins expressivos, expositivos ou intencionais".

Neste objeto de estudo, o mesmo autor considera a inteligência sinestésico-corporal como a base da evolução, não só no seu papel na busca e na fabricação de ferramentas, mas também como apogeu da arte, como domesticação da motricidade animal, como emergência da linguagem não-verbal e da consciência e como berço do pensamento reflexivo.

Desenvolvendo esta perspectiva de inteligência sinestésico-corporal, na qual deve consolidar hoje a natureza do objeto do conhecimento da psicomotricidade, Gardner (1994) considera a inteligência sinestésico-corporal como uma *família de procedimentos para traduzir a intenção em ação*, na qual resulta um produto final criador e transformador, i.é, *a praxia*, cuja complexidade é certamente semelhante à linguagem, quer em termos filogenéticos quer ontogenéticos.

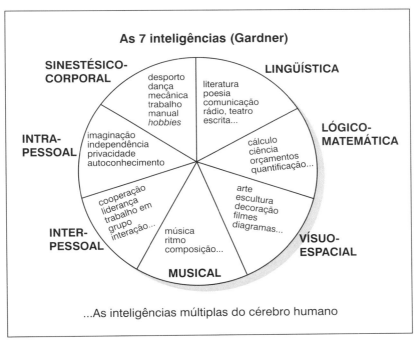

...As inteligências múltiplas do cérebro humano

Para o mesmo autor, a *praxia* depende da combinação integrada e sistêmica de três funções que presidem a sua execução:

• *a função receptiva* (controle receptivo, captação de sinais, interpretação da ação, atenção, etc.);

• *a função elaborativa* (integração, planificação, calibração, gestão de rotinas, padrões de seqüencialização, etc.);

• a função *expressiva* (efeito-fuga, controle da ação, melodia cinestésica, manifestação práxica, referência, etc.).

Em suma, a motricidade transformou a anatomia, a fisiologia e a psicologia do ser humano, modificou as suas funções, e com ela a inteligência que a utiliza. A motricidade humana, por analogia a única susceptível de se designar por psicomotricidade, exige a *tomada de consciência*, uma *vontade motivacional* e um *sistema de representações*. Com ela o ser humano inventou e fabricou, com o corpo biológico, corpos artificiais, tendo adquirido por meio dela "órgãos" muito especializados que trabalham por ele com mais rendimento e disponibilidade. Para os paleontologistas, a motricidade é o traço significativo e crucial da evolução humana (FONSECA, 1994).

O acesso a uma motricidade para todo serviço (MURCIA, 1980), liberta de especializações biológicas restritas, converteu o corpo numa maravilha da engenharia biológica, numa virtuosa morfologia e em sofisticados e complexos programas de ação, comunicação e criação, sem os quais não seria possível ascender à inteligência superior.

Em analogia com a concepção de inteligência de Sternberg (1985), a motricidade humana pode ser entendida numa *teoria triárquica*, subentendendo um complexo e multifacetado conhecimento distribuído por três subteorias básicas:

• A subteoria *multicomponencial*, por se referir à dimensão do mundo interior do indivíduo e aos componentes do ato psicomotor, que se baseia no *processamento de informação* (*input* sensorial – integração e elaboração – *output* motor) onde se tem que mencionar a disponibilidade, a interação e a acessibilidade das metacomponentes do processo executivo (*performance*), da planificação espácio-temporal entre os objetivos e os fins e da monitorização e modulação estratégica de fatores tônico-posturais e gnoseo-práxicos para produzir soluções a problemas.

• A subteoria *multiexperiencial*, por se referir à familiarização, à prática e à aprendizagem integrada, da qual emerge o potencial de flexibilidade e de plasticidade ou de rigidez e restrição de rotinas e automatismos que encerram a utilização dos componentes psicomotores em concordância com a sua dimensão mnésica e ontogenética, e concomitantemente disontogenética (GUBAY, 1975; FONSECA, 1995), encarando a dialética dos diversos períodos de desenvolvimento, do bebê ao idoso; e finalmente:

• A subteoria *multicontextual*, por se relacionar com o mundo exterior e com os ecossistemas onde decorre a evolução psicomotora, referindo a eficiência dos vários sistemas bio-psico-sociais como reflexo da adaptabilidade dos contextos às caraterísticas dos indivíduos, desde a família, a escola, a sociedade e as suas organizações.

A psicomotricidade não pode ser analisada fora do comportamento e da aprendizagem, e, para além de ser uma relação inteligível entre estímulos e respostas, é, antes do mais, uma *seqüência de ações*, ou seja, uma seqüência espácio-temporal intencional, para usar uma expressão piagetiana.

A *organização da ação humana* contém propriedades gerais que lhe dão coerência: em primeiro lugar, porque as ações são, na sua maioria, seqüencializadas; em segundo lugar, porque as ações ocorrem num

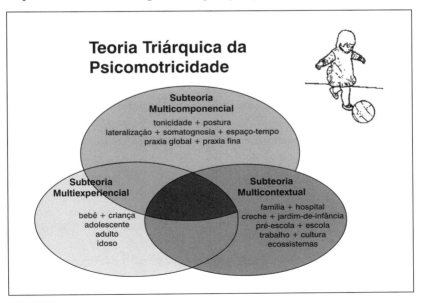

dado tempo, daí a importância dum plano, da emergência de precondições e da previsibilidade da sua interrupção e dos seus lapsos; e, em terceiro lugar, a noção de que os objetos exigem ações apropriadas para os manipular, ou seja, a propriedade final das ações é que elas têm um contexto apropriado.

Em síntese, a psicomotricidade é tributária de uma *arquitetura funcional* que se desenvolveu filogeneticamente e que se estrutura ontogeneticamente (FONSECA, 1989, 1994), só possível numa dialética bio-psico-social, com a qual foi possível acrescentar à natureza uma civilização, e é possível acrescentar aos reflexos motores uma reflexão psicológica que decorre dum processo de aprendizagem dependente de uma mediatização que se opera num contexto social concreto.

Nem a motricidade nem a inteligência valem muito por si próprias, é a interação e a relação inteligível e informacional entre ambas que dá ao movimento a função vicariada da inteligência (FONSECA, 1989), e tal é válido para o *Homo Habilis* quando se empenhou na fabricação de instrumentos, como para dar um golpe de cinzel de Miguel Ângelo...

Bibliografia

AJURIAGUERRA, J. (1974). *Manuel de Psychiatrie chez L'Enfant*. Paris: Masson & Cie.

———— (1970). *Le choix thérapeutique en psychiatrie infantile*. Paris: Masson & Cie.

———— (1952). *Méconnaissances et hallucinations corporelles*. Paris: Masson & Cie.

AJURIAGUERRA, J. & HECAEN, H. (1964). *Le cortéx cérébral*. Paris: Masson et Cie.

AJURIAGUERRA, J. & SOUBIRAN, G. (1959). Indications et techniques de rééducation psychomotrice en psychiatrie infantile. In: *La Psychiatrie de l'Enfant*, 2, II.

AYRES, J. (1979). *Sensory Integration and the Child*. Los Ângeles: Western Psychological Services.

_____ (1972). *Sensory Integration and Learning Disabilities*. Los Ângeles: Western Psychological Services.

BABINSKY, J. (1934). *Oeuvre scientific*. Paris: Masson & Cie., Paris.

BERNSTEIN, N.A. (1967). *The Coordination and Regulation of Movements*. Oxford: Pergamon Press.

BUYTENDIJK, F.J.J. (1957). *Attitudes et mouvements*. Burges: Desclée de Brouwer.

CHARCOT (1887). *Leçons sur les localizations dans les maladies du cerveau*. Paris: Delahaye.

DAMÁSIO, A. (1995). *O erro de Descartes*: emoção, razão e cérebro humano. Lisboa: Europa-América.

_____ (1979). *The Frontal Lobes*. Nova York: Oxford University Press.

DUPRÉ, E. (1925). *Pathologie de L'imagination et de l'emotivité*. Paris: Payot.

ECCLES, J. (1989). *The Evolution of the Brain*. Nova York: Springer.

FAUCHÉ, S. (1993). *Du corps au psychism*: histoire et épistemologie de la psychomotricité. Paris: PUF.

FISHER, A. et al. (1991). *Sensory Integration*: theory and pratice. Filadélfia: F.A. Davis Co.

FONSECA, V. da (1997). Un abordaje neuropsicológico de la somatognósia. *In: Psicomotricidad*, n. 54.

_____ (1995). *Sindromas Psicomotores*: de Wallon a Luria. Atas do Seminário Internacional de Psicomotricidade, Lisboa.

_____ (1994). Proficiência motora em crianças normais e com dificuldades de aprendizagem. In: *Rev. de Ed. Esp. e Reabilitação*, n. 2, p. 7-40.

_____ (1992). *Manual de observação psicomotora*: significação psiconeurológica dos fatores psicomotores. Lisboa: Notícias.

_____ (1989a). Psicomotricidade e psiconeurologia: introdução ao Sistema Psicomotor Humano (SPMH). In: *Rev. de Ed. Esp. e Reabilitação*, n. 1, jun., p. 9-18.

_____ (1989b). *Desenvolvimento humano*: da filogénese à ontogénese da motricidade humana. Lisboa: Notícias.

_____ (1976). *Escola, escola, quem és tu?* Lisboa: Notícias [co-autoria].

_____ (1975). *Contributo para o estudo da génese da psicomotricidade*. Lisboa: Notícias.

FREUD, S. (1976). *Psychopathologie de la vie quotidienne*. Paris: Payot.

_____ (1962). *Trois ensais sur la théorie de la sexualité.* Paris: Gallimard.

_____ (1930). *Le moi el le ça.* Paris: Payot.

GARDNER, H. (1985). *Frames of Intelligence.* Nova York: Basic Books.

GUBAY, S. (1975). *The Clumsy Childres.* Londres: Saunders.

GUILMAN, (1935). *Functions psycho-motrices et troubles du comportement.* Paris: Foyer.

ITARD, J.M. (1801). *De L'Education d'un homme sauvage ou des premiers développments physiques et moraux du jeune sauvage de l'Aveyron.* Paris: Gouyon.

JANET, P. (1928). *Les médications psychologiques.* Paris: Alcan.

LAPIÈRRE, M. (1968). *Rééducation Physique.* Tomo I e II. Paris: Bailliéres.

LE BOULCH, J. (1972). *Ver une science du mouvement humain.* Paris: ESF.

_____ (1967). *L'Education par le mouvement.* Paris: ESF.

LURIA, A.R. (1975). *The Working Brain.* Londres: Peguin Books.

_____ (1974). *L'Enfant retardé mental.* Paris: Privat.

_____ (1965). *Higher Cortial Functions in Man.* Nova York: Basic Books.

MURCIA, R. (1980). *Approche Épistémologique de la Notion de Psychomotricité* – Mémoire de l'Insep. Paris: [s.e.].

MÈRAND, R. (1970). Pédagogie institutionelle et besoins pédagogiques. In: *Sport et Plein Air*, n. 9.

PAILLARD, J. (1961). *Les attitudes dans la motricité.* Paris: PUF.

PARLEBAS, P. (1970). Education physiques et intelligence motrice. In: *Education Physique et Sport*, n. 101.

PETAT, P. (1942). Vues sur l'Organization de la Rééducation Physique. In: *Ed. Soc. Française de Rééducation Physique*, n. 9.

PIAGET, J. (1976). *Le comportement, moteur de l'evolution.* Paris: Gallimard.

_____ (1962). *La naissance de l'intelligence chez l'enfant.* Paris: Delachaux et Niestlé.

_____ (1956). Les praxies chez l'enfant. In: *Rev. Neurologie*, n. 102.

_____ (1947). *La psychologie de l'intelligence.* Paris: Collin.

QUIRÓS, J. & SCHRAGER, O. (1978). *Neuropsychological Fundamentals in Learning Disabilities.* S. Rafael, Califórnia: Academic Therapy Publications.

SECHENOV, I. (1965). *Reflexes of the Brain.* Cambridge: MIT Press.

SEGUIN, E. (1846). *Traitement moral, hygiène et education des idiots et autres enfants arriéres*. Paris: Baillière.

SOUBIRAN & JOLIVET (1967). La rééducation psychomotrice et ses techiciens. In: *Revue de Psychologie Social et d'Hygiéne Mentale*, vol. I, n. 15.

SCHILDER, P. (1963). *L'Image du corps*. Paris: Gallimard.

SPERRY, R.W. (1979). Self-Recognition and Social awareness in the Deconnected Minor – Hemisphere. In: *Neuropsychologia*, 17.

STERNBERG, R.J. (1985). *Beyond IQ*: a triarchic theory of human intelligence. Nova York: Cambridge University Press.

TISSIÉ, P. (1901). *L'Education physique*. Paris: Larousse.

_____ (1899). *Tics et toux spasmodique guéris par la gymnastique médicale respiratoire*. Bordeux: Gounouillou.

_____ (1894). Un cas d'instabilité mentale avec impulsions morbides traités par la gymnastic médicale. In: *Archives Cliniques de Bordeaux*, n. 5.

VAYER, P. (1971). *Le dialogue corporel*. Paris: Doin.

_____ (1961). Le profil psycho-moteur. In: *Annales de Rééducation Physique*, vol. 84, n. 25.

WALLON, H. (1969). *Do ato ao pensamento*. Lisboa: Portugália.

_____ (1956). Importance du movement dans le dévelopment psychologique de l'enfant. In: *Rev. Enfance*, n. 2.

_____ (1934). *Les origines du caratére chez l'enfant*. Paris: PUF.

_____ (1932). Syndromes d'Insuffisance Psychomotrice et Types Psychomoteurs. In: *Annales Med. Psycho*.

_____ (1925). *L'Enfant turbulent*. Paris: Alcan.

WALTHER, R. (1948). Rééducation psycho-motrice. In: *Annales de Cinésiologie et de Rééducation Physique*, n. 3.

2

Elementos metodológicos para um estudo epistemológico da psicomotricidade

Ao abordarmos tão vasto assunto queremos, em primeiro lugar, equacionar uma linha de fundamentação epistemológica inacabada, considerando a problemática da evolução da psicomotricidade numa tridimensionalidade, ou seja, perspectivar as relações recíprocas, incessantes e permanentes dos fatores neurofisiológicos, psicológicos e sociais, que intervêm na integração, elaboração e realização do movimento humano.

Se considerarmos a evolução das idéias que neste campo inúmeros autores desenvolveram, verifica-se a existência de duas tendências extremistas: uma organicista outra psicogenética (AJURIAGUERRA, 1970). A primeira considera o movimento como o resultado final da atividade de três sistemas: o sistema piramidal, executor do movimento voluntário-ideocinético; o sistema extrapiramidal que assegura a atividade automático-teleocinética e o sistema cerebeloso, regulador do equilíbrio do movimento. A segunda, minimizando os aspectos neurofisiológicos, considera o movimento como elemento determinante dos processos psíquicos.

Quanto a nós, tentando abordar exaustivamente todas as tendências psicomotoras, interessa estudar o movimento no que se refere fundamentalmente ao ponto de partida e ao fim a que se ajusta, simultaneamente com o seu significado e a sua intenção.

Desde Wernicke (AJURIAGUERRA, 1970), que estudou as desordens psicomotoras, passando por Dupré (AJURIAGUERRA, 1970) a quem se deve um dos primeiros estudos sobre as relações psíquicas e as relações motoras, consideradas no seu ponto de vista patológico, através da sua célebre noção de debilidade motora, e também por autores, como Homburger (infantilismo motor), Collin (sintoma psiconeuro-muscular), Ozeretski (escala da motricidade), Gurewitch (dominância subcortical), até aos trabalhos de Wallon (1970), Gesell, Stern, Piaget e, fundamentalmente, Ajuriaguerra, suas escolas e continuadores, a evolução dos estudos da motricidade engloba teorias diferentes, implicadas nos estudos da teoria da "forma", do "behaviorismo", da psicologia clássica, da metapsicologia freudiana, da psicopatologia, das teorias expressionistas e tantas outras.

Não pretendendo uma linha separatista entre psicologia e fisiologia, desejamos encontrar uma fundamentação científica que unifique de forma coerente toda a dimensão pluridisciplinar da psicomotricidade. É esta a meta que nos propomos aflorar, e é neste sentido que procuraremos transmitir um primeiro contributo que se distribui numa visão teórico-prática que tenderá garantir uma possibilidade de estudo permanente, dentro de uma prática, sensível e modelada, em função de novas aquisições do conhecimento.

A psicomotricidade deixou de ser estudada isoladamente. Hoje se encontra enriquecida com os estudos da via instintivo-emocional (AJURIAGUERRA, 1970), com os da linguagem (LEROI-GOURHAN, 1964), com os da imagem do corpo (SCHILDER, 1968), com os aspectos perceptivo-gnósicos (MERLEAU-PONTY, 1960) e práxicos e toda uma rede interdisciplinar que vieram dar ao estudo do movimento humano uma dimensão mais científica e menos mecanicista.

Para além dos problemas da debilidade mental e motora, a psicomotricidade interessa aos estudos da delinqüência (Heuyer), da turbulência (Wallon), da instabilidade (Abramson) e da emocionalidade e agressividade, bem como ao estudo de outros tipos de perturbações das funções cognitivas e executivas, para não se focar os estudos de W.

Reich relacionados com os problemas do caráter e das manifestações psicanalíticas.

A explicação do movimento não pode ser satisfeita por uma visão anatômica ou mecanicista, dado que se encobre o problema quando se estudam os ossos, as articulações e os músculos e não se aborda o significado do movimento, como comportamento, ou seja, como relação consciente e inteligível entre a ação do indivíduo e a situação circunstancial (BUYTENDIJK, 1957). O estudo evolutivo não pode recair em métodos empíricos ou métodos correcionistas e padronizados, mas sim numa ciência susceptível de inovação e permeabilidade experimental.

A linha do nosso estudo genético pretende combater os habituais reducionismos científicos e as tradicionais superficialidades que, baseadas numa longa prática, não são sensíveis a novos dados das descobertas do ser humano.

Concordamos que é a prática que nos ensina, mas essa prática tem que estar voltada para uma realidade de mutação constante.

As inúmeras investigações, que no campo da psicomotricidade têm sido efetuadas, caem sempre na defesa de um conceito que também apoiamos: "não há movimentos para os homens, mas homens que se movimentam, assim como não há objetos para os homens, mas homens que os utilizam" (BUYTENDIJK, 1957).

A perspectiva fenomenológica (MERLEAU-PONTY, 1969) é um elemento a considerar, na medida em que demonstra uma tentativa para limitar a insuficiência dos estudos dedicados à gênese da psicomotricidade.

Segundo esta perspectiva, defendida por autores como Minkowski e Buytendijk, é o homem que se move, como ser animado, e não qualquer das suas funções que o compõem. De fato, a perspectiva funcional do movimento humano camufla um problema essencial, que é a importância do movimento como comportamento.

> "O movimento é uma significação expressiva e intencional, é uma manifestação vital da pessoa humana" (BUYTENDIJK, 1957).

O movimento não resulta da integração de estímulos isolados, mas unicamente das situações concretas que o determinam.

O movimento ocupa grande parte das manifestações da história biológica do indivíduo (VON UEXKULL, 1970), dado que, como exteriorização significativa, não é uma revelação abstrata, mas sim do concreto vivido inerente ao sujeito.

A originalidade peculiar do movimento não o caracteriza como mecanismo psíquico ou fisiológico, como consciente ou inconsciente, ele traduz e projeta no mundo a ação relativa a um sujeito.

As experiências vividas, por outro lado, só demonstram que é impossível encarar o movimento de um modo parcial, na medida em que o sentido global do comportamento explica o que se passa em cada uma das partes do corpo.

Torna-se portanto elementar apoiar o estudo da gênese da psicomotricidade, num quadro epistemológico dinâmico e permanentemente estruturado, evitando as justificações fisiológicas e psicológicas analíticas.

Os conhecimentos anatômicos e fisiológicos serão úteis quando considerarem que o fundamento da execução do ato motor é atingir um objetivo, um fim (VIAL, 1972).

Para nós, o essencial é a intencionalidade, a significação e a expressão do movimento e, desta forma, o movimento põe em jogo toda a personalidade do indivíduo (MERLEAU-PONTY, 1960). Interessa-nos deixar expressas outras dimensões do movimento: o movimento é simultaneamente antecipação da ação (projeto da ação). Há em todo o movimento humano uma extensão antropológica que convém não esquecer (FELDENKRAIS, 1971; LEROI-GOURHAN, 1964).

Não podemos esquecer que a vida, como campo das nossas experiências adquiridas, constitui uma sucessão ininterrupta de atitudes corporais e de movimentos expressivos e representativos (BERGÉS, 1967). Não queremos recair numa absolutização conceptual, afirmando que toda a vida é contração muscular, movimento; apenas desejamos impedir a análise da gênese da psicomotricidade por uma via exclusiva do conhecimento científico humano. Por outro lado, queremos equacionar uma dimensão expressionista do movimento humano e não considerá-lo como uma série de acontecimentos e processos, ou como uma adição de contrações musculares.

> O movimento é sempre a expressão de uma existência (Buytendijk).

O estudo do movimento humano é particularmente difícil na medida em que ao, pretender uma linguagem científica, inclina-se para uma definição exata das leis e da constância inerente aos fenômenos, tendendo para uma concepção de homem como organismo, idêntico a uma espécie de máquina físico-química. Na ânsia de um paralelismo científico, os estudos da motricidade inclinam-se para uma metodologia idêntica às ciências exatas, o que levou a concepções espácio-temporais newtonianas e aproximações fisiológicas do tipo cartesiano. Os estudos do movimento foram reduzidos a processos materiais, o que implicou uma explicação mecanicista.

O corpo não é uma máquina posta em movimento por um psiquismo que habita o cérebro. A simples descrição e a exposição formal são insuficientes para explicar a problemática comportamental atinente ao movimento. Nem o dualismo metódico psicofisiológico serve para equacionar as inúmeras significações do movimento.

A interpretação dos fenômenos motores do comportamento humano tem uma raiz biológica material, defendida pelos seus iniciadores Buchner, Hacckel e Moleschott (BUYTENDIJK, 1957). Da biologia à interpretação estreita e limitada dos fenômenos interiores do organismo foi um salto. Só posteriormente, com Jacob von Uexkull (1970), a relação funcional entre INDIVÍDUO e o seu MEIO, fenômeno específico da vida animal, entrou em consideração nas observações biológicas e conseqüentemente humanas.

Os estudos biológicos acabariam por demonstrar a impossibilidade de explicar a totalidade dos fenômenos através dos elementos constituintes. Facilmente se percebe que também o movimento global do ser humano não pode ser explicado através dos ossos, das articulações e dos músculos.

Também as teorias da forma (gestaltismo) não satisfazem a compreensão e o significado das funções vitais e do movimento humano. O organismo humano não é uma estrutura ou uma forma; as suas funções são dependentes e relacionadas por fenômenos originais e irregulares.

Não se pode equacionar o movimento do homem nos mesmos moldes do movimento de uma máquina e, portanto, também não aceitamos que a explicação do "educador pelo movimento" se identifique com a explicação que um engenheiro dá sobre uma máquina. O movimento humano e, conseqüentemente, o seu estudo genético, não pode ter uma descrição tão exata e tão processual como o movimento de uma máquina. Este movimento não se desenrola independentemente do seu consciente; o indivíduo quando está em movimento não é um espectador desinteressado, como afirma Buytendijk. O movimento não é exclusivamente objetivo, não é somente aquilo que se vê; inúmeros outros aspectos nos escapam à simples observação.

É impossível descobrir todos os processos e significações do movimento, dado que a sua variabilidade é infinita e o seu fim indeterminado. O movimento humano não se pode medir, porque nenhuma escala pode satisfazer a interpretação das significações do comportamento.

O estudo do movimento exige a consideração da subjetividade (AJURIAGUERRA, 1970) que o realiza, daí que o nosso estudo tenha que, em primeiro lugar, defender uma revisão científica interdisciplinar, sem a qual não poderemos explicar ou perceber a expressão que carrega uma atitude ou um movimento.

Não querendo propor um estudo que negue a importância de uma fisiologia ou de uma patologia do movimento humano, necessariamente que rejeitamos todo o tipo de concepções fisiopatológicas mecanicistas semelhantes a explicações tecnológicas em que entram em consideração exclusivamente fatores de eficiência e rendimento.

Não podemos nos satisfazer ou contentar com descrições de movimentos; temos que procurar as relações e os determinismos bio-psico-sociais que presidem à elaboração motora do ser humano. Por esse fato, necessita-se de um estudo dinâmico do sistema nervoso central (LURIA, 1966), evitando-se os estudos limitados e determinados, e criando-se perspectivas indeterminadas e imprevisíveis.

O homem não é um atlas de anatomia, nem as páginas de um tratado de fisiologia nos permitem perceber a execução de um movimento.

A ciência analítica pode predizer os movimentos de uma máquina, mas não os movimentos do homem. Somente *a posteriori* se podem indicar os elementos que contribuíram para a realização do movimento. Não se pode esquecer que a causa do movimento está fora do indivíduo.

É pelo movimento que o envolvimento atinge o pensamento.

Assim como é inconcebível perceber o homem sem envolvimento, também é inconcebível perceber um homem sem movimento.

Todas as reações de origem interoceptiva, proprioceptiva ou exteroceptiva que constituem as premissas psicofisiológicas de toda a vida afetiva, são provocadas e desencadeadas pelo movimento, pela possibilidade que o ser humano adquiriu de autolocomover-se.

De que forma vamos estudar a inervação motora do sistema nervoso central?

Será o conhecimento exaustivo, de todas as excitações e conexões entre os neurônios, suficiente para explicar a amplificação, inibição, irradiação, infiltração e retorno das correntes nervosas?

Haverá algo que une o homem ao seu meio?

As respostas a estas perguntas ainda não foram confirmadas, deixando-se em suspenso um fator desconhecido e imaterial. Como interferem as influências e as impressões no indivíduo?

> O movimento envolve o ser no seu mundo (MERLEAU-PONTY, 1969).

A nossa procura leva-nos, em termos muito imediatos, a equacionar a noção de imagem do corpo (esquema corporal) (SCHILDER, 1968), que não é mais do que uma adaptação e uma harmonia preestabelecida, que liga o homem ao seu meio através da criação infinita de projetos de comportamento. A existência do "membro fantasma" dos amputados e dos indivíduos com perturbações somatognósicas mostra bem a complexidade extrema dos encadeamentos e inter-relações nervosas que presidem a elaboração da ação e do pensamento. Neste mesmo assunto, procuraremos apontar outros aspectos mais à frente.

Ao pretendermos estudar o movimento como fenômeno de comportamento não o podemos isolar de outras coisas, pois só assim o justificamos como função. O movimento assim encarado engloba e reúne todos os movimentos expressivos e todas as atitudes significativas. Só assim se pode perceber a inteligibilidade específica das atitudes e dos movimentos do ser vivo.

Weizaecker (apud AJURIAGUERRA, 1970) esclarece muito bem este ponto quando afirma: "assim como não podemos fazer uma fisiologia completa das sensações sem conhecer as percepções sensíveis, também não se pode construir uma fisiologia completa do movimento sem conhecer a intenção deste".

É esta intenção que dá ao movimento um conteúdo de consciência. Podemos ignorar a consciência do animal que salta, mas não ignoramos a intenção do homem ao movimentar-se.

Neste nosso limitado estudo sobre a gênese da psicomotricidade desejamos evitar a fixação de conceitos ou a adoção de uma linguagem finalista, última ou exclusiva. Pretendemos saber aquilo que o ser vivo pode fazer (em termos de movimento, claro) e não como o ser vivo faz.

O que significa esta tomada de posição e esta opção de conhecimento?

Primeiro conceber o movimento como função e como comportamento, vê-lo como relação e valor vital e existencial; segundo, como relação de situação e, por último, como tomada de posição, ação, reação e conscientização.

Eliminamos neste contributo explicações ou estudos causais dos movimentos. Queremos, sim, deixar bem expresso, embora talvez seja difícil transmiti-lo clara e cientificamente, que a nossa via de estudo evolutivo da psicomotricidade se projeta no conteúdo inteligível dos movimentos, num conjunto total de comportamentos considerados e tomados como significativos e intencionais.

O nosso estudo exige a compreensão psicológica a partir de uma consciência vivida e convivida, porque o movimento é um fenômeno relativo a um sujeito e é evidente que todo o movimento do ser vivo é psicológico, como defende, e nós concordamos, Buytendijk (1957).

Estamos inclinados a um estudo que não seja carregado de um excesso de objetividade do tipo de ciência física; queremos equacionar, em primeiro lugar, que aceitamos a subjetividade como dado perceptivo imediato e, em segundo, perceber que na ação o objetivo e o subjetivo se fusionam.

Entendemos a percepção como uma resposta significativa e seletiva, ela já é uma "re-presença" de algo que fisicamente se encontra ausente, mas que interiormente está representada (representação mental).

Não nos interessa caminhar num estudo do movimento humano caracterizado por uma exatidão ou por um positivismo; não queremos nos aproximar neste aspecto do padrão do estudo da física, considerada como a mais perfeita das ciências. Não é porque se descreve o corpo humano que se percebe a sua personalidade, mas é a descrição do círculo que explica a sua construção. Dificilmente se pode descrever *exatamente* o movimento do ser vivo.

Os caminhos que almejamos romper no campo da investigação psicomotora não se compatibilizam com o positivismo científico. A nossa tentativa é mais procurar o desconhecido e o que está para além da simples descrição dos fenômenos.

Não lutamos por saber "o que se passa de fato". Esta opção procura fugir a propriedades invariáveis e a expressões exatas (leis), pelo simples fato de considerarmos o movimento como um comportamento significativo, intencional e consciente, e não como um puro processo corporal.

Para Michotte, "o movimento é um dado fenomenal susceptível de desenvolvimento racional, vemo-lo sempre como expressão de um ser autônomo, independente e portador de conhecimentos, vivências e tendências".

O movimento do ser humano prolonga-o e transcende-o para além dos seus limites espaciais. A motricidade não está limitada às superfícies corporais, ela é a projeção de um mundo (o próprio homem) noutro mundo (envolvimento). Para além de não estar limitada aos seus limites, a motricidade também habita o espaço onde reside o homem (FELDENKRAIS, 1971). Não estamos num jogo de palavras, mas na procura do sentido dialético inerente ao movimento do ser vivo. Não há explicação lógica que explique a etiologia da psicomotricidade.

O movimento, mesmo o reflexo ou o movimento automático da respiração (o primeiro e último movimento dos seres vivos) são sinônimos de vida, de presença e conhecimento. Onde há movimento há vida.

O movimento assim considerado constitui a nossa preocupação metodológica, por partir de um conceito neogenético que considera o indivíduo como ser portador de relações com o seu meio e com a sua própria corporalidade.

Para além da base epistemológica da psicomotricidade, consubstanciada no enriquecimento científico dado pela neurofisiologia, da reflexologia, pelas dinâmicas da psicologia profunda e mais recentemente pela psicologia social, dinâmica de grupo e pelos problemas relacionais, o seu campo de investigação ainda se encontra muito pouco explorado.

Se juntarmos ao estudo epistemológico um estudo histórico da noção da psicomotricidade, vamos encontrar um significado diferente, mas simultaneamente mais alargado.

Considerando as bases históricas podemos mais ou menos esquematizá-las segundo o desenvolvimento do indivíduo como expressão de uma maturação, estruturada a partir de funções variadas e indiferenciadas que progressivamente se vão diferenciando e especializando.

Como afirmou A. Rey, o indivíduo nasce somente com as condições anátomo-fisiológicas dos seus reflexos. O equilíbrio orgânico passa sucessivamente a sofrer uma modificação em evolução, provocada pela resistência que o meio oferece, pelo seu riquíssimo potencial estimulador, que passando através do corpo do indivíduo, por meio da sua estruturação motora, inicia a superior organização do sistema nervoso.

O organismo assume uma constante atualização de possibilidades e capacidades através dos estímulos que o meio contém. O meio, ao solicitar do organismo uma melodia adaptativa, promove no indivíduo uma harmonia de crescimento, traduzida numa atividade sucessivamente condicionada.

À medida que a evolução se desenrola, o pólo psicomotor liberta-se do pólo orgânico, progredindo por estruturações próprias em que o envolvimento social intervém profundamente, garantindo, em termos dialéticos, uma conquista de autonomia e de cooperação.

Neste desenvolvimento surgem três tipos de fatos que o condicionam. O primeiro, psicofisiológico, relacionado com os problemas da aprendizagem e do condicionamento; o segundo, psicoafetivo, relacionado com as motivações profundas e a emocionalidade; e o terceiro, psicossocial, relacionado com os problemas da imitação ou oposição ou afirmação, portanto, com todas as implicações identificativas de um indivíduo face ao outro (AJURIAGUERRA, 1970).

Genericamente todos esses aspectos encontram-se dimensionados com fatores espácio-temporais integrados e sem os quais o comportamento motor não tem significado nem intenção. Convém, no entanto, considerar que é na expressão total do movimento que se encontra a semantização da presença corporal do ser humano no mundo.

Em matéria de aplicação, os estudos da psicomotricidade começaram por influenciar as técnicas relacionadas com a inadaptação, com a neuropsiquiatria infantil, com os métodos ativos de aprendizagem e também com os métodos de "ginástica rítmica" e "ginástica corretiva". Presentemente ocupa um lugar incontestável na medicina psicossomática e nos métodos de reeducação pedagógica.

Para tentarmos demonstrar quais os degraus mais importantes da evolução da psicomotricidade, procuramos chegar aqui relacionando a multiplicidade de ramos do conhecimento e a extrema complexidade das suas interconexões.

Bibliografia

AJURIAGUERRA, J. (1970). *Manuel de psychiatrie de l'enfant*. Paris: Masson.

BERGERON, M. (1947). *Les manifestations motrices spontanées chez l'enfant*. [s.l.]: Herman & Cie.

BERGÉS, J. (1967). *Les gestes et la personnalité*. Paris: Hachette.

BUYTENDIJK, J. (1957). *Attitudes et mouvements*. Paris: Desclée de Brouwer.

FELDENKRAIS, M. (1971). *La conscience du corps*. [s.l.]: Robert Laffont.

LEROI-GOURHAN, A. (1964). *Le geste et la parole*. [s.l.]: A. Michel.

LURIA, A.R. (1966). *Human Brain and Psychological Process*. Londres: Harper & Row.

MERLEAU-PONTY, M. (1969). *Phénoménologie de la perception*. Paris: Gallimard.

_____ (1960). *La structure du comportement*. Paris: PUF.

SCHILDER, P. (1968). *L'image du corps*. Paris: Gallimard.

VIAL, M. (1972). Quelques réflexions sur la notion de psychomotricité. *Rev. Thérapie Psychomotrice*, n. 15.

VON UEXKULL, J. (1970). *Dos animais e dos homens*. [s.l.]: Livros do Brasil.

WALLON, H. (1970). *Les origines du caratere chez l'enfant*. Paris: PUF.

3

A importância das obras de Wallon e de Piaget no estudo da gênese da psicomotricidade

Cabe-nos agora sair de uma raiz interdisciplinar para os problemas específicos da motricidade, no sentido de se aprofundar esta noção e perceber a sua fundamentação científica.

Para esse efeito, escolhemos as obras de Wallon e de Piaget que se consagram ao estudo da motricidade. É fundamentalmente com base nestes dois autores que apoiamos as idéias-chave do presente trabalho.

Contribuição de Wallon

A obra de Wallon assinala bem a importância da motricidade na emergência da consciência, sublinhando a constante reciprocidade dos aspectos cinéticos e tônicos da motricidade (WALLON, 1970), bem como as interações entre as atitudes, os movimentos, a sensibilidade e a acomodação perceptiva e mental no decurso do desenvolvimento da criança.

O caráter emotivo da relação tônico-emocional foi levantado por Wallon, traduzindo-a como uma simbiose afetiva, que surge posteriormente à simbiose fisiológica existente na relação mãe-filho e que é responsável pelos comportamentos de choro e sorriso e dos sinais de contentamento, que constituem os primeiros *investimentos* da relação afetiva entre a criança e os que a cercam (WALLON, 1968).

A partir desta relação, segundo o mesmo autor, geram-se os processos de imitação, como fatores contaminantes que se subdividem nos comportamentos de fusão-alienação ao objeto e desdobramento do ato-executado e do modelo. A diferenciação do Eu e do Outro é a base da afirmação verdadeira do Eu. A imitação do outro, para Wallon, é uma impregnação postural onde têm importância os fatores tônicos e corporais (WALLON, 1966). A utilização do corpo, e a conseqüente vivência tônica, garantem a projeção do Eu para além da sua superfície corporal (WALLON, 1956; FONSECA, 1972).

Há em Wallon uma nítida tendência de defender os aspectos afetivos anteriores a qualquer tipo de outros comportamentos ulteriores. Em qualquer movimento existe uma condicionante afetiva que lhe insufla algo de intencional. Existe, portanto, toda uma evolução tônica e corporal que constitui o prelúdio da comunicação verbal, a que o autor chamou diálogo tônico.

O diálogo tônico, que ocupa uma grande importância na gênese psicomotora, tem como instrumento operativo e relacional o corpo (WALLON, 1970).

Para Wallon, a ação desempenha o papel fundamental de estruturação cortical e está na base da representação.

Podemos acrescentar que Wallon conseguiu construir todo um corpo teórico sobre a motricidade de alto significado psicológico. Foi dos primeiros a confirmar o seu interesse e o seu contributo para o desenvolvimento mental da criança. Toda a sua obra mostra claramente a significação do movimento e as suas alterações ontogenéticas. Em cada um dos estados do desenvolvimento, o movimento assume uma importância cada vez maior. Nos primeiros meses, a agitação orgânica e a hipertonicidade global caracterizam uma atividade rítmica essencial que progressivamente se vai abrindo, permitindo as primeiras relações afetivas e emocionais com o meio ambiente, a que o autor chamou de *estado impulsivo*, caracterizado por descargas ineficientes de energia muscular, espasmos, estereótipos e gestos desordenados (WALLON, 1956).

A agitação global da criança é suscitada pelas necessidades, pelos estados de bem ou mal-estar provocados por variações tônicas (hipo e hipertonicidade) e pelas emoções. É na forma agitada e difusa que a criança comunica com o envolvimento, onde progressivamente se irá introduzir ajustadamente.

Os primeiros gestos úteis são os da expressão, desenvolvidos na criança para tomar objetos demasiadamente indispensáveis ao seu bem-estar.

Tal *expressão motora* encontra-se profundamente ligada à esfera afetiva, por ser o escape das emoções vividas. A forma de expressão emotiva é o elemento projetante da formulação da consciência que, embora confusa e global, vai iniciando a estruturação das significações.

É o *mundo das emoções* que mais tarde originará o *mundo da representação*, através das atitudes e simulacros postos em jogo pelo movimento.

A ação ligada à sensibilidade reestrutura o processo histórico que caracteriza a evolução mental do ser humano.

A psicologia de Wallon insere-se na psicologia social de Politzer. Para este autor, o homem não é totalmente explicável pela psicologia, na medida em que o seu comportamento e as suas atitudes têm por condição essencial a sociedade e tudo o que ela comporta.

Wallon denomina este segundo período por estado *tônico-emocional.*

A relação com o meio dominante dá ao comportamento da criança um estilo particular.

A coexistência de diferentes atividades traduzem o enriquecimento específico das relações da criança com o seu meio ambiente.

Após o domínio afetivo, pela própria subjetividade da criança, as atividades anunciam o 3º estado, o *sensório-motor.*

Este estado tem um caráter mais subjetivo e afetivo, o seu fim é ligar o movimento às suas conseqüências sensíveis, e operar uma riqueza de dados sensoriais provocando uma percepção mais fina, precisa e mais discriminativa, das excitações causadas pelos objetos exteriores. Surgem as reações de autopalpação e de balanço da cabeça e do tronco a que Koupernick chamou de *reações auto-eróticas* (KOUPERNICK, 1969).

O estado sensorial sucede ao desenvolvimento das atitudes, dos atos rudimentares, das expressões emotivas, de tal forma que o indivíduo é o curto-circuito da sua atividade.

Graças às tentativas sinestésicas e auditivas provocadas pelo contato dos objetos, esboça-se a primeira forma de repertório fonético.

A atividade circular é assim denominada porque o efeito proveniente de um movimento leva à reprodução do mesmo, como provam as suas mútuas modificações.

É com este tipo de atividade que a criança desenvolve os instintos de orientação e de investigação, estudados por Pavlov. A conduta de exploração espacial é determinada por objetivos ocasionais. O espaço começa por ser "bucal" (a boca é o único local entre a sensação e o movimento) para se tornar "próximo" dos braços. Depois da boca, todo o corpo é fragmentado, cada uma das suas partes é descoberta progressivamente. A unidade do corpo só aparece muito tardiamente. Nos casos de ordem patológica, o corpo apresenta-se sempre dissociado e dividido (WALLON, 1931).

As relações com o meio ambiente vão sendo cada vez mais indecisas e ambíguas. Elas passam a revelar uma intencionalidade, que cresce em paralelo com a evolução mental.

O indivíduo não é uma combinação de sensações nem uma coleção de movimentos (Wallon).

Essa evolução mental não nasce só das relações entre o indivíduo e a natureza física, mas também entre o indivíduo e a sociedade em que vive. O movimento como elemento base da reflexão humana tem sempre um fundamento sociocultural, é dependente de um contexto histórico e dialético (WALLON, 1947).

Para Tournay, o problema das coordenações intersensoriais é de uma importância capital no desenvolvimento da criança. O movimento é o denominador comum das polissensações. Em Gesell, o movimento é o elemento essencial da percepção sensorial (GESELL, 1949).

O domínio do espaço passa por três universos desde o nascimento aos três anos. W. Stern demonstrou que a criança reconhece as coisas por três espaços: bucal, próximo e locomotor. É todo este caminho que leva à maturação orgânica superior. A evasão progressiva e a exteriorização emotiva têm como tema central o próprio movimento. É por meio dele que se inicia a aventura fantástica, fabulosa e prodigiosa do psiquismo (WALLON, 1930).

Wallon sublinha diferentes níveis da atividade sensório-motora:

Na primeira fase, puramente subjetiva, a mão chega ao campo visual, retém o olhar e este a segue em todos os seus deslocamentos. A visão começa progressivamente a guiar a mão e esta elabora os primeiros contatos com os objetos do seu envolvimento. A mão torna-se um *órgão cortical* (André Thomas) e pelas suas possibilidades sensitivas torna-se num *órgão analisador*.

Sobre este aspecto da coordenação do olho e da mão, Sherrington fala de percepções vísuo-músculo-labirínticas ou tato-músculo-labirínticas, demonstrando a estrutura de fusão entre os processos visuais e os processos táteis (FONSECA, 1972).

A perfeição dos movimentos da mão é acompanhada pela maturação da motricidade humana e da sensibilidade sinestésica, que estão em paralelo com a progressão das capacidades de informação e de realização.

A preferência e a riqueza dos movimentos do membro súpero-anterior levanta problemas do córtex-motor, na medida em que a mão é o elemento de expressão mais humanizado e por conseguinte o segmento que mais concretiza as veleidades da corticalidade. Para Conel, a capacidade de movimento é sempre sinônimo de reconhecimento cerebral.

A mão, disse Herbert Spencer, é um aparelho tátil, altamente elaborado, que vem a ser acompanhada uniformemente por uma inteligência superior.

O aspecto evoluído, intelectualizado e práxico da motricidade continuará a desenvolver-se a partir dos três anos. Há como que um aperfeiçoamento contínuo das aprendizagens e uma revolução no domínio da maturação. O movimento, como meio de expressão, fornece o aspecto cinético da imagem de si, projetando no mundo dos homens uma nova dimensão de vida.

W. Stern evoca que neste período se instalam os gestos precursores da preensão fina. Dentre eles destaca os gestos de *jubilação* e de *impaciência*. Estes gestos começam por ser pouco diferenciados e, numa primeira fase, os objetos são manipulados globalmente com as duas mãos. A esta preensão segue-se a de mão a mão, fixando a *preensão unilateral*, de grande importância para a definição do hemisfério-piloto. Wallon chamou esta preensão de *palpação estrutural*, onde a atividade de uma mão é completada pela outra; uma toma "as iniciativas" e a outra tem uma função "auxiliar" (WALLON, 1963).

Surge uma fase muito importante no desenvolvimento psicomotor da criança, a bipartição diferencial do movimento, em que cada mão é capaz de ações combinadas, cada uma com o seu papel.

Bergeron estabelece, aliás como Spitz, uma relação de dependência entre as aquisições motoras da criança e as pessoas que a cercam. Entre a criança e o outro há um desdobramento de duas pessoas, o *diálogo corporal*. Embora mal diferenciado, é já uma forma de sociabilização sincrética. Quanto mais vezes a criança vê o outro, tanto mais facilmente ela projeta alguma coisa de si mesma (WALLON, 1968).

Até este momento o movimento está ligado à subjetividade, ou seja, à percepção dos objetos exteriores.

A representação mental serve de suporte à intencionalidade do gesto, impõe-se à consciência ainda dominada pelas impressões do momento e, ligada ao jogo das associações sensoriais, é o *estado projetivo*.

A criança exprime-se por gestos e por palavras, em que ela parece organizar o mimetismo do pensamento, e distribuir pelo movimento as suas imagens no envolvimento atual, bem como para lhe conferir uma certa presença.

Estamos perante o *simulacro*, em que a atividade motriz está a serviço da representação. É sempre a ação motriz que regula o aparecimento e o desenvolvimento das formações mentais. O ato, o movimento, portanto, mistura-se com a própria realidade (WALLON, 1966).

Esta realidade não é ainda totalmente acessível, é exclusivamente relacionada com uma atividade de origem subjetiva e com poder essencialmente prático. É o sistema pelo qual se opera o contato com as coisas, que prevalece sobre o das associações entre imagens e símbolos. Resulta daqui uma figuração motriz que, destacando-se da ação propriamente dita, poderá cada vez mais tomar o aspecto de um simulacro; mas ainda está longe de ser uma representação pura (WALLON, 1963b).

Nesta fase, a criança tem uma necessidade enorme de comunicar as suas experiências através dos gestos, a maioria das vezes nada mais há senão o gesto. O gesto é o refúgio da sua inferior expressividade.

Wallon foca o fato de uma criança de três anos e meio se divertir a lavar o urso de pelúcia, mas apenas simula ensaboá-lo. Executa o ato de pegar o sabão, de pegar uma toalha, de o destapar, friccionar e enxugar, sem ter nada nas mãos além do urso (WALLON, 1966).

O gesto pode tornar presente o objeto ausente e substituí-lo. O gesto é um meio de estabelecer analogias que dificilmente se poderiam formular de outro modo (WALLON, 1930).

Surge então a *imitação*, que não é mais do que a repetição de um gesto executado por ela própria, como forma de resistência de uma excitação recente e facilmente renovada no aparelho psicomotor.

As ligações psicomotoras anteriormente constituídas condicionam a atividade circular, como indicou Guillaume. Por intermédio de *reações convergentes*, a mesma situação pode provocar, simultaneamente, a mesma ação em vários indivíduos.

A imitação é uma forma de atividade que parece implicar de uma maneira incontestável relações entre o *movimento* e a *representação*. A criança esboça o movimento já em relação a algo exterior a si própria, os movimentos deixam de responder imediatamente a uma necessidade impulsional para se ajustarem às situações exteriores.

A *similitude gestual* é muito comum nos animais, mas ela é fundamental na evolução psicológica da criança. O modelo do outro inicia a sua importância, pois traduz uma *incubação pré-motora* que em si representa já um contato com as esferas psíquicas.

A imitação passa primeiramente por uma fase passiva e, posteriormente, por uma fase ativa. Em qualquer delas a imitação corresponde ao prelúdio da representação psicológica.

A criança aproveita, então, todas as oportunidades para pôr em movimento a necessidade de realizar os seus próprios ritmos e, por intermédio destes, de se pôr de acordo com o ambiente e de estender a sua sensibilidade subjetiva aos objetos que a rodeiam (WALLON, 1930).

É um processo semelhante ao contágio do bocejo. O mesmo se passa na fenomenologia desportiva, em que o espectador sente no seu próprio corpo a agitação do jogo, e, mais, tem com freqüência a impressão de fazer intimamente o gesto que deve ser feito pelo jogador, ou de corrigi-lo se ele foi mal realizado.

A imitação depois de ser uma simples repetição estabelece um sistema de ligações perceptivo-motoras e projeta-se numa reação convergente.

Toda esta dimensão de expressão é possível por intermédio da *marcha* e da *palavra*. Estas duas aquisições sociais encaminham a criança para a sua autonomia. Pela marcha, a criança, começando pelo seu *espaço próximo* (W. Stern), que não ultrapassa o alongamento do seu braço, inicia a modificação do envolvimento. O espaço como autocriação da própria independência da pessoa humana vai permitir à criança a descoberta do seu mundo de criação e de satisfação.

A sensação e o prazer da *autonomia*, experimentados a partir dos três anos, têm uma elevada importância na formação da autoconfiança da criança.

É o *movimento que, projetando no meio uma realidade humana,* permite à criança uma atenuação de grupos musculares onerosos (sincinesias e paratonias), que proporcionarão uma progressiva coordenação e uma melhor habilidade manual (WALLON, 1958).

A evolução da motricidade tem um fim cognitivo: a criança constrói o real através da exteriorização cinética da sua unidade. Os limites do real deixam de ser um bloco, eles são cada vez mais abertos e longínquos. O espaço não é medido em metros, mas em dados da sua experiência; cada *passo* é uma sensação da sua *autonomia andante*.

Todo o processo das reações circulares, e posteriormente da imitação, provoca um conjunto cada vez mais rico das relações sensitivo-motoras que progressivamente definem a adaptação singular ao ambiente. Essas reações estão longe de ser "químicas", mas são reações em *eco*: ecocinésia, ecomímia e ecolalia (WALLON, 1956).

Este tipo de reações prolongam as percepções, e todo o aspecto vísuo-áudio-sinestésico vem enriquecer a autonomia singular por meio da palavra (LEZINE, 1966).

A significação da palavra evolui com a maturidade motora e com a corticalização progressiva. É pelo movimento que a criança integra a relação significativa das primeiras formas de linguagem (simbolismo).

É pelo aspecto motor que a criança reivindica uma porção de espaço, através do qual ela estabelece os primeiros contatos com a linguagem socializada. As noções de "aqui" e "dali", de "esquerda" e "direita", de "frente" e "atrás", de "em cima" e "embaixo", de "dentro" e de "fora", etc., são fundamentais para a orientação do ser humano, no sentido da sua autonomia e da sua independência.

Para Wallon, o movimento não intervém só no desenvolvimento psíquico e nas relações com o outro, mas também influencia o comportamento habitual. É um fator importante do temperamento da pessoa humana (WALLON, 1950).

O movimento está ligado aos progressos das noções culturais e às capacidades fundamentais e, quando passa ao *controle* dominante da inteligência, ele continua implicado com as formas de exteriorização da atividade psíquica.

A modificação do meio exterior provocada pelo movimento, que em si operou uma modificação da própria pessoa, encaminha-a na representação, como forma criadora de relações. É a representação que liberta o homem dos dados imediatos da natureza e dos dados imediatos da sua experiência individual.

A representação com base numa simbolização não pertence ao mundo das coisas, ela constitui o entendimento com o próximo e tem, portanto, uma significação social.

Nascem todas as formas de comunicabilidade; a linguagem, como resultado da representação, dá origem à inteligência.

A aquisição da linguagem, segundo Bernard, implica três condições necessárias:

1) A maturação do sistema nervoso;
(Importância da motricidade na fonação e na audição).

2) A integração num grupo humano;
(Importância da cultura).

3) A motivação afetiva;
(Importância da afetividade).

Depois da motricidade, e baseada nela, a linguagem introduz a criança no mundo e na sociedade e, reciprocamente, introduz o mundo na personalidade da criança.

O movimento é o veículo da conscientização global. É fundamentalmente o movimento que leva à dissociação da oposição entre a adaptação motora e a representação simbólica. A oposição entre o espaço dos movimentos e o espaço indefinidamente decomponível e imóvel que pensamos não é senão um caso particular das contradições que reaparecem em todos os níveis.

O movimento é um dos elementos fundamentais da dialética do conhecimento (GASTON).

Não se pode dissociar os conjuntos que são responsáveis pelo ato motor na medida em que o movimento isolado não possui o significado de comportamento.

A determinação da conduta está em relação íntima com as estruturas possíveis do indivíduo, são fundamentalmente estas as que garantem a diferenciação progressiva das condutas.

Numa perspectiva dinâmica, a evolução nervosa é sempre uma evolução motora. É uma maturação importante na integração em função da causalidade no tempo.

Compreendemos a dificuldade e a vastidão do estudo do movimento, dentro de uma visão do comportamento humano, mas deveremos procurar uma via de fundamentação do movimento, descobrindo essencialmente a sua significação.

Pretendemos relacionar o movimento com as interações que têm com os outros aspectos do comportamento, não só com os de ordem motora, mas essencialmente com os aspectos da inteligência, da afetividade e da percepção.

Contribuição de Piaget

Foi Piaget um dos autores que mais estudou as inter-relações entre a motricidade e a percepção, através de uma larga experimentação. Piaget relacionou a percepção visual com a motricidade do globo ocular, constatando que a percepção surge primeiro numa fusão pouco definida, com os objetos em movimento e só tardiamente os movimentos do olho conseguem acompanhar a velocidade dos objetos, classificando e precisando a percepção (PIAGET, 1956). As experiências do quadrado animado de um movimento de circundação a velocidades diferentes, de Lambercier, verificaram a intervenção da motricidade nos fenômenos da percepção. Tais experiências mostraram que a criança tem dificuldade em reconhecer o quadrado, e só vê uma cruz simples, ao contrário do adulto que, possuindo uma motricidade ocular mais desenvolvida, consegue ajustar a sua concentração e ver uma cruz dupla envolvida de quatro traços, com obscuridade nos quatro ângulos da figura de conjunto.

Outro autor, Michotte, também estudou a causalidade perceptiva na criança, concluindo que esta experimenta dificuldades em seguir os movimentos e distinguir as prioridades temporais e espaciais, e sobretudo as velocidades. Esta dificuldade apresenta-se sob a forma de uma inadaptação, dependente do não-reconhecimento do envolvimento e da limitação do campo visual (PIAGET & INHELDER, 1948).

Este nível de comparação é melhorado com a idade, mas também acompanhado por aumento de ilusão, relacionado com a forma de conhecimento e de vivência do indivíduo.

Piaget considera que a motricidade interfere na inteligência antes da aquisição da linguagem. "A inteligência verbal ou reflexiva repousa na inteligência sensório-motora ou prática, que, por sua vez, se apóia nos hábitos e associações adquiridos para os recombinar" (PIAGET, 1968).

O movimento constrói um sistema de esquemas de assimilação, e organiza o real a partir de estruturas espácio-temporais e causais.

As percepções e os movimentos, ao estabelecerem relação com o meio exterior, elaboram a função simbólica que gera a linguagem e esta dará origem à representação e ao pensamento.

A coordenação dos sistemas sensório-motores estabelece-se e concretiza-se no movimento que, de forma cumulativa, dá lugar à atividade organizada como conseqüência da assimilação dos estímulos exteriores.

A continuidade dos processos morfogenéticos e a adaptação ao meio faz realçar um *sistema de reflexos* que se desenvolve e que sucessivamente estabelece as trocas com o meio.

A realização do movimento leva, segundo Piaget, à *assimilação*, que se torna elemento de compreensão prática e ao mesmo tempo compreensão da ação. Piaget define a motricidade com a explicação das condutas que a concebem dum modo interrogativo na construção de esquemas sensório-motores, portanto com a complicação progressiva, ligada de forma contínua à motricidade elementar, característica do período pré-verbal (PIAGET, 1968).

Piaget realça ainda a importância da motricidade, na formação da imagem mental e na representação imagética. O vivido, integrado pelo movimento e, portanto, introjetado no corpo do indivíduo, reflete todo um equilíbrio cinético com o meio, que, valorizando as representações psicológicas do mundo, dá lugar à linguagem.

Nos trabalhos que o mesmo autor apresentou com B. Inhelder mostra-se que a imagem mental é antes estática e só depois possibilita a antecipação face à imagem, dadas as dificuldades em imaginar os detalhes da ação (PIAGET; GRISE; SZEMINSKA; BANG, 1968).

A constante interação que o indivíduo estabelece com o mundo através do movimento permite-lhe sucessivamente um controle e uma intencionalidade progressiva que possibilita os conhecimentos dos pormenores da ação.

A esta passagem entre a ação e a representação, Michotte designou a chave *visuo-tátilo-sinestésica do comportamento humano*.

Estes elementos e tantos outros estudos revelam a importância psicológica do movimento, porque a formação da vida mental é baseada numa inteligência prática definidora de uma espécie de *imitação interiorizada* que prepara a imagem verbal e sonora.

As atividades perceptivo-motoras prolongam a interiorização de imagens visuais, preparadoras dos primeiros esquemas operatórios que dão suporte à linguagem e à reflexão.

Para Piaget, a operação é a ação coordenada que implica a estruturação lógica da inteligência humana (PIAGET, 1968).

A cadeia evolutiva *movimento-linguagem-inteligência* deve ser, portanto, constantemente atendida como ponto de partida da respeitabilidade da unidade do desenvolvimento da inteligência do ser humano.

A noção do objeto e o significado da sua utilização levam ao progresso da noção de ordem, propriedade fundamental da coordenação das ações. Essa noção de ordem origina a logicidade da inteligência, fundamentada na lógica da motricidade (PIAGET, 1962).

Verifica-se, com efeito, que a motricidade intervém em todos os níveis do desenvolvimento das funções cognitivas, na percepção e nos esquemas sensório-motores, substratos da imagem mental, das representações pré-operatórias e das operações propriamente ditas. "A inteligência não aparece em determinado momento do desenvolvimento mental como um mecanismo todo montado e radicalmente distinto dos que a precederam" (PIAGET, 1968).

Efetivamente, a *inteligência* é o resultado de uma certa experimentação motora integrada e interiorizada *que, como processo de adaptação, é, essencialmente, movimento* (PIAGET, 1960). Precisamos agora perspectivar as constantes funcionais da inteligência em Piaget.

Para Piaget, a inteligência é uma adaptação. A vida é uma criação contínua de formas cada vez mais complexas e à procura de um equilíbrio progressivo entre as formas e o meio. Esta sua linha é defendida por Vygotsky, em que a adaptação é a procura de um equilíbrio dialético entre o indivíduo e o meio.

Piaget prossegue defendendo que o organismo humano se adapta, constituindo materialmente formas novas, para posteriormente as inserir no seu universo, na medida em que caberá à inteligência prolongar essa criação, constituindo mentalmente estruturas susceptíveis de serem aplicadas ao meio. Biologicamente a inteligência é um caso particular da atividade orgânica, dado que, as coisas percebidas ou conhecidas são um aspecto do meio ao qual o organismo tende a adaptar-se, esperando-se como conseqüência uma inversão das relações. Piaget quis explicar que no desenvolvimento mental existem elementos variáveis e outros constantes.

No desenvolvimento da criança ao adulto assistimos a uma elaboração contínua de estruturas variáveis, mas também verificamos que as grandes funções do pensamento se encontram imutáveis.

De fato, encontramo-nos numa dificuldade em estudar a história do comportamento humano na medida em que se torna inútil separar os aspectos variáveis dos aspectos permanentes. Teremos que situar o desenvolvimento do indivíduo num contexto dialético, entre as estruturas de transformação e as estruturas de estabilização, como defendeu J.C. Filloux (1959).

Uma das estruturas de estabilização é a adaptação, como condição de conservação e equilíbrio entre o organismo e o meio. Para Piaget, há adaptação logo que o organismo se transforma em função do meio, provocando uma variação de efeitos que origina o enriquecimento das trocas, entre o meio e o indivíduo, que são favoráveis à sua conservação.

O organismo, como um ciclo de processos psicoquímicos e cinéticos, estabelece com o meio uma relação constante, íntima e gerante.

Mas Piaget subdivide o processo de adaptação em:

• *assimilação* – que constitui o funcionamento do organismo que, coordenando os dados do meio, incorpora-os;

• *acomodação* – como resultado de pressões exercidas pelo meio, justificando que a adaptação é um equilíbrio entre ASSIMILAÇÃO e ACOMODAÇÃO (FONSECA, 1971).

A inteligência é, com efeito, ASSIMILAÇÃO, na medida em que incorpora todos os dados da experiência. A adaptação intelectual comporta um elemento de assimilação, ou seja, uma estruturação por incorporação da realidade exterior por meio da atividade do sujeito. Chamamos aqui a importância para o movimento, dado que é por ele que se estrutura a *inteligência sensório-motora (prática),* a qual, organizando os atos, assimila os comportamentos motores das diversas situações oferecidas pelo meio.

Posteriormente à experiência motora, o indivíduo constrói formas de pensamento, baseadas na incorporação dos dados fornecidos por meio dela, assimilando os objetos a si próprio e esboçando aquilo que Piaget denominou por *inteligência reflexiva ou gnósica* (FONSECA, 1971).

Por outro lado, o mesmo autor acrescenta que a vida mental também é ACOMODAÇÃO ao meio ambiente, dado que ela não é possível sem a assimilação atinente. Ao trabalho de acomodação corresponde inversamente o da assimilação. A noção de objeto não é inata; ela necessita de uma construção tanto assimiladora como acomodativa.

Em conclusão, a adaptação intelectual, como adaptação motora, é a confirmação de um equilíbrio progressivo entre um processo assimilador e uma acomodação complementar. O indivíduo não se encontra adaptado enquanto não estabelecer uma ajustada acomodação com a realidade, mas inversamente não haverá adaptação se a nova realidade impuser atitudes motoras ou mentais contrárias às que foram adaptadas no contato com outros dados anteriores. Não há adaptação sem coerência, portanto sem assimilação, que conduzirá a uma função de organização inseparável da unidade da adaptação, constituindo aquela o aspecto interior e esta o aspecto exterior da totalidade funcional da unidade de comportamento.

Todo o ato de inteligência supõe, segundo Piaget, um sistema de implicações mútuas e de significações solidárias, que ascenderão ao aspecto categorial, em que a inteligência se adapta concretamente ao meio. São as "categorias" do espaço e do tempo, da causalidade e da substância, da classificação e do número, etc., que, correspondendo à realidade, integram-na ao consciente através do movimento.

O "acordo do pensamento com as coisas", e o "acordo do pensamento com ele mesmo", exprimem a constante funcional da adaptação e da organização (PIAGET, 1968).

> Os dois aspectos do pensamento são indissociáveis: é adaptando-se às coisas que o pensamento se organiza, e é organizando-se que ele estrutura as coisas (PIAGET).

Se tentarmos mostrar quais as aproximações existentes entre Wallon e Piaget, dentro do campo da motricidade, verificamos que o primeiro, mundialmente conhecido como psicólogo da motricidade, da emoção e do caráter, portador de uma sólida formação humana, médica e psicológica, conseguiu projetar uma linha de investigação verdadeiramente notável, adotando uma abordagem teórica para o estudo do movimento dentro de uma convergência entre a biologia e a ciência do comportamento. Como documenta Zazzo, o estudo da infância realizado por Wallon é o melhor meio de análise das estruturas mentais e dos comportamentos, na sua gênese e na sua dimensão (ZAZZO, 1969). O segundo elaborou um trabalho vastíssimo de observação, formulando a inteligência dentro de uma continuidade radical, entre as formas inferiores de adaptação motora e as formas superiores do pensamento (FONSECA, 1972a).

Entre a continuidade de Piaget e a descontinuidade de Wallon, verifica-se uma fusão de interesse, com uma tendência para perceber como se opera a evolução, da inteligência prática ou sensório-motora, para a inteligência discursiva até à eclosão do pensamento. A inteligência não tem só uma origem, ou seja, aquela em que se apóia a vivência sensório-motora (onde o movimento constitui elemento primordial), mas também depende da linguagem.

A possibilidade de raciocínio e de logicidade cognitiva só pode existir se, entretanto, existir um grande período de atividade sensório-motora. As condutas ultrapassam os aspectos primários de ação e relação e instalam-se nos primeiros hábitos que, como aquisições, vão garantindo uma sucessão de disponibilidade e facilidade adaptativa. Os fatores subjetivos e os objetivos interconectados na ação demonstram uma unidade total indivisível. Cabe às esferas da imaginação e invenção o poder de se adaptarem às situações e de transformá-las no sentido de torná-las gratificadoras.

Em Wallon é impossível dissociar a ação da representação, na medida em que esta não é mais do que o estado superior da inteligência das situações. A evolução: ação, simbolização e representação dá lugar ao aparecimento da linguagem, isto é, a relação da interdependência-fusão entre o movimento e o pensamento. O movimento é o pensamento em ato, e o pensamento é um movimento sem ato (FONSECA, 1972b). Em Wallon, movimento (ação), pensamento e linguagem formam uma unidade inseparável.

Em Piaget, a linguagem explica-se em termos de gênese lógica e de maturação cerebral, que a tornam um novo instrumento de vida e de ação. A linguagem aparece como forma social de conhecimento e de pré-conhecimento, diferenciada da forma sensório-motora.

Na passagem da inteligência das situações à inteligência discursiva, surgem algumas diferenças entre os autores. Wallon explica a passagem por duas formas de inteligência, a imitação e a orientação, ou seja, pela dialética das atividades imitativas. Imitar surge como espécie de investimento afetivo e sensório-motor sobre o modelo, fato este que simultaneamente explica a imitação e a oposição. A imitação transcende a ação, atingindo o mimetismo e a representação.

É o próprio Piaget que no seu artigo de homenagem a Wallon, na "Evolution Psychiatrique" (jan./1962), concilia a sua obra com a de Wallon, demonstrando que ambas se completam.

De qualquer forma, Wallon documenta dois aspectos diferentes da inteligência, um *operatório* em relação com o ato sensório-motor (o centro de interesse de Piaget), o outro *figurativo*, ou seja, a capacidade de organizar as relações no espaço neutralizado.

Piaget introduz uma noção operatória acrescida, que se vai separando dos dados sensíveis e atinge na adolescência o raciocínio hipotético-dedutivo, em que o real é subordinado ao grau possível de integração. Wallon vai mais por outro campo, procura chegar a uma *representação* racional das coisas e das superações dos obstáculos que justificam a experiência vivida. Ao contrário de Piaget, Wallon não se afasta do método verbal; através de um diálogo que procurou sempre, fez falar a criança escutando-a e analisando-a, tentando perceber as dificuldades e os progressos do pensamento carregado de ilusões da sua sensibilidade e também da sua motilidade e magia espacial que caraterizam a sua linguagem.

O pensamento é a sede dos movimentos vividos e das atitudes adquiridas, transformadas em função dos dados do real (espaço, tempo, etc.) numa unidade *dinâmica* e *dialética*.

De fato, só após uma experiência de adaptação e de coerência de relação com as coisas, a criança pode superar os dados sensíveis e atingir as representações. A linguagem passa a dar um nome às coisas e a encontrar uma lógica cognitiva que as reúne. A palavra colada e grudada às coisas introduz uma possibilidade nova de estruturar o Eu e o Mundo, originando progressivamente uma conduta cada vez mais ajustada às situações que a justificam. Claro que a estruturação do Mundo, como salienta Zazzo, é uma experiência sincrética da linguagem que, de raiz humana, garante os primeiros comportamentos de comunicação.

Wallon defende, portanto, uma dialética jamais acabada, em que cada fator de desenvolvimento é simultaneamente condição de progresso e condição de dificuldade. Esta dupla dimensão garante ao pensamento uma organização dos fatores afetivos, sensoriais e motores em constante reestruturação. Contrariamente, Piaget adota um tipo de lógica vitoriosa através de sucessivos estados de equilíbrio, perspectivando um pensamento com a elegância e a simplicidade de um esquema cibernético (ZAZZO, 1969).

A obra de Wallon é uma dialética da personalidade total, consubstanciada em contradições que vão sendo sucessivamente superadas e criadas. Contradições entre a rigidez da linguagem e a fluidez dos dados sensíveis, entre o real e a sua representação, a intuição e a abstração, entre o movimento do indivíduo e o movimento do real, entre o pensamento (aspecto discursivo) e a ação (aspecto sensório-motor). É a contradição de todos estes fatores que deve incitar o pensamento a novas estruturações e sistematizações.

Wallon dedicou ao estudo do movimento uma grande importância, não só por representar a forma de reação de qualquer ser vivo perante o seu meio, como também por testemunhar a vida psíquica, traduzindo-a em termos de totalidade e intenção. Não podemos desprezar o movimento e considerá-lo como resultado de puras contrações musculares, ou como simples deslocamento no espaço. Desta forma nunca nos encontraremos numa linha de investigação da motricidade, dado que desta panorâmica limitada só podemos tirar uma conclusão: que o movimento não passa de uma verdadeira abstração fisiológica ou mecânica.

O movimento em Wallon não depende de circunstâncias espaciais nem de capacidades motoras do indivíduo; ele traduz um *simbolismo* e refere-se ao *plano da representação* e do *conhecimento*. Esta condição de movimento só pertence ao homem e é uma das características principais que o diferenciam do animal, ao mesmo tempo que lhe produzem uma brusca maturação de atitudes de grande significado para o seu desenvolvimento psicológico (TRAN-THONG, 1972).

Enquanto em termos de comparação a motricidade humana e animal, no que diz respeito à agilidade, pouco se distingue; os níveis de ação postos em jogo em ambos são nitidamente diferentes, no homem o movimento é uma adaptação de estruturas motoras a estruturas do mundo exterior ligadas à função de centros nervosos, responsáveis pela regulação fisiológica do movimento e pela integração imagético-objetal que toca níveis de representação perceptiva ainda mais importantes.

Não nos cabe citar os trabalhos importantíssimos para o estudo da gênese da psicomotricidade referentes à motricidade fetal e pré-natal, realizados por autores como Minkowski, Magnus e Kleijn, C. Bühler e tantos outros; de qualquer forma as reações do ser em desenvolvimento surgem como processo adaptativo e realização intencional. Também os trabalhos de reflexologia de André Thomas, S. Autgaerden e J. de Ajuriaguerra devem ser mencionados a fim de se enquadrar também uma pista de investigação sobre a motricidade do recém-nascido e a expansão e significação da atividade (função) tônica (AJURIA-GUERRA, 1970).

Estes temas e tantos outros serão preocupação para outros trabalhos que tentaremos concretizar. Não querendo esquecê-los, não nos podemos inclinar para o seu tratamento, na medida em que o objetivo deste trabalho apenas pretende dar uma visão epistemológica da psicomotricidade como tronco de uma teorização, da qual partam inúmeras hipóteses de investigação e metodologia.

Necessariamente, na busca desse tronco de teorização teremos que integrar a vasta e notável obra do psicólogo francês Wallon, daí a nossa tentativa de síntese no sentido de procurar uma prática ligada aos aspectos gerais das suas idéias e concepções.

Para além do estudo dos tipos psicomotores Wallon relaciona a motricidade com o tônus, e o psiquismo com o equilíbrio e a sensibilidade afetiva, com a lateralidade e as perturbações do ato motor, com a motivação e a lalação, com a exploração das coisas e o reconhecimento de sons, com a linguagem e a aquisição dos hábitos, com a imitação e o simulacro e tantos outros aspectos que emprestam à sua obra não só beleza cultural como profunda fundamentação científica que o tornam um dos autores mais significativos para o estudo da psicomotricidade.

Num dos seus últimos estudos (1956), Wallon aprofunda a sua análise do movimento nos termos seguintes: movimento é essencialmente deslocamento no espaço e apresenta-se em três formas:

1) As reações de compensação e de reequilíbrio que conduzem a criança da posição deitada à posição sentada e finalmente à posição bípede, própria do ser humano.

2) Os deslocamentos autógenos ou ativos do corpo: locomoção e preensão.

3) As reações posturais que consistem em deslocamentos dos segmentos corporais que se exteriorizam como atitude e como mímica. Estas três espécies de movimento implicam-se mutuamente durante a evolução da criança (FONSECA, 1973).

Todo o aparelho funcional responsável que acompanhou o movimento e as atitudes, também marcado por outros aspectos perceptivos e afetivos, está longe de entrar em ação no nascimento. A sua evolução aparece num dado momento, o que traduz toda uma linha genética de comportamentos.

A obra de Wallon oferece inesgotáveis campos de investigação que definem não só níveis de integração da motricidade, como precisam a importância do equipamento orgânico e do meio. É neste campo complexo que queremos nos situar, percebendo que, cada conduta se explica por determinantes múltiplas.

Bibliografia

AJURIAGUERRA, J. (1970). *Manuel de psychiatrie de l'enfant*. Paris: Masson & Cie.

FILLOUX, J.C. (1959). *A personalidade*. Lisboa: Difusão Européia do Livro.

FONSECA, V. da (1973). A importância do movimento no desenvolvimento psicológico da criança, segundo Wallon. *Bull. Inef*, n. 3.

_____ (1972a). *As duas fontes da inteligência* – Texto de apoio à cadeira de Educação Psicomotora. [s.l.]: Inef.

_____ (1972b). As necessidades de movimento da criança. *Bull. Inef,* n. 314.

_____ (1971). *De uma filosofia à minha atitude* – Dados para o estudo da ontogênese da motricidade. [s.l.]: Inef [Tese de doutorado].

GESELL, A. (1949). *Study in child development.* Nova York: Harper.

KOUPERNIK, C. (1969). *Desarrollo psicomotor de la primera infância.* Barcelona: Luís Miracle.

LEZINE, I. (1966). Le développement psychomoteur des jeunes enfants. *Bull. Psych.*, n. 252.

PIAGET, J.(1968). *La naissance de l'intelligence chez l'enfant.* Paris: Delachaux et Niestlé.

_____ (1962). *Études sur la logique de l'enfant* I. Paris: Delachaux et Niestlé.

_____ (1960). Les praxies chez l'enfant. *Rev. Neurol.*, n. 102.

_____ (1956). Motricité, percéption et intelligence. *Rev. Enfance*, n. 2.

PIAGET, J.; GRISE, J.B.; SZEMINSKA, A.; BANG, V. (1968). *Épistémologie et psychologie de la fonction.* Paris: PUF.

PIAGET, J. & INHELDER B. (1948). *La représentation de l'espace chez l'enfant.* Paris: [s.e.].

TRAN-THONG (1972). *Stades et concept de stade de développement de l'enfant dans la Psychologie Contemporaine.* Paris: J. Vrin.

WALLON, H. (1970). *Les origines du caratere chez l'enfant.* Paris: PUF.

_____ (1968). *Évolution psychologique de l'enfant.* Paris: Armand Colin.

_____ (1966). *Do ato ao pensamento.* Lisboa: Portugália.

_____ (1963a). L'Habilité manuelle. *Rev. Enfance*, n. 16.

_____ (1963b). *Les origines de la pensée chez l'enfant.* 3. ed. Paris: PUF.

_____ (1958). Sur quelques signes d'appraxie chez des enfants inadaptés. *Ann. Med. Psychol.*, 116, 2.

_____ (1956). Importance du mouvement dans le développement psychologique de l'enfant. *Rev. Enfance*, n. 2.

_____ (1950). Le développement psychomoteur de l'enfant. *Rev. Morphophysiologie Humaine.*

_____ (1947). L'étude psychologique et sociologique de l'enfant. *Cahiers Intern. de Sociologie*, n. 3, fev.

_____ (1931). Comment se développe chez l'enfant la notion du corps propre. *Journal de Psychologie*, nov.-dez.

_____ (1930a). Le comportement fonctionnel du nourrisson. *Rev. Cours de Conférences*, fev.

_____ (1930b). Le comportement emotionnel. *Rev. Cours de Conférences*, fev.

ZAZZO, R. (1969). *Conduits e consciences*. Vol. II. Paris: Delachaux et Niestlé.

4

Algumas bases do desenvolvimento psicomotor

O estudo da motricidade não deve ser exclusivamente dedicado aos seus aspectos de comando neurológico, ou aos seus aspectos de programação e elaboração. Em paralelo, não devemos esquecer a sua relação perceptivo-motora e portanto gnoseo-práxica, atrás da qual se esboçam as estruturações responsáveis pela expressão global (corporal e relacional) do ser humano.

Sentimos, no entanto, a urgência de um estudo dos sistemas neurológicos que presidem a programação, realização e intenção motora, dentro de uma panorâmica funcional em que não se considere o movimento como o resultado do funcionamento de sistemas neurológicos justapostos (AJURIAGUERRA & SOUBIRAN, 1962).

Devemos tentar construir uma justificação neurofisiológica do movimento, considerando-o no seu ponto de partida, no seu desenvolvimento e no fim que o solicita. Toda arquitetura móvel que é responsável pela construção do ato motor não significa a soma de inúmeras contrações musculares que o concretizam. O movimento está ligado e reciprocamente condicionado às esferas do desejo e do querer.

Resta-nos procurar os fatores que assinalam a história das funções e os fatores que determinam a sua evolução.

É esta a tese de Ajuriaguerra (1970), consubstanciada nas seguintes fases de desenvolvimento psicomotor:

Organização do alicerce motor

Organização do tônus de suporte, disjunção dos bloqueios tônicos (sincinesias e paratonias), organização perceptiva e vestibular, desaparecimento das reações primitivas.

Organização do plano motor

Organização e integração sucessiva da melodia cinética com mobilidade espácio-temporal, plasticidade do funcionamento das formas anatômicas e fisiológicas, em reçação a um plano gnósico e social descoberto e progressivamente acrescido.

Automatização das aquisições com redução do tempo de execução (início e finalização).

Economia do esforço, desaparecimento dos movimentos parasitas e "transformação dos elementos pela sua subordinação e um fim" (GUILLAUME, 1952).

A gênese da psicomotricidade está dependente do meio, já que é este que, ao solicitar o organismo numa dialética interminável, atualiza as possibilidades e as capacidades, numa melodia assimiladora, que se acomoda ao meio em função das situações envolventes. O desaparecimento dos reflexos arcaicos de tipo motor, como os da marcha reflexa, da atitude estática dos membros inferiores, do alargamento cruzado, de Moro, de Landau, de flexão do tronco, do *grasping* e da sucção, para só falar nos principais, vão dar lugar à montagem de circuitos perceptivo-motores que serão responsáveis pela estruturação das funções pré-cognitivas e pré-práxicas (KOUPERNIK, 25). Este constante desenvolvimento torna-se uma atividade sucessivamente condicionada.

Para além desta simples estruturação genética não queremos senão deixar expresso neste ensaio que inúmeras bases entram em consideração, no que diz respeito à evolução da motricidade humana.

Para se considerar todo o horizonte de estudos que condicionam a organização psicomotora e a realização motora, teremos que equacionar uma multiplicidade de investigações e de métodos de observação de uma vastidão tal, que a nossa síntese pessoal necessariamente não comporta. Conscientes do incomensurável campo de estudo da psicomotricidade, queremos apenas apresentar, muito esquematicamente, quais os estudos mais importantes para a nossa procura.

Do ponto de vista metodológico (STAMBAK; PECHEUX; HARRISON; BERGET, 1963), poderemos considerar: os *estudos longitudinais*, especialmente de Shinn (1900) e de Pichon (1936); os *estudos sistemáticos de observação* de Bergeron (1947), que estudou as manifestações motoras espontâneas da criança, desde o nascimento aos 3 meses, dentro de uma concepção psicobiológica relacionada com a maturação nervosa, de Halverson (1931) sobre a *preensão*, de McGraw (1934) sobre a *maturação neurológica*; os de A. Gesell (1947) sobre a *maturação "pessoal-social"*, criando uma semiologia do desenvolvimento psicomotor, embora sem rigor científico no aspecto neurológico, como também os trabalhos de Ch. Bucher (1930, apud BUCHER et al., 1966), de Catell (1940), de Brunet e Lézine (1951, apud BRUNET & LEZINE, 1965) sobre a obtenção de dados que constituíssem cifras de desenvolvimento da criança. Também dentro desta linha se encontram os trabalhos de R.A. Spitz (1946, apud SPITZ, 1972) que deu sua grande contribuição à compreensão do desenvolvimento da criança através dos quocientes de aptidão motriz corporal, de manipulação e de sociabilidade. Propôs também uma divisão do sistema nervoso em sistema cinestésico e sistema diacrítico ou sensorial. O primeiro relacionado com os aspectos da motilidade e da mímica; o segundo, com as funções conscientes e corticalizadas. Para além da riqueza destes trabalhos não podemos deixar de referir a importância da obra de J.B. Watson (1924) sobre o condicionamento que levantou, mais tarde, grandes modificações produzidas por neopavlovianos como Stche Lovanoff (1951), Luria (1957) e tantos outros.

Dentro da linha psicomotora também assumem bastante importância os trabalhos psicanalíticos de M. Klein (1959).

Após o conjunto destes trabalhos, iniciaram-se vários estudos de inexcedível interesse, visto se caracterizarem por uma melhor justificação neurológica e por uma mais conveniente apreciação do papel do envolvimento. Desta forma, partiu-se para um tipo de trabalho neurológico detalhado, em que as figuras de A. Minkowski, McGraw, A. Thomas e J. Ajuriaguerra (apud THOMAS, 1940) se destacam e, mais recentemente e em termos experimentais, M. Stambak (1963b), G. Soubiran e Mazo (1965).

A partir dos trabalhos de R. Mourgue e Von Monakow (1928) até Minkowski (1938), o estudo da motricidade dedicou-se aos reflexos proprioceptivos e à organização bulboespinal. A mielinização e a função nervosa dentro de uma dialética tônica são no período fetal um fator de maturação importantíssimo, em que estão compreendidos os fenômenos de condução do influxo nervoso, que partindo da periferia (músculos), atingem o cérebro, desencadeando toda uma integração genética que apóia todo o desenvolvimento psicomotor da criança.

Dos reflexos tendinosos, a mielinização ascende progressivamente desde a medula até o espaço cortical, tendo por base a atualização das possibilidades motoras, solicitadas pelo meio. Com apoio nesta harmonização pré-sinestésica, o sistema nervoso central do recém-nascido encontra-se em permanente ordenação e reestruturação, criando novas conexões que permitem o enriquecimento do potencial motor, gerador de todas as trocas entre o organismo e o meio (AJURIAGUERRA & ANDRÉ-THOMAS, 1948).

Toda a história da criança traduz uma corticalização progressiva posta em desenvolvimento por uma complexa orquestração motora vivida.

Nos primeiros anos, são os centros subcorticais que se encontram mais equipados e funcionalmente mais ativos, centros esses que justificam reciprocamente as sucessivas aquisições do desenvolvimento postural e do desenvolvimento preensivo (STAMBAK, 1963b).

As modificações operadas na natureza, as relações de troca, entre a motricidade do indivíduo e o meio, bem como a qualidade dos movimentos e das reações motoras, refletem a maturação do sistema nervoso central e a maturação do psiquismo (BARBER; DICARA; KAMIYA; MILLER; SHAPIRO; STOYVA, 1970).

Estamos aqui com um paralelismo psicomotor, defendido por muitos autores, entre os quais Dupré (1915), que justifica toda a sucessiva arquiteturação cerebral.

Não basta a simples condução dos influxos que, nascendo na zona motriz do córtex, atingem a medula para justificar a atividade das funções práxicas.

O córtex, ao receber as aferências sensoriais e afetivas, encarrega-se da percepção do meio que só pode ser adquirida através das experiências motoras, integradoras dos fenômenos do espaço e do tempo e das relações com o mundo dos objetos e com o mundo das pessoas.

É interessante observar que é o sucessivo desaparecimento dos reflexos arcaicos (BERGERON, 1947) que vai dar lugar "à libertação" dos centros subcorticais que, posteriormente ao integrarem as aquisições fundamentais, preparam a disponibilidade do córtex.

A progressiva gravação biológica dos circuitos perceptivo-motores (ATAYDE, 1972), inicialmente inalteráveis e inflexíveis, garante a construção de outros circuitos mais transformáveis e mais adaptáveis.

A rede das conexões psicomotoras não se circunscreve ao mundo físico; ela está também alargada a outro ambiente igualmente real: o mundo social e afetivo (WALLON, 1966).

A impotência motora e a ausência de autonomia, que são inerentes à fase inicial do desenvolvimento do ser humano, transportam uma matriz simbólica que as teorias psicanalíticas têm captado exemplarmente, em que fluem dialéticas de identificação (GUILMAIN, E. & GUILMAIN, G. 1971) projetadas nos fenômenos da imitação e da linguagem. Foi Klein (1932; 1959) um dos primeiros autores a equacionar as frustrações orais e a libertação das pulsões edipianas relacionadas com a motricidade, emprestando a ela toda uma significação comportamental e expressiva que convém não esquecer.

Passam a ter grande significado os trabalhos em que se põem em consideração a atitude da mãe e a sua importância para o desenvolvimento da criança (SPITZ, 1972). Já em Wallon o tema é focado, mas ele atinge uma maior dimensão no campo das explorações psicanalíticas. Imensos trabalhos comprovam que a ausência da mãe, no primeiro ano de vida, pode constituir um motivo de perturbação no desenvolvimento motor da criança, para além de outras implicações mais significativas.

Não se podem aceitar todos os pontos da doutrina freudiana (FREUD, 1962), mas temos que reconhecer que, qualquer estudo da psicomotricidade sem o seu apoio está devotado a um reducionismo. No nosso ensaio, queríamos aflorar o tema e enfatizar que a nossa tentativa de teorização também busca aspectos que o pensamento original de Freud iniciou.

A dialética do instinto de vida e de morte põe problemas profundos de sexualidade e agressividade que podem em termos de conduta ser considerados num ponto de vista corporal e simultaneamente psicomotor.

A concepção genética oral, anal e fálica põe problemas metodológicos inovadores, centrando inicialmente a vida na alimentação e na eliminação que traduzem os pólos preliminares da sexualidade (AJURIA-GUERRA, 1970).

Os problemas relacionados com o estudo da imagem do corpo na perspectiva libidinal põem a claro a multiplicidade de comportamentos regressivos e neuróticos. Procuraremos tocar nestes aspectos quando considerarmos os estudos da somatognosia.

Não há dúvida de que a criança não descobre o mundo por si própria; a mãe é a primeira etapa dessa conquista, assim como a criança atinge a relação objetal através do corpo dela como primeiro objeto exterior.

Estudando a motricidade como meio de possessão do ambiente que rodeia o indivíduo temos que lançar mão do campo da psicanálise e, a partir daí, perceber o problema da relação objetal e social.

Todos estes aspectos considerados no seu conjunto levam-nos a perceber, no movimento, algo mais que um mecanismo (BUYTENDIJK, 1957).

Num dos seus trabalhos o autor russo Gourevitch (*O desenvolvimento motor e mental da criança*, 1937) foca, numa perspectiva filogenética, que nos vertebrados a evolução das funções motoras se encontra ligada à formação dos centros e de sistemas novos que, em seu conjunto, refletem a "cerebração progressiva" (SANIDES, 1966). Motricidade rítmica, automática dos peixes; movimentos inconstantes, interrompidos por momentos de repouso do tipo atetósico dos répteis; controle cerebeloso das aves; influência do córtex-motor do fascículo piramidal nos mamíferos e, enfim, no ser humano, todos os sistemas comandados por estruturas frontais estão intimamente ligados à atividade psíquica em que projetam no movimento um significado e uma intenção, conforme a sua orientação para um fim (TABARY; TARDIEU, G.; TARDIEU, C.). O que é interessante notar é que o ser humano acusa uma reconstituição estrutural dos diferentes centros a que fizemos referência. Parece verificar-se que na evolução do homem (ontogênese) se encontra escrita toda uma evolução da espécie (filogênese), que no campo motor apresenta paralelismos extremamente originais e significativos que emprestam ao estudo da motricidade uma visão científica a reconhecer (SANIDES, 1966). Uma vez mais teremos que nos referir aos trabalhos de Minkowski (1921), essencialmente ao estudo da elaboração do sistema nervoso que, baseado solidamente em aspectos da histologia, da anatomia patológica, da fisiologia nervosa e da fisiopatologia, comprovou uma base filogenética na motricidade fetal, com os movimentos dos animais de diferentes espécies. Considerou a evolução funcional do feto humano, nas seguintes fases: primeira, motilidade aneural; segunda, transição neuromuscular; terceira, espino-bulbar; quarta, bulbo-espinal; quinta, pálido-mesencefálica-cerebelo-bulbo-espinal (fase subcortical).

Vermeylen (1926), adotando uma dimensão de estudo sobre a evolução nervosa do recém-nascido, através de observações paralelas entre um anencéfalo e uma criança normal, verificou que as reações dos dois seres eram absolutamente semelhantes, o que levava a concluir que as atividades do recém-nascido durante os três primeiros meses de vida podem ser realizadas sem a ajuda do cérebro. Ambos podem respirar, sugar, deglutir, chorar, mover-se, etc. Foerster, Vogt e Collin acompanham estes estudos com observação de casos patológicos, o que vem dar mais interesse à investigação da motricidade humana, em complemento com o estudo da sucessiva maturação do sistema nervoso, percebendo que no feto alguns centros se encontram já em pleno funcionamento (medula, bulbo, sistema simpático, etc.) e outros se estruturarão mais tarde (corpo opto-estriados, cerebelo, etc.) (AJURIAGUERRA & HECAEN, 1960). Dos movimentos atetósicos, massivos, descoordenados até à realização das praxias, há toda uma evolução que resulta do arranque dialético da motricidade e da percepção (AJURIAGUERRA & HECAEN, 1960).

Neste pequeno ensaio tentamos defender um aspecto global que necessariamente foge a um sentido de justificação científica, no entanto procuraremos atingir um objetivo que se traduz no levantamento de aspectos que interessam a um esboço teórico que dê lugar à investigação que se deseja. Por isso, consideramos algumas bases do desenvolvimento psicomotor e não todas, visto que aos problemas da motricidade vêm cair inúmeros outros que lhe dão significação como ramo do conhecimento científico (SIVADON & GANTHERET, 1965). Não nos cabe aqui referir longitudinalmente todas as possíveis relações da evolução da motricidade, apenas se pretende criar pistas de observação que nos dêem, nas suas linhas gerais, uma perspectiva genética da psicomotricidade.

A observação constante que tem sido levada a cabo nos laboratórios de investigação do desenvolvimento da criança deixa-nos um vasto campo de reflexão, pondo em consideração as relações das funções motoras com as funções cognitivas (BERGERON, 1956).

Como assinala Vermeylen (1926), a função motora no recém-nascido encontra-se muito mais desenvolvida do que as outras funções, o que vem demonstrar as inúmeras teses que afirmam o apoio da linguagem nos alicerces sensório-motores, estabelecidos em estruturas assimiladoras e acomodadoras em conexão com o envolvimento exterior (PIAGET, 1968). De fato, como reforça Minkowski, as células dos cornos anteriores (motoras) da medula atingem o desenvolvimento mais precocemente que as outras.

Da atitude inicial de flexão e da hipertonia das extremidades, o recém-nascido, através da modulação tônica, em estreita relação com a cerebração progressiva (ecônomo), passa sucessivamente para uma hipertonia do eixo corporal e para uma hipotonia das extremidades. O constante jogo hipo e hipertônico, numa dialética entre o eixo (sua tonicidade e inervação) e as extremidades (hipotonia dos flexores), garante a aquisição de automatismos fundamentais à vida (locomoção e preensão) (STAMBAK, 1956).

Não queremos aprofundar as etapas do desenvolvimento motor dentro de uma linha neurofisiológica densa; cabe-nos referir uma sinopse histórica da motricidade. De qualquer modo, torna-se impossível separar a motricidade da maturação nervosa (LE BOULCH, 1972).

Como justificam os trabalhos de Coghill (1929), a maturação nervosa põe em destaque as *leis de desenvolvimento céfalo-caudal* e *próximo-distal*. São estas leis que permitem perceber o controle dos músculos oculomotores (de 1 aos 4 meses), dos músculos do equilíbrio da cabeça (dos 3 aos 5 meses) e dos músculos do tronco (dos 5 aos 10 meses), etc.

Da hipertonia dos membros e da hipotonia do eixo do corpo, a evolução da motricidade está em diminuir o tônus nos membros e aumentar no eixo. Esta evolução, de aparente contradição, como demonstrou Stambak (1963b), traduz o progresso maravilhoso do *controle* do córtex cerebral que assegura a coordenação dos vários grupos musculares (agonistas com antagonistas, flexores com extensores, mono-articulares com pluri-articulares, etc.).

Enquanto não se estabelece esta harmonia, esta melodia cinética (AJURIAGUERRA & SOUBIRAN, 1962), a evolução passa por inúmeras fases espasmódicas e agitadoras, desencadeadas bruscamente e em massa, daí uma reação totalitária e anárquica dos movimentos simétricos e bilaterais, que são argumentos ao fato de a mielinização do feixe piramidal ainda não se encontrar completa, não satisfazendo a inter-relação do córtex com as extremidades, no sentido de uma *conquista sinergética* que vai permitir à criança uma melhor capacidade de adaptação às exigências do meio ambiente (FONSECA, 1971). Da atividade bulbo-espinal, a maturação nervosa processa-se através da regulação protuberancial, cerebelosa, mesencefálica e talâmica, atingindo o *córtex* como estrutura nervosa jamais acabada e, como tal, em permanente ação e retroação (FONSECA, 1971), introduzindo a todo instante correções, a fim de adaptar os diferentes movimentos ao fim a satisfazer. Esta ação cortical exige, portanto, uma vasta experiência motora vivida, a fim de se servir do conhecimento da sensibilidade enviada pelas articulações e pelos músculos (sentido sinestésico) com vista a uma mais ajustada realização como resultado de uma maturação coordenadora (cibernética) (BARBER; DICARA; KAMIYA; MILLER; SHAPIRO; STOYVA, 1970; COSSA, 1957). As constantes informações que, partindo da própria ação, do órgão efetor e do labirinto, vão sendo filtradas pela *substância reticulada*, e atingem o córtex que se encarrega de planificar a ação mais adequada, econômica e eficiente. Estes circuitos nervosos de uma profunda complexidade são postos em marcha pela função motora do homem, traduzindo toda uma evolução que resulta da combinação de múltiplos fatores, originando as relações entre a periferia e o centro (MORIN, 1969) e promovendo uma diferenciação e uma dissociação dos elementos corporais, transformando a *mão* num verdadeiro "embaixador" do córtex que, através da individualização do polegar, do indicador e dos corpúsculos sensitivos da polpa dos dedos, a tornam um verdadeiro analisador (AZEMAR, 1974). Necessariamente que a *preensão*, como fator mais humano do desenvolvimento motor, tem uma gênese de maturação mais complexa, na medida em que a sua capacidade instrumental e operativa testemunha o conjunto do desenvolvimento psicológico da criança (WALLON, 1950).

As possibilidades executivas transmitidas pela mão vão dar lugar a uma diferenciação de condutas indeterminável, e vão permitir o aperfeiçoamento incessante de aprendizagens variadas.

A progressiva seleção de grupos musculares nas praxias levam a adquirir simultaneamente maiores possibilidades de intervenção nos movimentos e de inibição dos efeitos inúteis através de um mais adequado ajustamento motor (STAMBAK; HERITAU; AUZIAS; BERGET; AJURIAGUERRA, s.d.).

Toda esta orquestração motora põe em reação as três funções motoras essenciais, ou sejam: *piramidal* (movimento voluntário), *extrapiramidal* (postura) e *cerebelosa* (equilíbrio) (MATZKE & FOLTZ, 1972). Não é por acaso que os neurologistas adotam uma série de provas motoras para diagnosticarem algumas perturbações das funções nervosas superiores. Quer dizer, estudar a motricidade sem a necessária fundamentação do estudo funcional do sistema nervoso é reduzir e limitar a sua importância no desenvolvimento da criança (ZAYNAN, 1971).

Como situa Stambak, a gênese da psicomotricidade é verificada por um desaparecimento sucessivo das sincinesias (AJURIAGUERRA & STAMBAK, 1955), por um enriquecimento da coordenação da motricidade, por um aumento progressivo de rapidez de execução e por uma mais precisa e clara aquisição simbólica que facilita toda a dimensão de comunicação e de existência individual e social.

Necessariamente que os fatores da motricidade se encontram em interações recíprocas com os fatores da personalidade. Foi também Wallon que defendeu a relação do movimento não só com o desenvolvimento psíquico da criança, como também nas relações com o outro e nos aspectos do seu comportamento habitual (WALLON, 1968), considerando-o como fator importante do temperamento.

Chegamos a outro aspecto da motricidade, ou seja, à adaptação afetivo-emocional e à expressão conjunta da personalidade. O movimento está implicado nas formas de exteriorização e projeção do psiquismo.

Buytendijk (1957) e Merleau-Ponty (1969) são outros autores que defendem o paralelismo entre a expressão motora e a maneira de ser do indivíduo. Jogam aqui aspectos da adaptação singular e peculiar que pertencem a um conjunto dinâmico existencial, inerente ao indivíduo, que empresta e confere à expressão do movimento um certo "estilo motor". "O homem pode camuflar a sua personalidade, mas os seus movimentos podem traí-lo".

Muitos autores dedicaram-se também ao estudo da tipologia dos movimentos, em que a forma de execução deixa transparecer as características do sujeito.

Todas estas implicações da gênese da psicomotricidade podem ser agrupadas numa síntese evolutiva, subdividida em quatro estados: o *estado hipertônico* do recém-nascido, o *estado dos movimentos mal ajustados e dismétricos* até o fim do segundo ano de vida, o *estado* dos *movimentos graciosos,* até aproximadamente os quatro anos e, por fim, o *estado da perfeição motora,* até o fim da infância (AJURIAGUERRA, 1970).

O aspecto psicomotor não supõe só um aspecto neurológico de maturação, a ele se encontram ligados aspectos relacionados com o plano rítmico e o plano espacial, com os planos da "palavra" (também considerada como uma "melodia motora", segundo Ajuriaguerra) e com a evolução dos planos gnoseo-práxicos, gnoseo-construtivos e corporais. De um aspecto anárquico inicial, a motricidade adquire valores sucessivos e novos meios de contato e relação, bem como novas estruturas de expressão, exploração e utilização.

É pela motricidade e pela visão que a criança descobre o mundo dos objetos, o mundo dos outros e o seu próprio mundo. Descobre-o autodescobrindo-se (FONSECA, 1971).

A evolução da noção de *objeto* relacionada com a gnose da psicomotricidade constitui outro campo riquíssimo de estudo. Não nos vamos sequer alongar, mas necessitamos neste aspecto, também, de criar um marco no caminho que desejamos construir.

Interessa perceber que a descoberta do objeto implica um certo número de noções espácio-temporais essenciais, ou seja, a noção de distância, de direção, de colocação que, independentemente de serem integradas, são estruturas permanentemente solicitadas para a construção da noção de objeto.

De início, como acrescenta Ajuriaguerra, o *objeto é a própria criança* que o manipula, posteriormente o *objeto-é-para-si,* depois o *objeto-está-para-além-de-si,* para definitivamente se tornar um *objeto-em-si.* Em primeiro lugar, a *criança age em conjunto com o objeto,* em seguida a *criança age sobre o objeto* e finalmente a *criança pode agir sem objeto.* De objeto da ação, o objeto torna-se um objeto de experimentação.

O que permite o desenvolvimento psicológico é a existência de objetos que são utilizados através das possibilidades motoras do sujeito. Privando as possibilidades motoras de se expressarem e empobrecendo o ambiente de objetos, os sistemas de trocas entre o indivíduo e o meio deixam de existir, ou, se existem, manifestam-se muito precariamente. A evolução da motricidade pode dar-se desde que existam possibilidades de ação, ou seja, a manipulação de objetos que justificam, por esse fato, a razão de uma maturação, esta analisada através do desaparecimento dos reflexos primitivos (AJURIAGUERRA, 1970), pela aparição da atividade dos extensores da mão, pela oposição do polegar, pela rotação do punho e pela dissociação de movimentos, dando lugar à aquisição de sinergias que, por sua vez, regulam o movimento e impedem as sincinesias e as paratonias (ATAYDE, 1972).

A organização motora esboça-se através de uma sincronia de maturação de vários sistemas (motor, sensitivo, sensorial), por meio de uma coerência cronológica conjunta.

Antes que o ato motor atinja a sua perfeição, nasce outro tipo de relações espácio-corporais muito interessantes. O corpo passa sucessivamente por ser *percebido,* depois *conhecido* e finalmente *vivido e representado, ao* mesmo tempo que o *espaço* passa por ser *livre* e *não-organizado,* depois *orientado e* finalmente também *representado* (STAMBAK, 1856). O seu corpo é organizado na razão direta da ocupação de espaço que o justifica e o relaciona. Do espaço lateral, percepcionado pela articulação visão-preensão, passa ao espaço circular, o que permite sair do estado inicial de confusão corporal-espacial. Após esta primeira diferenciação, a criança passa a explorar o espaço extracorporal, momento esse que a levará a integrar, através de uma prática (utilização), a noção do corpo (SUBIRAN & MAZO, 1965).

Iniciam-se nesta fase as relações, indetermináveis e recíprocas, entre a somatognosia e a gnosopraxia (BUCHER, 1966; WIDLOCHER, 1969). Entre a construção de um ato complexo e a sua representação, existe um intervalo transitório, em que a imitação e a operatividade são extremamente importantes. Esta relação entre a ação e a sua representação corresponde à otimização das condutas do ser humano. É aqui que se dá a passagem da ação ao simbólico, e deste à conceitualização. A estes níveis teremos que igualmente considerar as teses que inúmeros autores defendem, considerando a ação um pensamento representado e realizado, conferindo à psicomotricidade não o seu aspecto exclusivamente motor, mas relacionando-a com os aspectos tônico-afetivos e emotivo-sociais (WALLON, 1956).

A motricidade não é uma função instrumental de valor puramente afetivo, como diz Ajuriaguerra (1961); ela depende de inúmeras funções que, em seu conjunto, justificam o ser humano como ser de expressão.

Bibliografia

AJURIAGUERRA, J. de. (1970). *Manuel de psychiatrie de l'enfant.* Paris: Masson & Cie.

_____ (1961). Les bases theóriques des troubles psychomoteurs et la rééducation psychomotrice chez l'enfant. *Genève-Medicine et Hygiéne*, 19ᵃ anée, n. 529.

AJURIAGUERRA, J. de & ANDRÉ-THOMAS (1948). *L'axe corporel.* Paris: Masson & Cie.

AJURIAGUERRA, J. de & HECAEN, H. (1960). *Le córtex cerebral* – Étude neuro-psycho-pathologique. 3. ed. Paris: Masson & Cie.

AJURIAGUERRA, J. de & SOUBIRAN, G. (1962). Indications et techniques de rééducation Psychomotrice. *Rev. Psychiatrie de l'enfant.* Vol. II, fasc. 2. Paris: PUF.

AJURIAGUERRA, J. de & STAMBAK, M. (1955). L'évolution des syncinésies chez l'enfant. *Presse Médicale*, n. 39, p. 817-819.

ATAYDE, S. (1972). *Elementos de psicopatologia.* Lisboa: F.C. Gulbenkian.

AZEMAR, G. (1974). La manualité: origine, role et destinée de la main. *Rev. Thérapie Psychomotrice*, n. 21, fev.

_____ (1965). Tonus musculaire et dynamogénie. *Les Cahiers Scientifiques d'Éducation Physique,* set./dez.

BARBER, T.; DICARA, L.; KAMIYA, J.; MILLER, N.E.; SHAPIRO, D.; STOYVA, J. (1970). *Biofeedback & Self-control.* Chicago: Aldine & Atherton.

BERGERON, M. (1956). Le mouvement, son étude son importance en psychologie de l'enfant. *Rev. Enfance,* n. 2, mar.-abr.

_____ (1947). *Les manifestations motrices spontanées chez l'enfant.* Paris: Hermann.

BRUNET, O. & LÉZINE (1965). *Le développement psychologique de la première enfance.* Paris: PUF.

BUCHER, C. (1972). *Troubles psychomoteurs chez l'enfant.* Paris: Masson & Cie.

BUCHER, C. et al. (1966). *El desarrollo del niño pequeño.* Buenos Aires: Paidós.

BUYTENDIJK, F.J.J. (1957). *Attitudes et mouvements.* Paris: Desclée de Brouwer.

CIBA FOUNDATION (1967). *Myotatic, Kinesthetic and Vestibular Mechanism.* Londres: Churchill.

COSSA, P. (1957). *La cybernétique:* du cerveau humain aux cerveaux artificieis. Paris: Masson & Cie.

FONSECA, V. da (1971). *De uma filosofia a minha atitude* – Dados para o estudo da ontogênese da motricidade. [s.l.]: Inef [Tese de doutorado].

FREUD, S. (1962). *Trois essais sur la théorie de la sexualité.* Paris: Gallimard.

GUILLAUME, P. (1952). *Manuel de psychologie.* Paris: PUF.

GUILMAIN, E. & GUILMAIN, G. (1971). *L'ativité psycho-motrice de l'enfant.* Paris: Vignè.

HECAEN, H. & AJURIAGUERRA, J. de (1952). *Meconnaissance et hallucinations corporelles.* Paris: Masson & Cie.

KLEIN, M. (1959). *La psychanalyse des enfants.* Paris: PUF.

KOUPERNIK, C. (1969). *Desarrollo psicomotor de la primera infancia.* Barcelona: Luis Misacle.

LE BOULCH, J. (1972). *Vers une science du mouvement humain.* Paris: ESF.

LURIA, A.R. (1966). *Human Brain and Psychological Process.* Londres: Harper & Row.

MATZKE, H.A. & FOLTZ, F. (1972). *Synopsis of neuroanatomy.* 2. ed. Nova York: Oxford University Press.

MERLEAU-PONTY, M. (1969). *Phénoménologie de la percéption*. Paris: Gallimard.

MINKOWSKI, M. (1921). Sur les mouvements, les reflexes et les reations musculaires du foetus humain de 2 à 5 móis et leurs relations avec le système nerveux foetal. *Rev. Neurologica*.

MORIN, G. (1969). *Physiologie du système nerveux central*. Paris: Masson & Cie.

PIAGET, J. (1968). *La naissance de l'intelligence chez l'enfant*. Paris: Delachaux et Niestlé.

SANIDES, F. (1966). *Como se constituiu o cérebro humano*. Ingelheim am Rhein: Baehringer Sohn.

SIVADON, P. & GANTHERET, F. (1965). *La rééducation corporelle des fonctions mentales*. Paris: ESF.

SUBIRAN, G.B. & MAZO, P. (1965). *La réadaptation scolaire des enfants intelligents par la rééducation psychomotrice*. Paris: Doin.

SPITZ, R. (1972). *De la naissance à la parole*. Paris: PUF.

STAMBAK, M. (1963a). La motricité, chez les dèbiles mentaux. *La Psych. Enf.*, vol. VI, fasc. 2.

———— (1963b). *Tonus et psychomotricité*. Nechâtel: Delachaux et Niestlé.

———— (1956). Contribution à l'etude du développement moteur chez le nourisson – *Communication à la Sociète Française de Psychologie*, abr.

STAMBAK, M.; HERITAU, D.; AUZIAS, M.; BERGET, J. AJURIA-GUERRA, J. de (s.d.). Les dyspraxies chez l'enfant. *Rev. Psychiat. Enf.*, vol. VII, fasc. 2.

STAMBAK, M.; PECHEUX, M.G.; HARRISON, A.; BERGET, J. Méthodes d'approche pour l'étude de la motricité chez l'enfant. *Rev. Neuropsychiatrie Infantile*, 15.

TABARY, J.C.; TARDIEU, G.; TARDIEU, C. (1966). Concéption du développement de l'organisation motrice chez l'enfant – Interpretation de l'infirmité motrice cérébrale et sa rééducation. *Rev. de Neuropsychiatrie Infantile*, n. 10/11.

THOMAS, A. (1940). *Equilibre et equilibration*. Paris: Masson & Cie.

VERMEYLEN (1926). *Psychologie de l'enfant et de l'adolescent*. Bruxelas: Lamertin.

WALLON, H. (1970). *Les origines du caratere chez l'enfant*. Paris: PUF.

———— (1968). *Évolution psychologique de l'enfant*. Paris: Armand Colin.

———— (1966). *Do ato ao pensamento*. Lisboa: Portugália, 1966.

_____ (1956). Importance du mouvement dans le développement psychologique de l'enfant. *Rev. Enfance*, n. 2, mar.-abr.

_____ (1950). Le développement psychomoteur de l'enfant. *Rev. Morpho-psysiologie humaine*. Paris.

WATSON, J.B. (1924). The place of Kinesthetic, visceral and laryngeal organization of thinking. *Psych. Review*.

WIDLOCHER, D. (1969). Problèmes du développement psychomoteur. *Rev. Perspectives Psychiatriques*, n. 23.

ZAYNAN, R.C. (1971). Ativité Proprioceptive et localisation d'une Sensation tatile – Etude critique sur la régulation sensori-motrice en psycho-physiologie. *Rev. Psychol. Sci. Educ.*, 6, p. 293-329.

5

Dados sobre a organização psicomotora
Abordagem à regulação sensório-motora e aos fatores psicotônicos

Inúmeros autores estão de acordo ao aceitarem que o *estado tônico* é uma forma de relação com o meio que depende de cada situação e de cada indivíduo (AJURIAGUERRA & THOMAS, 1948; LEMAIRE, 1964).

O estado tônico, ligado aos fatores relativos da história biológica do indivíduo, traduz a multiplicidade de fenômenos neurofisiológicos que permitem ao movimento emergir do fundo que o suporta, o que o torna implicado, portanto, com os outros aspectos da iniciativa motora (AJURIAGUERRA, 1970). Por outro lado, encontra-se ligado aos fatores hereditários e aos da maturação a partir dos quais se desenvolvem diferentes estados tônicos relacionados com a *vigilância* e com os diferentes episódios da vida *emocional* (AZEMAR, 1965).

A *hipotonia* aparece, assim, como um fator relacionado com a satisfação das necessidades no período de imaturidade corporal, a *hipertonia,* pelo contrário, revela-se como o meio de defesa mais eficaz e mais freqüente, fator de luta contra os conflitos e contra as ansiedades criadas por estes (STAMBAK, 1963).

Foi segundo a designação "armadura caracterial", que W. Reich (1969) descreveu as formas ativas de resistência. Os aspectos tônicos encontram-se ligados a toda uma cronologia de atitudes, tomadas pelo sujeito, no decurso da sua evolução temporal (PAILLARD, 1955).

A função tônica está ligada à totalidade da personalidade do indivíduo, como provam vários aspectos do domínio psicopatológico (MINKOWSKI, 1966) que nos permitem perceber melhor as implicações da tonicidade.

Segundo Wintrebert (1959), os conflitos psíquicos inconscientes podem-se transplantar para a periferia do corpo sob a forma aparente de uma doença orgânica. A esfera psíquica, quando não tolera os conflitos, projeta-os na esfera motora sob a forma de uma perturbação orgânica (psicossomática).

O estado tônico traduz um equilíbrio entre a periferia e os centros nervosos que tocam níveis da personalidade profunda.

As experiências de Baruk (1953) mostraram que a alteração do estado tônico não afeta a perda de execução, mas a iniciativa e o plano do movimento. Pelo fato daquela alteração, os terrenos cerebrais encarregados das funções psicomotoras encontram-se perturbados, resultando a perda de contato com o mundo exterior, o isolamento, a indiferença emocional, as alucinações, etc.

A catatonia, por exemplo, trata-se de um problema tônico que se encontra nos esquisofrênicos: nestes indivíduos verifica-se a persistência de atitudes durante bastante tempo sem fadiga aparente (ATAYDE, 1972). Nesses casos, tudo indica que o indivíduo reduz as suas possibilidades de relação com o mundo exterior e que ao mesmo tempo se perdem os meios de reconhecimento da imagem do seu corpo (HECAEN & AJURIAGUERRA, 1952). Dá-se uma patologia relacional e uma perda de adaptabilidade com as correspondentes dissociações, do "eu psíquico" com o "eu corporal", que se desintegram progressivamente.

A evolução tônica encontra-se dependente da historicidade das relações do indivíduo com o seu envolvimento, segundo um equilíbrio que progressivamente se vai estabelecendo. Pela vivência de crises e conflitos emocionais, o tônus vai-se constituindo e moldando às diferentes situações (WALLON, 1970), adquirindo-se assim reações mais ajustadas às situações do meio.

A vivência corporal não é senão o fator gerador das respostas adequadas, onde se inscrevem todas as tensões e as emoções que caracterizam a evolução psicoafetiva da criança (THOMAS & AUTGAERDEN, 1959). Segundo as vivências motoras, o tônus adquire uma expressão representativa, demonstrada ao longo da evolução da tonicidade e na dialética dos seus estados hipotônicos e hipertônicos. O estudo do tônus põe em prática a relação entre a *extensibilidade* e a *passividade* e os estudos da evolução das *sincinesias* (AJURIAGUERRA & STAMBAK, 1955). No primeiro aspecto, considera-se o grau de estiramento dos pontos de inserção muscular; no segundo aspecto, o movimento produzido à volta de uma articulação, ou seja, a sua resistência passiva e, no último, os movimentos associados e indiferenciados.

Estas propriedades funcionais ao se distribuírem quantitativa e qualitativamente originam os diferentes tipos tônicos. Os hipertônicos (hipoextensos) mais precoces na aquisição da marcha e mais ativos, os hipotônicos (hiperextensos) mais avançados na preensão e na exploração do seu próprio corpo (STAMBAK, 1963).

A *criança hipotônica* tem movimentos mais soltos, mais leves e mais coordenados e acusa um menor gasto muscular. No aspecto social, uma criança com estas características revela um comportamento estável que lhe garante, em correspondência, uma maior receptividade. As pessoas que a cercam dedicam-lhe um "amor sem censura" e são normalmente "calmos" e "sossegados" (STAMBAK, 1963). Esse envolvimento afetivo, como é evidente, intervém na formação do caráter da criança, como expressou Wallon (1970).

A *criança hipertônica* apresenta uma multiplicidade de reações que traduzem uma certa carência afetiva, na medida em que, pela sua exagerada produção motora ("os diabetes"), causam, perante as pessoas, reações de ansiedade e atitudes de rejeição. Graças à sua excessiva motricidade, a criança acusa, por outro lado, maior poder de iniciativa e de tentativa, adquirindo, por esse fato, pelos seus próprios meios as aquisições motoras fundamentais ao seu desenvolvimento.

A precocidade da aquisição motora da marcha (THOMAS & AUTGAERDEN, 1963), por exemplo, pode originar obliterações afetivas, tendo em consideração os primeiros desgastes materiais. A partir daqui determinados espaços estão interditos e a privação de movimento instala-se. Esta simples situação é suficiente para alterar as relações afetivas mãe-filho que irão repercutir no desenvolvimento posterior da criança.

Por outro lado, a criança hipotônica não só encontra envolvimento afetivo conveniente e permisso, como também inicia mais rapidamente as relações cérebro-mão provocadas pela preensão. A preensão, como estrutura de realização, depende da corticalização e favorece a coordenação óculo-manual, elemento essencial de maturação mental.

Stambak e Lezine realizaram um estudo experimental entre os tipos motores e a correspondente adaptação caracterial, chegando à conclusão que as crianças hipotônicas são mais tímidas, mais afetivas e mais dependentes que as crianças hipertônicas (STAMBAK, 1963). Estas, ao contrário, são mais coléricas e menos fixas aos pais. Constataram, ainda, que os comportamentos das crianças do mesmo tipo motor variam em função do regime socioeducativo a que estão sujeitas. Apresentando manifestações motoras e caracteriais semelhantes, as crianças podem ser *fáceis* ou *difíceis,* segundo o ambiente cultural e o nível de tolerância que as cerca.

Nesta simples amostragem somos levados a compreender que a função tônica está ligada a todas as manifestações de ordem afetiva, emotiva, cognitiva e motora.

Para muitos autores, como André-Thomas (THOMAS & AUTGAERDEN, 1959), J. de Ajuriaguerra (1970), Chailley-Bert e Plas (1973), Mamo (cf. MORIN, 1969), Laget (cf. MORIN, 1969) e Paillard (1955), a função tônica é a mais complexa e aperfeiçoada do ser humano; ela encontra-se organizada hierarquicamente no sistema integrativo e toma parte em todos os comportamentos do ser humano (DELMAS; J. DELMAS, A., 1970). É à função tônica que se deve a inter-relação recíproca entre a motricidade e o psiquismo. A descoberta da sua função pelo aparecimento do fuso *neuromuscular* (MORIN, 1969) e do *sistema-gama* (ZAYNAN, 1971), constitui uma virada verdadeiramente científica significativa no estudo do homem. Em todas as formas da conduta do ser humano há uma interconexão entre a musculatura estriada, a musculatura lisa e o sistema hormonal, interconexão esta estabelecida pela função tônica que intervém na regulação do sistema muscular voluntário (de relação), do sistema neurovegetativo e do sistema hormonal, como argumenta Paillard (1955).

Wallon sublinhou que a função tônica intervém na dialética da atividade de relação e no campo da psicogênese. Entre o indivíduo e o seu meio estabelece-se um *diálogo corporal*, onde a função tônica integra a história das informações exteriores e inter-relaciona-as para dar origem à fenomenologia do comportamento humano.

O estudo da função tônica iniciado no princípio do século XX por Sherrington (1946) põe em destaque a necessidade de integrar o estudo do tônus na atividade organizada pelo sistema nervoso. A partir dos estudos da atitude, deste mesmo autor, e também de Rademaker, Liddel, Granit, Eccles, Kaada (20) e tantos outros, a função tônica situa-se no campo da atividade cinética e também, como defendem Mamo e Laget, na vastidão e complexidade da neurofisiologia. Vasto, porque não é de formação nervosa exclusiva; complexo, porque forma o fundo das atividades motoras e posturais, preparadoras do movimento, fixadoras da atitude, projetando o gesto e mantendo a estática e o equilíbrio (BERNIER & PAUPE, 1966).

A função tônica constitui uma função específica e organizada que prepara a musculatura para as diferentes formas de atividade motora. A posição antigravítica dos segmentos do corpo é uma ilustração elementar da sua função motora.

A aquisição da atitude bípede (LEROI-GOURHAN, 1964; PIVETEAU, 1973; ROMER, 1956), grande responsável pela hominização, confere ao ser humano uma aptidão para toda a forma de ação motora suscetível de satisfazer a sua natureza investigadora e as suas necessidades de ajustamento ao meio.

A função tônica é a *vigilância* do ser humano, elemento essencial da vida orgânica emancipada, provocando a relação estreita do somático aos contornos do psiquismo.

A vigilância, suportada pela função tônica, é o alicerce dos múltiplos aspectos da função motora (MATZKE & FOLTZ, 1972). São inúmeras as variedades de tônus que lhe conferem o grau de função mais plástica de todas as que constituem a formação e a organização motora. Deste modo temos: tônus de repouso, tônus de postura, tônus de suporte, tônus motor, etc.

Paillard (1955) defende que o tônus se encontra na base das manifestações organizadas, harmoniosamente repartidas na musculatura a serviço de uma função específica – equilíbrio ou movimento bem definido – e de expressões mais difusas, específicas e de caráter geral. Como resposta a um estímulo que se exerce permanentemente (a gravidade), o organismo reage por meio de uma atividade nervosa constante auto-regulada e portanto inconsciente.

O que importa assinalar é a *dupla atividade do músculo,* que é suscetível de *atividade clônica* (fásica, de movimento) rápida e altamente energética e de *atividade tônica,* lenta, pouco energética, de suporte, responsável pela postura (LAPIÈRRE, 1968).

Cabe aqui referir que a análise cuidada do tônus requer métodos de estudo, como a eletrofisiologia, a eletromiografia, a eletrofonia, a cinematografia, etc., que testemunham com precisão a atividade elétrica desenvolvida pelas miofibrilas e pelos motoneurônios (TABARY; TARDIEU, G. & TARDIEU, C., 1966).

Não vamos aqui entrar num estudo detalhado do fuso-neuro-muscular, nem nas implicações do sistema gama na organização motora do ser humano, apenas afloramos novos campos experimentais que nos possam auxiliar na observação e na compreensão dos fenômenos da motricidade humana.

O tônus, por se encontrar ligado às funções do equilíbrio e às regulações mais complexas do ato motor, assegura a repartição harmoniosa das influências facilitadoras ou inibidoras do movimento.

A neurofisiologia e a neuropatologia fornecem-nos grande quantidade de elementos de estudo sobre a regulação inter e supra-segmentar da motricidade, auxiliando-nos na compreensão dos centros e das vias que ela põe em jogo.

Resumindo, o tônus tem uma função informática fundamental na medida em que, ao unificar as estimulações, integra-as nos centros responsáveis pela elaboração, *controle* e execução do movimento. O tônus não é mais do que a expressão de uma *dinamogenia*, que, inicialmente imatura e difusa, se vai organizando em formações mais adaptáveis e plásticas (AZEMAR, 1965). Através de centros bulbo-mesencefálicos e sistemas graviceptivos (receptividade da gravidade), o tônus integra o bombardeamento incessante dos estímulos exteriores que estão na base da aquisição da postura (NICOLAS, 1882) e da conseqüente disponibilidade práxico-construtiva.

Toda a evolução humana se desenrola numa aparente oposição tônica, verificada pela progressiva hipotonicidade do eixo corporal e pela progressiva hipotonia das extremidades. Todos os movimentos, como argumenta Bergés (BERGÉS, 1973), partem e terminam no tronco. O movimento da cabeça e dos ombros é função do tônus da coluna vertebral. As atividades de exploração e de orientação desenvolvem-se com o suporte do tônus axial. É através da manutenção da cabeça que se desencadeiam as estruturas visuais, auditivas e labirínticas que vão permitir o acesso à exploração do espaço bucal e do espaço contíguo, de que fala W. Stern (1971). Toda esta sucessiva maturação, tendo em vista uma autonomia, não é mais do que uma progressiva organização tônica das vértebras (LAPIÈRRE, 1968).

Há como que uma dialética de desenvolvimento entre o tônus axial e o tônus periférico, que encontra relação nos inúmeros casos patológicos.

A exploração do mundo e a descoberta do corpo realizam-se pelas atividades de orientação e preparação e, posteriormente, pela direção e experiência corporal.

O tônus axial constitui, portanto, o ponto de partida do movimento no tempo e no espaço, interdependente da *lateralidade*, ou seja, da motricidade não-diferenciada. Não vamos neste campo alargar o conceito de lateralidade, por constituir matéria suficiente para novo trabalho, apenas desejamos esclarecer que toda a organização motora se encontra relacionada com o problema da dominância hemisféri-co-cerebral (DIMOND, 1972). É portanto a motricidade espontânea que se encontra na base dos fatores da decisão e iniciativa motora. O tônus, em função da utilização do corpo, adquire uma especialização unilateral em conexão com a estruturação progressiva do cérebro (SERAFETINIDES, 1968).

Para além destas relações devemos equacionar o movimento como estrutura que supõe uma integração de mecanismos neurofisiológicos dependentes da evolução dos sistemas *piramidal* e *extrapiramidal* (WALSHE, 1964). O primeiro, responsável pela motricidade fina, voluntária e ideomotora; o segundo constitui o fundo tônico-motor automático, que se opõe ao primeiro, servindo de guia às impulsões pi-ramidais. Devemos igualmente referir o *sistema cerebeloso*, responsável pela harmonia espacial do movimento (AJURIAGUERRA, 1970).

Se em qualquer destes sistemas não se observar um equilíbrio de funcionamento e um potencial relacional com os outros, observam-se algumas síndromes de debilidade motora, de desordem psicomotora, da patogenia dos hábitos motores, de instabilidade psicomotora e de desorganização práxica, de onde se destacam as sincinesias e as parato-nias (HÉCAEN, 1972). Nas *sincinesias* verifica-se uma incapacidade de individualização motora, observada quando pedimos à criança para fazer um movimento com uma mão e ela tem tendência a fazê-lo com a outra (movimento de imitação contralateral). Nas *paratonias* verifi-ca-se uma incapacidade de descontração voluntária, não se observan-do o jogo de oposição básica da organização motora: músculos agonis-tas com os antagonistas, músculos flexores com os extensores e os efei-tos dialético-motores da contração e da descontração (BARBER, 1970). Quer as paratonias de fundo quer as paratonias de ação, encontram-se em relação com a função tônica e representam a expressão do seu fun-cionamento.

Quer dizer, é o regulamento e a modulação do tônus que faz do músculo uma unidade disponível, de alerta, em permanente tensão de fundo, de onde emerge o movimento.

Bibliografia

AJURIAGUERRA, J. de (1970). *Manuel de psychiatrie de l'enfant.* Paris: Masson & Cie.

AJURIAGUERRA, J. de & STAMBAK, M. (1955). L'évolution des syncinésies chez l'enfant. *Presse Médicale*, 63.

AJURIAGUERRA, J. de & THOMAS, A. (1948). *L'axe corporal.* Paris: Masson & Cie.

ATAYDE, S. (1972). *Elementos de psicopatologia.* Lisboa: F.C. Gulbenkian.

AZEMAR, G. (1965). Tonus musculaire et dynamogénie. *Les Cahiers Scientifiques d'Éducation Physique,* set.-dez.

BARBER, T. et al. (1970). *Biofeedback & Self-control.* Chicago: Aldine and Atherton.

BARUK (1953). Les étapes du développement psycho-moteur et de la préhension volontaire chez le noirrisson. *Arch. Franç. de Ped.,* 10, 4, p. 425-432.

BERGÉS, J. (1973). Quelques thèmes de recherche en psychomotricite. *Rev. Thérapie Psychomotrice,* n. 19, out.

BERNIER, J.J. & PAUPE, J. (1966). Reflexes médullaires et tonus musculaire. *Documentation Médicale Permanente,* n. 4, jan.

CHALLEY-BERT & PLAS, F. (1973). *Physiologie des ativites physiques.* 2. ed. Paris: J.B. Baillière.

DELMAS, J. & DELMAS, A. (1970). *Voies et centres nerveux.* Paris: Masson & Cie.

DIMOND, S. (1972). *The Doubte Brain.* Londres: Churchill Livingstone.

HÉCAEN, H. (1972). *Introduction à la neuro-psychologie.* Paris: Larousse.

HÉCAEN, H. & AJURIAGUERRA, J. de (1952). *Méconnaissance et hallucinations corporelles.* Paris: Masson & Cie.

LAPIÈRRE, M. (1968). *Reéducation physique.* T. I-III. Paris: Bailliere.

LEMAIRE, J.G. (1964). *La relaxation.* Paris: Payot.

LEROI-GOURHAN, A. (1964). *Le geste et la parole.* Vol. I e II. Paris: A. Michel.

MATZKE, H.A. & FOLTZ, F. (1972). *Synopsis of neuroanatomy.* 2. ed. Nova York: Oxford University Press.

MINKOWSKI, E. (1966). *Traité de psychopathologie.* Paris: PUF.

MORIN, G. (1969). *Physiologie du systéme nerveux.* Paris: Masson & Cie.

NICOLAS, A. (1882). *L'attitude de l'homme au point de vue de l'equilibre, du travail e de l'expression.* [s.l.]: Masson.

PAILLARD (1955). *Reflexes et règulations d'origine proprioceptive chez l'homme* – Étude neuro-physiologique et psycho-physiologique. Paris: Mette.

PIVETEAU, J. (1973). *Origine et destinée de l'homme.* Paris: Masson & Cie.

REICH, W. (1969). *A revolução sexual.* Rio de Janeiro: Zahar.

ROMER (1956). *The vertebrate body.* Londres: Saunders.

SERAFETINIDES, E.A. (1968). Brain laterality: new functional aspects. In: *Main droite et main gauche.* Paris: PUF, Paris.

SHERRINGTON, C. (1946). *Man and his nature.* Cambridge: Cambridge University Press.

STAMBAK, M. (1963). *Tonus et psychomotricité.* Neuchâtel: Delachaux et Niestlé.

STERN, W. (1971). *Psicologia geral.* Lisboa: F.C. Gulbenkian.

TABARY, J.C.; TARDIEU, G.; TARDIEU, C. (1966). Conception du développement de l'organisation motrice chez l'enfant – Interpretation de l'infirmité motrice cerebrale et sa reeducation. *Rev. de Neuropsychiatrie Infantile*, n. 10-11.

THOMAS, A. & AUTGAERDEN, S. (1963). *La locomotion de la vie fœtale a la vie post-natale* – Reflectivité, reativité: des sens a la psychomotilité. Paris: Masson & Cie.

_____ (1959). *Psycho-affectivité des premier mois du nourrisson* – Évolution des rapport de la motilité, de la connaissance et de l'affectivité. Paris: Masson & Cie.

WALLON, H. (1970). *Les origines du caractere chez l'enfant.* Paris: PUF.

WALSHE, F.M.R. (1969). *On the role of the pyramidal system in willed movements in Brain and behaviour.* Middlesex: K.H. Pribram/Penguin Books.

WINTREBERT, D. (1959). *Les mouvements passifs et la relaxation* – Principes et effets d'une methode particulière de rééducation psychomotrice. Paris: [s.e.] [Tese de doutorado].

ZAYNAN, R.C. (1971). Activité proprioceptive et localisation d'une sensation tatile – Étude critique sur la régulation sensori-motrice en psychophysilogie. *Rev. Psychol. Sci. Educ*, 6, p. 293, 329.

6

A importância do conhecimento do corpo no desenvolvimento psicológico da criança
Alguns aspectos da integração da somatognosia

Ao esboçarmos outro dos campos fundamentais de reflexão da gênese da psicomotricidade, não queremos senão apontar os aspectos mais significativos do *conhecimento do próprio corpo* e da complexidade da estruturação da sua representação.

Cabendo neste estudo inúmeros aspectos, todos eles importantes, vamo-nos simplesmente dedicar aos seguintes:

1) a evolução das idéias sobre a noção de "esquema corporal";

2) a gênese da "noção do corpo";

3) os problemas ou perturbações resultantes da desintegração da somatognosia.

6.1. Evolução das idéias

O corpo, matéria corruptível (AJURIAGUERRA, 1971), foi muitas vezes posto em segundo plano nas preocupações de estudo dos fisiologistas e dos psicólogos. A tradicional segregação dos aspectos espirituais mais importantes, com os aspectos corporais, os menos importantes, pôs de lado os estudos relacionados com a existência corporal humana.

O corpo interessou apenas nos aspectos descritivos, independentemente da designação antropológica do homem ser fundamentalmente corpo (FONSECA, 1973/1974). Desde Aristóteles, passando pelo cristianismo, o corpo é considerado objeto do homem e justifica-o na sua existência. Só depois de Descartes, nos habituamos a separar um corpo assimilado a um objeto (porque ele constitui um fragmento do espaço visível e mesurável), de um EU, "sujeito conhecedor", reduzido ao pensamento consciente (HENRY, 1965).

Só com a abertura do século XX, o corpo começa a ser objeto de estudo. Em primeiro lugar, os *neurologistas*, por necessidades de compreensão das estruturas cerebrais, bem como de uma clarificação dos fatores patológicos; mais tarde, os *psicólogos* e os *psiquiatras.*

Peisse (1884, apud COMAR, 1901) define o corpo como um sentimento sinestésico que aparece ao EU, como sujeito espiritual que se sente e se aperfeiçoa. O corpo surge não só como o revestimento cutâneo, mas como o elo com o mundo (GANTHERET, 1961).

Alguns autores começaram por relacionar o conhecimento do corpo em função das experiências passadas, experiências essas tanto visuais, táteis e sinestésicas como vestibulares, que se agrupam em síntese num modelo plástico cuja sede se situa no córtex parietal (HEAD, 1973).

Wernicke e Foerster (apud WEIR-MITCHELL, 1874) esboçaram alguns casos patológicos, relacionados com síndromes de negação corporal, através do desaparecimento de sensações da atividade muscular que originavam a perda do conhecimento do EU.

Surgiram então os estudos de Pick (1973) (imagem espacial do corpo); de Schilder (1968) (esquema corporal); de Head (1973) (esquema postural); de Von Bogaert (s.d.) (imagem de si); de Lhermitte (1939) (imagem do nosso corpo); Hécaen e Ajuriaguerra (19) (somatognosia) e de tantos outros autores que, pelas suas diferentes designações, apenas expressam conteúdos semelhantes. Convém considerar que não se trata de uma confusão nocional ou doutrinal, porque todas as noções pretendem defender as mesmas idéias.

Esquema corporal é talvez o mais habitual; simplesmente convém considerá-lo quando:

1) se trata de um esquema integrado;

2) se trata de um esquema funcional;

3) se aplica ao sentimento que se possui do nosso corpo;

4) se denomina pela função dos mecanismos fisiológicos que nos dão o sentimento correspondente à estrutura real do corpo (Conrad) (cf. STRATTON, 1896).

A noção de esquema corporal traduz um processo psicofisiológico que tem origem nos dados sensoriais, que são enviados e fornecidos pelas estruturas motoras, resultantes do movimento realizado pelo sujeito (SCHILDER, 1968).

Como defende Schilder (1968), a noção não se encontra unicamente dependente da atividade motora, também se encontra relacionada com os aspectos emocionais e com as necessidades biológicas.

Os estudos realizados por Lhermitte (1939), sobre a perturbação da noção corporal, demonstraram que a alteração se justifica por um déficit da figuração espacial das percepções. Também Pick (1973), pelas suas aproximações neurológicas, foca que a alteração da noção do corpo é resultante da impossibilidade dos movimentos refletidos e localizados (imagem espacial do corpo) serem integrados. Existe aqui, nitidamente, a preocupação de dar ao corpo uma representação, como totalidade de um objeto vivido e como um conhecimento implícito.

Henri Head (1923), von Monakow e Mougue (1928) e Babinski (1914) apresentaram casos patológicos relacionados com as perturbações da somatognosia, posteriormente prolongados pela brilhante obra de Schilder (1968).

Schilder entende o esquema corporal como o conhecimento da experiência do nosso próprio corpo, resultado de uma síntese de impressões sensoriais diversas. Admitiu que existe um dispositivo cortical que o subentende, dispositivo esse, desde que lesado, determina inúmeras perturbações.

Gertsmann (1927) abordou um novo campo da somatognosia, relativo às agnosias digitais (perda do conhecimento da mão), que, por estarem ligadas à evolução das *pratognosias,* dão uma nova horizontalidade aos estudos da gênese da psicomotricidade.

Nielsen (1947), nos Estados Unidos, Schilder e Lhermitte, na Europa, começam por equacionar trabalhos anátomo-clínicos pondo em comparação as perturbações somatognósicas com os fenômenos da apraxia.

Surgem, em épocas seguintes, trabalhos que procuram conjugar as concepções neurológicas com as fenomenológicas e também com as psicanalíticas.

Na concepção *neurológica,* para além dos estudos já focados, valerá referir as várias doutrinas, subdivididas em: proprioceptivas, sensoriais, visuais e motoras. O sentir encontra-se aqui ligado ao *agir do corpo,* correlacionando o mundo das sensações, percepções e emoções como o mundo dos sentimentos desenvolvidos por operações múltiplas que favorecem o conhecimento do corpo e do mundo dos objetos. Valorizam-se aqui os circuitos afero-eferentes em função das localizações cerebrais e das aproximações psicopatológicas que, por seu lado, vão enriquecer as teorias mecanicistas do sistema nervoso central (HÉCAEN & AJURIAGUERRA, 1952).

No *campo fenomenológico,* cabe-nos referir as obras de Merleau-Ponty (1945), Sartre (1939), Buytendijk (apud GERSTMANN, 1927) e Chirpaz (1969).

Não é só uma experiência do meu corpo no mundo (Merleau-Ponty), a existência humana traduz uma presença corporal no mundo (Buytendijk).

O dualismo axiológico de Platão e o dualismo metodológico de Descartes jamais ocupam lugar de reflexão absoluta. "O espírito não está atrás do corpo, ele habita-o, o corpo não serve o espírito, ele exprime-o, insere-o no mundo e fá-lo comunicar com o mundo" (CHIRPAZ, 1969).

Nem coisa, nem instrumento, o meu corpo, sou eu próprio no mundo. É o meu corpo em movimento que me envolve no mundo.

Habito o mundo pelo meu corpo. O meu corpo é para mim o mundo (cf. FONSECA, 1973/1974). Esta gama de reflexões serve unicamente para lançar alguns aspectos fenomenológicos que se aplicam ao estudo do corpo dentro de uma visão filosófica.

A corporalidade encarada na sua totalidade aparece imediatamente como a abertura ao mundo. O corpo é o eixo de percepção existencial, é o agente do sujeito na percepção do mundo que o envolve.

Dois seres humanos em diálogo não são mais do que dois corpos em comunicação. O corpo escolhe a palavra, existe como expressão verbal para o outro e pelo outro (SARTRE, 1939).

No âmbito psicanalítico, o esquema corporal tem sido um dos temas mais estudados.

Desde Freud (1968), passando por Federn (1929) e atingindo Schilder (1968), o corpo é estudado paralelamente com o desenvolvimento do EU. Já nos referimos bastante a Schilder, mas cabe-nos aqui apontar que foi talvez o único psicanalista clássico que deu importância devida aos fenômenos de despersonalização com base na desintegração da imagem do corpo.

A organização do EU, como espelho da evolução do narcisismo, tem necessariamente conexões com a evolução da noção do corpo. O sentimento do eu não é mais do que a fusão do sentimento do eu psíquico com o eu corporal (Federn). O eu é, antes de tudo, uma entidade corporal, não só uma entidade em superfície, mas uma entidade correspondente à projeção de uma superfície (FREUD, 1968).

Os estudos sobre a personalização da pessoa, em várias correntes psicanalíticas, acordaram na aceitação de um princípio fundamental, i.é, não existe um *eu corporal*, mas uma *entidade psíquica concomitante* anterior ao *eu psíquico* (ALVIM, 1962).

O modo de conceber a vida do corpo separada do psiquismo, como experiência adulta, como afirma Ajuriaguerra, não pode existir na observação da criança, em que não se verifica uma dicotomia entre o corpo e o psiquismo. Todas as necessidades, pulsões e emoções exprimem-se pelo corpo (AJURIAGUERRA, 1970).

Para E. Minkowski (1966), o corpo *vivido* é um dos dados fundamentais do concreto vivido humano, um mundo fenomenal anterior a toda a descrição do físico e do psíquico.

Numerosos são os trabalhos sobre os estados toxiinfecciosos e sobre o onirismo em que se apresentam alterações da imagem do corpo, como demonstraram as experiências com mescalina de Zador e Beringer (apud HÉCAEN & AJURIAGUERRA, 1952).

Do ponto de vista da despersonalização, os estudos de Gurewitch (1926) merecem referência especial, não só pela profundidade como também pelos estudos realizados em casos de esquizofrenia e autismo.

Posteriormente aos estudos psicanalíticos, ligaram-se os estudos com base neurológica. Relacionados com as alucinações, estudadas por Féré (1891) e Sullier (apud HÉCAEN & AJURIAGUERRA, 1952) e com as ilusões dos amputados, estudadas especialmente por Weir-Mitchell, surgiram os inúmeros trabalhos sobre o "membro-fantasma" que demonstram bem a articulação dialética entre os aspectos de origem central com os aspectos de origem periférica.

O membro fantasma acaba por traduzir a persistência no indivíduo da consciência do corpo na sua totalidade, independentemente da diminuição corporal existente. Trata-se de um fator de resistência corporal e, como tal, pessoal, a uma ausência e agressão à totalidade e unificação do esquema corporal (gnosia corporal) (HÉCAEN & AJURIAGUERRA, 1952).

Os estudos do membro-fantasma ligados a fenômenos dolorosos põem em causa a necessidade de intervenção cirúrgica a fim de os suprimir. O membro-fantasma é um sentimento de presença do membro, como afirmou Reny (HÉCAEN & AJURIAGUERRA, 1952). Os estudos de Charcot (1888) reforçam a existência permanente de sentimentos de mão imaginária, provocados por irritação dos nervos dos segmentos que restam do membro amputado. Não se trata só de uma agressão física e corporal, como afeta a totalidade da personalidade.

Jackson (1931) considerou os movimentos da mão amputada como estados psíquicos concomitantes aos dispositivos motores cerebrais que continuam a representar os movimentos da mão perdida. "O que se passa é que, quer o membro em si, quer a sua motricidade, encontram-se inscritos no córtex cerebral como um resíduo sinestésico que se encontra inseparável das inervações motoras correspondentes" (FONSECA, 1973/1974). Tudo isto vem comprovar a existência do esquema corporal como um conjunto estruturado superiormente. Riese (1943), Mayer-Gross (1936), Katz (apud HÉCAEN & AJURIAGUERRA, 1952), Bors (1951) e tantos outros demonstraram que o estudo do esquema corporal sofre uma grande evolução com os estudos do membro-fantasma, fator este que uma vez mais vem demonstrar o estreito paralelismo maturativo e a inter-relação recíproca, do desenvolvimento psicomotor com o desenvolvimento cognitivo.

Schilder (1968), Lhermitte (1939), Lunn e Meerovitch (apud LUNN, 1948) abordaram o estudo da imagem do corpo em planos neurofisiológicos, libidinais e sociológicos, em que se rompeu pela primeira vez o estudo da noção do corpo em planos semióticos e lógico-filosóficos.

No excelente estudo de Hécaen e Ajuriaguerra (1952) sobre o desconhecimento e as alucinações corporais, as lesões do conhecimento do corpo encontram-se interdependentes das lesões das atividades simbólicas que, por seu lado, clarificam a dependência mútua e a origem comum das funções gestuais e das funções de orientação. Entre as síndromes assomatognosias, os afásicos e os agnoso-visuais, existem fenômenos de interconexão muito profunda, o que vem pôr em realce a relação fisiopsicológica fundamental do estudo do movimento humano.

Bibliografia

AJURIAGUERRA, J. de (1971). L'enfant et son corps. *Inform. Psychiat*, vol 47, n. 5, mai.

_____ (1970). *Manuel de Psychiatrie de l'enfant*. Paris: Masson & Cie.

ALVIM, F. (1962). Troubles de l'identification et image corporelle. *Rev. Française de Psychanalise*, tome XXVI.

BABINSKI, J. (1914). Contribuition à l'étude des troubles mentaux dans l'hemiplégie organique cèrèbrale (anosognosie). *Rev. Neurologique*, jun.

BORS, E. (1951). Phantom limbs of patients with spinal cord injury. *Arch. Neurol. Psychiat.*, 66.

BUITENDIJK, F.J. (1967). Le corps comme situation motivante. *Bull. Psychol.*, 140, mai.

CHARCOT, J.M. (1888). Physiologie et pathologie du moignon à propos d'un home amputé du bras gauche. *Polyclinique,* jun.

CHIRPAZ, F. (1969). *Le corps.* Paris: PUF.

COMAR, G. (1901). L'auto-représentation de l'organisme chez quelques hystèriques. *Rev. Neurologique*, 9.

FEDERN, P. (1929). Narcisism in the structure of the Ego. *Internat. J. Psychoanal.*, 9.

FÉRÉ, CH. (1891). Note sur les hallucinations autoscopiques ou spèculaires et sur les hallucinations altruistes. *C.R. Societé de Biol.*, 451.

FONSECA, V. da (1973/1974). Evolução das idéias sobre a noção de esquema corporal. *Publicação de apoio à teoria da ginástica*, n. 10. [S.L.]: Inef.

FOERSTER, O. (1931). Ueber das Phantomglied". *Med. Klin*, 1.

FREUD, S. (1968). *Le moi et le ça.* Paris: Payot.

GANTHERET, F. (1961). Histoire et position actuelle de la notion de schéma corporel. *Bull. de Psycholog.*, t. 15, n. 1.

GERSTMANN, J. (1927). Fingeragnosie und isolierte Agraphieztschr. *Ges. Neurol.*, 108.

GUREWITCH, M. (1926). Motorik, Lorperban und Charakter. *Arch. F. Psychiatr. und Nerveukr,* 76.

HEAD, H. (1973). *Les sensations et le córtex cerebral.* [s.l.]: Privat.

HÉCAEN, H. & AJURIAGUERRA, J. de (1952). *Méconnaissances et hallucinations corporelles.* Paris: Masson & Cie.

HENRY, M. (1965). *Philosophie et phénoménologie du corps.* Paris: PUF.

JACKSON, H. (1931). *Selected writings.* Londres: James Taylor.

LHERMITTE, J. (1939). L'image de notre corps. *Nouvelle Revue Critique*, 1.

LUNN, V. (1948). *Om Legemsbrvidstheden.* Copenhague: Ejnak Munksgaará.

MAYER-GROSS, W. (1936). Some observations on apraxia. *J. Ment. Sc.*, 82.

MERLEAU-PONTY, M. (1945). *Phénoménologie de la perception.* Paris: Gallimard.

MINKOWSKI, E. (1966). *Traité de psychopathologie.* Paris: PUF.

NIELSEN, J.M. (1947). *Agnosia, apraxia, aphasia*. Nova York: P.B. Hoeber.

PICK, A. (1973). Trouble de l'orientation du corps propre – Contribuition à la théorie de la conscience du corps propre. In: CORRAZE, J. *Schéma corporel et image du corps*. Paris: Privat.

RIESE, W. (1943). The principle of evolution of nervous function. *J. Nerv. Andment. Dis.*, 98.

SARTRE, P. (1939). *Esquisse d'une théorie de l'émotion*. Paris: Hermann.

SCHILDER, P. (1968). *L'image du corps*. Paris: Gallimard.

STRATTON, G.M. (1896). Some preliminary experiments ou vision without inversion of the retinal image. *Psychol. Rev.*, 3.

VON BOGAERT, L. (s.d.). Sur la pathologie de l'image de soi. *Travaux de l'Institut Bung*, n. 8.

VON MONAKOW, C. & MOUGUE, R. (1928). *Introduction biologique à l'étude de la neurologie et de la psychopathologie*. Paris: Alcan.

WALLON, H. (1931). Comment se développe chez l'enfant la notion du corps prope. *J. de Psychologie*, nov.-dez.

WERNICKE, C. (1906). *Grundriss der Psychiatrie*. 2. ed. Leipzig.

WEIR-MITCHELL, S. (1874). *Des lèsions des nerfs et de leurs consèquences*. Paris: [s.e.].

6.2. Gênese da noção do corpo

A elaboração da noção do corpo estrutura-se nas suas linhas gerais ao longo da infância, e projeta-se numa permanente evolução dialética inacabada, durante toda a existência do indivíduo.

Para se estudar a gênese da evolução do corpo, teremos de recorrer a inúmeros trabalhos e experiências, em que ressaltam fundamentalmente os de Piaget (1968), Wallon (1954), Preyer (1887), Spitz (1958) e Ajuriaguerra (1970).

Interessava-nos abordar esta perspectiva genética correlacionando dois aspectos indissociáveis: o estudo da evolução da noção do corpo no quadro das *funções cognitivas e executivas* da criança, e o estudo do *aspecto psicoafetivo e relacional* inerente à construção da imagem do corpo.

A sucessiva integração da imagem do corpo é estabelecida por dois aspectos essenciais: um relativo à função de ação (maturação do equipamento neurofisiológico de base); outro, pelas reações perante o mundo exterior. A preensão do real e a realidade da criança constituem uma unidade intimamente ligada (WALLON, 1954).

As primeiras reações de agitação do recém-nascido são já o esboço de um jogo que perdurará existencialmente. A articulação das estimulações interoceptivas com as proprioceptivas constituem a primeira manifestação de vida e de presença. A criança é já um indivíduo que age e que é agido pelas manipulações do outro, em que se destacam principalmente as da mãe, fulcro do conhecimento do mundo exterior e do seu próprio mundo interior (FONSECA, 1971).

As origens da estruturação iniciam-se nas sensações interoceptivas essencialmente bucais, já inerentes a um Eu e a uma consciência que se vai organizando. As sensações interoceptivas dominam a vida do recém-nascido, baseadas em flutuações tônicas e emocionais relativas a fenômenos geradores de satisfação e de privação. A reatividade automática põe em relevo um fator de dependência maternal. O corpo é boca, superfície cutânea que inicialmente estabelece mais contatos com o mundo exterior (seio ou *biberon*). A dependência oral está limitada ao espaço bucal e a reações hipertônicas e paroxísticas que bloqueiam a criança, limitando o mundo à sua própria motricidade dramática (WINNICOTT, 1971).

Numa constante reatividade, que ora se traduz por tensão, ora se traduz por repouso (satisfação-privação), a criança vai sofrendo uma progressiva impregnação corporal neurovegetativa que se submete à experiência e à presença do outro. Toda esta ritmicidade leva a inúmeras modificações tônicas e a várias expressões motoras aparentemente desordenadas. A atividade rítmica é o teatro da atividade tônico-motora (FRAISSE; NUTTIN; MEILLI, 1963).

Após esta orquestração tônico-motora, surgem as possibilidades de fixação visual, primeira reação de equilíbrio proprioceptivo que posteriormente vai originar a verdadeira exploração óptica do mundo, a que se seguirá a exploração espácio-sinestésica.

A aquisição fragmentada do real estabelece-se relacionalmente com o corpo da mãe, primeira totalidade integrada. A criança e a mãe-objeto (seio) são a primeira totalidade exterior, em que se baseiam todas as futuras noções cognitivas do corpo. O corpo da mãe é algo que se encontra fora da própria criança, mas, no momento da mamada, o seio da mãe não é um fragmento isolado, é uma totalidade de que ela se apropria e com a qual se confunde (WINNICOTT, 1971). A criança é o corpo da mãe. Esta primeira clivagem do EU e do NÃO-EU constitui a tese original do trabalho de Klein et al. (1966). O corpo, quer da mãe, quer do filho, não é mais do que uma simbiose fisiológica e afetiva.

Desta simbiose sinergética surgem as primeiras ligações relacionais entre a criança e os que a ajudam no seu desenvolvimento, através de manifestações como o sorriso e os sinais de contentamento.

Neste parâmetro afetivo, nascem mais tarde os fenômenos do simulacro e da imitação, estudados por Wallon (1954) e posteriormente por Guillaume (1970). Após a fusão-alienação de si às coisas, dá-se um desdobramento do ato executado pelo modelo, a que se vai juntar uma verdadeira impregnação postural (BRUNET & LEZINE, 1971).

Concordamos com Ajuriaguerra quando afirma que a relação tônica não é senão a experiência do corpo, e o corpo é o produto vivido dessa experiência tônica. Nasce aqui o *diálogo tônico*, plano de fundo do desenvolvimento da linguagem. Sem um verdadeiro conhecimento do corpo e do seu investimento sobre o mundo dos objetos e das pessoas, não se atinge, por conseqüência, a linguagem.

A importância do outro no desenvolvimento da noção do corpo é fundamental. Preyer e Baldwin (apud PREYER, 1887) são concordantes quando defendem que a consciência de si se constrói pouco a pouco, e elabora-se posteriormente à consciência do outro. O "tu" é primeiro que o "eu". A ação do indivíduo é antes a ação do outro, ambas são vividas como atitudes inerentes a uma mesma totalidade (LEVY-SCHOEN, 1964).

É para o outro que o indivíduo dirige todas as suas potencialidades afetivas que estão na base de todos os futuros investimentos motores sobre o mundo. Esta característica de investimento surge após um período de assimilação que tem paralelo na própria auto-apreensão, também equacionada geneticamente como se fosse um objeto. Segundo Piaget (s.d.), o mundo exterior é para a criança uma totalidade alimentada por esquemas sensório-motores. Ação, objeto, corpo e mundo exterior constituem uma estrutura totalizante.

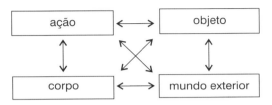

Após a atividade reflexa (4 meses), esboçam-se as primeiras relações entre a visão e a mão. O jogo da mão no campo visual é a preparação para a gênese da preensão, manifestação de desenvolvimento profundamente humanizada. A motricidade visual (percepção) e a motricidade da mão (preensão) são dispersas e indiferenciadas e só posteriormente a visão, depois de descobrir a mão, pode guiá-la e projetá-la na relação com as coisas (TOURNAY, 1956). A visão inicia assim a conquista óptica do corpo, inicialmente pelas extremidades superiores e posteriormente pelas inferiores (5 meses).

Este nível de desenvolvimento corresponde, em Piaget, ao Estado I e II, em que a ação incessante e descoordenada se vai enriquecendo por acomodações das atividades perceptivas aos quadros percebidos. Esta assimilação própria da adaptação reflexa valoriza-se por três formas: repetição cumulativa, generalização da atividade com incorporações de novos objetos e recognição motora. Cada vez mais os elementos adquiridos são acomodados aos dados da experiência (reações circulares primárias).

A partir desta vivência, inicia-se o período da *descentração geral* (6 meses) através da função sensório-motora e da coordenação das ações e dos espaços. O espaço perceptivo-motor não é mais do que um espaço subjetivo e figurativo, que se vai edificando numa maior capacidade de espacialização.

O mundo exterior adquire uma certa permanência que lhe garante uma aplicação da motricidade do sujeito, da qual nunca se dissocia. As coordenações vísuo-tato-sinestésicas, desenvolvem-se na presença dos objetos que, por seu lado, justificam a aquisição do espaço prático. Tanto o conhecimento do corpo, por autopalpação (a mão quando toca nas outras partes do corpo é o próprio mundo exterior), como a atividade sensorial, acusam uma maturação no desenvolvimento.

Surge então a diferenciação sujeito-objeto (9 meses), em que a criança começa a distinguir as suas mãos dos objetos que elas seguram ou manipulam. Dá-se a separação do objeto da ação, e constrói-se então o espaço objetivo e operativo, através da tomada de consciência dos seus limites corporais e das diferentes posições que os objetos ocupam entre si. O Eu é concebido como um objeto face ao mundo (PIAGET, s.d.). A permanência do objeto obedece a leis independentes do eu, como sejam as relações espaciais, temporais e causais. O corpo passa a ser, então, reconhecido como um objeto em si próprio e, como objeto, no meio dos outros. A criança diferencia o mundo exterior do mundo interior e passa a dispor de um sistema prático de relação. O objeto é simultaneamente permanente e independente.

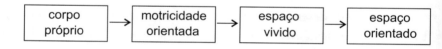

Com a espantosa autonomia conferida pela *marcha*, a criança não só melhora as suas possibilidades de relação cinético-espacial, como também aperfeiçoa as suas coordenações cérebro-mão que lhe possibilitam um melhor ajustamento a situações concretas.

A marcha vertical é uma autonomia que traduz a associação da sensibilidade visual a uma primeira espacialidade diferencial que simultaneamente marca o limite das fronteiras do Meu e do Não-Meu (MUCCHIELLI & BOURCIER, 1972). Há como que uma extensibilidade do "cordão umbilical", a criança integra as aquisições da distância espacial e da distância afetiva da mãe.

A partir deste período, a consciência do corpo passa a integrar outros valores, nomeadamente aqueles que resultam de uma maior variabilidade e complexidade de sistemas motores.

Fraisse (apud FRAISSE; NUTTIN; MEILLI, 1963) assinala a existência de mecanismos neuromotores desenvolvidos por atividades repetidas, suscetíveis de desenvolvimento rítmico, que se relacionam intrincadamente com os dados pósturo-motores, vestibulares, visuais e auditivos. Desenvolve-se aquilo que o mesmo autor chamou de "ritmo preferencial espontâneo", estrutura elementar para a execução dos mecanismos fisiológicos e para a construção dos gestos.

A forma como os gestos são repetidos desenvolve uma ritmicidade que permite a sucessiva individualização dos vários segmentos corporais, ao mesmo tempo que facilita à criança a regulação dos comportamentos e o investimento lúdico-corporal. Com a aquisição da marcha, as perspectivas espaciais e temporais alcançam significativos progressos que, no seu conjunto, contribuem para a sucessiva elaboração da noção do corpo. A imagem do corpo resulta da sinergia da imagem figurativa e da imagem operativa, geradoras de uma representação em permanente mutação.

Necessariamente que a *evolução da linguagem* modifica também a mesma imagem. Desde a lalação (5-6 meses) até à atenção da linguagem falada (12 meses), a palavra vive uma dimensão corporal, depois espacial e posteriormente temporal que, conjuntamente, traduzem o equilíbrio harmonioso da comunicação. Tudo isto significa uma possessão do mundo que está para além do próprio corpo. Verifica-se uma progressiva construção mental que utiliza uma imagem, depois um símbolo e finalmente um sinal (PIAGET, 1968).

A experiência sensorial resultante da exploração sinestésica do mundo desempenha um papel fundamental na estruturação cortical da criança. Da ação passamos à coordenação das ações, que estruturarão outras representações, geradoras mais tarde da sua verbalização.

A noção do corpo desenvolve-se graças à função semiótica e ao movimento, nascendo todo um novo período que nos leva da ação à representação. Esta função semiótica traduz a aquisição de novas condutas como a imitação, a imagem mental, o jogo simbólico, a linguagem e o desenho (2-3 anos).

O fim da ação passa a ser conhecido, o que carateriza uma adaptação intencional, na qual e pela qual todos os movimentos intermediários se subordinam. A repetição é orientada pelo resultado a obter (reações circulares secundárias). O universo objetivo independente do eu começa a edificar-se (Estados III e IV de Piaget). A procura do novo e a conquista de situações novas põem em causa uma representação antecipadora, uma certa previsão (Estado V) que sucessivamente integra valores que, estruturados logicamente, preparam a inteligência sistemática. A imagem do corpo, neste período, segundo Piaget, é uma imitação interiorizada composta por sistemas de símbolos figurativos operacionais. Não se dá unicamente a integração da noção do corpo, verifica-se uma possibilidade de operacionalidade motora.

Ao surgir uma proliferação indefinida de imagens visuais, valorizadas pelo aperfeiçoamento de sistemas preensivos, locomotores e lingüísticos, verifica-se uma dominância dos elementos motores e sinestésicos que estão na base do princípio da assimetria humana. Segundo Ajuriaguerra, opera-se uma dominância cerebral e uma prevalência manual, traduzindo a aceleração da maturação de um dos hemisférios cerebrais. Segundo Bergès, a criança aprende a utilizar as noções de lateralidade e a orientar-se espacialmente em relação ao corpo (3 anos e meio).

O tempo vivido afetivamente (FRAISSE; NUTTIN; MEILLI, 1963) possibilita a estruturação do ritmo e da organização simétrica bilateral. A criança pode rememorizar as situações, e todas as suas recordações são agrupadas na palavra "ontem".

Surge o momento em que os *fonemas*, como unidade, possuem significação que permite perceber o ritmo e assimilar o tempo, pilares da construção e organização do mundo interior. O desenvolvimento da linguagem alarga o envolvimento e o conhecimento do real assumindo novos horizontes. O conhecimento surge como algo possível de assimilar pela relação com outro, não esquecendo, como afirma

Wallon, que o conhecimento é sempre produto do sistema emocional. O objeto está para a organização dos esquemas sensório-motores, assim como o outro está para a organização afetiva do conhecimento.

Em termos gerais, inicia-se o período pré-operatório que culmina com a assimilação do real ao EU e aos seus desejos (5 anos). Nesta fase, a insuficiente maturação motora de certas partes do corpo provoca numerosas sincinesias que, ao acompanharem os movimentos intencionais e espontâneos, dificultam a verdadeira adaptação ao meio.

Os trabalhos sobre a *evolução do desenho do corpo humano (Bonhomme)* emprestam-nos um grande auxílio para a compreensão da integração da noção do corpo.

É pelo desenho que a criança objetiva a representação do corpo (formal e simbólica). O interesse deste estudo levaria a outro livro: interessa-nos muito esquematicamente deixar expressa a importância deste assunto para a compreensão das funções expressivas da criança. Referência especial merecem os trabalhos de Goodenough (1957), Machover (apud CALANCA, 1972), Wintsch (1935), Luquet (1935), Lurcat e Wallon (1958), Fontes (1950), Dolto (1957), Fay (1934), Abraham (apud HÉCAEN & AJURIAGUERRA, 1952), Levy-Schoen (1964), N. Gallifret (1951), etc.

A título original apresentamos por ordem cronológica os diferentes estados de representação, segundo a escala de Wintsch, muito idêntica à de Goodenough: 3 anos: primeiros desenhos do corpo humano, um círculo e duas linhas paralelas que descem; 4 anos: aparecimento de novos pormenores – olhos, nariz, cabelo; 5 anos: aparecimento do tronco, quer dizer, um círculo entre a cabeça e as pernas; 6 anos: membros mal articulados; 7 anos: membros de duplo contorno, com diferenciação de sexos por meio de vestuário; 8 anos: aparecimento do pescoço; 9 anos: pormenores cada vez mais numerosos e melhor construção gráfica.

O desenho, particularmente o da forma humana, é um excelente meio de investigação da evolução da criança para além do seu aspecto projetivo; ocupa um lugar especial para a interpretação do grau de desenvolvimento e para algumas fases dos aspectos psicopatológicos.

Os rabiscos dos desenhos iniciais são o esboço da representação do corpo vivido, ou seja, refletem o nível de integração. Acusa particular interesse a análise comparativa e evolutiva dos desenhos das crianças, porque, além de equacionar um problema cognitivo, também diz respeito à fenomenologia da afetividade. O desenho da figura humana, bem como o desenho da família e também os desenhos livres e dos animais, podem constituir novo suporte para a compreensão da expressão gráfica da criança. O desenho pode ser um ótimo meio de aferimento da eficácia do tratamento ou de qualquer processo reeducativo (CALANCA, 1972). Não convém analisar o estudo evolutivo do desenho do corpo humano em termos estáticos ou formais porque nele estão implícitos fatores extra-intelectuais e conteúdos inconscientes extremamente ricos. A criança desenha aquilo que sabe, vê e vive, dentro de um desenvolvimento conceptual adquirido. De fato, qualquer conclusão que se tire do desenho deverá levar em consideração a situação onde se realiza a prova e a historicidade pessoal-relacional da criança.

Cabe aqui referir os estudos longitudinais sobre a imagem do espelho, destacando o trabalho de Lacan (1949) e, recentemente, as investigações do G. Boulanger-Balleyguier (1967). Não se pode deixar de mencionar, nesta gama experimental, a obra de Zazzo (1948) e os estudos do "simbolismo agido" de N. Galifret (1972).

A gênese da noção do corpo reflete uma multiplicidade de aspectos que lhe dão uma complexidade, cujo esclarecimento não pode ser atingido por aproximações reducionistas e formalizadas.

Desde os fenômenos emocionais, em que o corpo é simultaneamente receptor e emissor, até a criação dos afetos, após o rompimento do bloqueio espacial inicial e da imposição biorrítmica, o corpo nunca perde a sua dimensão expressiva e fundamentalmente criativa e personalística.

A consciência do corpo sofre evolução paralela à evolução da aquisição do espaço, ambas se encontram abertas uma na outra; conceber uma sem a outra é cair numa justaposição superficial. Não há espaço sem corpo, assim como não há corpo que não seja espaço e que não ocupe um espaço. O espaço é o meio pelo qual o corpo pode mover-se. O corpo (aqui) é ponto em torno do qual se organiza o espaço exterior (ali).

Dentro destes aspectos verificam-se essencialmente duas estruturas em que se apóia a evolução da noção do corpo: uma figurativa, outra operativa. Na fase intermediária coexistem prefigurações do corpo a que se juntam os dados do universo mágico da criança, em que o outro é vivido e sentido como exterior e como interior. Isaacs foca a existência de fantasmas inconscientes que refletem finalidades pulsionais investidas sobre os objetos e sobre os outros. Numerosos autores acabam por acordar que existe uma idade precoce sobre o plano do inconsciente, com a fabricação de fantasmas, que antecede a apariação da verdadeira imagem mental inerente ao corpo.

De uma fase *inicial sensório-motora,* seguem-se as fases pré-operatórias e operatórias da imagem do corpo, correlacionadas com as atividades simbólicas e com as esferas da linguagem. À semantização do esquema corporal juntam-se os fenômenos da imitação e da identificação, estruturas básicas em que se desenvolvem os fenômenos da culturização que vêm dar ao corpo um significado de experiência psicossocial. As maneiras de ser e de se comportar não são mais do que incorporalizações várias que são o palco das atitudes tônico-emocionais. O indivíduo imita e vive as maneiras de ser dos outros...

A todo este arsenal corporal vem juntar-se os elementos da aprendizagem lúdica (ritual de iniciação) e escolar (ritual de identificação) que, com a combinação dos aspectos de ordem intelectual, vêm alterar a imagem do corpo.

Dá-se então a integração das ações em sistemas coerentes e reversíveis, que traduzem uma nova etapa do conhecimento das noções de projeção e elaboração, com a estruturação do espaço (gnosia) e com a objetivação das séries temporais.

A integração de todos os dados sensíveis, sinestésicos, assegura a maturidade e o ajustamento das condutas motoras que passam a ser automatizadas, dando expressão à perfeição da função tônica e à capacidade de inibição na atividade motora voluntária.

A utilização das praxias é mais sutil e opera-se num espaço mais vasto e complexo. A compreensão das noções de reversibilidade e de conservação levam a uma melhor orientação e reprodução motora.

Corpo e linguagem tornam-se os intermediários existenciais do mundo e do indivíduo, ligação essencial no sentimento da vivência e convivência. Observa-se uma possibilidade de *controle* segmentar e uma tomada de consciência global de um conjunto organizado, coerente e suscetível de deslocamento.

A edificação progressiva da imagem do corpo faz-se no mundo e pelo mundo, não somente físico, mas também social.

Bibliografia

AJURIAGUERRA, J. de (1970). *Manuel de psychiatrie de l'enfant.* Paris: Masson & Cie.

BOULANGER-BALLEYGUIER, G. (1967). Les étapes de la reconnaissante de soi devant le miroir. *Rev. Enfance,* 1, jan.-mar.

BRUNET, O. & LEZINE, I. (1971). *Le développement psychologique de la prémière enfance.* Paris: PUF.

CALANCA, A. (1972). Desenhem-me um boneco. *Rev. Image,* 42. Basiléia: La Roche.

DOLTO, F. (1957). A la recherche du dynamisme des images du corps et de leur investissement symbolique dans les stades primitifs du developpement infantile. *La Psychanalyse,* 3.

FAY, H.M. (1934). *L'intelligence et le caractère.* Paris: Foyer Central d'Hygiène.

FONSECA, V. da (1971). *De uma filosofia à minha atitude* – Dados para a ontogênese da motricidade. [s.l.]: Inef [Tese de doutorado].

FONTES, V. (1950). Interprétation psychologique du dessin antropomorphique infantile, spécialement observé chez les oligophréniques. *Sauvegard de l'enfance,* 6.

FRAISSE, P.; NUTTIN, J.; MEILLI, R. (1963). Motivation, émotion, personnalité. *Traité de Psychologie Expérimentale,* fasc. 5. Paris: PUF.

GALLIFRET, G.N. (1972). *Le symbolisme chez l'enfant* – La Psychatrie de l'enfant, vol. XIII, t. 1, fasc. 1.

_____ (1951). Le problème de l'organisation spatiale dans les dyslexies d'evolution. *Rev. Enfance* [s.n.t.].

GOODNOUGH, F. (1957). *L'intelligence d'après le dessin.* Paris: PUF.

GUILLAUME, P. (1970). *L'imitation chez l'enfant.* Paris: PUF.

HÉCAEN, H. & AJURIAGUERRA, J. de (1952). *Méconnaissances et hallucinations corporelles.* Paris: Masson *&* Cie.

KLEIN, M. et al. (1966). *Dévéloppement de la psychanalise.* Paris: PUF.

LACAN, J. (1949). Le stade du miroir. *Ecrits* [s.n.t.].

LEVY-SCHOEN, A. (1964). *L'image d'autrui chez l'enfant.* Paris: PUF.

LUQUET, A. (1935). *Le dessin enfantin.* Paris: Alcan.

LURCAT, L. & WALLON, H. (1958). Le dessin des personnages par l'enfant, ses etapes et ses mutations. *Rev. Enfance,* 3.

MUCCHIELLI, R. & BOURCIER, A. (1972). *La dysléxie la maladie du siècle.* Paris: ESF.

PIAGET, J. (1968). *La naissance de l'intelligence chez l'enfant.* Paris: Delachaux et Niestlé

PIAGET, J. et al. (s.d.) *La réprésentation de l'espace chez l'enfant.* Paris: PUF.

PREYER (1887). *L'âme de l'enfant.* Paris: Alcan.

QUESNE, R. (1969). Notion du schema corporel et interet dans une leçon de reeducation psycho-motrice. *Rev. Neuropsychiatrie,* vol. 17, n. 4-5.

SPITZ, R. (1958). *De la naissance* à *la parole.* Paris: PUF.

STAMBAK, M. (1963). *Tonus et psychomotricité.* Neuchâtel: Delachaux et Niestlé.

TOURNAY, A. (1956). Bases neurologiques de la maturation motrice et de la methode. *Rev. Enfance,* 9.

WALLON, H. (1954). Kinesthèsie et image visuelle du corps propre chez l'enfant. *Bul. de Psychol.*, 7.

WINNICOTT, D.W. (1971). Le corps et le self. *Rev. Nouvelle de Psychanalyse*, 3.

WINTSCH, J. (1935). Le dessin comme témoin du dévéloppement mental. *L. Kinderpsych*, 2.

ZAZZO, R. (1948). Image du corps et conscience de soi. *Rev. Enfance*, 1.

6.3. Desintegração da imagem do corpo

Abordagem às perturbações da somatognosia

Pelo estudo da desintegração da imagem do corpo (a somatognosia) podemos verificar a extrema complexidade da representação e os diferentes níveis de integração do corpo.

A edificação da imagem do corpo, feita a partir dos dados sinestésicos, vestibulares, visuais e sensitivos, insere-se em toda a história vivida do indivíduo, processo pelo qual se observa a integração do corpo.

Convém estudar o problema da desintegração da imagem corporal em dois campos: um experimental, outro patológico.

No campo experimental, vários autores tentaram provocar experimentalmente perturbações na imagem do corpo, ora por alterações sensitivas, ora por alterações da esfera óptica (STRATTON, 1896), para além das perturbações ponderais e experiências antigravíticas. As experiências de localização proprioceptiva de Head (1911), a importância das sensações musculares de Ponzo (1936), o significado da orientação tônica de Longui (1939), o aspecto das sensações de inervação muscular de Schilder (1968) e Lhermitte (1939) sublinham alguns aspectos das desintegrações experimentais da imagem do corpo, realizadas com pessoas normais.

As experiências de excitação labiríntica, de alteração da sensibilidade profunda, de perturbação das sensações táteis exteroceptivas e proprioceptivas são mais do que suficientes para provar a importância do corpo na adaptação singular do indivíduo ao meio.

A experiência de garrote de Meerovitch (apud HECAEN & AJURIAGUERRA, 1952) provou o aparecimento de alguns problemas do esquema corporal, como sejam sensações de modificação de forma, modificações de dimensão e alterações do sentimento de posição do membro. Igualmente, temos que referir as experiências de infiltração de novocaína, que modifica as relações habituais entre os fatores táteis e sinestésicos que provocam também problemas em nível do esquema corporal. As experiências de hipnose, de abaixamento do nível de vigilância e as sessões de reeducação psicotônica, segundo a terapêutica de Schultz (1965), provam também as modificações neurovegetativas e a libertação de tendências instintivas, que estão na base de outros tantos problemas de alteração somatognósica. A ação de certas drogas e tóxicos demonstra perfeitamente que a integração da imagem de corpo não pode ser minimizada por se encarar numa única perspectiva de observação.

Segundo Pirisi (1949), existe uma série de funções cerebrais correspondentes aos diferentes vocábulos, que se consideram como sinônimos: esquema corporal, imagem motora, imagem de si, esquema postural. O esquema corporal é a consciência imediata do nosso corpo, considerado como entidade estática e dinâmica, quer dizer, como um dado gnósico constantemente apresentado; a imagem motora é a consciência mediata do nosso esquema motor, que permite tomar um conhecimento preciso dos nossos automatismos sensório-motores e criar outros; o esquema postural (Head) ou esquema tônico-sinestésico-postural é um complexo de estruturas sensório-motoras reflexas e automáticas que constituem a forma orgânica inconsciente da experiência sensório-proprioceptiva do corpo, objeto no meio de objetos; a imagem de si é a imagem representativa integral da nossa consciência, do nosso corpo em qualquer dimensão, capaz de surgir, sob a forma de recordação ou atualização, como síntese dos diversos dados sensoriais em que prevalecem os dados visuais.

Essa classificação é aplicada pelo mesmo autor aos dados da patologia: anosognosia corresponde a um problema do esquema corporal, asomatognosia do tipo simbólico; a síndrome de Gertsmann; autotopoagnosia e certas apratognosias, como perturbações da imagem motora; certos casos de espontaneidade motora de um hemicorpo, como problema do esquema postural como a heautoscópia, os problemas somatognosios psicossensoriais, as desordens da personalidade física em geral, respondendo a uma perturbação da imagem de si (QUESNE, 1969).

Dublineau (1937) apresenta também uma outra classificação, a saber:

Síndromes do hemisfério esquerdo

– Anosognosia: desconhecimento do lado direito;

– Desconhecimento de paralisias;

– Inversão: dor à direita, impressão à esquerda.

Síndromes do hemisfério direito

– Síndrome de Gertsmann: perda do conhecimento direita/esquerda, agnosia digital, acalculia, agrafia pura;

– perda da localização de segmentos de membros no espaço;

– assimbolia: perda da diferenciação e da localização.

Fenômenos paroxísticos

– Algumas epilepsias (exemplo: impressão de estranheza e de ausência, impressão de transformação, ilusão de deslocamento do corpo).

Fenômenos de ilusão

– ilusões de dor;

– ilusões de transformações corporais.

Problemas da personalidade

Tocando a consciência do corpo (corpo vivido)

– abnegação de um corpo ou de um órgão: melancolias/esquizofrenias;

– problemas da consciência do vivido: alteração da realidade.

Idéias delirantes; convicções

Impressões falsas do corpo sem poder crítico e com convicção, normalmente acompanhadas de alucinações corporais.

Síndrome de histeria

Simulação de uma paralisia, de uma síndrome motora...

Todas estas perturbações servem para nos apercebermos genericamente da importância da noção do corpo que corresponde a um dos pilares fundamentais do equilíbrio harmonioso e que garante a personalidade do indivíduo. O corpo e a sua projeção no espaço, consubstanciando a motricidade, é uma esfera de inexcedível importância para todas as organizações sensório-motoras em que se esboçam todos os processos afetivos e todas as relações de socialização. Como idéia central, verifica-se que a noção do corpo constitui uma estrutura totalizante, jamais separada do conjunto da personalidade. Qualquer manifestação psicopatológica surge sempre com um pano de fundo desorganizado, ou seja, com alterações da imagem do corpo e da motricidade em geral.

Necessariamente, a desintegração somatognósica depende muito da localização da lesão, do caráter da lesão (anatômico, funcional, social, afetivo, etc.), dos graus de instintivo-afetivo, entendidos como estranhos ao eu e não projetados sobre a forma sensorial, das particularidades próprias de cada indivíduo, do ensaio de adaptação à ausência de membros (amputados), e de tantos outros valores que nos escapam à observação clínica dos casos.

De qualquer forma, quando se trata de desintegração somatognósica, estamos igualmente em presença de problemas do tempo espacializado, das noções temporais adquiridas, das alterações do gesto intencional (praxia), perdendo-se a relação adaptável do gesto ao objeto exterior, como adaptação a um fim.

Entramos aqui, também, noutro problema mais sério relacionado com os estudos da dispraxia (STAMBAK, 1964), entendida como uma desorganização das funções simbólicas, da linguagem, da lateralidade, da própria afetividade e dos receptores periféricos e à distância, que reflete, em linhas muito gerais, a desorganização conjunta do esquema corporal e a perturbação da organização espácio-temporal.

O estudo da dispraxia constitui estrutura de reflexão, na medida em que põe a claro a íntima conexão dos aspectos da afetividade com a motricidade, com o simbolismo e com a cognitividade.

No estudo da dispraxia temos de encarar uma pluridimensionalidade de sintomatologia. Assim, por exemplo, a *sintomatologia espacial,* vamos encontrar dificuldades na lateralização, na manipulação de objetos, na coordenação óculo-manual, desconhecimento da direita e da esquerda, tanto do próprio corpo como dos objetos exteriores. Tudo isto como é óbvio leva a desencadear outros tipos de perturbações, hoje denominadas as "epidemias escolares", das quais são exemplos as famigeradas dislexias, agnosias, disgrafias, disortografias, acalculias, assimbolias e apraxias. Além das sintomatologias antes focadas, não se deve esquecer de outras, como a *sintomatologia afetivo-caracterial* de grande importância e significado. A toda a desorganização moto-espácio-temporal aliam-se estados de intolerância, inibição, instabilidade, incapacidade, isolamento, infantilidade, imaturidade, estados suscetíveis de criarem uma atmosfera de dramatização e proteção que vão originar, atinentemente, comportamentos escolares e familiares inadmissíveis e supervalorizados.

Os estudos neurológicos das "apraxias construtivas", descritos por Poppelreuter, Kleist e Strauss (apud STAMBAK, 1964), demonstram claramente a relação entre a desintegração somatognósica e a organização espacial, desequilíbrio relacional que se vai projetar em todos os comportamentos expressivos do indivíduo, quer mímicos, afetivos ou cognitivos.

A abordagem neuropsicológica da apraxia foi convenientemente estudada por Ajuriaguerra (apud AJURIAGUERRA & HECAEN, 1964), Hecaen (1972) e Angelergues (1955), que desenvolveram lar-

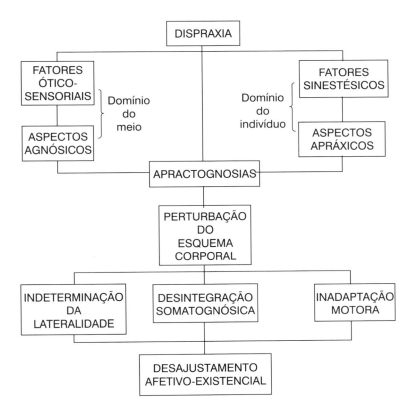

gos conceitos sobre o assunto, partindo de uma variedade de apraxias equacionadas clinicamente da seguinte forma:

1) *Apraxia sensório-sinética,* caracterizada pela alteração da síntese sensório-motora, com desautomatização do gesto, mas sem problemas da representação do ato;

2) *Aprato-gnosia sômato-espacial,* caracterizada por uma desorganização conjunta do "esquema corporal" e do espaço;

3) *Apraxia de formulação simbólica* que se caracteriza por uma desorganização geral da atividade simbólica e compreendendo a linguagem.

De fato, a apraxia adquire assim uma significação simbólica, ao lado das agnosias e das afasias, daí todo o interesse em recorrer aos trabalhos de sintomatologia dispráxica integrados aos problemas da linguagem (Liessens) (apud AJURIAGUERRA & HECAEN, 1964), nos audiomutilados (equipe do HOSPITAL HENN ROUSSELLE) (s.d.), nas desordens de lateralização (ORTON; BINGLEY; ROUDINESCO; DUBIRANA; CLARK, apud AJURIAGUERRA & HECAEN, 1964) nos problemas afetivos, em particular na psicose infantil (BENDER et al. 1952) e nas crianças não-adaptadas (WALLON & DENJEAN, apud WALLON, 1932).

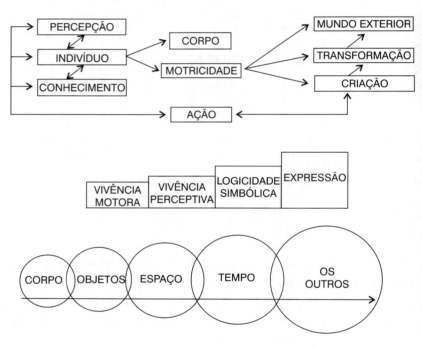

Verificamos que os estudos do desenvolvimento das praxias na criança são unânimes em considerar em termos paralelos o desenvolvimento das praxias com o desenvolvimento intelectual no seu conjunto. Considerando que o desenvolvimento das praxias põe um problema de esquema corporal integrado e uma organização espácio-temporal vivida e representada, e que a praxia está na base do desenvolvimento intelectual, verificamos que o movimento humano traduz, em termos concretos, um dado do pensamento. O movimento adquire assim um potencial cognitivo que lhe confere uma significação e intenção humana que se encontra em permanente mutação, em função das exigências das situações circunstanciais da história do indivíduo.

Bibliografia

AJURIAGUERRA, J. de & HECAEN, H. (1964). *Le córtex cerebral.* Paris: Masson & Cie.

ANGELERGUES, R. et al. (1955). Les troubles mentaux au cours des tumeurs du lobe frontal. *Ann. Méd. Psych.,* 113.

BENDER, L. et al. (1952). The body image of schizophrenic children following electroshok therapy. *Am. J. Orthopsych.,* 22.

DULBLINEAU, J. (1937). Réflexes conditionnels en psychiatrie infantile. In: *1º Cong. Int. de Psychiatrie Infantile.* Paris.

HEAD, H. et al. (1911). Troubles sensoriels dus à des lésions cérébrales. *Brain,* nov.

HECAEN, H. (1972). *Introduction à la neuropsychologie.* Paris: Larousse.

HECAEN, H. & AJURIAGUERRA, J. de (1952). *Méconnaissances et hallucinations corporelles.* Paris: Masson & Cie.

HOSPITAL HENRI-ROUSSELLE (s.d.). *Travaux sur les troubles psychomoteurs de l'equipe de recherches sur les troubles psychomoteurs et du langage* [s.n.t.].

LHERMITTE, J. (1939). L'image de notre corps. *Nouvelle Revue Critique*, vol. 1.

LONGUI, L. (1939). Lo shema corporeo. *Arch. Psychol. Neurol. Psiciat. e Psicoterapia,* I e II.

PIRISI, B. (1949). Revisione critica del problema dello schema corporeo. *Arch. Psychol. Neurol. Psiciat. e Psicoterapia,* 10.

PONZO (1936). Apud VON ANGYAL, A. *Arch. Neurol. Psychiat.,* 35.

QUESNE, R. (1969). Notion du schema corporel et interet dans une leçon de RPM. *Rev. Neuropsychiatrie,* 17, n. 4-5.

SCHILDER, P. (1968). *L'image du corps.* Paris: Gallimard.

SCHULTZ, J.H. (1965). *Le training, autogéné.* Paris: PUF.

STAMBAK, M. et al. (1964). Les dyspraxies chez l'enfant. *Psychiatrie de l'enfant,* vol. VII, fasc. 2.

STRATTON, G.M. (1896). Some Preliminary Experiments ou vision Without inversion of the retinal Image. *Psychol. Rev.,* 3.

WALLON, H. (1932). Syndromes d'insuffisance psycho-motrice et types psycho-moteurs. *Ann. Med. Psych.*, 4.

6.4. Uma abordagem neuropsicológica à somatognosia

O Autor (A.) considera a abordagem ao esquema corporal e à imagem do corpo como sinônimo de somatognosia, isto é, como reconhecimento e representação experiencial pessoal, estudando-a multicomponencialmente, quer na ótica neurológica e na psicanalítica, quer na fenomenológica e psicológica. Infere que a somatognosia representa e ilustra o mapa dinâmico e biossemiótico da totalidade do Eu, encarada como uma unidade complexa e evolutiva entre as experiências contextualizadas do corpo e as integrações polissensoriais do cérebro, cujos substratos neurológicos se espalham por vários sistemas funcionais. Conclui referindo que o organismo humano para atingir a plenitude adaptativa intencional necessita das interações corpo-cérebro-corpo, ditas psicomotoras, subentendendo uma cognição corporal que se expressa em todas as manifestações do intelecto humano, desde a arte ao trabalho.

A abordagem neuropsicológica do Esquema Corporal (EC), aqui considerado sinônimo de somatognosia, constitui um dos mais significativos paradigmas da psicomotricidade, não só pela relevância para o estudo epistemológico do ser humano, quer na sua dimensão filogenética, quer na sua dimensão ontogenética, como pela sua complexidade neuropsicológica integrativa e desintegrativa.

Dentro de uma perspectiva multidimensional, a somatognosia tem sido estudada em várias perspectivas, das quais ressaltamos nomeadamente as seguintes:

• *Perspectiva neurológica*: mais centrada no estudo das multirelações das sensações, das emoções e das percepções com as ações e concomitantes co-construções, com enfoque nos seus disfuncionamentos como as assomatognosias e as anosognosias, onde se destacam essencialmente os estudos das alucinações corporais, dos membros fantasmas e os famigerados desconhecimentos (*meconnaissances corporelles* de AJURIAGUERRA & HECAEN, 1964; HECAEN & AJURIA-GUERRA, 1952).

• *Perspectiva psicanalítica*: mais enfocada nos estudos do Eu corporal (FREUD, 1968), da singularidade das introjeções-projeções do indivíduo (KLEIN, 1959), do simbolismo corporal (SCHILDER, 1963), da personalogia (DOLTO, 1957, 1981), e muitos outros autores, desenvolvendo os paralelismos funcionais entre a noção do corpo e a emergência do EU, entendendo o indivíduo e, necessariamente, a sua ontogênese, disontogênese e retrogênese, como uma emanência do corpo, consubstanciado nas suas multifacetadas necessidades, pulsões e emoções, um simbolismo expressivo envolto em fantasmizações que encerram a dialética da descoberta do mundo e da autodescoberta, da informação recebida do mundo exterior e da operação expressa no mundo exterior, etc.

• *Perspectiva fenomenológica*: mais orientada para os estudos da corporalidade e da sua espacialidade-temporalidade (MERLEAU–PONTY, 1969), do posicionamento da subjetividade espacial do indivíduo no mundo (CHIRPAZ, 1969), da auto-referência da consciência e da sua presença existencial dinâmica (BUYTENDJIK, 1957), etc., sublinhando o papel do corpo como instrumento de compreensão do envolvimento e dos vários ecossistemas que lhe dão forma e coerência.

• *Perspectiva psicológica*: mais direcionada para os estudos dos prelúdios do pensamento (WALLON, 1931, 1954, 1969), para a aquisição da inteligência espacial pré-operacional e operacional (PIAGET, 1960, 1976), etc., ou seja, para o papel integrador dos mecanismos gnósicos com os práxicos, da apropriação do objeto e do outro, das transações dos esquemas sensório-motores com os afetivo-emocionais, em suma, da consciência do corpo e da sua memória espacial, da sua componente não simbólica e simbólica, numa palavra, na síntese sistêmica do opticograma (espaço extrapessoal) e do somatograma (espaço pessoal).

A noção de somatognosia emerge como sinônimo de sentimento de existência (HECAEN & AJURIAGUERRA, 1952; AJURIAGUERRA, 1974), sentimento que equivale para estes autores, à *cinestesia,* entendida como contígua à própria noção do Eu, um verdadeiro testemunho da sua consciência histórica, onde se integram os processos evolutivos mais significativos da sua construção.

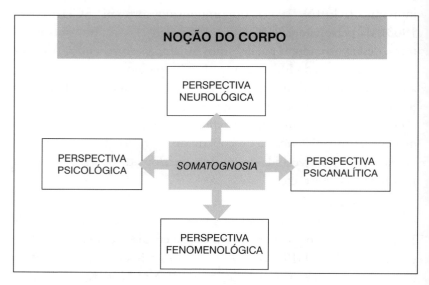

Trata-se de uma representação ativa e dinâmica do corpo no espaço e no tempo, subentendendo a postura e os seus segmentos corporais e o seu revestimento cutâneo próprio, através dos quais o indivíduo se encontra em contato com o mundo circundante, para nele agir com eficácia e harmonia.

A noção do corpo, para nós sinônimo de somatognosia, para muitos autores, uma noção mítica, fantásmica e profana, assume-se como uma invariante postural ego, alo e geocentrado, em si, nos seus concomitantes produtos sociopráxicos.

Trata-se de uma noção que envolve uma dimensão singular e plural, não uma exploração solitária (VYGOTSKY, 1981) do envolvimento, mas uma apropriação de ações inerentes a uma cultura, em definitivo, um instrumento simbólico por excelência, substrato da linguagem, unidade e diferenciação afetiva e emocional, identidade do sujeito e seu instrumento de aprendizagem, uma mistura do significativo e do existencial pessoal, numa palavra, envolve o psíquico, é o psíquico.

A somatognosia compreende, portanto, um modelo corporal plástico, com singularidade própria e locação intra-individual intrínseca, com o qual nos reconhecemos no que somos, um componente inseparável do psíquico, cujo substrato neurológico principal de integração parece situar-se, segundo Hecaen e Ajuriaguerra (1952), Fisher e Cleveland (1968), Paillard (1991), no *córtex parietal*, a que corresponde à segunda unidade funcional no modelo de organização cerebral de Luria (1965, 1975).

Esta unidade funcional, composta:

• Por *áreas primárias,* geneticamente predeterminadas e sem diferenciação hemisférica, cuja disfunção provoca *assomatognosias*, isto é, a perda ou alteração da capacidade para integrar e identificar estímulos táteis, sinestésicos e/ou proprioceptivos.

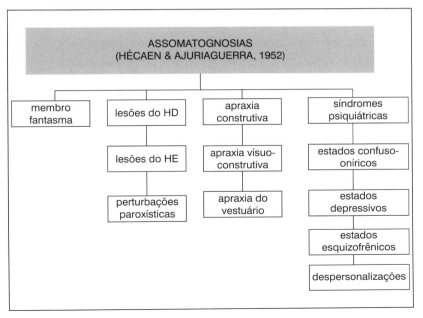

• Por *áreas secundárias*, em que se produzem análises, sínteses, retenções e integrações da informação recebida das áreas primárias, com base em processos simultâneos e seqüenciais, não-verbais e verbais, já hemisfericamente especializados.

• Por *áreas terciárias*, onde se verificam equivalências e associações multissensoriais e metacomponenciais que têm a sua origem na aprendizagem experiencial e na interação sócio-histórica e contextual em que o indivíduo se desenvolve em termos evolutivos, holísticos e sistêmicos.

O corpo, assim concebido, não é somente forma anatômica e física, mas também sentido e significação, processo de comunicação básico, não-verbal e vital, centro de diálogo com o mundo social e contextual. Neste pressuposto, o corpo consubstancia uma *linguagem interior* experiencial, filogenética e ontogenética, que condiciona a aquisição de outras linguagens, como a falada, a escrita e a quantitativa (FONSECA, 1989, 1992, 1995).

O corpo, processo e produto final das experiências agradáveis e desagradáveis, cristaliza o psíquico, protege-o com uma armadura tônica específica e dá-lhe alicerce ao seu Eu. Instrumento de realização e de criação, centro difusor de satisfação e de dor, base da organização perceptiva e cognitiva, o corpo emancipa-se como ponto de referência espacial e existencial, e transforma-se no *substrato da personalidade.*

A prática clínica está repleta de casos, cujas distorções, desde o membro fantasma, às anosognosias, às alucinações e alienações, aos sentimentos de perda e de mutilação, às hemiassomatognosias, às aloestesias, às anosodiaforias, à síndrome de Anton-Babinski, etc., mais adstritos à patologia do hemisfério direito, passando pelas desordens bilaterais e concomitantes desconhecimentos, até às patologias do hemisfério esquerdo, como as autotopoagnosias, a síndrome de Gerstmann e correspondentes ligações a alexias e acalculias, para além de outras confusões, disfunções e dissomatognosias mais tênues, emprestam sem dúvida, um valor transcendente no que significam as suas representações psíquicas superiores.

Para além de se constituir como uma sensação de existência, a somatognosia retrata o sentimento de fundo do corpo (DAMÁSIO, 1994), uma atualizada memória de estados do corpo, desde *interoceptividade* (sensibilidade advinda das vísceras, que integra em paralelo a sua funcionalidade biológica mais perene associada à vida vegetativa e no fundo aos processos básicos de sobrevivência, até os vários estados de dor), até à *exteroceptividade* (sensibilidade resultante da ação da experiência e da aprendizagem), passando pela *proprioceptividade* (sensibilidade oriunda dos músculos, dos tendões e das articulações, do sistema vestibular e do sentido tátilo-sinestésico, também denominado sistema háptico).

Em síntese, a somatognosia reflete um estado corporal pessoal, isto é, consubstancia-se a uma autoscopia personalizada, uma verdadeira âncora de identidade do Eu.

Teoria biossemiótica da somatognosia

É dentro desta perspectiva integrativa que se tem de analisar a *teoria biossemiótica* de Rothschild (1963), que enquadra a somatognosia num contexto de análise fenomenológica do comportamento humano, em que se cruzam os dados experimentais da neurofisiologia, da neuropsicologia, da psicologia clínica, e mesmo da anatomia comparada.

De acordo com o conceito biossemiótico, os vários centros, áreas, substratos, hemisférios e vias do cérebro responsáveis pela somatognosia são estruturados, modulados, posicionados e interligados de tal forma, exatamente para *simbolizarem* a finalidade a que se destinam.

A interação de tais componentes é interpretada por Rothschild (1962) como um "processo sintático", baseado em regras idênticas a outros sistemas de comunicação como a linguagem, ilustrando uma certa similaridade neurofuncional entre os padrões acústicos, as imagens visuais e as seqüências somatognosias e cinestésicas inerentes ao comportamento humano.

As leis hierárquicas da adaptação intencional controlam superiormente todos aqueles subcomponentes a fim de serem transformados de forma significativa no nível, no objetivo e na direção das respostas do organismo (KOHEN-RAZ, 1977).

O termo biossemiótico atribui, assim, aos processos biológicos e fisiológicos e, conseqüentemente, à somatognosia no seu todo, a mesma disposição dos sistemas de comunicação, isto é, ela também obedece a regras de sintaxe e de gramática.

A linguagem corporal (*body language*), como sabemos, desempenha um papel fundamental no comportamento social humano; os gestos, os movimentos da cabeça, a postura, a proxêmica, as expressões faciais, os sorrisos, os contatos táteis, os tons de voz, os adornos corporais, os quinemas, etc. fornecem dados muito relevantes sobre as emoções, os estados mentais e o próprio *self* do indivíduo (ARGYLE, 1975; HALL, 1986).

O cérebro, no conceito biossemiótico, reflete a adaptação do organismo ao envolvimento, como uma expressão dinâmica equivalente a um *conhecimento ecológico relevante*, ou seja, engloba uma dimensão de *contextualidade semântica*, uma vez que a sua adaptabilidade face às situações do mundo exterior e às tarefas nele desenroladas envolve uma flexibilidade dos seus centros, circuitos e substratos para se ajustarem ao contexto dos seus subsistemas neurológicos, sem os quais a adaptação ao envolvimento não é plástica nem modificável.

Sendo o ser humano a espécie com o substrato somatognósico mais elevado da escala filogenética, também por conseqüência, dispõe de mais graus aparentes de liberdade corporal e de maior inventário comportamental (ALLEN & TSUKAHARA, 1974).

A evolução do seu sistema nervoso, obviamente ligada à complexidade funcional da somatognosia, encontra-se anatomicamente afastada do resto do corpo. Por esse fato, adquire uma *distância interiorizada* das respostas motoras imediatas resultantes de estímulos proximais.

Por virtude desta diferenciação entre o cérebro e o corpo, a "consciência", a "mente" e "os processos psicológicos" e, como tal, a somatognosia, emergem.

É interessante, também aqui, introduzir os conceitos originais de "potencialidade corporal" e de "exclusão corporal" de Quirós e Schrager (1975, 1978), como sistemas neurofuncionais básicos para a aquisição não só de competências posturais e práxicas, mas também de competências simbólicas como a fala e a escrita.

Para estes autores, o acesso ao "esquema corporal" e seus subcomponentes conseqüentes, como a representação da imagem do corpo, o conceito corporal (*body concept*), etc., é único da espécie, porque o corpo é "excluído", ou melhor, "inibido", pelas funções psíquicas superiores, daí a noção de "potencialidade", para permitir a orientação simbólica definitiva que explica a especialização hemisférica que está na origem do desenvolvimento da linguagem, tornando possível o acesso posterior à cognição abstrata.

A ontogênese da linguagem, e a sua disontogênese (ex.: atrasos de desenvolvimento postural e motor, atraso de fala, afasias infantis, areflexia vestibular, dispraxia, dificuldades de aprendizagem, etc.), na espécie e na criança, ao emergir do seu fundo somático intrínseco em termos neuroevolutivos, em que se integram os substratos reticulares, cerebelosos, límbicos e insulares, foi-se tornando cada vez mais livre da informação somática e corporal (FONSECA, 1994).

Foi com base nesta organização superior dos dois hemisférios, o direito mais centrado nos dados posturais, espaciais e somáticos, e o esquerdo mais enfocado nos dados práxicos, temporais e verbais, que foi possível à espécie humana atingir uma *performance* e um desempenho simbólico (ECCLES, 1980).

Ao confirmar estes dados clínicos temos as lesões específicas de cada hemisfério, o esquerdo basicamente com a *afasia*, enquanto o direito apresenta quadros claramente diferentes mais centrados nos componentes corporais e espaciais, como é o exemplo da *heminegligência* ou da *apratognosia* (KOLB & WHISHAW, 1985).

Para assegurar o controle do sistema nervoso central do vertebrado dominante (FONSECA, 1994), o seu corpo foi "isolado" daquele por meio de um sistema nervoso periférico, cujos canais de comunicação hormonal tiveram de se desenvolver para servirem de mediadores, transferindo as necessidades corporais periféricas aos centros superiores por meio de tensões e emoções simbolizadas, que não são mais do que as raízes estruturais da somatognosia.

A diferença entre os eventos intra e extra-somáticos, o ego e o não-ego, o sujeito e o objeto, o espaço subjetivo e o espaço objetivo, etc., tornaram-se os determinantes da somatognosia, a verdadeira ponte entre a motricidade e o psiquismo, a síntese psicomotora exclusiva e única da espécie.

Dos circuitos espinais aos corticais, passando pelos cervicais e labirínticos, a proprioceptividade resultante dos músculos, dos tendões e das articulações em ação, produz um sistema funcional sensório-tônico, tátilo-sinestésico e vestibular poderoso que, para além de governar e modular a gravidade, permite a transição da sensação em percepção por meio da equivalência funcional entre os *processos sensoriais e tônicos* (WERNER & WAPNER, 1957) e integra-a na motricidade, verdadeiro sistema complexo que surge como produto das inúmeras interações integradas no *controle postural*.

Seguindo a mesma dinâmica biossemiótica transiente, o controle postural dá origem ao *controle espácio-temporal,* sistema funcional vísuo-auditivo, simultâneo-seqüencial que está na origem da exteroceptividade, verdadeira duplicação e re-representação neurofuncional da proprioceptividade, da qual brota sistêmica e metacomponencialmente a somatognosia.

A somatognosia, na óptica da teoria biossemiótica, não é mais do que o *processo psicológico básico* a partir do qual se constroem os processos psicológicos superiores, daí a sua implicação inevitável em todos os processos da aprendizagem e da adaptabilidade.

Sem a presença de tal estado figurativo integrado, o indivíduo não dispõe dos processos básicos de integração dos dados informacionais que circulam no seu universo corporal, dito intra-somático, nem os pode conjugar dinamicamente com os dados espácio-temporais do seu universo situacional e contextual, dito extra-somático.

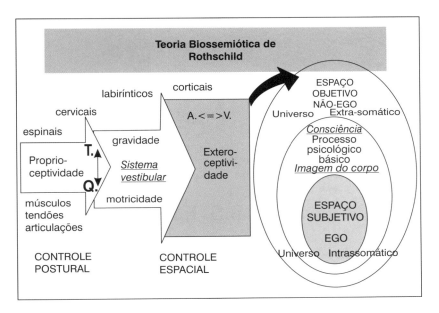

Tal auto-reconhecimento somático confere ao psíquico o dispositivo consciente para integrar, elaborar e transmitir informação. As percepções e as ações assumem-se, assim, como componentes sistêmicas da somatognosia, pois sem a sua contribuição as suas relações mútuas deixam de ter a coesão funcional que lhes dá corporalidade.

O corpo tem em mente um corpo com mente (DAMÁSIO 1994). O corpo reúne, conseqüentemente, uma verdadeira síntese psicomotora exclusiva da espécie. Numa perspetiva ecológica mais abrangente (BROFEN-BRENNER, 1979), é o organismo inteiro e total, e não apenas o corpo ou o cérebro, que interage com os vários ecossistemas, desde o ecossistema maternal ao ecossistema envolvimental.

Quando interagimos com o mundo que nos cerca, quando vemos, ouvimos, tocamos ou mexemos o corpo e o cérebro, a totalidade psicomotora do ser, participam sistemicamente e ajustam-se dialeticamente na interação, e é esse o sentido holístico que encerra a síntese psicomotora única, total e evolutiva da somatognosia.

Todos esses ajustamentos psicomotores reúnem uma arquitetura informacional entre o corpo e o cérebro, pois nenhum componente

Subsistemas psicomotores

CORPO
fatores psicomotores
tonicidade – equilibração
lateralização – somatognosia – EET
praxia global e fina

CÉREBRO
unidades funcionais
1ª unid.: atenção
2ª unid.: processamento
3ª unid.: planificação

ECOSSISTEMAS

endo (desenvolvimento intra-uterino – parto)
micro (desenvolvimento na família proximal: postura, linguagem falada)
meso (desenvolvimento na família distal: praxias, jogo)
exo (desenvolvimento na escola: leitura, escrita)
macro (desenvolvimento cognitivo e cultural)

pode demitir-se dessa circularidade aferencial e eferencial (ANOKHI-NE, 1985), da qual resulta a sua interação efetiva no comportamento humano, considerado, na sua essência, uma relação inteligível entre a captação, o envolvimento, a planificação e a execução de dados decorrentes do desenvolvimento do indivíduo (FONSECA, 1988, 1994).

A captação e a extração de dados extra-somáticos, numa palavra, a percepção, não é apenas uma recepção de sinais diretos do estímulo ou de situações, muito menos simples imagens ou fotocópias do real. O organismo, por meio da somatognosia, altera-se ativamente nos seus dados intra-somáticos, consubstanciando a interação com o meio exterior, o que procura ilustrar em si, o seu dinamismo e o seu equilíbrio funcional.

O organismo atua constantemente sobre o meio exterior, e este sobre o meio interior, de modo a garantir os atos necessários à sobrevivência, ao prazer e à utilidade (MacLEAN, 1970) que caracterizam igualmente a dimensão triúnica do cérebro e triárquica da somatognosia.

Sentir o meio ambiente e nele sentir-se integrado, é nele atuar e dele receber sinais, e é este fluxo circular inconcluso, dinâmico e modificável que representa a somatognosia.

O *self* como núcleo somatognósico principal

A mente, ou seja, o psiquismo, e a motricidade fazendo parte do mesmo organismo total, emerge das interações corpo-cérebro-corpo, ela não é apenas um problema de equipamento biológico, mas sim um problema de funcionamento decorrente da interação com o envolvimento (DAMÁSIO, 1994).

Da ação pura, simples e motora surge uma ação neuronal, ação essa da qual resulta a somatognosia como requisito funcional do organismo, núcleo central da conscientialização e da intencionalidade, quer em termos filogenéticos, quer ontogenéticos, e é esta síntese, a visão de Wallon (1969), quando evoca o sentido da evolução humana do ato ao pensamento.

Deste componente básico da mente humana novos estados do organismo em ação irão surgir; o corpo e, concomitantemente, a motricidade, contribuem para que o cérebro se estruture, modifique e adapte por meio da somatognosia, sem a qual a mente normal não pode funcionar.

A somatognosia, noção equivalente à de *self*, é uma construção e uma co-construção mental, não o homúnculo infame (DAMÁSIO, 1994), dentro do cérebro, nem a imagem contemplativa do sujeito, mas antes a personalidade múltipla e multifacetada de si próprio, o *self* que empresta subjetividade à experiência, ele é o verdadeiro maestro dos sistemas cerebrais e dos sistemas corporais, cujos circuitos constituem o núcleo fundamental do sentido de se estar vivo.

O cérebro retirado do corpo não pode originar uma mente nem um *self*, ele cria representações do corpo à medida que os processos de desenvolvimento ocorrem.

O primado do corpo aplica-se quer à evolução filogenética, quer à evolução ontogenética; as suas representações mentais no cérebro são a conseqüência de circuitos complexos que se criaram para originar respostas motoras mais precisas, como respostas mentais mais perfeitas, não só para melhor captação das circunstâncias exteriores do espaço e dos objetos, como para melhor planificação e regulação temporal das respostas motoras e melhor antecipação dos seus efeitos (BERNSTEIN, 1967; CHANGEAUX, 1983).

O cérebro mentalizado (DAMÁSIO, 1994) diz respeito ao corpo em termos de estrutura e aos seus estados de funcionamento; a representação da sua anatomia e da sua fisiologia traduz a fenomenologia da aprendizagem e da adaptabilidade da espécie e do indivíduo.

O cérebro evoluiu para garantir a sobrevivência do corpo por ele "ensinado", foi depois "assimilado" em termos de imagem mental, cuja mentalização deu origem ao seu controle e regulação, representando o meio exterior através da modificabilidade das representações corporais, quer biológicas simples, como as químicas e viscerais, quer sensório-tônicas, musculares, táteis e cutâneas (a supermembrana fronteira que nos delimita como unidade), quer ainda cinéticas e comportamentais.

Para se atingir esta plenitude funcional, o organismo humano, resultante das interações cérebro-corpo, desenvolveu ao longo da evolução um complexo somatossensorial que culmina na somatognosia, a tal referência do esquema corporal, verdadeira fronteira interior e exterior das nossas ações e das nossas representações.

A somatognosia representa o mapa dinâmico de todo o organismo, cuja representação se espalha em várias áreas do cérebro, seqüencial e simultaneamente coordenadas por padrões neuronais. Tais representações cartografadas desde a substância reticulada e do cerebelo, desde o hipotálamo, os córtices insulares e do sistema límbico, estão conectadas com o *lóbulo parietal*, localização preferencial do mapa funcional do corpo, donde emerge o seu substrato cortical principal.

Em síntese, a mente só pode ser concebida com base na *incorporalização* da interação organismo-meio e da interação cérebro-corpo, demonstrando que o corpo é simbolizado, na estrutura cerebral, por meio de uma realidade funcional mental e neuronal, como a realidade própria e psicológica da consciência. É essa dimensão multicomponencial que ilustra a somatognosia, *núcleo do "self"* e verdadeira *identidade* do sujeito, ou seja, a referência de base da *subjetividade* cuja disfunção está na origem das assomatognosias, anosognosias e nos famigerados fenômenos do "membro-fantasma" dos amputados.

A somatognosia em Damásio (1994), para além de uma verdadeira autobiografia dinâmica, reúne uma memória disposicional recente e uma memória do futuro possível, ambas reativadas constantemente em imagens atualizadas sobre a noção de identidade do indivíduo. Em síntese, a somatognosia é o "conceito básico do *self,* estado que vai sendo construído até atingir um *meta-self,* um presente continuamente a tornar-se passado e a projetar-se noutro presente que foi gasto a planejar o futuro.

O cérebro não é alheio à somatognosia, muito menos ao corpo, porque ambos estão sempre a reagir às suas imagens, imagens essas que enviam e recebem sinais de diversos núcleos subcorticais e corticais, exatamente porque elas contêm disposições que lhes respondem.

A somatognosia é, por definição, uma *zona de convergência,* que reúne representações disposicionais em todo o cérebro, um documento narrativo não-verbal que pode ter tradução em linguagem verbal, base neuronal da subjetividade e aspecto-chave da consciência (HÉCAEN, 1972).

O *mapa dinâmico de todo o organismo* que está efetivamente ancorado no *complexo somatossensorial da somatognosia,* e distribuído por ambos os hemisférios, não é apenas estruturado numa área do cérebro, mas em várias, através de padrões de atividade neuronal seqüencialmente coordenados num sistema hierarquizado. Tal sistema envolve certamente representações indistintas e globais em nível do tronco cerebral, do hipotálamo e do sistema límbico, mas promoveu-se e conectou-se ao longo da filogênese, e promove-se e conecta-se ao longo da ontogênese, com regiões cerebrais superiores, através de um conjunto de representações e duplicações topográficas, localizáveis em nível dos córtices insulares e somatossensoriais. É essa arquitetura neuropsicológica da somatognosia que abordaremos em seguida com base na participação sistêmica dos seus substratos neurológicos componentes.

Arquitetura neuropsicológica da somatognosia

A somatognosia não pode ser equacionada segundo uma perspectiva mecanicista ou vitalista clássica; ela parte de uma concepção do organismo como um sistema aberto e holístico, dotado de propriedades específicas, organizado em diferentes níveis e controlado ciberneticamente. Por esse fato ela é impossível de ser analisada neuropsicologicamente de forma reducionista ou cartesiana.

A somatognosia só pode ser compreendida globalmente e em nível do seu todo neurofuncional como condição preexistente para compreender as partes e os componentes que a constituem. É essa orientação holística como paradigma sistêmico que queremos abordar em seguida, tendo por base a recusa de reduzir a somatognosia a uma mera assembléia de regiões subcorticais e corticais, dado que ela se consubstancia na indissociabilidade das relações cérebro-corpo.

Tendo por base esta visão de *totalidade sistêmica*, a somatognosia não se restringe, como vimos antes, a uma área do cérebro, tradicionalmente localizada nos lóbulos parietais, mas à participação de várias áreas subcorticais e corticais, bem como às suas inter-relações neurofuncionais dinâmicas específicas, o que necessariamente põe em jogo processos complexos de informação, retroação, comando, estabilidade e circularidade neurológica. O que pretendemos equacionar quanto à somatognosia não é, portanto, uma visão analítica, linear, fracionada e monocausal, mas sim uma visão sistêmica, teleológica, transacional, interacional e metacomponencial.

Dentro desta perspectiva, a abordagem dos componentes neurofuncionais da somatognosia envolve uma hierarquia de componentes organizados, primeiro em nível subcortical e posteriormente em nível cortical.

Em nível subcortical, os componentes principais da somatognosia são:

• O *tronco cerebral*: cujo nível de participação na somatognosia envolve especificamente a *substância reticulada* e o cerebelo, da qual decorrem as funções de alerta, de vigilância e de atenção, para além da integração e seleção intersensorial difusa, e a complexa regulação tônica postural e cortical, descendente e ascendente. Ele medeia os movimentos de todo o corpo como resposta aos estímulos vestibulares, táteis e sinestésicos, visuais e auditivos. Por ser um dos primeiros núcleos a se diferenciar e porque contém neurotransmissores monoaminérgicos, as suas projeções espalham-se por muitas áreas do sistema nervoso e, em especial, pelas áreas somatossensoriais (áreas parietais 5 e 7), modulando toda a ativação pósturo-cortical e desempenhando um papel muito importante na somatognosia, pois integram a percepção do corpo, não só pelo papel regulador e coordenador da postura e do equilíbrio processado pelo cerebelo, como dispositivo sinergético, mas também como centro de controle de qualidade da motricidade e da cognição, como provam inúmeras pesquisas clínicas com pacientes com aneurismas no tronco cerebral e pacientes com lesões parietais (HÉCAEN & JEANNEROD, 1978; CRITCHLEY, 1953).

• *O hipotálamo*: cujo nível de participação integra vários núcleos pequenos de grande complexidade que o interconectam com a hipófise, está implicado em quase todos os aspectos do comportamento, nomeadamente: a alimentação, a sexualidade, o sono, a regulação da temperatura, o comportamento emocional, a função endócrina e o movimento.

É inegável que esta estrutura diencefálica, que inclui o quiasma óptico e se liga ao mesencéfalo, ao córtex cerebral e ao tronco cerebral, interferindo com os estados vegetativos, afetivos e emocionais, não participe como componente funcional na somatognosia.

• *O sistema límbico*: cujo nível de organização evolutivo para Eccles (1989) constitui a sede dos comportamentos emocionais na sua dialética dicotômica de prazer-desprazer, de defesa-ataque, de compaixão-agressividade, de amor-ódio, de facilitação-inibição, etc. (CHANGEUX, 1983), está profundamente envolvido nas funções psíquicas superiores da memória, da aprendizagem, da atenção voluntária, da organização da motricidade e da orientação espacial, componentes relevantes da somatognosia como sabemos.

Composto essencialmente pela *amígdala* e pelo *septo*, o sistema límbico atua como modelador de ações hipotalâmicas que podem ser equacionadas em termos de sensações corporais agradáveis ou desagradáveis, cujas conotações patológicas experimentais na epilepsia psicomotora, por exemplo (DELGADO, 1969; PENFIELD & RASMUSSEN, 1952), e noutras lesões límbicas, nos oferecem sinais de condutas extravagantes, ocorrências imprevisíveis de fúria e cólera, conduta sexual aberrante, violência incontrolável, etc., como paralelamente sinais de proteção, exaltação, altruísmo, compaixão, conforto, segurança, etc., certamente ingredientes cruciais da origem dos afetos e das experiências conscientes com equivalentes tônico-corporais específicos, como explicaram Papez (1937) e MacLean (1970).

As dimensões do septo e da amígdala, em termos evolutivos, têm no ser humano uma magnitude que não encontra semelhança nos mamíferos e nos primatas; talvez elas expliquem que a evolução da somatognosia se desenvolveu no sentido das experiências agradáveis e apraríveis, enquanto as relacionadas com a agressividade e a raiva tendem a subdesenvolver-se (ECCLES, 1989).

Eis um paradigma da somatognosia, ou seja, o papel do conforto e da segurança nos processos maturacionais do bebê humano, aliás confirmados pela neurogênese pós-natal precoce das estruturas límbicas, e a importância da somatognosia como berço do reconhecimento de si próprio e dos outros, como eus conscientes (FONSECA, 1994), a tal transcendência que gera criaturas humanas dotadas de autoconsciência, numa palavra, de somatognosia.

Em nível cortical, temos então a destacar:

• *O córtex insular*: na perspectiva de Ajuriaguerra e Hécaen (1964), os seus núcleos participam em movimentos complexos e em movimentos-padrão, com múltiplos circuitos inibidores e facilitadores de modulações tônico-fásicas e contrações em cadeia, que ilustram a seqüencialização espácio-temporal a eles inerente. A sua estimulação ou ablação pode interferir com a espontaneidade motora e com a "melodia cinestésica", podendo envolver manifestações pseudocatatônicas ou atitudes estatuescas, sinais de hipertonia e estados de hiperatividade, mutismo acinético ou crises psicomotoras sem que os automatismos atinjam valor localizacional, traços similares às epilepsias temporais (PENFIELD & RASMUSSEN, 1952).

As lesões insulares podem interromper os circuitos sensório-motores não só da linguagem como da motricidade, parecendo interferir num tipo de processo de desintegração e numa espécie de destruição de sistemas de associação multissensorial que podem gerar um tipo de protossomatognosia, tendente a perturbar a "simultaneidade sinergética" dos processos seqüenciais da percepção, da cognição e da ação.

Em síntese, o córtex insular parece fornecer à somatognosia a dimensão seriada e temporal da sua totalidade, proporcionando-lhe a possibilidade de decompô-la sistemicamente nas suas partes articuladas.

• *O córtex somatossensorial parietal*: em termos filogenéticos, o lobo parietal atingiu uma expansão superior ao lobo occipital de acordo com Ploog (1970), área associada à integração táctilo-sinestésica onde se operam os sistemas neurofuncionais extrínsecos e intrínsecos da imagem do corpo (BERNSTEIN, 1967; ALLEN & TSUKAHARA, 1974; HÉCAEN & JEANNEROD, 1978; FONSECA, 1992).

Distribuído por um campo anterior, áreas somatossensoriais 1, 2 e 3 de Brodmann, e por um campo posterior, áreas somatossensoriais associativas 5 e 7, o lobo parietal apresenta dois tipos de zonas funcionais distintas. As áreas primárias 1, 2 e 3 estão dedicadas especialmente às sensações e percepções intra-somáticas especializadas e localizadas, enquanto que as áreas secundárias 5 e 7 (MONTECASTLE, 1975), hierarquicamente mais complexas, se dedicam à integração daquelas informações com os outros dados extra-somáticos, respondendo à estimulação simultânea da pele, dos músculos e das articulações

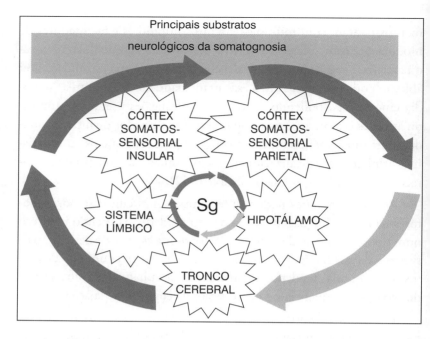

em sinergia com as vísuo-espaciais (área 39) e auditivo-temporais (área 40), centrais poderosas de combinação e convergência informacional e de processamento simultâneo e seqüencial, que estão na emergência da somatognosia como ponto de auto-referência na interação com os ecossistemas e como "placa giratória" dos processos sistêmicos de aprendizagem não-simbólica e simbólica, como revelaram os estudos de Sperry (1969, 1974), em pacientes comissuroctomizados.

Sendo a assimetria funcional do cérebro um dos paradigmas da sua evolução filogenética e ontogenética, interessa realçar que a somatognosia acusa também uma lateralização distribuída por ambos os hemisférios, tendo em atenção uma especialização hemisférica dos sistemas funcionais proprioceptivos e táctilo-sinestésicos corticais superiores, que emergem da lateralização sensório-motora, visual, auditiva, manual e pedal de subsistemas proprioceptivos vestibulares e táctilo-sinestésicos reticulares. A superação da ambidextria corresponde a uma nova organização neuropsicomotora, provavelmente inexistente nos primatas, e rudimentar no *Homo Habilis* e no *Homo Erectus*, com analogias claras na ontogênese na criança, da qual emerge a noção de eu e da autoconsciência, componentes essenciais da somatognosia. A assimetria mais assinalável das áreas associativas da fala está intimamente ligada à assimetria da somatognosia, como demonstraram as célebres experiências de Sperry (1974), Kimura (1973) e Wada (1975), conferindo ao hemisfério direito e ao hemisfério esquerdo semânticas somatognosias próprias e distintas, como provam igualmente inúmeros estudos de casos patológicos.

As zonas terciárias do lobo parietal, distribuídas assimetricamente nos dois hemisférios, como já vimos, estão vocacionadas, primeiro, para formas superiores de análise, síntese e integração multissensorial não-simbólica e, posteriormente, para formas simbólicas, além de, especificamente, estarem envolvidas na percepção superior da somatognosia e, por esse fato, participarem ativamente no controle das posturas e das práxicas. De acordo com Hyvarinen (1982), os neurônios do córtex parietal não são simplesmente sensoriais, pois recebem igualmente impulsos motores e participam nas transformações e transportes sensitivo-motores, dadas as suas complexas conexões recíprocas com o cerebelo (STEIN, 1985).

Pacientes com *lesões parietais direitas* (DeRENZI, 1978), acusam fenômenos de ignorância e negligência de estímulos aplicados na metade contralateral do corpo ou do espaço visual, para além de evidenciarem *amorfossínteses* (DENNY-BROWN, 1962) e impercepções do próprio corpo, havendo mesmo pacientes que rejeitam ou negam os seus membros hemiplégicos ou hemiparésicos (*aloestesias*), chegando inclusivamente a não apresentarem movimentos complexos de vestir e de higiene, e famigeradas e inexplicáveis perturbações de integração e orientação espacial (ZANGWILL, 1960, 1974).

Não é de estranhar, portanto, que as lesões do córtex parietal direito provoquem problemas de *atenção sensorial*, de *apraxia visual* (a que outros autores denominam apraxia ótica ou movimentos oculares e foveais incorretos) e de *apraxia construtiva* (CRITCHLEY, 1953), como se verificam nos pacientes que apresentam desenhos incompletos, que não manipulam com precisão e perfeição dados pictórios e configurativos, que não coordenam objetos colocados no campo contralateral, que não terminam rotas e trajetórias espaciais e topográficas ou que não conseguem navegar geometricamente ou completar construções com blocos, ou reconhecer objetos comuns apresentados em planos pouco habituais.

O conjunto destes sintomas tem sido designado por *negligência contralateral*, sugerindo que tais lesões comprometem a estruturação espácio-temporal, a destreza e a cognição espacial inerente à motricidade, desde problemas de orientação espacial a problemas de seqüencialização de objetos; desde problemas de codificação e descodificação topográfica a dificuldades de reconhecimento de faces e fotografias de familiares, parecendo sugerir que o lobo parietal direito se encontra especialmente envolvido no *tratamento das informações espaciais não-verbalizadas entre o corpo e o espaço* (ECCLES, 1989), sendo dominante para o processamento holístico da somatognosia, o verdadeiro prelúdio da autoconsciência, da percepção social e da pessoalidade, uma barreira que divide a auto-experiência subjetiva dos acontecimentos psicológicos objetivos que ocorrem no corpo.

Pacientes com lesões *parietais esquerdas* apresentam predominantemente problemas de memória de curto termo, de linguagem, de assimbolia tátil, de esterognosias, de gestos evocativos e imagéticos, de dislexia, de disgrafia, de anomia, de percepção espácio-temporal unificada do mundo exterior e, obviamente, de integração de símbolos abstratos e da autopercepção e da personalidade (LURIA, 1975).

Uma grande diversidade de alterações resulta do lobo parietal dominante, não só construtivas e práxicas, mas também lingüísticas, fásicas, léxicas e aritméticas, com significativas alterações dos gestos simbolizados, da legibilidade grafomotora e da ideação da escrita, da logicidade quantitativa e do conhecimento verbal, implicando perturbações dos sistemas de signos, de códigos e de categorizações (HÉCAEN, 1972; HÉCAEN & JEANNEROD, 1978), pondo em risco a *mediação verbal da somatognosia,* sendo conseqüentemente dominante para o processamento analítico da somatognosia, o auto-reconhecimento e a unidade do eu, a tal singularidade histórica e contínua da pessoa, ou seja, a sua pessoalidade, o insuperável hiato entre a alma e o corpo de que falam Lack (1961), Lorenz (1977), Poper e Eccles (1977), e Eccles (1989).

Cabe neste conjunto de sintomas a célebre *Síndrome de Gerstmann* (GERSTMANN, 1957), que evoca confusão direita-esquerda, agnosia digital, agrafia e acalculia, circunscrito, segundo o mesmo, à área 39, traços comportamentais freqüentes, embora questionáveis na sua significação clínica, em muitos casos com dificuldades de aprendizagem ditas verbais que evidenciam vários problemas de lateralização simbólica, bem como disgnosias digitais, disgrafias e discalculias (FONSECA, 1992, 1995).

Somatognosia e Dificuldades de Aprendizagem Não-Verbais (DANV)

Por analogia com as dificuldades de aprendizagem verbais que se caracterizam essencialmente por aquisições psicolingüísticas pobres, independentemente de poderem apresentar aquisições vísuo-espaciais e táctilo-perceptivas adequadas, para além de um perfil psicomotor eupráxico, surgem atualmente inúmeras contribuições científicas que chamam à atenção para um outro tipo de *dificuldades de aprendizagem ditas não-verbais* (*Nonverbal Learning Disabilities Syndrome de ROURKE* 1989, 1995), certamente correlacionadas com a repercussão das perturbações da somatognosia.

Para o mesmo autor, tais crianças expressam déficits neuropsicológicos importantes, nomeadamente: problemas de organização vísuo-espacial e táctilo-sinestésica, problemas de resolução de problemas não-verbais, perfil psicomotor dispráxico, independentemente de demonstrarem adequada categorização fonético-gráfica, adequada leitura e expressão verbal. Para Myklebust (1975, 1991), o problema acadêmico mais relevante que apresentam estas crianças é mais concentrado na aritmética do que nas funções psicolingüísticas da leitura ou da escrita.

Tais perturbações evolutivas na percepção tátil-bilateral, na coordenação psicomotora bilateral (mais enfocadas no lado esquerdo do corpo, do que no direito), na organização vísuo-espacial, na apreciação das relações de causa-efeito, na resolução de problemas não-verbais, na dificuldade de adaptação a situações novas e complexas, na insensibilidade ao humor, na excessiva verbalização, na percepção, julgamento e interação social, etc., parecem indicar sutis implicações disfuncionais da somatognosia, que não só caracterizam os sinais de imaturidade neuropsicológica do hemisfério direito, como se observam, embora com outra freqüência e intensidade, nalguns tipos de hiperatividade (KIRBY & WILLIAMS, 1991), de hidrocefalia (FLETCHER et al., 1995), de hipotiroidismo congênito (ROVET 1995), bem como nas síndromes de Williams e de Asperger (KOLB & WHISHAW, 1985).

Parece claro que a somatognosia retrata uma complexa rede neuro-informacional e um conjunto muito variado e diverso de competências neuropsicológicas, que talvez expliquem, por um lado, o desenvolvimento neurológico dos dois hemisférios parietais, e, por outro, a implicação da assimetria somatognósica na cognição espacial e na cognição verbal, e o reflexo das suas disfunções nas competências não-verbais e verbais, adstritas respectivamente, em termos neurotransientes, ao hemisfério direito e ao hemisfério esquerdo.

Em termos ontogenéticos, a transição maturacional do hemisfério direito para o esquerdo, com passagem pelo corpo caloso, talvez explique a hierarquia dos processos espaciais para os temporais, das semelhanças visuais para as conceituais, da forma para o detalhe, da codificação sensorial das imagens à codificação das palavras, do sintetizador gestáltico ao analisador fonológico, do desenho do corpo e da imitação gestual à identificação verbal dos seus segmentos componentes e à construção e dissociação de praxias globais e finas, que muitos autores sublinham no processo de desenvolvimento neuropsicológico (FONSECA, 1994).

A assimetria funcional do córtex humano constitui um progresso transcendente e um sucesso adaptativo na evolução filogenética, e é um marco crucial do desenvolvimento dos processos de aprendizagem na evolução ontogenética, daí a importância das perturbações somatognósicas no surgimento das dificuldades de aprendizagem, quer não-verbais quer verbais (FONSECA, 1995).

A somatognosia emerge, portanto, da integração sensorial e multifacetada, táctilo-sinestésica, visual e auditiva, portanto, multimodal e assimétrica, suscetível de captar e extrair significados e inferências das inter-relações gnósico-práxicas, intra e extra-somáticas e espácio-temporais necessárias ao seu processamento informacional, consubstanciando subprocessos de comando, atenção, direção, manipulação, de raciocínio, de execução e de expressão do corpo e da sua motricidade intencional, sem as quais seria impossível a construção e fabricação dos objetos e a produção de um sistema simbólico na espécie humana.

A somatognosia assume-se portanto como um prelúdio essencial da ativação e integração sensorial e psíquica da motricidade, além de receber informações das áreas de projeção 1, 2 e 3, também recebe sinais visuais do córtex pulvinar e occipital (do espaço extrapessoal – opticograma), sinais motores do lobo frontal, dos gânglios basais e do cerebelo (do espaço pessoal – somatograma) e sinais relacionados com a direção da atenção, da orientação e da antecipação das praxias, todos eles reunidos numa síntese complexa e dinâmica de informações táteis, sinestésicas, vestibulares, proprioceptivas e visuais, que chegam e são transferidas para as áreas associativas motoras do córtex pré-motor, aí jogando um papel primordial na planificação motora, condição para que o ser humano ascendesse à condição de ser práxico total, o único animal com cultura, que através da sua motricidade transformou o mundo natural e criou um mundo civilizacional (FONSECA, 1994).

Em suma, a somatognosia subentende uma *cognição corporal,* nas palavras de Gardner (1983), uma verdadeira *inteligência corporal e sinestésica,* cujos exemplos práticos humanos, na arte, no desporto e no trabalho são testemunho relevante, pois sem a harmonia entre o corpo e a mente seria impossível a esta a expressão concreta e transcendente dos poderes expressivos daquele.

Bibliografia

AJURIAGUERRA, J. de (1974). *Manuel de psychiatrie de l'enfant*. Paris: Masson & Cie.

AJURIAGUERRA, J. de & HÉCAEN, H. (1964). *Le córtex cerebral*. Paris: Masson & Cie.

ALLEN, G.I. & TSUKAHARA, N. (1974). Cerebrocerebellar Communication System. *Physiological Rev.*, 54.

ANOKHINE, P. (1985). *Biologie et neurophisiologie du réflexe conditionné*. Moscou: MIR, Moscou.

ARGYLE, M. (1975). *Bodily communication*. Londres: Methuen & Co.

BERNSTEIN, N.A. (1967). *The coordination and regulation of movements*. Oxford: Pergmon.

BROFENBRENNER, U. (1979). *The ecology of human development*. Harvard: Harward University Press.

BUYTENDJIK, F.J.J. (1957). *Atitudes et mouvements*. Paris: Descleé de Brouwer.

CHANGEUX, J.P. (1983). *L'Homme neuronal*. Paris: Fayard.

CHIRPAZ, F. (1969). *Le corps*. Paris: PUF.

CRITCHLEY, M. (1953). *The parietal lobes*. Londres: Arnold.

DAMÁSIO, A. (1994). *O erro de Descartes*: emoção, razão e cérebro humano. Lisboa: Europa-América.

DELGADO, J. (1969). *Physical control of the mind*. Nova York: Harper Colophon.

DENNY-BROWN, D. (1962). *Interhemispheric relations and cerebral dominance*. Baltimore: John Hopkins.

DeRENZI, E. (1978). Normativo data of the Token Test. Córtex, 14, p. 42-49.

DOLTO, F. (1957). A la recherche du dynamisme de imagens du corps et de leur investissements symbolique dans les stades primitifs du development infantil. *Psychanalyse*, 3.

_____ (1981). *Au jeu du désir*: essais cliniques. Paris: Du Seuil.

ECCLES, J. (1989). *Evolution of the Brain*. Nova York: Springer.

_____ (1980). *The human psyche*. Berlim: Springer.

FISHER, S. & CLEVELAND, S. (1968). *Body image and personality*. Nova York: Dover.

FLETCHER, J.M. et al. (1985). Hydrocephalus. In: ROURKE, B.P. (org.). *Syndrome of Nonverbal Learning Disabilities*. Nova York: Guilford Press.

FONSECA, V. da (1995a). Psicomotricidade e alto rendimento. *Psicologia*, vol. X, n. 1.

_____ (1995b). *Uma introdução às dificuldades de aprendizagem*. Porto Alegre: Artes Médicas.

_____ (1994). Perturbações do desenvolvimento e da aprendizagem: tendências filogenéticas. *Rev. Educ. Espec. e Reabilitação*, 1.

_____ (1992). *Manual de observação psicomotora* – Significação psiconeurológica dos fatores psicomotores. Lisboa: Notícias.

_____ (1989). Psicomotricidade e psiconeurologia – Introdução ao sistema psicomotor humano. *Rev. Educ. Espec. e Reabilitação*, vol. 1, n. 1.

_____ (1988). *Perspectivas psicomotoras do desenvolvimento humano*. Lisboa: Notícias.

FOSS, J.M. (1991). *Nonverbal learning disabilities and remedial interventions*. Annals of Dyslexia, 41.

FREUD, S. (1968). *Le moit et le ça*. Paris: Payot.

GARDNER, H. (1983). *Frames of mind* – The theory of multiple intelligences. Nova York: Basic Books.

GERSTMANN, J. (1957). Some notes on the Gerstman Syndrome. *Neurology*, 7.

HALL, E. (1986). *A dimensão oculta*. Lisboa: Relógio d'Água.

HÉCAEN, H. (1972). *Introduction à la neuropsychologie*. Paris: Larousse.

HÉCAEN, H. & AJURIAGUERRA, J. de (1952). *Meconnaissances et hallucinations corporelles*. Paris: Masson & Cie.

HÉCAEN, H. & JEANNEROD, M. (1978). *Du controle moteur a la organization du geste*. Paris: Masson.

HYVARINEN (1982). *The parietal córtex of monkey and man*. Berlim: Springer-Verlag.

KIMURA, D. (1977). Acquisition of a Motor Skill after Left Hemispheric Damage. *Brain*, 100.

KIRBY, J. & WILLIAMS, N. (1991). *Learning disabilities*: a cognitive approach. Toronto: Kagan & Woo.

KLEIN, M. (1959). *La psychanalyse des enfants*. Paris: PUF.

KOHEN-RAZ, R. (1977). *Psychobiological Aspects of Cognitive Growth*. Nova York: Academic Press.

KOLB, B. & WHISHAW, I. (1985). *Foundations of human neuropsychology*. Nova York: W. Freeman.

LACK, D. (1961). *Evolutionary Theory and Christian Belif.* Londres: Methuen.

LORENZ, K. (1977). *Behind the mirror*. Londres: Methuen.

LURIA, A.R. (1975). *The Working Brain*. Londres: Peguin Books.

LURIA, A.R. (1965). *Higher cortical functions in man*. Nova York: Basic Books.

MacLEAN, P.D. (1970). The Triune Brain, Emotion and Scientific Bias. In: SCHMITT, F.O. (org.). *Neurosciences*. Nova York: The Rockefeller University Press.

MERLEAU-PONTY, M. (1969). *Phénomenologie de la perception*. Paris: Gallimard.

MONTECASTLE, V.B. (1975). Posterior Parietal Association Córtex of the Monkey: command functions for operation within extrapersonal space. *J. Neurophysiol.*, 38.

MYKLEBUST, H. (1975). Nonverbal Learning Disabilities: assessment and intervention. In: MYKLEBUST, H. (org.). *Progress in learning disabilities*. Vol. III. Nova York: Grune & Stratton.

PAILLARD, J. (1991). *Brain and space*. Oxford: Oxford Science Public.

PAPEZ, J.W. (1937). A proposed mechanism of emotion. *Arc. of Neurol. and Psychiatry*, 38.

PENFIELD, W. & RASMUSSEN, T. (1952). *The cerebral córtex of man*. Nova York: Macmillan.

PIAGET, J. (1976). *Le comportement, moteur de l'evolution*. Paris: Gallimard.

_____ (1960). Les praxies chez l'enfant. *Rev. Neurologie*, 102.

PLOOG, D. (1970). Areas of regions of cerebral cortex. *Neurosci. Rés. Symp.*, 6.

POPER & ECCLES, J. (1977). *The Self and Brain*. Nova York: Springer.

QUIRÓS, J. & SCHRAGER, O. (1978). *Neuropsychological Foundations in Learning Disabilities*. S. Rafael: Academic Therapy Public.

QUIRÓS, J. & SCHRAGER, O. (1975). Postural system, corporal potentiality. In: LENNEBERG, E. (org.). *Foundations of language development*. Nova York: Academic Press.

ROTHSCHILD, F.S. (1963). Posture and psyche. In: HALPERN, L. (org.). *Problems of dynamic neurology*. Jerusalém: Hadassah Medical School.

_____ (1962). *Laws of symbolic mediation in the dynamics of self and personality*. Nova York: Ann. of New York Academy of Science.

ROURKE, B.P. (1995). *Syndrome of Nonverbal Learning Disabilities*: manifestations in neurologic disease, disorder and dysfunction. Nova York: Guilford.

_____ (1989). *Nonverbal Learning Disabilities*: the syndrome and the model. Nova York: Guilford Press.

ROVET, J. (1995). Congenital Hypothyroidism. In: ROURKE, B.P. (org.). *Syndrome of Nonverbal Learning Disabilities*: manifestations in neurologic disease, disorder and dysfunction. Nova York: Guilford.

SCHILDER, P. (1963). *L'Image du corps*. Paris: Gallimard.

SPERRY, R.W. (1974). Lateral specialization in the surgically separated hemispheres. In: SMITH, F. & WORDEN, F. (eds.). *The neurosciences*. Cambridge: MIT Press.

_____ (1969). Interhemispheric Relationships: the neocortical commissures and syndromes of hemisphere disconnection. In: VINKEN, P. & BRUYN, G. (orgs.). *Handbook of Clinical Neurology*. Nova York: Wiley.

STEIN, J.F. (1985). *Functions of the Brain*. Oxford: Oxford University Press.

VYGOTSKY, L. (1981). The genesis of higher mental functions. In: WERTSCH, J. (org.). *The concept of ativity in sovietic psychology*. Nova York: Armonk.

WADA, J. et al. (1975). Cerebral hemispheric asymmetry in humans. *Arch. Neurol.*, n. 32.

WALLON, H. (1969). *Do ato ao pensamento*. Lisboa: Portugália [*Do ato ao pensamento*. Petrópolis: Vozes, 2008].

_____ (1954). Kinésthesie et image visuelle du corps propre dans le dévelopment psychologic de l'enfant. *Bull. de Psychol.*, vol. VII, n. 5.

_____ (1931). Comment se développe chez l'enfant la notion du corps propre. *J. de Psychol.*, nov.-dez.

ZANGWILL, O. (1974). Consciousness and cerebral hemispheres. In: DIMOND, J. & BEAUMONT, J. (eds.). *Hemisphere function in the human brain*. Wiley: Halsted.

_____ (1960). *Cerebral dominance and its relations to psychological functions*. Edimburgo: Oliver & Bloyd.

Parte II

Perspectivas da Terapia Psicomotora (TPM)

1

Conceito e parâmetros da Terapia Psicomotora (TPM)

Na primeira parte do nosso trabalho procuramos equacionar todo um tronco de fundamentação, em que se tentou esboçar as múltiplas implicações somatopsíquicas da motricidade. Cabe-nos agora referir quais os elementos práticos que encontramos na nossa procura reeducativa, segundo uma visão de investigação dinâmica, tanto na comprovação dos conhecimentos, como na precisão de atuação e nos modelos de intervenção e relação.

Agindo através do movimento, como meio terapêutico, procuramos melhorar os processos de integração, elaboração e realização inerentes à realidade dialética da criança face ao seu desenvolvimento.

Percebendo que o corpo, como afirma Wallon (1956), é um instrumento de ação sobre o mundo, e um instrumento de relação com o outro, é necessário que a nossa perspectiva de Terapia Psicomotora (TPM) seja diferente dos métodos tradicionais e das técnicas clássicas, com as quais não convém confundir.

A TPM não é uma "ginástica corretiva", nem uma "rítmica especializada". Ela constitui uma nova aproximação dos problemas da motricidade perturbada, partindo de um aspecto essencial e básico – auxiliar o indivíduo nas múltiplas ações de adaptação à vida corrente.

Não se trata tampouco de uma sinesioterapia ou de uma fisioterapia, ou qualquer outro tipo de ginástica ortopédica, ou outra técnica que se ocupa de deficiências inatas ou adquiridas, tendo por conseqüência uma disfunção limitativa de praxias elementares. Nestas o objetivo é a readaptação funcional dos órgãos ou de grupos musculares.

A sinosioterapia é uma prescrição da medicina física, a TPM uma prescrição da medicina psiquiátrica. Enquanto o sinesioterapeuta concebe o corpo e o comando motor nos seus aspectos mecânicos e fisiológicos, o terapeuta da psicomotricidade pretende readaptar a criança à atividade mental que preside a elaboração do movimento. Não interessa abordar as deficiências osteoarticulares ou neuromusculares em termos de supressão de dores ou de recuperação de movimentos. A TPM procura melhorar as estruturas psíquicas responsáveis pela transmissão, execução e *controle* do movimento através de um melhor reconhecimento espácio-temporal com base numa maior disponibilidade corporal. Não se pretende a correção de atitudes corporais viciadas, nem a terapia exterior e pseudofuncional da marcha ou da preensão; a TPM visa à determinação de sinergias e à integração mental do movimento. Não se pode limitar a TPM a manter unicamente o jogo fisiológico normal do organismo, ela não é mais do que uma educação do ato motor pelo pensamento, ao mesmo tempo que constitui uma educação do pensamento através do ato motor.

A complexidade dos problemas psicomotores é inumerável, a eles se encontram ligados fenômenos de comportamento tais como: instabilidade, debilidade, emotividade, imaturidade, inibição, agressividade, etc.

A perturbação psicomotora está na base de um problema afetivo, aspecto este que requer enquadramento conveniente sobre as noções de pessoa, movimento e corpo. A interação dos aspectos afetivos com os motores traduz a arquiteturação de toda a personalidade do indivíduo e a organização das suas funções cognitivas. O corpo é o teatro da ação e o movimento, o palco da inteligência. É por meio dele que se estabelece a eclosão do "espírito" com a realidade exterior. Na TPM entendemos o corpo como:

- materialização do ser;
- fator assegurador da representação mental;

- meio de transporte e veículo de exploração do espaço e da sua conquista;
- ponto fulcral de relação social;
- meio de orientação e comunicação;
- lugar existencial das sensações, registrador das emoções, traduzindo os estados afetivos, pela mímica, pela atitude e pelo movimento.

Por tudo isto, temos que negar a absolutização da análise fisio-mio-articular do movimento e perspectivar o estudo do movimento segundo a sua motivação e a sua significação. O movimento jamais pode estar isolado do que o determina (cérebro) e do que o acompanha (músculo).

A TPM é uma terapia que, agindo por intermédio do corpo sobre as funções mentais perturbadas, considera o indivíduo na sua unidade e no seu meio de vida, integrando-se, portanto, no quadro das terapêuticas dos problemas neurológicos, psiquiátricos, psicossomáticos e mentais (AJURIAGUERRA & SOUBIRAN, 1959).

Em TPM torna-se fundamental apontar dois aspectos básicos:

1) a psicomotricidade é uma motricidade em relação;

2) o ato motor é, desde o nascimento, um amálgama de pensamento e de afetividade numa relação com o outro.

A psicomotricidade encarada nos seus aspectos relacionais é sempre uma psicoterapia, quer queiramos, quer não. A mobilização corporal, assim perspectivada, requer outro nível de estudo e outro nível de maturidade relacional, levantando necessariamente problemas de formação muito importantes. O terapeuta nunca pode esquecer este problema e, em toda a sua ação, nunca deve deixar de se pôr permanentemente em questão. Há toda uma gama de fenômenos extracorporais inconscientes aos quais convém estar atento, a fim de conduzir lucidamente toda a intervenção terapêutica.

A previsão e organização das seqüências motoras (plano do movimento) no espaço e no tempo; a regulação da excitação motora em intensidade e duração; a consciência sinestésica e intelectual da realização do ato; as informações de retorno (efeito da ação); o aperfeiçoamento motor; tudo são finalidades do terapeuta da psicomotricidade. A estes aspectos não pode escapar a inter-relação recíproca do movimento e da linguagem, dado que estes dois fatores são essenciais à edificação dos fenômenos de comunicação, informação, percepção, reflexão e exteriorização dos estados da consciência.

O terapeuta deve contribuir para a tomada de consciência da realidade pessoal do indivíduo, possibilitando a este assumir o seu próprio crescimento psíquico. Valorizar a disponibilidade e a perfeição de ajustamento, a autonomia e o investimento relacional, tendo em vista uma melhor adaptação ao meio.

A TPM situa-se entre a pedagogia e a psicoterapia, é um meio que, fazendo atuar o corpo, dirige-se ao indivíduo na sua totalidade somatopsíquica. Não se trata de uma técnica de readaptação funcional de setores, ou a supervalorização do músculo, mas a procura de um reajustamento do corpo ao meio que o cerca. A TPM procura a integração do gesto na melodia cinética de conjunto, que caracteriza o comportamento humano. O comportamento é uma melodia de movimento.

Apontando como algumas finalidades da TPM, Ajuriaguerra situa-a mais num campo de harmonização de relação com o mundo exterior. O movimento assim considerado permite ao indivíduo "sentir-se" e "situar-se", a fim de melhor aplicar o investimento da sua corporalidade face ao espaço, ao tempo e ao mundo dos objetos.

É fundamentalmente no âmbito da *patologia* da *relação* que a TPM utiliza o movimento como meio extraordinariamente rico de modificação relacional do indivíduo, consigo próprio, com os objetos e com os outros (AJURIAGUERRA, 1971).

Ao situarmos o estudo do movimento no horizonte terapêutico, é elementar considerar o corpo como o lugar existencial em que permanece um ser, uma vida, uma história. O corpo não é uma massa que se suporta, é o meio pelo qual nós nos encontramos no mundo (*être-au-monde*, de Buytendijk (1957)). O corpo é um instrumento de participação afetiva e é nesse campo que devemos considerá-lo em TPM. Este não se trata de uma estrutura-tipo, ou de uma mecânica neuromuscular aperfeiçoada, que constitui o amplo exemplo das grandes criações mecânicas, ele constitui a estrutura de fusão que coloca um indivíduo no seio do seu desenvolvimento, unidade existencial dialética, que justifica a evolução e maturação do ser humano. Será dentro da concepção de diálogo corporal (BERGÉS, 1968), como troca de afetos, que teremos de equacionar toda a complexa problemática da TPM.

Como argumenta Wallon (1956), o comportamento *emocional* não é o resultado de uma atividade psíquica de reflexão, mas de uma intuição inventiva baseada em todas as aquisições anteriormente estruturadas. Este aspecto emocional é um elemento fundamental a qualquer processo terapêutico que, não sendo considerado, corre-se o risco de pretender "reeducar" qualquer coisa e não "reeducar" uma pessoa em devir, aspecto a que nenhum terapeuta pode estar alheio. Reorganizar pelo movimento não é conceber este como pura realização motora, isto seria um êxito meramente fácil, pois o terapeuta, além do conhecimento da pessoa, deve intervir de tal forma que nunca se esqueça de perceber que, para além das "suas técnicas", está um ser humano.

É dentro do espaço tônico-emocional e afetivo que devemos integrar a TPM, na medida em que é pelo corpo que as situações dialéticas de recusa, repulsão, prazer e desprazer se expressam e se manifestam com atinentes graduações tônico-posturais e tônico-gestuais.

Na perturbação da coordenação óculo-manual não existe só uma alteração dos centros de comando, ou uma limitação ao nível articular; na base dela permanece uma desordem tônico-postural que separa o objeto da realidade do indivíduo e a sua empresa motora sobre o real (SIVADON & GANTHERET, 1965).

A TPM é uma aproximação terapêutica ainda pouco explorada, com inexcedíveis recursos para os problemas emocionais, através de uma melhor auto-imagem e de um mais adequado ajustamento motor e corporal, permitindo atingir uma semantização e moldar a expressão corporal a todas as referências socializadas.

A TPM abre, portanto, uma via ao diálogo, como é em si um diálogo (ROTH & JAEGGI, 1967).

O corpo não é um tratado de anatomia nem um atlas de ossos e articulações, ele é o ponto de referência central das preocupações da neuropsiquiatria infantil, porque é o primeiro instrumento da vida emocional e relacional (GRANJON, 1970).

A TPM não é um tratamento de segunda ordem, ela tem um lugar muito importante na experiência clínica e psicopedagógica.

Não podemos esquecer que os problemas da personalidade total estão em relação com os déficits do equipamento de base e com os atrasos ou desordens encefalopatológicas, quer por um problema de organização libidinal, quer por uma insuficiência pulsional, originando perturbações no modo de apreensão da realidade (aspectos práxicos) e no quadro das relações interpessoais formativas.

A prática terapêutica, hoje muito em voga, nomeadamente nos centros urbanos, onde se faz sentir a urgência de uma escolaridade precoce, ou seja, uma mais rápida intervenção "correcionista" do adulto, levantou inúmeros aspectos relacionados com as inadaptações escolares. A proliferação indefinida das "epidemias escolares" (dislexias, disgrafias, disortografias, discalculias, etc.) põe em xeque os "atualizados" métodos de aprendizagem a que Simon denominou de investigação selvagem. A carência afetiva, que está na base das atividades instrumentais da criança, é a prática mais assinalável da escola atual. Pelo fato de se considerar a criança uma coisa e pela insuficiente preparação dos professores, os problemas das aprendizagens escolares básicas ainda não deram conveniente importância a uma educação psicomotora considerada nos seus múltiplos aspectos epistemológicos.

Os comportamentos que a situação escolar exige põem em destaque a inseparabilidade da motilidade e da inteligência, já que é pelo movimento que o pensamento se vai estruturando (FONSECA, 1972).

Totalmente absorvida pelo ato (pegar o lápis), a inteligência não se encontra disponível para integrar novos dados (escrever). A construção do gesto adequado às situações escolares exige a eclosão dos aspectos psíquicos com os aspectos motores.

A ausência de espaço e a privação de movimento é uma verdadeira talidomida da atual sociedade, continuando na família (urbanização) e na escola. A total não-aceitação da necessidade de movimento e da experiência corporal da criança põe em jogo as atividades instrumentais que organizam o cérebro. As insuficiências instrumentais são cada vez maiores na infância, o que limita em grande parte a adaptação das aprendizagens gnosopráxicas triviais. Para tratarmos de assuntos relacionados com a atividade instrumental teremos que provocar e descobrir relações com a função tônica, com a atitude, com a somatognosia e com a multiplicidade das aferências sensitivo-sensoriais e afetivas de que a motricidade participa.

Perante o quadro patológico da escola dos nossos dias, a TPM tem a sobrevivência garantida, ao mesmo tempo que lhe cabe uma maior responsabilidade. Não vamos nos alargar em críticas aos métodos de aprendizagem escolar e à atmosfera relacional vivida na escola, cabe-nos apenas considerar alguns aspectos onde a TPM tem de situar-se para melhor atingir os seus objetivos. A TPM luta e resiste com um problema atual: o êxito escolar da criança, verdadeira obsessão familiar e ponto crucial do prestígio social (CHILAND, 1971). A análise destes aspectos aqui levantados levar-nos-ia a inúmeras considerações que naturalmente sairiam do objetivo do presente trabalho.

A TPM deve atingir a pessoa em sua globalidade, melhorando as qualidades de atenção, representação e relacionamento, visando, pelo movimento, uma organização mental cada vez mais acrescida (KOHLER, 1972).

A TPM deve oferecer um primado de segurança e de relação, sem o qual poderá estar amplamente comprometida. A necessidade de uma atmosfera afetiva segura e não-traumatizante é um objetivo fundamental a atender (JOLIVET, 1969). A TPM deverá constituir um descondicionamento continuado de modo a facilitar na criança o mais rápido acesso à sua autonomia peculiar. A intervenção de situações, sem o conveniente e indispensável conhecimento da criança, poderá traduzir uma barreira a toda evolução que se deseja. Evolução encarada num sentido inacabado, ou seja, nos aspectos que caracterizam o acesso a alterações de atitude que garantam um primeiro caminho a uma libertação e a uma disponibilidade.

Não se deve esquecer que a verdadeira TPM está na inversão de concepções sobre as necessidades da criança. A sociedade, como "estrutura imutável", tem aqui grande responsabilidade, na medida em que os seus valores são normalmente padronizados e muito pouco permeáveis à mudança.

A ausência de sintomas e de perturbações é um dado muito mais estranho do que a sua existência; o mesmo é dizer que as perturbações da motricidade, à luz do adulto, são muitas vezes erradamente consideradas patológicas. São sobejamente conhecidas as manifestações de hipermotricidade, as quais são rotuladas pseudodebilidades e caracterologias difíceis. A família ocupa neste âmbito um papel crucial, na medida em que desenvolve toda uma atmosfera de ansiedade e limitação que é, por vezes, altamente responsável pelas manifestações da motricidade desorganizada. A ausência de espaço na residência, a instabilidade gerada pelo movimento num terreno reduzido, a privação de objetos, a não-existência de manipulação de coisas, nos primeiros anos de vida poderão representar uma grande carência para o desenvolvimento mental da criança. O problema do jogo, do brinquedo e dos objetos criativos tem aqui um papel muito importante que a sociedade insiste em não atender. A ausência de espaço livre, de parques e de centros de recreio, onde a criança possa ser ela própria sem a intervenção do adulto, deve merecer reflexão bastante sobre todos os problemas que uma motricidade não vivida pode levantar (CASABIANCA, 1968).

A criança deve viver o seu corpo através de uma motricidade não-condicionada, em que os grandes grupos musculares participem e preparem posteriormente os pequenos músculos, responsáveis por tarefas mais precisas e ajustadas (BERGÉS, 1968). Antes de pegar num lápis a criança já deve ter, em termos históricos, uma grande utilização da sua mão em contato com inúmeros objetos. É mais aceitável que a criança melhore o conhecimento que tem do seu corpo, que se saiba orientar no espaço e que saiba reconhecer as relações dos objetos que manipula, antes de aprender a reconhecer um *d* de um *b*, em que entram relações nocionais verticais e horizontais, esquerdas e direitas. Exemplo da figura:

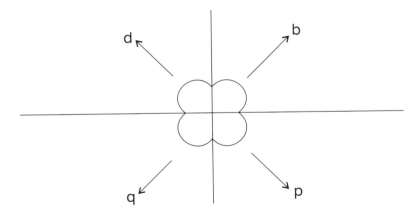

As aprendizagens escolares exigem uma vivência do corpo nos seus três aspectos fundamentais, como sejam: corpo vivido, corpo percebido

e corpo representado (AJURIAGUERRA & SOUBIRAN, 1959). A leitura, o ditado, a redação, a cópia, as contas, a música, o movimento são sempre pontos de expressão acompanhados pelo corpo.

A exploração do corpo é uma verdadeira propedêutica das aprendizagens escolares, e constitui um aspecto preventivo a considerar (ZAZZO, 1948). Muitos dos mecanismos de defesa da criança, como compensações, camuflagens, refúgios, manifestações caracteriais são expressão de uma motricidade que não foi satisfeita, reprimida por um envolvimento extremamente exigente e correcionista para com a criança. O adulto insiste em exigir mais da criança do que exige de si próprio.

A TPM deve, antes de atender à coordenação de movimentos, criar um ambiente de confiança que garanta à criança o envolvimento que permite um melhor *controle* emotivo das situações-problema propostas (DUBLINEAU, 1966). É de primeira importância o desbloqueio de tensões e o descondicionamento psicoafetivo, meios estes que devem combater as inibições e isolamentos, verdadeiros reflexos condicionados estabelecidos pela escola.

Como assegurou Soubiran e Mazo (20), a TPM deve estabelecer progressivamente a predominância dos centros corticais superiores sobre os inferiores, pela riqueza de associações que ela cria, a precisão do *controle neuromotor*, o desenvolvimento da vontade e os seus meios de concretização, tornando mais adaptável o ato em função das exigências do meio que a cerca. Provocar a solidariedade profunda entre o movimento e o pensamento, i.é, o movimento abre-se em pensamento, e o pensamento traduz-se em movimento, segundo as necessidades e as exigências da ação, sem a qual é possível estabelecer o ponto de passagem de um ao outro.

A motilidade que precede, na espécie e no indivíduo, o aparecimento da inteligência, reveste-se das mesmas características que comportam os processos intelectuais: a memória, a imaginação, a iniciativa, as associações complexas e as adaptações precisas.

Existe, como afirma Ajuriaguerra (1970), uma complexidade na construção do ato que relaciona toda uma unidade dinâmica psico-afetivo-motora. A motilidade é indissociável do tônus e das manifestações emotivas, como sejam a timidez, a inibição, a agressividade, a instabilidade, os tiques, a gagueira, a hiperatividade, etc., com origem central na maturação do sistema nervoso central, condicionada pelas desordens da lateralidade, como afirmam Hécaen (1972), Bingley (1958), Clark (1957), Zazzo (1948), Galifret (apud GRANJON, 1970) e tantos outros.

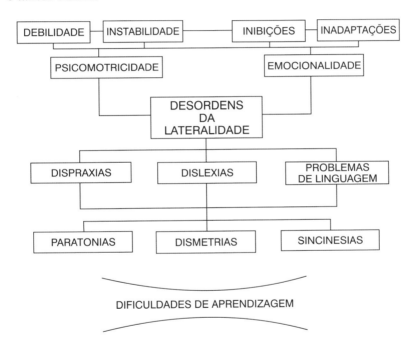

A motilidade também se encontra implicada com as manifestações caracteriais: a passividade, a inatenção, a fabulação excessiva, o refúgio no sonho, o interesse exclusivo por certos jogos, a falta de habilidade, a rigidez, etc.

Por tudo isto e em termos muito gerais, a TPM perspectiva os seguintes efeitos:

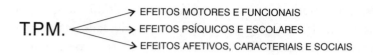

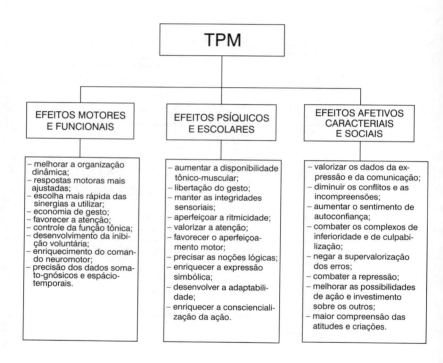

A TPM deve cuidar de não fazer vítimas, combatendo toda a mitologia dos testes e das sessões de cura. As provas de observação e as sessões de reeducação devem refletir pontos de contato e novos meios de compreensão da criança. Não é por haver reeducadores da psicomotricidade que necessariamente as crianças devem ser reeducadas.

Em resumo, a TPM tem como objetivos principais os seguintes:

• Melhorar a atividade mental que preside à elaboração, transmissão, execução e *controle* do movimento;

• Reconhecer as direções, as relações objetais, proporções, permanências e causalidades;

• Determinar sinergias;

• Destruir sincinesias e paratonias;

• Integrar o movimento;

• Aumentar a disponibilidade;

• Facilitar as reações adaptativas;

• Afirmar a lateralidade;

• Inibir as pulsões motoras;

• Melhorar a representação do movimento;

• Verificar a integração da noção do corpo;

• Melhorar a atividade nervosa;

• Permitir a realização motora consciente;

• Valorizar o aspecto simbólico e expressivo do movimento;

• Aperfeiçoar a relação e a comunicação.

Bibliografia

AJURIAGUERRA, J. de (1971). L'enfant et son corps. *Inform. Psychiat.*, vol. 47, n. 5, mai.

_____ (1970). *Manuel de psychiatrie de l'enfant*. Paris: Masson & Cie.

AJURIAGUERRA, J. de & SOUBIRAN, G.B. (1959). Indications et techniques de RPM in psychiatrie infantil. *La Psychiatrie de l'Enfant*, vol. II, fasc. 2.

BERGÉS, J. (1968). Diagnostic des dyspraxies chez l'enfant d'âge scolaire. *Rev. Reed. Orthophonique*, n. 37-38, ago.-set.

BINGLEY, T. (1958). Mental Symptoms in Temporal Lobe Epilepsy and Temporal Lobe Gliomas. *Acta Psychiatrica et Neurologica*.

BUYTENDK, F.J.J. (1957). *Attitudes et mouvements*. Paris: Descleé de Brouwer.

CASABIANCA, R.M. (1968). *Sociabilité et loisirs chez l'enfant*. Neuchâtel: Delachaux et Niestlé.

CHILAND, C. (1971). *L'enfant de six ans et son avenir*. Paris: PUF.

CLARK, M.M. (1957). *Left-Handedness*. Vol. 1. Londres: University of London.

DUBLINEAU, M.A. (1966). La rééducation psycho-motrice a base de conditionnement. *Rev. Neuropsychiatrie Infantile*, vol. 14, n. 4-5.

FONSECA, V. da (1972). *Temas para o estudo da motricidade humana*. [s.l.]: Inef.

GIBELLO, B. (1970). Aspects de la psychomotricité. *Perspectives Psychiatriques*, n. 29.

GRANJON, N.G. (1970). Le symbolisme chez l'enfant. *La Psychiatrie de l'Enfant*, vol. XIII, fasc. 1.

HÉCAEN, H. (1972). *Introduction à la neuropsychologie*. Paris: Larousse.

JOLIVET, B. (1969). La therapie psychomotrice. *Reed. Orthophonique*, n. 41, jan.-fev.

KOHLER, C. (1972). Qu'est-ce que la rééducation psychomotrice? *Bull. de la Société A. Binet et T. Simon*, n. 527.

ROTH, S.; JAEGGI, A.; AJURIAGUERRA, J. (1967). Indications de la rééducation psychomotrice. *La choix en psychiatrie infantile*. Paris: Masson & Cie.

SIMON, J. (1972). *La pedagogie experimentale le role de l'observation et la recherche dans l'enseignement et l'education*. Toulouse: Privat.

SIVADON, P. & GANTHERET, F. (1965). *La rééducation corporelle des fonctions mentales*. [s.l.]: E-SR.

SOUBIRAN, G.B. & MAZO, P. (1965). *La réadaptation scolaire des enfants intelligents par la rééducation psychomotrice*. Paris: Doin.

VAYER P. (1972). *Le dialogue corporel*. Paris: Doin.

WALLON, H. (1956). Importance du mouvement dans le dévéloppement psychologique de l'enfant. *Rev. Enfance*, n. 2.

ZAZZO, R. (1948). Image et conscience de soi. *Rev. Enfance*, 1.

2

Modelos de intervenção e de relação

A TPM visa, através de adaptações progressivas, descondicionar a criança de certas formas de reação e compensar alguns problemas motores nela existentes.

Apoiando-se em técnicas fisioterápicas (educação neuromuscular, sensório-motora, movimento construído de Helmont, Esquirol, Charcot, etc.), em técnicas psicofisiológicas (relaxação de Schultz, Jacobson, Stokvis, etc.) e variadíssimas situações-problema que resultaram de aplicações de testes (Bender, Wisc, Imitação de gestos, Head-Piaget, etc.) a TPM é uma experiência essencialmente de relação humana (terapeuta – criança) (REVILLÁRD & GUILLEMANT, 1971).

A TPM deverá reunir um conjunto de situações que possibilitem o aparecimento de desblocagens rápidas e de libertações gestuais (DIATKINE, 1971), através de uma atmosfera permissiva e segura que garanta a aquisição de novas possibilidades motoras (situações lúdicas) (AJURIAGUERRA & SOUBIRAN, 1959). Não devemos esquecer que é a experiência da criança que conta, o terapeuta terá que ser antes um facilitador da atividade motora, verdadeira experiência integradora do conhecimento (LEBOVICI, 1952). Qualquer técnica a utilizar nunca poderá estar alheia ou separada dos problemas afetivos que estão na base do florescimento das perturbações psicomotoras da criança.

As *situações-problema* (BREHAT; SICHEZ; BALDAUF, 1971) a criar devem possibilitar sempre uma experiência de êxito, ou sejam, *situações favoráveis* que ajudem a criança a libertar-se das suas dificuldades, anomalias e não-adaptações. A situação criada deve atender a criança considerada não como uma perturbação motora, mas como um ser que necessita de romper, o mais depressa possível, com as suas formas habituais de comportamento motor. O fator gratificador e favorável da superação de uma dada situação (ROGERS, 1971) é um objetivo mais importante que a exaustiva preparação de uma sessão que toque os mais variados aspectos da esfera motora, mas que nada dizem à própria criança. A situação a criar deve atender a uma relação entre o movimento (ação) e a própria criança, relação essa que deve possibilitar o abatimento dos seus bloqueios e das suas resistências (ROTH; JAEGGI; AJURIAGUERRA, 1967).

A situação assim concebida satisfaz a atitude favorável do desenvolvimento do sentido da autoconfiança. Com este enriquecimento que a situação pode vir a fornecer, a criança encontra-se mais disponível para investir sobre o real que a envolve. Assim o não-condicionamento opera-se lentamente (DUBLINEAU, 1966), e as atitudes e os movimentos rígidos e imperfeitos passam a ser substituídos por reações mais ajustadas.

O conjunto das situações-problema vai pôr em destaque as dificuldades (BREHAT; SICHEZ; BALDAUF, 1971), e é neste âmbito que mais se justifica um cuidado de intervenção por parte do terapeuta.

Por constituir a preocupação de qualquer terapeuta, a situação-problema a criar tem de provocar um esforço de atenção, fator que auxilie a discriminação intelectual e a relação precisa entre a criança e a situação concreta provocada (SKINNER, 1971). A criação de situações-problema deve solicitar as estruturas intelectuais responsáveis pelo reajustamento e pelas resoluções inerentes, favorecendo a diferenciação dos dados do exterior e a adaptabilidade às circunstâncias mutáveis.

As situações devem fazer confrontar os dados perceptivo-motores e as relações corporais, espácio-temporais e materiais, na medida em que só a partir daqui se pode aprender a controlar o corpo, beneficiando todo o suporte tônico-motor que está na origem da satisfação motora dos desejos intencionalmente concebidos (AJURIAGUERRA & SOUBIRAN, 1959).

A relação existente ou provocada deve ter como característica fundamental uma posição psicológica favorável que substitua os comportamentos motores por novas maneiras de ser e novas maneiras de fazer (BOUR, 1971). A aceitação incondicionalmente positiva e uma relação de ajuda (ROGERS, 1971) exigem muitos anos de vivência numa permanente interrogação e numa modificação de atitudes que deve ser inerente à prática terapêutica.

O terapeuta deve poder dispor do seu próprio psiquismo como meio terapêutico, desenvolvendo toda uma compreensão da criança, facilitando-lhe a expressão, o que supõe uma grande disponibilidade afetiva e intelectual.

A colocação das situações-problema deverá ser feita por *linguagem oral,* às quais se podem juntar a escrita, a codificação de sinais, o grafismo, etc., a fim de permitir o acesso à atividade e à manipulação simbólica (PIAGET, 1972).

O recurso à demonstração deverá ser uma exceção, e só equacionada em termos de análise visual, evitando o cumprimento de modelos rigorosos ou a imposição de uma imitação, que não é mais do que uma limitação. Não quer dizer que o terapeuta negue a sua expressão corporal, trata-se antes de provocar uma relação e não limitar uma expressão (FONSECA, 1973/1974). A troca psicocorporal entre o terapeuta e a criança tem como fulcros essenciais a linguagem oral e a comunicação corporal. Em ambas as personagens deve operar-se uma mutação do sistema de comunicação, que possibilite quer ao terapeuta, quer à criança, o alargamento dos horizontes do universo percebido e vivido. A relação assim vivida pode dar origem a um contexto gratificante e formador que deverá ser constantemente procurado. Não esquecer que a TPM dependerá dos sucessos de identificação entre as pessoas que se encontram nela implicadas, que serão tanto mais fáceis quanto maior conhecimento se tiver das crianças (JOLIVET; JAMET; BARILLEAUD, 1957). A mobilização da visão, a mímica facial, a plasticidade dos movimentos do corpo, são mais facilmente integrados na criança do que os conceitos de aceitação e compreensão que se possam defender verbalmente. O terapeuta é, para a criança, um ator corporal e sonoro, a sua formação exige equacionar os modelos de não-corporalização que passam através da criança (REVILLÁRD & GUILLEMANT, 1971). A criança sente a atenção que se lhe dedica e pressente a natureza das intenções mais facilmente através das atitudes e dos movimentos do terapeuta.

A psicomotricidade não é mais do que uma motricidade em relação (CYNA; DESOBEAUF; LE DIEZET, 1971), ou seja, um diálogo verbal e corporal, que junta os dados objetivos explícitos aos dados afetivos sensíveis.

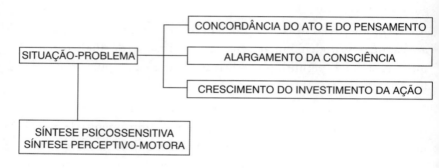

A função do terapeuta é ser um suporte de comunicação e de ajuda que suscite a imaginação criadora (REVILLÁRD & GUILLEMANT, 1971), ao mesmo tempo que deve negar a apreciação do ato em função de uma estética, alhear-se de uma perspectiva de rendimento, destruir qualquer padrão de execução e não intervir no comportamento da criança (TOSQUELLES, 1967). Cada criança faz o que pode e como pode, e todas as suas manifestações devem ser consideradas como verdadeiras e válidas.

Quando existe uma atmosfera relacional verdadeira, a criança não se sente numa situação de erro. O não-êxito de uma dada situação tem uma importância relativa, é um comportamento que se aceita e compreende. O interesse está situado no nível da experiência e da vivência, não no nível do êxito ou não-êxito.

O objetivo da relação não é aumentar a eficiência, na qual muita gente está habituada a medir o trabalho do terapeuta, mas permitir à criança o romper da sua "ilha" e estabelecer "pontes" de relação consigo mesma, com os outros e com os objetos. Não devemos atender à criança só pelos êxitos, mas fundamentalmente evitar que ela seja um poço de isolamento afetivo. É aqui que pode vir a estar ou não o êxito da TPM. Manter a integridade e a coerência da criança é bastante mais importante do que lhe aumentar as possibilidades de ação.

A intervenção do terapeuta deve melhorar as faculdades de concepção e de ação, sob a forma de reflexão, invenção, expressão, criação e transposição. É no âmbito de ação conjunta que a TPM deve introduzir uma sinergia funcional propícia a uma síntese psicomotora. As situações inicialmente simples devem progressivamente satisfazer outros níveis de exigência e execução, através de uma variação contínua das condições espácio-temporais e das mutações permanentes das circunstâncias de execução, solicitando maior plasticidade de integração e uma mais conveniente utilização de objetos, de modo a atingir um plano de autonomia e disponibilidade gerante.

A TPM em grupo está mais dentro do seu objetivo, dado que uma motricidade em relação se encontra mais próxima da inserção social que lhe deve pertencer, através da facilitação das interações pessoais e da produção das relações indivíduo-grupo (CORMAN, 1972).

O corpo ocupa um lugar intermédio entre as esferas do querer e do poder e, por isso, constitui não só terreno de expressão libertadora, como também o sistema relacional-pessoal a partir do qual se projetam todos os fenômenos da conduta e da atividade humana.

Dentro de todo este complexo relacional e identificativo, o terapeuta deverá fugir da situação de se fazer passar por um repetidor dos pais ou dos professores da criança, ou seja, mais um adulto que solicita as mesmas atitudes e que provoca as mesmas situações angustiantes. A situação-problema não pode constituir uma revivência de situações ou sentimentos que são responsáveis pelo reforço da rigidez corporal e da inibição caracterial. O terapeuta tem que estar atento e permeável a novos dados do conhecimento integrando num estudo permanente novas correntes científicas (psicossociologia, estruturalismo, cibernética, antropologia, psicoterapia, psicanálise, etc.) a fim de poder compreender mais profundamente a etiologia, evolução e prognóstico das perturbações motoras.

A intervenção experimental não pode estar desligada e dispersa das modalidades relacionais apropriadas, não esquecendo as particularidades próprias de cada criança. A intervenção deve visar o crescimento e a harmonização do funcionamento psicomotor, conferindo à criança melhores condições de investimento sobre o real, sinônimo de melhores poderes de realização e transformação.

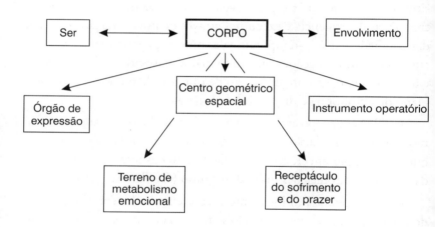

A TPM não pode esquecer que o corpo é o meio de comunicação entre o ser e o seu envolvimento (SIVADON & GANTHERET, 1965), instrumento operatório e centro geométrico espacial, ao qual estão referenciados outros dados que o transformam num receptáculo de sofrimento e de prazer, e o caracterizam como terreno de metabolismo emocional (WIDLOCHER, 1974).

Não devemos lutar nem por uma absolutização de movimentos, nem por uma psicoterapia verbal exclusiva; a TPM necessita situar o movimento no campo das atividades pulsionais e na relação objetal (MANNONI, 1973). Coisificar o movimento ou banalizar os afetos é caminhar para uma manipulação à distância. A dificuldade da TPM é articular um conhecimento, teórico, vasto e complexo, com uma prática simples e acessível.

O movimento deve sensibilizar as capacidades individuais de escolha e influenciar positivamente os poderes de invenção e criação originais. A relação humana a construir terá como finalidade facilitar ao mais alto grau o desenvolvimento da criatividade pessoal. A criança deve ser encarada como ser criador, possibilitando-lhe, pelas situações vividas, o máximo de satisfação das suas necessidades (TORAILLE, 1973).

O ser humano é um centro individual de vida, percepção e movimento. É a partir desta particularização que temos de conceber a verdadeira dialética construtiva que caracteriza a coerência relacional. Atrofiar a imaginação da criança, impondo uma orientação, é bloquear toda a plasticidade adaptativa que se pretende adquirir.

A função do terapeuta não tem que estar limitada à sua função de ator, nem a uma função camuflada de uma artificialidade relacional. A dimensão da relação que tem de provocar situa-se em um nível de autenticidade, ou seja, estabelecer um acordo entre a sua experiência e a representação desta na sua consciência. A procura de um acordo interior vem estabelecer, em nível da comunicação, uma nova abertura relacional (aberta ao mundo) (ZIMMERMANN, 1973).

A satisfação das necessidades e dos valores da criança deve ser altamente respeitada, dado que por essa via se atinge a estimulação do esforço e se favorece o sucesso, atitudes essas que vão desenvolver uma maior e melhor empresa psicomotora sobre o real. O terapeuta deve antes servir do que guiar, julgar ou modelar, em função do seu conhecimento e dos seus estudos, de forma a amplificar os esforços construídos pela criança, facilitando-lhe a procura de si própria. A TPM não atingirá os seus objetivos se, em primeiro lugar, não atender aos meios possíveis para levar a criança a um processo de ser e de se sentir autônoma, livre e disponível (LAPASSADE, 1971).

O terapeuta não pode esquecer que o material mais importante é a sua própria personalidade; é a sua comunicação oral e corporal que importa, muito antes do que todo o requintado material da psicomotricidade. O terapeuta tem de lutar por uma aderência à referência pessoal da criança e uma permanente abertura à sua experiência.

A relação a construir deve traduzir-se por um conhecimento recíproco aprovado (ROGERS, 1971) entre o terapeuta e a criança. O adulto não pode alhear-se de se projetar na criança; ele deve sentir perante ela um certo interesse relacional, tanto agradável como útil.

O terapeuta tem de inverter os tradicionais conceitos de criança (MENDEL, 1973) e modificar a sua atitude no sentido de adquirir tolerância, compreensão, calor, segurança, curiosidade, expressão, etc. O seu poder de comunicação corporal merece inúmeros cuidados de reflexão. Os movimentos, a mímica, as atitudes são os espelhos fiéis de certos estados interiores, por vezes muito melhor expressos do que através da verbalização. O terapeuta encontra-se, também ele, numa terapia dele próprio, inventariando e interrogando todas as suas atitu-

des, procurando alargar o seu campo de percepção e alterando as suas atitudes em relação a si próprio e em relação aos outros.

Não interessa que o terapeuta se sinta bem com a experiência científica que leva a efeito, o que interessa é que a criança se sinta bem. O respeito gratuito que se tem pela criança não é um fator secundário; o terapeuta deve, antes de tudo, respeitar a dignidade da pessoa em devir.

Em resumo, os modelos de intervenção e de relação em TPM devem-se orientar para a satisfação dos seguintes objetivos:

• Proporcionar atitudes;

• Permitir a aquisição de condutas;

• Favorecer a evolução da personalidade;

• Considerar a criança dentro de uma conduta dialética entre ela e o real;

• Pretender colocar a criança em situação de melhorar a apreensão do real;

• Favorecer a elaboração da conduta;

• Não considerar a criança com um complexo saturado de recepção;

• Criar na criança a significação e intenção da ação motora;

• Fazer apelo a uma representação psicológica da ação;

• Explorar a inovação e a criatividade pessoal;

• Dar a possibilidade de uma auto-análise do processo de aprendizagem;

• Promover a comunicabilidade interpessoal.

Bibliografia

AJURIAGUERRA, J. de & SOUBIRAN, G.B. (1959). Indications et techniques de rééducation psychomotrice en psychiatrie infantile. *La Psychiatrie de l'Enfant,* vol. II, fasc. 2.

BOUR, P. (1971). Controle corporel au psychodrame. *Rev. Thérapie Psychomotrice*, n. 9-10, fev.

BREHAT, M.F.; SICHEZ, J.P.; BALDAUF, A. (1971). Modalités de la thérapie psychomotrice chez l'enfants psychotiques. *Rev. Thérapie Psychomotrice,* n. 9-10, fev.

CYNA, D.; DESOBEAU, F.; LE DIEZET, J.L.; WINTREBERT, H. (1971). Psychodynamisme de l'enfant dans sa rencontre avec l'object. *Rev. Thérapie Psychomotrice*, n. 9-10, fev.

CORMAN, L. (1972). *L'Éducation éclairée par la psychanalyse*. Bruxelas: Dessact.

DIAMAND, L.; CRAMBES, G.; GIRARD, J.; GODEFROY, F.; TEM-BOURET, E. (1971). Recherche de modalités d'interventions en thérapie psychomotrice. *Rev. Thérapie Psychomotrice*, n. 9-10, fev.

DIATKINE, R. (1971). La rééducation psychomotrice – Mode d'action privilegie en psychiatrie infantile. *Rev. Thérapie Psychomotrice*, n. 9-10, fev.

DUBLINEAU, M.A. (1966). La rééducation psychomotrice à base de conditionnement. *Rev. Neuropsychiatrie Infantile*, vol. 14, n. 4-5.

FONSECA, V. da (1973/1974). Dados para uma pedagogia do movimento humano. *Publicações de apoio à Teoria da Ginástica* – 2° ano. [s.l.]: Inef.

JOLIVET, B.; JAMET, R.; BARILLEAUD, S. (1957). Problèmes particuliers en cours de rééducation. *Sauvegarde de l'Enfance*, set.-out.

LAPASSADE, G. (1971). *L'autogestion pédagogique*. Paris: Gouthier-Villars.

LEBOVICI, S. (1952). *Les tics chez l'enfant*. Paris: PUF.

MANNONI, M. et al. (1973). *Éducation impossible*. Paris: Du Seuil.

MENDEL, G. (1973). *Pour décoloniser l'enfant*. Paris: Payot.

PIAGET, J. (1972). *Ou vá l'education*. Paris: Bibliothéque Mediations.

REVILLÁRD, F. & GUILLEMANT, I. (1971). Maitrise de soi et rééducation. *Rev. Thérapie Psychomotrice*, n. 9-10, fev.

ROGERS, C. (1971). *La rélation d'aide et la psychothérapie*. Vol. I e II. Paris: ESF.

ROTH, S.; JAEGGI, A.; AJURIAGUERRA, J. de (1967). Indications de la rééducation psychomotrice. In: *La choix en psychiatrie infantile*. Paris: Massom & Cie.

SIVADON, P. & GANTHERET, F. (1965). *La rééducation corporelle des fonctions mentales*. Paris: ESF.

SKINNER, B.F. (1971). *L'analyse expérimentale du comportement*. Bruxelas: Dessart.

TORAILLE, R. (1973). *L'animation pédagogique*. Paris: ESF.

TOSQUELLES, F. (1967). *Structure et rééducation thérapeutique*. Paris: Universitaires.

WIDLOCHER, D. (1974). Le corps en pathologie psychosomatique. *Rev. Thérapie Psychomotrice*, n. 22, mai.

ZIMMERMANN, D. (1973). *La rééducation pour quoi faire?* Paris: ESF.

3

Terapias Psicomotoras e suas aplicações

Como Ajuriaguerra (apud AJURIAGUERRA & SOUBIRAN, 1959), utilizamos intencionalmente o termo terapias psicomotoras num sentido vago, dado que o termo classicamente empregado de reeducação psicomotora se encontra sujeito a certas críticas. No fundo, trata-se de saber sobre que estruturas vamos agir através do movimento.

As desordens podem ser conseqüência de atrasos de maturação, fixações ou regressões evolutivas, lesionais ou funcionais que vão levar a desorganização da motricidade a vários níveis, alterando a relação e a evolução de várias estruturas comportamentais. Ou por deficiência da atividade, ou por desordem do comportamento, a conduta motora encontra-se alterada, originando reações de imaturidade, de instabilidade e até mesmo de debilidade, que são responsáveis pelo desajustamento motor no nível das vivências corporais.

As implicações são variadíssimas e encontram-se inter-relacionadas com as perturbações da regulação tônica, da atitude, da lateralização, da coordenação, da somatognosia e da proprioceptividade, da atividade emocional e cognitiva, etc. O quadro sintomatológico se expressa globalmente sobre a forma de perturbações associadas que vão adquirir expressão dramática no abaixamento do rendimento escolar, ao qual se ligam as inevitáveis atmosferas de supervalorização e dramatização tanto familiares como escolares.

A ação da terapêutica psicomotora é uma intervenção que pretende facilitar a realização psicomotora, harmonizando o comportamento motor numa melodia cinética e numa aquisição de disponibilidade, enriquecendo, por outro lado, as estruturas de integração e elaboração. Pretende-se, no fundo, uma reorganização funcional encarada de modo diferente, numa primeira fase, um *descondicionamento,* pondo em funcionamento um potencial inativo e, posteriormente, a aplicação de meios de ação que levem a uma *progressiva reestruturação dos sistemas psicomotores,* melhorando o desenvolvimento de atitudes e aumentando a plasticidade e a adaptabilidade (CYNA; DESOBEAU, LE DIZET; WINTREBERT, 1971). A reorganização funcional aceita já uma evolução intrínseca, não uma regressão (aqui se justificam as técnicas reeducativas), mas algo que já foi formado pelas aprendizagens e pelos métodos educativos.

A finalidade de uma RPM[1], como ponto de base acima referido, visa agir nas desordens deficitárias, criando organizações e estruturas mais coerentes no plano da eficiência e do ajustamento (otimização da conduta), ultrapassando as insuficiências funcionais e produzindo novas formas de atividade, permitindo enriquecer todo o potencial existente.

A opção a adotar na RPM equaciona dois tipos de problemas:

1) Agir sobre gestos, melhorando os fatores de execução; ou

2) Agir sobre o "fundo" (suporte) psicomotor, ou seja, na função tônica da qual parte o movimento (SOUBIRAN & MAZO, 1965).

Teremos que trabalhar não só numa como noutra; uma surge-nos como sintomatologia, a outra constitui o fulcro do seu aparecimento. É no nível da função tônica que se modifica o corpo e todo o sistema de orientação e de relação. Teremos que eliminar os movimentos parasitas, a impulsividade, a instabilidade, etc., garantindo o acesso a um autocontrole corporal, à orientação espácio-temporal, à integração da imagem do corpo e à mais ampla identificação da criança, simultaneamente com a apreensão, cada vez mais clara, do seu real vivido (PICK & VAYER, 1970).

---

1. RPM – Reeducação Psicomotora, entendida como terapêutica e inseparável da educação.

A Terapia Psicomotora deve ser completada por uma psicoterapia de maneira a não permitir o aparecimento das desordens conflituais que se possam manifestar por outras esferas. Será, portanto, dentro de uma panorâmica de relação e de procura, e descoberta de objetivos a atender, que a historicidade reeducativa deve ser construída.

Os problemas psicomotores encontram-se associados a paratonias e sincinesias que limitam e reduzem a possibilidade de expressão, realização e transformação do mundo exterior, inibindo toda a personalidade, reduzindo-a a um receptor passivo (AJURIAGUERRA & STAMBAK, 1955/1963). A perfeição, a agilidade, a coordenação e o ajustamento motor jamais são atingidos e são expressos sob a forma de discordâncias evolutivas. Nasce então o interesse de se abordar cuidadosamente a esfera *tônico-motora,* da qual partem todos os movimentos e atitudes corporais que estão na base de qualquer comportamento da criança (AJURIAGUERRA & SOUBIRAN, 1959). Os êxitos de uma TPM são por vezes mais espetaculares nas primeiras sessões, ou então verificam-se depois do período reeducativo. O reeducador, perante este problema, não se deve mostrar angustiado nem frustrado, dado que pode, em face disso, alterar todo o seu investimento relacional. Da necessidade de se respeitar o ritmo pessoal de integração da criança, ajudando-a na construção do EU (BUCHER, 1972) e na sua reinserção escolar.

A TPM deve visar a melhoria no campo motor, dado que, como afirma Stambak (apud VIAL & STAMBAK, s.d.), por ela se transformarão igualmente os modos de percepção e as formas de apreensão das aferências emocionais. Uma nova percepção do corpo permitirá um melhor plano de relação, e assim o comportamento da criança pode se modificar. Do movimento atingiremos os problemas característicos e, com ele, alteraremos a realização verbal da criança.

A finalidade não é exclusivamente motora, mas totalizante, unificando o conhecimento do corpo e melhorando a sua orientação espácio-temporal. *O corpo é o objeto total da relação.* Vivendo o seu corpo, reconhecendo-o espacializado, a criança obtém melhores dados de referência, podendo adquirir condições de resposta às situações concretas do seu envolvimento (casa, rua, escola, grupo, jogo, escrita, leitura, cálculo, etc.).

É imperioso situar que os problemas motores se fixam em problemas de toda a personalidade (WALLON, 1959), a que se juntam todos os aspectos dialético-afetivos, ou seja, os seus interesses, as suas apreensões, os seus sucessos, os seus erros repetidos e fundamentalmente toda a historicidade da sua vivência.

Não podemos esquecer esta panorâmica de conjunto, reconhecendo que neste campo muito há a percorrer, dado que neste domínio os resultados ainda se encontram insuficientemente explorados.

Bibliografia

AJURIAGUERRA, J. de & SOUBIRAN, G.B. (1959). Indications et techniques de rééducation psychomotrice en psychiatrie infantile. *La Psychiatrie de l'Enfant.* Vol. II, fasc. 2.

AJURIAGUERRA, J. de & STAMBAK, M. (1955/1963). L'evolution des syncinésies chez l'enfant. *Présse Médicale* [s.n.t.].

BUCHER, H. (1972). *Troubles psycho-moteurs chez l'enfant.* Paris: Masson & Cie.

CYNA, D.; DESOBEAU, F.; LE DIZET, J.L.; WINTREBERT, H. (1971). Psychodynamisme de l'enfant dans sa recontre avec l'object. *Rev. Thérapie Psychomotrice*, n. 9-10, fev.

PICK & VAYER, P. (1970). *Éducation psycho-motrice et arrièration mentale.* Paris: Doin & Cie.

SOUBIRAN, G.B. & MAZO, P. (1965). *La réadaptation scolaire des enfants intelligents par la rééducation psychomotrice.* Paris: Doin & Cie.

VIAL, M. & STAMBAK, M. (s.d.). L'école maternelle et l'inadaptation scolaire. In: *Les enfants et les adolescents inadaptés* [Cahiers de Pedagogie Moderne, 57].

WALLON, H. (1959). Le dévéloppement psycho-motrice de l'enfant. *Enfance*, n. 3-4, mai.-out.

É com base nesta limitação que apresentamos no nosso estudo uma pequena amostra das indicações e aplicações da Terapia Psicomotora:

3.1. Debilidade motora

Uma das principais características é a presença da *paratonia*, com um fundo mais ou menos hipertônico e uma lentidão de execução, bem como de dificuldades de coordenação e imperfeição motoras generalizadas.

A TPM deve intervir em todos os diferentes níveis da atividade motora, na medida em que todas as atividades corporais se tornam indispensáveis na maioria dos casos, provocando progressivamente uma melhor relação e uma melhor integração. Todo o potencial existente deve ser aperfeiçoado ao máximo, com vista a um alargamento da exploração do real.

A maioria das crianças com debilidade motora não sabe comandar os gestos num intervalo de tempo dado. Verifica-se uma ativação motora excessiva e incontrolável, acompanhada de uma difusão tônica e de sincinesias (AJURIAGUERRA & DIATKINE, 1948).

Em Dupré (1952), na sua *teoria da degenerescência,* as lesões congênitas dos territórios psíquicos (encefalopatias, malformações, hipogêneses, etc.) implicam lesões mais ou menos graves da motilidade. As zonas psíquicas lesadas alteram as funções de execução, modificam antes o "plano de ação", "o esquema de movimento", ou seja, as funções de conceitualização. O mesmo autor defendia que entre as zonas psíquicas e motoras existe uma relação recíproca e uma associação de proporções variáveis.

A debilidade motora é um estado patológico da motilidade e é caracterizado por um exagero de reflexos tendinosos, por uma perturbação dos reflexos plantares, por sincinesias, imperfeições do movimento voluntário e por uma hipertonia muscular difusa.

Estas estruturas impedem a realização voluntária e a resolução muscular, dado que a paratonia (impossibilidade de relaxamento voluntário) constitui um obstáculo à execução motora precisa e rápida (BERGERON, s.d.). A partir deste quadro, toda a empresa sobre o real se torna alterada, encontrando-se o indivíduo numa situação que impede a relação com o exterior. Normalmente encontram-se associadas as atitudes catalépticas e as atitudes em cera, ou seja, atitudes de conservação durante um tempo variável e longo e sem sinais visíveis de fadiga (ATAYDE, 1972).

A intervenção mais utilizada é o relaxamento sobre o fundo tônico do indivíduo, abordando as dissociações dos movimentos através de manipulações ativo-passivas, fazendo descobrir na criança as diferentes modulações tônicas a mobilizar para se relacionar com vários objetos, de peso e volume diferentes (sentido sinestético).

Bibliografia

AJURIAGUERRA, J. de & DIATKINE, R. (1948). Le problème de la debilité motrice. *Sauvegarde de l'Enfance,* n. 22.

ATAYDE, S. (1972). *Elementos de psicopatologia*. Lisboa: F.C. Gulbenkian.

BERGERON, M. (s.d.). Les dèficients psychomoteurs. In: *Les enfants et les adolescents inadaptés* [Cahiers de Pedagogie Moderne, 57].

DUPRÉ, E. (1952). *Pathologie de l'emotivité et de l'imagination*. Paris: Payot.

3.2. Instabilidade, inibição e impulsividade

Nestes casos, convém diferenciar as crianças com poucos problemas e as crianças com perturbações motoras. Nuns o movimento pode inibir, noutros o movimento contribui para destruir o bloqueio, garantindo a liberdade motora.

Em alguns casos teremos que equacionar a origem afetiva ou caracterial (AJURIAGUERRA & SOUBIRAN, 1959), com atrasos no desenvolvimento motor (instabilidade motora, instabilidade da atenção), noutros, os tiques (LEBOVICI, 1952).

Tanto num caso como noutro, devemos começar pelas paratonias (relaxamento) e, progressivamente, caminhar para a melhoria do *controle* motor. Nestes casos a integração e a atividade rítmica encontram-se perturbadas, em que convém também incidir nas gnosias rítmicas. Abordar toda uma esfera de desconhecimentos, através de situações lúdicas e de situações de liberdade motora que se encaminhem lentamente para as situações de iniciativa motora e de transposição espácio-temporal, tendo em atenção a diminuição da rigidez característica e os desbloqueios no nível dos membros. Interessam, então, o *controle* psicotônico no nível dos segmentos, as situações de coordenação, dissociação, de relação com objetos, etc.

Aos *inibidos* convém, após seu conhecimento, recorrer a situações-ativas e a situações-problema que lhes sejam acessíveis, dentro de uma atmosfera permissiva e numa relação libertadora, nunca recorrendo a situações de erro que poderão provocar mecanismos de regressão, que convém, com todo o cuidado, evitar. Neste nível é necessário começar individualmente, e só em função das suas manifestações tentar as sessões de grupo.

Nos problemas de *instabilidade da atenção* descobrem-se muitas vezes problemas de má lateralização que impedem o acesso às aprendizagens escolares e à possibilidade de executar tarefas determinadas. Em muitos casos, manifestam-se autodefesas, do tipo recusador e passivo, ou, pelo contrário, excesso de atividade *(síndrome hipercinética)* (BELEY, 1951).

Não existindo uma disciplina motora, nem uma estabilidade do universo vivido (MUCCHIELLI & BOURCIER, 1972), dificilmente a criança adquire uma atitude de receptividade. Nestes casos é necessário recorrer a situações de memorização motora e realizações ativas, estimulando a criança a participar em função de situações motivadoras. Adotar aqui um equilíbrio de situações de conceitualização, evocação, realização e momentos de interiorização progressiva com recurso à atividade simbólica, à codificação de mensagens e à imitação de movimentos diretos. Segundo Vyl (apud AJURIAGUERRA & SOUBIRAN, 1959) as aplicações rítmicas, quer no caso da turbulência (WALLON, 1925), quer no caso da não-participação, têm um grande efeito na organicidade motora da criança, a partir da qual as noções de duração, de intervalo, de mudança, de alternância, de paragem, de movimento, de variação, de velocidade, etc., se esboçam e se integram na ritmicidade pessoal em que se alicerça a logicidade do pensamento. Nos casos de *impulsividade,* deve-se encontrar vias de compensação de excessos de energia motora, recorrendo a atividades lúdicas tendo em vista uma melhor utilização da agressividade latente da criança, possibilitando atividades agonísticas equilibradas que a auxiliem no encontro da sua estabilidade e referência, melhorando as possibilidades de resolução corporal e completando a noção dos seus limites motores. As situações de *controle* emocional, quer estáticas quer dinâmicas, são também elementos de intervenção positiva e valorizante.

Normalmente encontram-se associados a estas perturbações os *tiques* e a *gagueira,* de que resultam perturbações do *controle* tônico-emocional. Quer num caso, quer noutro, convém recorrer a uma tomada de consciência da respiração, que atenua as expressões incessantes dos tiques e as dificuldades de articulação. A respiração regular e profunda tem um efeito benéfico sobre os centros responsáveis pelas expressões dos tiques e da gagueira. Provocar uma mobilização generalizada associada a diversos ritmos e também utilizar movimentos antagonistas e imobilizações do tique, num estado de resolução muscular progressivamente controlado.

Nas manifestações da *gagueira* os ortofonistas (BOREL-MAISONNY, s.d.) recorrem a um reforço dos mecanismos lingüísticos e a uma melhor resolução espácio-temporal do discurso. A aplicação de métodos de relaxamento (Jacobson, Stokvis, Gerda Alexander, Ajuriaguerra, etc.), atuando no nível do tônus de fundo, têm normalmente efeitos benéficos. Dentro das técnicas ortofonistas mais famosas reconhecem-se as de Borel-Maisonny (s.d.) e de Fernau-Horn (apud AJURIAGUERRA & SOUBIRAN, 1959). Ambas utilizam largamente a ortofonia e o ritmo, consistindo fundamentalmente na vivência das noções de espaço, tempo, causa e número. Associando as sensações auditivas, motoras e visuais, as técnicas visam a uma primeira habituação fonética elementar, geradora da aquisição posterior do vocabulário. A reprodução de sons, ligados a gestos, através de um amplo conhecimento do corpo, valorizam a integração dos fonemas dentro da melodia verbal e motora do discurso. Recorrem-se também, neste âmbito, a situações de respiração, coordenação, ritmo, relaxamento e de iniciativa motora, com o objetivo de inibir e de controlar as impulsões tônicas localizadas.

Bibliografia

AJURIAGUERRA, J. de & SOUBIRAN, G.B. (1959). Indications et techniques de rééducation psychomotrice en psychiatrie infantile. *La Psychiatrie de l'Enfant,* vol. II, fasc. 2.

BELEY, A. (1951). *L'Enfant instable.* Paris: PUF.

BERKSON, G. & DAVENPORT, R.K. (1962). Stereotyped movements of mental detectives. *Am. J. Ment. Defic.,* 66.

BOREL-MAISONNY, S. (s.d.). Les troubles du langage et de la parole, leur traitement. In: *Traité pratique de phonologie et de phoniatrie.* Paris: Maloine.

LEBOVICI, S. (1952). *Les tics chez l'enfant.* Paris: PUF.

MUCCHIELLI, R. & BOURCIER, A. (1972). *La dyslexie: la maladie du siècle.* Paris: ESF.

WALLON, H. (1925). *L'enfant turbulent.* Paris: Alcan.

3.3. Crianças psicóticas

A TPM, desde que convenientemente adotada, poderá facilitar a aquisição de melhores possibilidades de *relação objetal e afetiva,* favorecendo a integração social da criança psicótica e provocando-lhe um melhor *controle* e inibição da atividade motora.

A desintegração da imagem do corpo pode constituir um elemento responsável pela estruturação desarmônica da personalidade da criança, perturbando o seu potencial relacional consigo mesma, com outros e com os objetos. A incapacidade de autonomia, a perda do conhecimento da realidade, a alteração das funções perceptivas podem originar esquizofrenias infantis, demências precoces (HELLER, apud AJURIAGUERRA, 1970), autismo, como expressões de uma patologia mental infantil.

Para além dos fatores etiológicos (orgânicos, hereditários e psicogenéticos), a esfera da motricidade da criança psicótica encontra-se alterada, o que põe em causa até que ponto uma motricidade adequada não constituirá um meio de abordagem a considerar. Para além de uma encefalopatia difusa (BENDER, 1967), a criança psicótica apresenta dificuldades gnósicas do esquema corporal, do espaço e do tempo, exatamente por desconhecimento dos seus limites. O desenvolvimento vivido na criança apresenta seqüelas de uma alteração da sensibilidade (ANDRÉ-THOMAS & AJURIAGUERRA, 1949) que implica disfuncionamento da substância reticulada (RUTTER & HUTT, apud RUTTER, 1968) que dá origem a estados de hipo ou hiperatividade.

É importante que não nos esqueçamos das privações e dos problemas envolvidos na relação filho-envolvimento familiar (DESPERT, 1946; MANNONI, 1969; KANNER, 1943, etc.) na fantasmização arcaica diádica (KLEIN, 1966), que dão toda uma caracterologia própria à criança psicótica. Não vamos nos alongar neste contexto não só pela sua complexidade, como pela sua vastidão; apenas vemos uma hipótese de aplicação de uma terapia pelo movimento, terapia essa que pode garantir a aquisição da noção de autonomia e, a partir daí, todo o conhecimento do mundo exterior e dos objetos, facilitando a percepção da independência. Até que ponto uma *reconstrução de uma relação objetal* não facilitaria à criança uma melhor plataforma relacional para com os outros, evitando-se lentamente as expressões de agitação, de agressividade e de oposição. O isolamento pode ser rompido, valorizando-se a atividade espontânea e o desbloqueio dos estereótipos característicos (BENDER, 1967). A mímica e a motricidade inexpressiva, bem como a dificuldade em diferenciar as diferentes partes do corpo, constituem neste campo as principais dificuldades a equacionar, não só como compensação de atraso psicomotor, como também da labilidade neurovegetativa (BENDER, 1967).

As imperfeições motoras variadas e múltiplas são o fator gerador dos posteriores mecanismos de defesa, aos quais necessariamente se juntam comportamentos bizarros (FREUD, 1951). Por outro lado, a esfera relacional encontra-se ofendida no seu prestígio e toda a sua esfera relacional se perde e se desintrega por razões de atitude social.

Os comportamentos compensativos e camuflados só criam uma atmosfera favorável às expressões psicóticas, em que se projetam todas as descargas emocionais. Neste âmbito, tudo o que seja valorizar os erros e as incompetências da criança (modelo tradicional pedagógico) é dar origem a novas dificuldades, limitando todas as projeções e todos os investimentos corporais e motores posteriores. Tem aqui uma importância capital *a psicoterapia pelo jogo (ludoterapia),* que é outro campo da aplicação da TPM, cujo objetivo é diminuir e harmonizar os comportamentos caóticos, desconcertantes e por vezes insólitos das crianças.

A TPM pode melhorar as dificuldades de concentração, atividade e linguagem, reduzindo a superexcitabilidade, visando a um melhor contato e a uma melhor aceitação. Atuando no nível do tônus e da "melodia sinética", enriquecem-se e aperfeiçoam-se as condições de diálogo corporal, passando o corpo a agir e a relacionar, assumindo uma identidade global, distinta e coerente, abordando-se assim uma alfabetização e uma semantização do comportamento.

Duché e Misés (apud MISÉS, 1958) defendem que a psicomotricidade tem uma importância fundamental na construção do Eu fragmentado e na reestruturação do sentimento da realidade na criança psicótica. Pelo movimento, a criança inicia a aventura de descobrir a sua vivência corporal e a sua relação pessoal com os outros. Com uma alteração no plano da linguagem exige-se uma primeira aproximação pré-verbal, defendendo um primeiro contato corporal.

O diálogo corporal a construir deve constituir uma vivência gratificante, e o terapeuta deverá ter em atenção que o indivíduo é um ser de diálogo, muito mais do que um organismo (LACAN, 1949).

Bibliografia

AJURIAGUERRA, J. de (1970). *Manuel de psychiatrie de l'enfant.* Paris: Masson & Cie.

ANDRÉ-THOMAS & AJURIAGUERRA, J. de (1949). *Études sémiologiques du tonus musculaire.* Paris: Flammarion.

BENDER, L. (1967). Theory and treatment of childhood schizophrenia. *Acta Paedosychiat*, 34.

DESPERT, J.L. (1946). Anxiety, phobias and fears in young children. *Nerv. Child.*, 5.

FREUD, A. (1951). *Le traitement psychanalytique des enfants.* Paris: PUF.

KANNER, L. (1943). Autistic disturbances of affective contact. *The Nervous Child*, 2.

KLEIN, M. et al. (1966). *Développements de la psychanalyse.* Paris: PUF.

LACAN (1949). Le stade du miroir. *Écrits* [s.n.t.].

MANNONI, M. (1964). *L'enfant arrière et sa mére.* Paris: Seuil.

MISÉS, R. (1958). Les obsessions chez l'enfant. *Psychiat Enfant*, 1-2.

RUTTER, M. (1968). Concepts of autism: a review of research. *Journal of Child Psychol. Psychiat.*, 9/1.

3.4. Deficientes motores

Já atrás nos referimos à necessidade de não confundir cinesioterapia com TPM, em que se procurou comparar meios e fins. O que apontamos aqui é uma nova exploração da utilização do movimento que mobilize a personalidade total do deficiente motor.

Reconhecemos que os deficientes motores são de diferentes níveis (alterações do sistema nervoso central, do sistema nervoso periférico, do sistema ósseo e do sistema muscular e articular) ao qual a TPM tem que se ajustar, procurando não intervenções técnicas que geram fatigabilidade, mas situações de imobilidade traduzidas em realizações psicomotoras (LEFÉVRE, 1973).

Não se deve todavia esquecer a indispensável ativação funcional, a adaptação cardiopulmonar, a necessidade da perfeição do ritmo respiratório e o aumento de resistência à fadiga, tratando o problema de ordem funcional e relacional.

Não podemos aqui deixar de apontar a natação (FONSECA, 1972), como técnica escolhida por excelência nestes casos, não só porque permite melhor suporte de resposta às exigências das várias tarefas sociais, como também permite a reconstrução do sentimento de autoconfiança e de autonomia. O banho, para além do seu efeito sedativo, coloca o corpo num outro meio (água), no qual a orientação e a espacialização corporal são diferentes e melhor controlados. A natação encarada neste aspecto é um meio psicomotor por excelência, e é também um meio de adaptação total de grande significado. Não podemos nos esquecer da importância das piscinas em todos os centros de recuperação e reeducação, exatamente pelos aspectos que acima esboçamos. A natação pode constituir um fulcro de desenvolvimento das capacidades existentes e um meio de conhecimento das possibilidades de independência. Os movimentos aquáticos são mais livres e disponíveis do que os movimentos terrestres, pelo aproveitamento da impulsão que diminui a ação da gravidade. A musculatura estriada, beneficiando-se do apoio da impulsão, pode dessa forma estabelecer relação (musculatura de relação) com o meio, originando uma sensação de autonomia de original significado.

O movimento deve ser analisado da forma como foi vivido, e não segundo conceitos exteriores à sua realização que não respeitam a adaptação singular de cada individualidade.

As situações devem ser propostas em função de cada caso e em função da natureza da deficiência, isto é, apresentadas como *formas novas de expressões diferenciadas,* tentando o afastamento sistemático de uma vivência que valorize a debilidade. Situações e ocasiões de êxito importam mais do que "recuperações funcionais musculares". A defesa de um equilíbrio afetivo impõe-se numa ação com diferentes físicos.

O movimento deve transcender a esfera do motor para estar mais dentro dela própria, isto é, recorrendo às funções representativas e cognitivas que estão na base da sua execução.

Não devemos adotar exclusivamente a bateria Varf (velocidade, agilidade, resistência e força) preconizada por Bellin Du Cotteau, mas sim, e também, situações de descondicionamento que levam a uma resposta global da motricidade em termos de comportamento (como relação inteligível entre a ação do deficiente e a situação concreta criada).

O movimento tem que ser concebido como intencional e percebido na significação que cada deficiente motor lhe dá.

Torna-se urgente neste nível equacionar a necessidade de relação e comunicação, às quais a motricidade a adotar deve estar principalmente condicionada. Refletir depois do movimento, favorecendo a crítica às situações criadas, não deve ser sentido como ofensa pessoal do terapeuta. Não esquecer que o diálogo em sessões de movimento é um primeiro acesso à independência que se deseja expressar no deficiente motor. Deseja-se aqui, também, uma nova atitude face ao deficiente motor em situação. A atividade sugerida, segundo uma intenção, deve favorecer as possibilidades de adaptação a situações novas e levar o indivíduo a um tipo de *atenção interiorizada* . O interesse da descoberta não deve ser interrompido pela demonstração inútil e perigosa do terapeuta, na medida em que impõe um modelo de um indivíduo que o deficiente motor não está capacitado a reproduzir.

O atetósico ou o espástico não têm que adotar a mesma forma de expressão motora, interessa é que, cada um, em função das suas possibilidades de adaptação, vá adquirindo um número cada vez maior de aquisições práxicas. Devemos negar todas as sessões não inseridas da pessoa do deficiente motor, ou construídas sem o seu conhecimento, ou, até mesmo, só limitadas às repetições e insistências. O tipo de aprendizagem não pode ser sensível às preocupações de rendimento e de velocidade de produção, mas sim no retorno à aprendizagem do ensaio e erro, através de tons lúdicos e de uma relação de ajuda valorizante. *Temos que distrair o deficiente motor do seu "handicap", favorecendo as reações inconscientes da motricidade (músculos da profundidade).* Ao lançar uma bola em função de um objetivo a atingir, o deficiente motor esquece a natureza das suas dificuldades, ao mesmo tempo que a intervenção cortical diminui (inibição), pondo-se em jogo as reações de equilíbrio que dão apoio ao movimento nascido no cérebro (DAGUE, 1965).

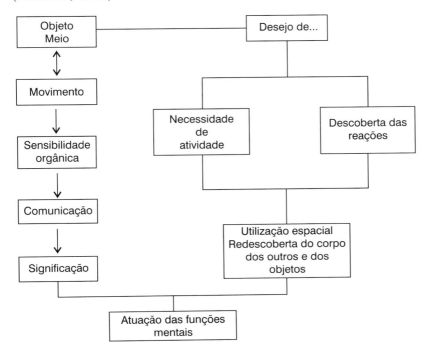

O deficiente motor deve tirar partido das suas experiências motoras valorizantes, sentindo *prazer* pelas sessões de movimento. Desenvolver a faculdade de aprendizagem e de descoberta, antes de provocar discussões centralizadas num *silêncio admirativo*, através de explicações pseudocientíficas dadas pelo sinesioterapeuta.

O poliomielítico não deve se sentir um incapaz, mas sim progressivamente mais confiante, pela criação de situações (aprender a nadar) que lhe forneçam uma sensação libertadora da sua motricidade. Tudo o que funciona bem (membros superiores) atua para resolver um fim (equilibrar-se e progredir no meio aquático).

As situações não podem ser escolhidas em função de técnicas, livros ou manuais clássicos, mas em função de fins a atingir e nas repercussões e impactos que irão provocar na globalidade do deficiente motor. Não se trata de movimentos para deficientes motores (catálogo, programa, receita), mas sim de perceber o efeito expressivo e funcional do movimento, como experiência gratificante e como garantia de enriquecimento de possibilidades (TABARY; TARDIEN, G.; TARDIEN, C, 1966).

O escoliótico, o atetósico, o hemiplégico, etc., todos podem ter as suas atividades motoras variadas e valorizantes, encontrando cada um a sua própria forma de realização e construção, combatendo assim a normal atitude segregacionista da sociedade, que insiste em afirmar que o deficiente motor é um inativo, um incapaz ou um inútil.

O deficiente motor (criança ou adulto) é um ser ativo, basta que para isso se lhe dêem condições às quais tem direito.

Bibliografia

FONSECA, V. da. (1972). Dados para uma natação correctiva. *Publicação de apoio à cadeira de Opção de Natação*. [s.l.]: Inef.

LEFÉVRE, L. (1973). *L'Education des enfants et adolescents handicapés.* Vol. I e II. Paris: ESF.

DAGUE, P. (1965). Scolarisation des enfants myopathes. *Rev. Réadaptation*, 118.

MARGOULIS, J. & TOURNAY, A. (1963). Poliomyélite et schéma corporel. *Enfance*, 4-5.

TABARY, C.; TARDIEN, G.; TARDIEN, C. (1966). Conception du developpement de l'organisation notrice chez l'enfant – Interpretation de l'infirmité motrice cerebrale et sa rééducation. *Rev. Neuropsychiat. Infantile*, vol. 14, n. 11.

3.5. Debilidade mental

Não vamos nos projetar num tratamento exaustivo, ou até mesmo referencial; pretendemos levantar alguns aspectos relativos à debilidade mental e à importância que a TPM poderá ter se convenientemente orientada.

A aplicação do QI, como a mais utilizada, estabelece uma primeira referência da inteligência do sujeito. Todavia, a aplicação psicométrica tem levantado grande número de problemas teóricos (ZAZZO, 1960), que não vamos sequer abordar, dada a sua importância e profundidade. A nossa tentativa visa à procura de algumas pistas que nos permitam perceber em que medida o estudo da motricidade pode vir a esclarecer melhor a noção de debilidade mental (ZAZZO, 1960).

As concepções de Binet, Weschler, Terman e outros mereceram da parte de Zazzo um estudo experimental que levou à conclusão de que o QI seria uma noção falsa de inteligência. O mesmo autor preconizou uma tripla abordagem: genética, patológica e diferencial. O seu famoso conceito de *heterocronia* constitui o marco original do seu extraordinário trabalho que deve merecer da parte de quem trabalha neste setor um amplo período de reflexão e meditação.

Segundo Zazzo (1960), o desenvolvimento cognitivo do débil mental não se processa no mesmo ritmo que o seu desenvolvimento físico, resultando daí um sistema de equilíbrio diferente, com todo um conjunto de traços específicos. O estudo da criança débil mental requer uma aproximação interdisciplinar dividida pelos seguintes aspectos: biológicos, afetivos e socioculturais. Os testes podem ser uma primeira referência de investigação, mas não acusam uma realidade psicológica, daí o interesse da sua aplicação, que deve evitar um efeito de valorização tecnológica, a fim de não se atingirem reducionismos e homunculismos.

As causas da debilidade mental são variadíssimas. Segundo Heaton-Ward (STAMBAK, 1963), conhecem-se cerca de trezentas, e em 35% dos casos não têm etiologia definida. Strauss e Lehtinen (1947) propuseram a divisão em *causas exógenas* e *causas endógenas*. Nas primeiras, os fatores extrínsecos para-hereditários, traumáticos e infecciosos nas segundas, trata-se de uma transmissão hereditária poligenética (alteração cromossomática, translocações, etc.).

Heath (1953) realizou um estudo sobre a motricidade dos débeis mentais, abordando a correlação entre o nível intelectual e a eficiência motora em função dos fatores etiológicos. O débil exógeno apresenta falta de *controle* emocional, perda da "melodia cinética", problemas de percepção, pensamento e instabilidade. Também o débil endógeno apresenta já *carências instrumentais variadas.* Em função destes aspectos, devemos cuidar da adaptação socioprofissional a planificar, onde a TPM poderá vir a ocupar lugar importante, na medida em que constituirá um ótimo apoio a toda a escolaridade a estabelecer.

Com uma estruturação psíquica original e própria, necessariamente que ela irá condicionar a evolução de outros aspectos psicológicos, motores e caracteriais. Já em Dupré e Vermeylen, a debilidade motora vai a par com uma debilidade intelectual, o que levantou um interesse de estudo em Luria (1963) e Inhelder (1963) sobre as formas de execução das atividades motoras, a que posteriormente se seguiu o trabalho de Stambak (1963), visando ao estudo de dois aspectos da motricidade: 1º, as "possibilidades motoras" e 2º, o "estilo motor".

Luria relacionou métodos psicofisiológicos (eletroencefalografia, etc.) para estudar a *Noção de Inércia,* considerada como uma deficiência dos mecanismos verbo-intelectuais e estudada em função de ondas do EEG e em função da ausência de reação de orientação. Inhelder pretendeu definir os níveis de operatividade, aos quais os débeis ascendem, pondo em evidência as suas condutas intelectuais, segundo uma noção de *viscosidade genética,* ou seja, a relação do nível de raciocínio e as freqüentes regressões aos estados inferiores a que os débeis recorrem para resolver situações concretas, explicadas pelo fato de que eles se mantêm durante mais tempo em cada um dos estádios da inteligência.

A relação ação-coordenação-operação-representação encontra-se alterada, originando totalidades dinâmicas (PIAGET, 1956) cujas transformações e invariabilidades não se observam evolutivamente segundo uma sincronia lógica. A rede INRC (identificação, negação, recriprocidade e correlação) de Klein também empresta novos sistemas de referência fundamentais a considerar.

Para Inhelder, que inaugurou um novo tipo de interpretação da debilidade mental, o atraso mental deve ser equacionado em termos de fixação e elaboração das próprias operações e nos seus agrupamentos.

Para a mesma autora, o *imbecil* é caracterizado por um pensamento intuitivo e perceptivo, enquanto o *débil* ignora as operações formais (operatividade inacabada), sendo incapaz de raciocínio hipotético-dedutivo.

A falta de plasticidade adaptativa é uma das características particulares dos débeis mentais. Para confirmar, Zazzo (1960) adaptou uma bateria de barragens para determinar a relação *velocidade-precisão,* através da atividade perceptivo-motora, concluindo que esta eficiência é relativamente elevada nos débeis mentais, embora em função de um estilo de trabalho especial, demonstrando, porém, a dificuldade de inter-relacionar as duas condições acima mencionadas.

A aplicação da TPM (in *Sauvergarde de l'Enfance*, n. 7-8, set.-out./1957) pode lentamente vir a provocar um ajustamento dos movimentos, assumindo uma economia de gestos melhorada, com desaparecimento das dismetrias, a própria seleção dos grupos musculares que intervêm no movimento e a inibição dos efeitos inúteis podem ser conseguidas através de uma melhor eficácia do ato motor. Com vista ao desaparecimento das sincinesias, que impedem o *controle* dos movimentos e o aumento das possibilidades de coordenação, sugere-se um estudo experimental, bem estruturado, da aplicação de uma bateria de testes, antes e depois, de um período de terapia pelo movimento, aferindo-se assim todo o interesse desta experiência no campo da debilidade mental.

Qualquer tipo de escolaridade a adotar com crianças débeis mentais deve ter em conta a *educação das suas "possibilidades motoras"*, a fim de obter um melhor *controle* que facilite as respostas às primeiras exigências escolares.

Sabemos, por outro lado, que uma TPM, tendo como objetivo central melhorar as possibilidades motoras, pode vir a influenciar positiva e significativamente todo o êxito profissional do débil mental. *A TPM junta-se assim a todas as técnicas atuais de orientação profissional* (RAMAIN, 1954), na medida em que, melhorando o desenvolvimento motor, pode alterar os fatores de adaptação caracterial, permitindo o acesso do débil mental ao mundo do trabalho, favorecendo e contribuindo para a sua melhor adaptação social.

Bibliografia

HEATH JR., S.R. (1953). The relations of railwaking and other motor perfomances on mental defectives to mental age and etiological types. *Train. Schol. Bull.*, 50.

INHELDER, B. (1963). *Le diagnostic du raisonnement chez les débiles mentaux.* Neuchâtel: Delachaux et Niestlé.

LURIA, A.R. (1963). *The mentally retarded child.* Nova York: Pergamon Press.

PIAGET, J. (1956). Motricité, perception et intelligence. *Enfance*, n. 2.

RAMAIN, S. (1954). Quelques príncipes de rééducations psychomotrices. *Educateurs*, 54.

STAMBAK, M. (1963). La motricité chez les débiles mentaux. *La Psychiatrie de l'Enfant*, vol. VI, fasc. 2.

STRAUSS, A.A. & LEHTINEN, C.E. (1947). *Psychopathology and education of the brain-injured child.* Nova York: Grune & Statton.

ZAZZO, R. (1960). Une recherche d'équipe sur la debilite mentale. *Enfance*, n. 4-5.

_____ (1956). Qu'est-ce que la debilité mentale? *La Raison*, n. 16.

3.6. Deficiência visual

É pela *visão* que se integra a atividade motora, perceptiva e mental da criança, é por meio dela que se estabelecem as ligações dos primeiros esquemas que são responsáveis pela integração das mensagens, através das quais se dão significações a cada um dos sistemas (PIAGET, 1961; GRASSEL, 1971).

A permanência do objeto, a fixação e a sua localização são solidárias com a estabilidade espácio-temporal do universo vivido. Como é que a criança deficiente visual (ambliopia, amaurose, estrabismo, diplopia, hemianopsia, nistagmo, etc.) ultrapassa as fases assimilativo-acomodativas para atingir a linguagem? Como facilitar a instabilidade da criança deficiente visual? Como melhorar o equilíbrio e o conhecimento do corpo?

A estas respostas a TPM pode satisfazer, desde que se tomem as necessárias medidas. Reconhece-se que a criança deficiente visual tem uma má adaptação sensório-motora (GRASSEL, 1971), apresenta várias dispraxias associadas a paratonias e a comportamentos de ansiedade e segurança (LABRÉGERE, 1973), para além da sua autonomia e exploração espacial estarem condicionadas.

A TPM deve, no âmbito da deficiência visual, respeitar a epistemologia genética, ou seja, recapitular uma série de vivências que progressivamente estabeleçam a conquista da assimilação sensório-motora e ideomotora, o conhecimento corporal, a organização do espaço e posteriormente a do tempo (LABRÉGERE, 1973).

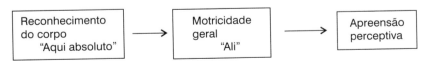

Compreende-se que no plano psicomotor existem várias perturbações, como sejam: deslateralizações, laxidão articular, reações hipertônicas, movimentos sacados, rígidos, ausência de liberdade corporal, etc., aspectos que podem vir a ser aperfeiçoados com a intervenção de uma TPM.

Aos problemas de deficiência visual estão relacionados fatores psicomotores, que provocam desarmonias de comportamento, normalmente acrescidos de uma superproteção familiar, que vem agravar a relação com o mundo envolvente (GRASSEL, 1971).

A criança deficiente visual apresenta: sinais de ansiedade, isolamento, perda de iniciativa, ausência de aprendizagem, oposição; caracterologias a que não se deve deixar de atender e considerar, dado que interessa partir da sua fenomenologia de dependência para uma conquista progressiva de autonomia, através de uma atmosfera segura e libertadora, concretizada num plano de relação valorizante, real e coerente. Só numa ambiência com estas características pode-se verificar um desaparecimento do quadro pseudodébil (GRASSEI, 1971) a que a criança deficiente visual normalmente se encontra ligada. A relação construtiva a criar deve quebrar a fabulação perniciosa em que vive a criança, transpondo para o plano prático sessões de movimento que garantam progressivamente a descoberta do espaço e a redescoberta do corpo, recorrendo a atividades tato-sinestésicas e sonoro-motoras, que inclusivamente facilitem a discriminação sensorial, sem a qual a criança deficiente visual pode orientar-se.

Não se trata de desenvolver a apreensão do esquema corporal conhecido e vivido; a criança deficiente visual acusa dificuldades no nível do esquema corporal de ação (organização do plano do movimento, melodia sinética, praxia ideomotora, etc.). É neste âmbito que a TPM pode intervir, valorizando as sensações quino-táteis e tato-sinestésicas que vão permitir melhores precisões espaciais e mais convenientes representações gestuais, proporcionando uma interiorização do movimento mais ajustada e coerente, garantindo-se simultaneamente a noção básica de oposição ao mundo e a tomada de consciência do EU.

Por outro lado, convém recorrer a situações que digam respeito à integração de noções de espaço (aspectos gráficos practo-gnósicos) e de tempo (duração, intervalo, sucessão), memorização, ideação, coordenação e expressão, permitindo à criança a satisfação dos seus desejos, progredindo no plano das aquisições (intelectuais e motoras) e do comportamento.

Bibliografia

GRANJON, N.G. (1962). Les praxies chez l'enfant d'aprés Piaget. *La Psychiat. Enfant*, vol. IV, fasc. 2.

GRASSEI, C. (1971). L'organisation spacial et temporal des enfants aveugles. *Rev. Neuropsychiat. Int.*, n. 1-2, jan.-fev.

LABRÉGERE, A. (1973). Aveugles et amblyopes. In: *Les enfants et les adolescents inadaptés*. Paris: Armand Colin [Cahiers de Pedagogie Moderne, 57].

PIAGET, J. (1961). Le développement des mécanismes de la percéption. *Bull. Psychologie*, n. 187, jan.

3.7. Reinserção profissional

A importância dos *gestos profissionais* e o aumento de *acidentes de trabalho* têm levado muitos autores a debruçarem-se sobre o assunto da formação e orientação profissional, com vista a uma adaptabilidade possível que diminua a instabilidade psicomotora, resultante do contato com ferramentas, instrumentos e máquinas (RAMAIN, 1965).

A formação do aprendiz deve cuidar do problema da maturidade gestual e da habilidade manual para responder às exigências de estruturação de espaço e à relação objetal que em várias profissões atinge complexidade profunda.

Simone Ramain (1965) elaborou um *método de pré-formação*, que tem como fim detectar e desenvolver coordenações e capacidades humanas para um esforço de aplicação e atenção conjugadas, previstas pela situação de trabalho.

A situação de trabalho é fundamentalmente uma atitude psicomotora, onde se põem em causa estruturas como a dextralidade, precisão e ritmo, sincronização e perfeição de movimentos, associados a atitudes intelectuais, como a representação espacial, a imaginação, a translação, etc.

Considerando a complexidade das estruturas motoras, perceptivas e cognitivas, postas em jogo pela situação do trabalho, é fácil compreender que todo aprendiz deve ter uma educação da sua psicomotricidade, no sentido de se desenvolver a disponibilidade, o esforço, a perseverança, a vigilância, a atenção, de modo a acomodar-se aos estímulos exteriores, assimilando uma *atenção interiorizada centrada na percepção do esquema corporal* (WEISS, s.d.).

O método de Ramain visa à tomada de consciência das capacidades do indivíduo antes de as poder apropriar e de as utilizar harmoniosamente na ação, facilitando a conceitualização do movimento e a sua adaptação a um fim.

A noção de *atitude* tem neste método um aprofundamento científico assinalável, para o qual são necessários conhecimentos psicopedagógicos, psicológicos e neurofisiológicos.

A atitude, segundo uma perspectiva de motricidade, é a maneira de controlar o corpo em função da sensibilidade postural (PAILLARD, 1961). Lafon (1963) designa-a como a estrutura preparatória orientada em função da percepção e da ação. Podemos também considerá-la como a disposição determinada pela experiência que exerce uma influência social diretora sobre a conduta, o que diz que a atitude põe em jogo a totalidade do ser humano (LE BOULCH, 1972) em relação com o objeto, com as pessoas ou com as coisas. A atitude diz respeito a todos os fatores perceptivos, cognitivos, afetivos da personalidade postos em jogo pela ação. Piéron (1967), no seu vocabulário de psicologia, define-a como a reação adquirida mais ou menos emocional, em face de um determinado estímulo, ou como estruturação preparatória orientada em função do ponto de vista perceptivo ou reacional, portanto, como *disposição singular* de *reagir às estimulações*.

Em Paillard (1957) a atitude não é mais do que a estrutura que antecipa e acompanha o movimento, constituindo um permanente circuito de adaptação que leva à acomodação das estruturas de execução. De fato, antes de se verificar o movimento, ou seja, a objetivação da contração muscular responsável pelo próprio movimento, ele nasce no cérebro, por meio de um processo organizador e seletivo. Necessa-

riamente, que a atitude tem uma importância muito especial no que diz respeito à percepção que não é mais do que a penetração do indivíduo sobre um determinado objeto. Em função da atitude, entendida como membrana de receptividade e integração perceptiva, os objetos são ou não convenientemente determinados e discriminados.

A percepção tem várias conseqüências de orientação:
- seleção perceptiva;
- sensibilidade;
- distorções perceptivas, ligadas à experiência anterior, etc.

Observamos, a partir daqui, que a percepção diz respeito a uma totalidade e quer dizer já uma resposta, isto é, está nela implícita uma orientação sujeita a inúmeras influências importantes. Resumidamente, a atitude transporta um determinado sentido de disponibilidade perceptiva, como reação a um sinal que a caracteriza como atividade no momento da estimulação.

A atitude é, portanto, uma estrutura de resposta às influências do meio, e constitui uma ligação inseparável da percepção (BUYTENDJIK, 1957). A atitude é uma participação ativa do sujeito (Oleron) e uma intervenção singular numa situação. Aliás, qualquer reação é determinada por uma atitude, assim como a resolução dum problema não traduz senão a capacidade de uma ação, que o próprio problema provoca. Podemos dizer que a atitude (potencial) prepara o movimento (atual), como um todo relacional, sendo completamente impossível separá-la dos fatores motores, intelectuais, afetivos e sociais (FONSECA, 1972).

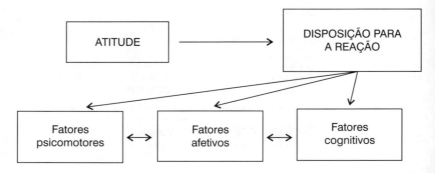

É neste âmbito que o método de Ramain explora, no campo da psicomotricidade, a expressão de *educação das atitudes e dos gestos* (RAMAIN), designando um conjunto de situações que estão ligadas ao *método psicocinético de J. Le Boulch* (LE BOUCH, 1972), a que se relacionam os seguintes objetivos:

- Tomada de consciência do esquema corporal;
- Coordenação de movimentos;
- Organização espácio-temporal.

O desenvolvimento de atitudes favoráveis à realização de situações propostas é amplamente equacionado num programa de pré-formação que consta de situações de representação mental espacial, de assimilação mental abstrata, de elaboração gestual concreta e de elaboração mental abstrata.

O método visa à criação de uma progressiva disponibilidade e de uma estimulação acrescida de capacidades, permitindo e valorizando o campo de receptividade da vigilância.

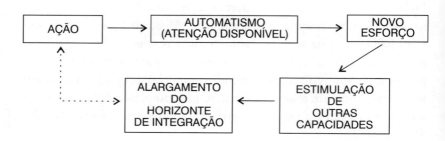

As situações características do método de Ramain apelam para o relaxamento, como elemento importante na educação das atitudes e dos gestos, para atividades de recepção, de discriminação visual, auditiva, tátil e proprioceptiva. Situações-exemplo, como as de *cópia no papel quadriculado*, visam a um aperfeiçoamento gráfico e a uma intervenção no nível do *controle* emocional, bem como a um enriquecimento da plasticidade das estruturas perceptivas.

O aproveitamento dos trabalhos com *arame* são criações que pretendem uma melhoria dos índices visuais (RAMAIN, 1965) e dos dados perceptivos e sinestésicos (resistência de materiais, diferente esforço muscular a que corresponde, etc.).

O método de Ramain é estruturado segundo uma pedagogia valorizante e segundo um princípio de individualização, partindo da respeitabilidade fundamental dos ritmos pessoais de trabalho, pretendendo, para além destes aspectos, desenvolver uma atitude de colaboração e reciprocidade, combatendo as formas tradicionais de emulação e rivalidade.

As utilizações dos *labirintos e dos desenhos ponto-traço*, em função de códigos formulados verbalmente, são provocadas em atitudes interpessoais através do respeito pela atividade do outro e da sua expressão realizadora. Estas e outras aplicações caracterizam o método de Ramain, como uma das aplicações mais úteis da psicomotricidade, entendida como uma motricidade educativa fundamental, visto "criar a estabilidade das estruturas de base da personalidade nos diferentes níveis: psicomotor, intelectual e afetivo" (GEORIS & MORDANT, 1971).

Este método justifica-se na medida em que tenta aproveitar as capacidades originais da pessoa, desenvolvendo-as o melhor possível antes de qualquer trabalho de aprendizagem, ocupando assim um lugar muito importante na orientação e reinserção profissionais.

Bibliografia

BUYTENDIJK, J.J. (1957). *Attitudes et mouvements*. Paris: Desclée de Brouwer.

FONSECA, V. da (1972). Dados históricos da noção de psicomotricidade. *Apontamentos de apoio à cadeira de opção Educação Psicomotora*. [s.l.]: Inef.

GEORIS, P. & MORDANT, G. (1971). *Jeunesse inadaptée et orientation professionnelle* – Methode de Ramain. Bruxelas: Inst. de Sociolog. Université Libre de Bruxelles.

LAFON, R. (1963). *Vocabulaire de Psychopédagogie et de Psychiatrie de l'Enfanf.* Paris: PUF.

LE BOULCH, J. (1972). *Vers une science du mouvement humain.* Paris: ESF.

PAILLARD, J. (1961). Les attitudes dans la motricité. In: *Les Attitudes* – Symposium de l'APSLF. Bordeaux, 1959. Pairs: PUF.

_____ (1957). L'activité nerveuse et ses mécanismes élémentaires. *Bull. de Psychologie,* n. 9, abr.

PIERON, H. (1967). *Vocabulaire de Psychologie.* Paris: PUF.

RAMAIN, S. (1965). Éducation des attitudes. *Psychologie Françoise*, tome X, n. 3.

WEISS, A. (s.d.). La rééducation psychomotrice et réinsertion professionnelle. *Rev. Neuropsych.*, n. especial.

3.8. Dados etiológicos das dificuldades escolares

3.8.1. Evolução das dificuldades instrumentais e relação entre lateralidade e dispraxia

Para abordarmos tão atual problema não queremos arriscar uma perspectiva superficial do tratamento dos assuntos que este tema necessariamente comporta, não só pela sua profundidade, como também por constituir a pista principal das nossas investigações no âmbito das experiências que temos levado a efeito no Centro de Investigação Pedagógica da Fundação Calouste Gulbenkian (1972).

A nossa preocupação visa aprofundar a problemática da psicomotricidade fundamentalmente no que diz respeito à melhor compreensão dos problemas escolares e na prospecção de uma metodologia terapêutica eficaz e criadora.

Antes de abordarmos as verdadeiras epidemias da escola dos nossos dias, queremos explorar a evolução das *dificuldades instrumentais* da criança, relacionando-as primeiramente com a *lateralidade* e com a *dispraxia* e, posteriormente, com as *aprendizagens simbólicas fundamentais* (escrever, ler e contar).

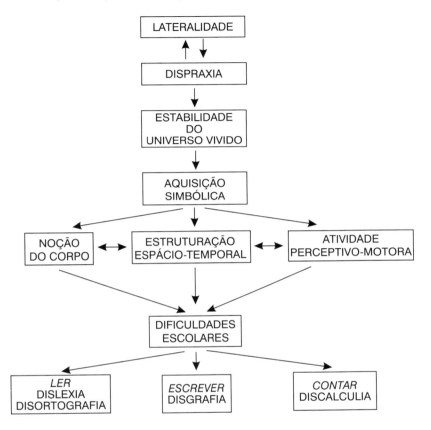

Qualquer estudo de *lateralidade* requer não somente uma introdução neurológica como uma análise dos problemas levantados pelo canhotismo. A dominância cerebral e a prevalência manual (mão preferida e freqüência de utilização) foram estudadas por inúmeros autores, nos quais interessa uma referência especial a: Ogle (1871) (apud HECAEN & AJURIAGUERRA, 1963), Schaefer (apud HECAEN & AJURIAGUERRA, 1963), Clark (1957), Baldwin (apud STAMBAK, 1963), Bloede (1946), Hecaen (1972), Subirana (1952), Roudinesco (apud ROUDINESCO & THYSS, 1948), Thyss e Hildreth (apud HECAEN & AJURIAGUERRA, 1963), Launay (apud LAUNAY & VANHOVE, 1949), Stambak (apud STAMBAK; MONOD; AJURIAGUERRA, 1960), Monod (apud STAMBAK; MONOD; AJURIAGUERRA, 1960) e Ajuriaguerra (apud STAMBAK; MONOD; AJURIAGUERRA, 1960).

Se encararmos a ontogênese da lateralidade, verificaremos que se trata de um fenômeno morfológico que representa uma forma de *assimetria funcional*. Gesell (1962) estudou a assimetria espontânea (reflexo tônico do pescoço) nos recém-nascidos, marcada por uma simetria até às 24 semanas. Segundo o mesmo autor, das estruturas simétricas bilaterais passa-se às estruturas unilaterais. O aparecimento da escolha de uma mão para as primeiras manipulações dará origem à passagem dos objetos de uma mão para a outra e finalmente a adoção de uma dextralidade ou uma sinistralidade bem definidas.

Segundo vários autores (Watson, 1963; Lesne (apud LESNE & PEYCELON, 1934) e Peycelon (apud LESNE & PEYCELON, 1934), etc.), não existe prevalência da mão antes dos 7 meses. Em Halverson (22), 74% dos casos, até 1 ano de idade, apresentam lateralidade direita. Orton (1934) insiste no fato de a hesitação da lateralidade construir um sinal de imaturidade e instabilidade que se faz sentir, mais marcadamente, nos períodos entre os 2 e os 3 anos e entre os 6 e os 8 anos. As oscilações da lateralidade são variáveis em função das convicções sociais e apresentam uma razão antropológica fundamental. As noções de direita e de esquerda têm etiologias culturais apaixonantes que nos dão uma compreensão mais ampla sobre o papel da tradição ecológica no comportamento humano.

O nosso interesse vai até ao ponto de se referir alguns dados históricos para a compreensão da lateralidade. Desde a manipulação de objetos e de armas (o guerreiro "protege" com a esquerda e "ataca" com a direita, porque é mais fácil atingir o coração do oponente) à transmissão dos caracteres adquiridos, quer adquiridos, quer biológicos, quer culturais, o privilégio da mão direita ("o sagrado"), como imperativo estético-moral e social sobre o da mão esquerda, tem uma etiologia cultural própria (LHERMITTE, 1968). São importantes as contemplações e as transcendências mitológicas ("o universo tem um lado sagrado, nobre, precioso, e um outro lado, profano e comum; um lado forte, ativo e outro fêmeo, fraco e passivo"). A incompatibilidade dos contrários e as várias citações bíblicas põem o lado direito como o caminho ascendente e o esquerdo como o caminho da dissolução. Ao *vocábulo "direito"* estão relacionados os valores de: macho, permanência, força, poder, verdade, beleza, etc.; ao *vocábulo* "esquerdo": fêmea, inferior, oposto, ilegal, estranho, etc. (HECAEN & AJURIAGUERRA, 1963).

A vida, considerada como uma existência de dois pólos do mundo místico, levou a considerar nos homens duas significações diferentes para os seus membros (mão direita: o eu, a virilidade; mão esquerda: os outros, a feminilidade, etc.). A mão esquerda, estando sempre ligada à magia, utiliza um domínio tenebroso, oculto e repulsivo que a marcou socialmente. A mão direita sempre foi sinônimo de supremacia e conservação, ligada desde sempre aos fatores da criação.

A oposição básica da vida, o contraste do dia e da noite, do calor e do frio, o sagrado e o profano, levaram os homens também a oporem à sua mão direita a sua mão esquerda. O exemplo dialético da natureza nunca foi bem compreendido pelos homens, daí também uma rejeição incondicional dos homens canhotos. Para vários antropólogos, "o movimento do sol" foi considerado o ponto de partida da escolha preferencial da mão direita, todavia esta opção tem, necessariamente, outras raízes, quer sociológicas, quer normais, quer econômicas e também religiosas, mágicas e feiticeiras. Cabe aqui referir também que a *escrita e a leitura condicionaram* a *preferência manual* (OMBREDANE, s.d.), começando por serem alternadas nos escribas, generalizaram-se no Ocidente, numa orientação horizontal, *esquerda-direita,* ao contrário da do Oriente, cuja *orientação é direita-esquerda.*

Teremos explicado a razão da determinação hemisférica da linguagem? Não, claro que outros tantos fatores bioculturais estão implicados, como sejam as problemáticas das adaptações e integrações no meio e também o desenvolvimento da *escrita,* a que se encontra ligada a especialização hemisférica das estruturas simbólicas da linguagem. A aprendizagem da escrita criou no homem uma nova esfera multiperceptiva, cuja seletividade progressiva se relacionou com o desenvolvimento da função da linguagem (GRANJON & AJURIAGUERA, 1951), que deu origem à especialização hemisférica que condiciona todos os fenômenos da expressão humana. Interessa referir que a dominância hemisférica não é exclusivamente anatômica, ela é também genética, sociológica e cultural (GRANJON, 1959).

Toda esta gama de considerações, quer concordemos quer não, estão na base da *diferenciação dissociativa da lateralidade manual* que, pelo seu poder organizador do mundo do indivíduo, levanta necessariamente as inevitáveis problemáticas da aprendizagem. A lateralização predominante é verificada pela preferência do membro superior, que constitui o membro de maior especialização e dissociação motora do ser humano, ao mesmo tempo que é o membro mais freqüentemente utilizado no contato com o mundo exterior.

Todos os especialistas confirmam que o desenvolvimento neurológico se faz diferentemente em cada um dos hemisférios cerebrais e bem assim nas zonas neuro-sensitivo-motoras que lhes correspondem. A preferência manual é, para alguns autores, sinônimo do desenvolvimento desigual (mas complementar), do córtex nos dois hemisférios (DIMOND, 1972).

Perante esta confirmação neurológica, interessa abordar o ritmo da lateralidade, não só quanto à preferência, como também quanto à eficiência na execução de tarefas.

As inúmeras provas que tentaram correlacionar estes dois fatores (DIMOND (1972); GREGORY (apud HECAEN & AJURIAGUERRA, 1963); BENTON (1959), etc.) não são suficientes para fazer compreender até que ponto a discriminação lateral preferencial é responsável pelos ajustamentos perceptivo-motores provocados e desencadeados por situações concretas (*controle* de um objeto, *controle* de grafismo, execução de tarefas, resolução de problemas de várias ordens, etc.).

Vários autores argumentam que a não-preferência manual pode levar a problemas de dominância hemisférica, a que se juntam os problemas da linguagem com ulteriores desordens das funções simbólicas, como: a *afasia* (linguagem), *agnosia* (conhecimento) e *apraxia* (construção, realização, etc.).

Segundo Russel Brain e Bloede (apud HECAEN & AJURIA-GUERRA, 1963), há 6% de "canhotos" na população global, verificando-se uma maior quantidade nos indivíduos do sexo masculino que no sexo feminino, situação esta relevante que se passa com os problemas da gagueira e da afasia, mais notáveis no sexo masculino, segundo Ajuariaguerra (1957).

Para Heinlein (apud HECAEN & AJURIAGUERRA, 1963), os "canhotos" diminuem com a idade, através da repressão social e pelas exigências das aprendizagens indispensáveis à vida. Bersot (apud HE-CAEN & AJURIAGUERRA, 1963) constatou que o número de "canhotos" no último ano da escolaridade é inferior seis vezes ao número inicial. As experiências demonstram que, quanto mais forte é a tendência para o esquerdismo, mais ele resiste às influências do meio. É interessante notar que nos débeis e nos epiléticos a tendência esquerda é mais marcada (GORDON, apud AJURIAGUERRA & HECAEN, 1960).

As etapas da lateralidade foram estudadas por A. Spionnek (apud HECAEN & AJURIAGUERRA, 1963), divididas nas seguintes fases:

1ª) a criança não distingue os dois lados do seu corpo;

2ª) a criança compreende que os dois braços se encontram de cada lado do seu corpo, mas ignora que sejam direitos ou esquerdos (4 e 5 anos).

3ª) a criança aprende a diferenciar as duas mãos e os dois pés, somente mais tarde os seus olhos;

4ª) a criança tem a noção das suas extremidades direita e esquerda, e a noção de todos os seus órgãos pares, situando-os de cada lado do seu corpo (6 e 7 anos);

5ª) a criança começa a saber com toda a precisão qual é a parte direita e a parte esquerda do seu corpo.

Esta escala pretende equacionar a evolução de uma "lateralidade, dita normal", dado que em função de uma vasta e multivariada utilização do corpo as etapas podem ser antecipadas, ou pelo contrário, por carências de movimento, alongadas.

Chamberlain (1935), Zazzo (1960) e Newman (apud HECAEN & AJURIAGUERRA, 1963) evocam que a percentagem de "canhotos" acresce com os problemas da hereditariedade e da gemelidade.

Todas estas referências confirmam a completariedade e a funcionalidade dialética dos dois hemisférios cerebrais, aos quais cabem especializações orgânicas variadas, conforme justificam as lesões esquerdas (afasia, problemas sensitivos, óculo-motores, assomatognosia) e as lesões direitas (problemas direcionais, agnosias espaciais, problemas de consciência, etc.) (AJURIAGUERRA & HECAEN, 1960).

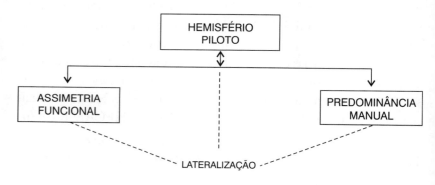

Claro que a lateralidade não pode ser estudada unicamente no nível da mão, dado que também põe em causa a lateralidade do pé, do ouvido e da visão.

Em todos os órgãos pares se verifica a ação recíproca complementar e conjunta, cabendo a um a função de iniciativa e a outro a função de apoio e auxílio que traduzem uma elementar divisão de trabalho, sinônimo de uma maior disponibilidade operacional, como argumentam Mucchielli e Bourcier (MUCCHIELLI & BOURCIER, 1972).

A lateralidade toca vários aspectos funcionais, como, por exemplo a lateralidade ocular, manual, pedal e acústica, e todas elas se referem a uma esfera de síntese que promove a *estabilidade do universo vivido*, da qual partem todas as relações essenciais do indivíduo com o seu mundo; tanto os problemas de articulação, fonação, execução como os da integração, discriminação, percepção dependem de uma lateralização interiorizada e determinada.

São inúmeros os estudos sobre a lateralidade, não só numa perspectiva antropológica como também antropométrica, neurológica, hemodinâmica e funcional, aproximações cheias de interesse para este estudo da lateralidade, mas que não nos interessa, neste trabalho, alongar profundamente, apenas queríamos deixar expresso que a lateralidade, da qual partem todos os comportamentos do indivíduo, constitui um aspecto extremamente vasto e complexo, para o qual não servem "as conhecidas superficialidades". Todas as aprendizagens escolares, e até extra-escolares, põem sempre em questão a lateralidade vivida, para as quais não são recomendáveis intervenções precipitadas, rígidas e incoerentes. Muito antes das exigências de motricidade fina, provocadas pelas aprendizagens triviais, a criança deve ter possibilidades e condições de resposta às suas necessidades de conquista, fabricação, espaço, movimento, exploração, etc., a partir das quais a organização motora e a lateralidade se estabelecem convenientemente e dão alicerces a todas as outras estruturações cognitivas.

O problema da lateralidade está ligado aos problemas da apraxia e da agnosia, como provam os estudos de Nielsen (1946) e Liepmann (apud HECAEN & AJURIAGUERRA, 1963). No âmbito das afasias (BROCA) (1865), a importância da especialização hemisférica também é tocada, à qual recentemente se juntaram os estudos do hemisfério esquerdo (maior) relativos à linguagem tanto verbal como musical (amusia motora e receptiva, avocalia, arritmia, discriminação dos tons musicais, etc.).

Também Ajuriaguerra, Hecaen e Angelergues, estudando 415 casos de lesões retrorrolândicas, constataram vários tipos de apraxia: ideatória, ideomotora, construtiva e do vestuário, distribuídas por lesões direitas, esquerdas e bilaterais.

	Lesões direitas	Lesões esquerdas	Lesões bilaterais
Apraxia ideatória	—	50%	50%
Apraxia ideomotora	—	50%	50%
Apraxia construtiva	61,48%	39,8%	—
Apraxia do vestuário	21,76%	3,9%	—

Quando se situam lesões do hemisfério, para além dos aspectos de lateralização, também nascem outros problemas da somatognosia. Segundo os mesmos autores, neste âmbito quatro aspectos principais se vêem reunidos: *hemiassomatognosia* (desconhecimento de um dos lados do corpo), *anosognosia* (negação de uma hemiplegia esquerda, por exemplo), o *sentimento de ausência* de um segmento e o quadro de uma *hemiagnosia dolorosa* (STAMBAK; BERGÉS; HARRISON, 1965).

Assim, na lesão do hemisfério maior, os problemas somatognósios são bilaterais (agnosia digital, autotopoagnosia), ligados a *assimbolias à dor* e a outros tipos de perturbação simbólica.

As *agnosias visuais*, do hemisfério menor podem levar a perturbações do "pensamento espacial" (AZEMAR, 1970) com alterações da memória topográfica e da utilização dos dados vísuo-construtivos.

Hecaen e Ajuriaguerra (1963), nos seus volumosos trabalhos, desenvolveram um aprofundado estudo sobre o domínio da *acalculia*, relacionada com funções do hemisfério esquerdo, originada por uma alexia dos números e por uma anaritmética. Verificaram também que as *discalculias do tipo espacial* (não colocação conveniente dos números, negligência, etc.) aparecem em 24% nas lesões direitas e 2% nas lesões esquerdas.

Todos estes problemas vísuo-espaciais acusam uma importância capital em todas as manifestações da apraxia construtiva, agnosia espacial unilateral e nos problemas do cálculo, da leitura e da escrita, normalmente também ligados aos aspectos do equilíbrio, com perturbações direcionais e vestibulares, que impedem a análise dos elementos constitutivos da informação.

Segundo Denny-Brown (1962), Meyer (apud HECAEN & AJU-RIAGUERRA, 1963) e Horenstein (apud HECAEN & AJURIA-GUERRA, 1963), a apraxia constitui um problema conceitual, provocado por desordens vísuo-construtivas do lobo parietal direito, de que dependem as insuficiências táteis e visuais que limitam as possibilidades de execução. A *relação visão-espaço-movimento* é fundamental a todas as aprendizagens, na medida em que põe em ação estruturas direcionais e vestibulares, sensitivas e óculo-motoras, espaciais e temporais, afetivas e cognitivas.

Necessariamente que esta dicotomia dos dois hemisférios com especializações independentes não quer dizer competição inter-hemisférica, verifica-se antes uma relação recíproca (*Cross-Talk*. BROADBENT & GREGORY, apud DIMOND, 1972), dado que um se encontra encarregado da recepção da informação visual e o outro é utilizado para garantir o *controle* da execução motora (SPERRY, apud DIMOND, 1972). Há uma informação de dados que passam de um hemisfério para o outro, a partir da qual se vem a estabelecer a relação ideomotora. A intercomunicação entre os dois hemisférios cerebrais e a sua co-função não podem necessariamente reconhecer a existência de um hemisfério superior e a de um hemisfério subordinado. O que se passa é uma complexa reciprocidade entre a atividade de ambos os hemisférios.

Desta forma, a perspectiva da lateralidade, iniciada por Jackson (1932), supondo um hemisfério dominante, está posta em causa. A maioria dos casos que temos observado (CIP – 1972)[2] mostram uma lateralidade manual diferente da visual, o que demonstra a tese de Annett (1967) (apud DIMOND, 1972) que conclui que, cada membro é controlado por um sistema motor (*output*). É portanto a *maior utilização* que vem a traduzir a *maior perfeição e ajustamento*.

Todas estas experiências permitiram-nos percorrer historicamente as concepções da lateralidade, sentindo que esta aproximação é um contributo muito modesto para a complexidade neurológica do as-

---

2. CIP – Centro de Investigação Pedagógica da Fundação Calouste Gulbenkian.

sunto. Todavia podemos arriscar que, de fato, as funções mais importantes não são só desempenhadas por um hemisfério, trata-se novamente de uma ação recíproca e mutuamente inter-relacionada, não existindo portanto uma autoridade exclusiva de qualquer dos dois hemisférios. É interessante notar que a Organização Espacial e a Linguagem têm localizações em hemisférios diferentes, e não se pode pensar que uma se encontra separada da outra, o que justifica, em certa medida, uma permanente transmissão de informação entre os dois hemisférios.

A "má lateralização" encontra-se estritamente ligada às dificuldades instrumentais, caracterizadas por sinais de imperfeição e lentidão motoras, dislexia, disortografia, gagueira, problemas de estruturação têmporo-espacial, etc. Toda uma desorganização motora poderá ser desencadeada por uma insuficiente determinação lateral, por sua vez implicadora de problemas práxicos (eficiência motora, ajustamento espacial, etc.) mais ou menos interdependentes do esquema corporal regulados pela função tônica (FONSECA, 1971).

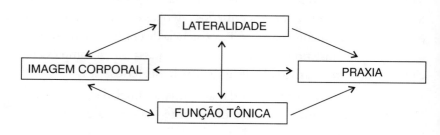

Interessa equacionar que se observa uma *lateralidade de utilização*, sujeita a uma pressão social e uma *lateralidade espontânea, instintiva, preferencial (inata)*, que está ligada às atividades gestuais não aprendidas (atitude, visão e orientação cefálica). Convém referir como Stambak (apud STAMBAK; BERGÉS; HARRISON, 1965) e Bergés (1968) que o tônus das extremidades e o do eixo corporal condicionam todos os problemas relativos às dispraxias e às dislexias.

A alteração da lateralização singular e peculiar do indivíduo, provocada por pressões sociais deformadoras, pode afetar o plano motor e a organização espacial, estruturas em permanente co-ajustamento, cuja importância ultrapassa qualquer observação limitativa. Tal alteração desencadeia posteriormente inúmeros comportamentos, como as dificuldades na escrita e as suas dificuldades escolares atinentes. Não há dúvida de que a lateralidade é um importante degrau para o diagóstico e para toda a processologia terapêutica a adotar. Encontrando-se a esfera da *lateralidade* perturbada e, conseqüentemente, a esfera da motricidade, *naturalmente que surgirão dificuldades na construção de modelos* (índices gráficos, simbolismos básicos, etc.) *comportando coordenadas espaciais, como sejam a leitura, a escrita e o cálculo.*

Toda a dinâmica motora, por se encontrar dependente dos "centros práxicos", tem uma variabilidade de perturbações, como as que Stambak (apud STAMBAK; L'HERETEAU; AUZIAS; BERGÉS; AJURIAGUERRA, 1964) indica num dos seus mais recentes estudos:

1) *Apraxia sensório-sinética*, caracterizada por uma alteração da síntese sensório-motora com desautomatização do gesto, mas sem problemas da representação do ato;

2) *Apracto-gnosia somato-espacial*[3], caracterizada por uma desorganização conjunta do "esquema corporal" e do espaço operativo;

3) *Apraxia de formulação simbólica*, que se caracteriza por uma desorganização geral da atividade simbólica compreendendo a linguagem.

Não encontramos condições, neste nosso primeiro contributo, de aprofundar a noção de apraxia, dado que teríamos necessidade de recorrer a tratados de neurofisiologia e neuropsicologia, saindo-se, portanto, do âmbito da nossa perspectiva inicial, i.é, abordar a psicomotricidade segundo uma visão pluridimensional. Apenas desejamos levantar algumas das relações mais importantes entre a apraxia e a desorganização comportamental, que conseqüentemente provocam no funcionamento das atividades associativo-simbólicas. De qualquer modo, em variada literatura neuropsiquiátrica, encontramos sempre as

---

3. Também conhecida por *Apraxia construtiva*.

apraxias articuladas às afasias e às agnosias. Liessens (1947) estudou-as juntamente com os problemas da linguagem; Orton (1934) integrou-as nas desordens consecutivas da lateralização, Bender (1967) relacionou-as com as carências afetivas particularmente no âmbito da psicose infantil e Wallon (1956) equacionou-as com os problemas das crianças inadaptadas.

Vários estudos procuraram já relacionar o desenvolvimento das praxias com o desenvolvimento intelectual, manifestando uma confirmação da antropogênese; esta nos diz que a evolução da consciência é o resultado do trabalho (atividade laboral e co-laboral). A atividade do trabalho orientada para um determinado fim, para a construção e criação (praxia) de um produto determinado, levou a desenvolver a capacidade de previsão, que em Ajuriaguerra constitui a característica funcional do cérebro humano (apud AJURIAGUERRA & HECAEN, 1960). A ação primeira (importância do movimento intencional), e a sua finalidade depois, constituem, em Rubinstein, a característica fundamental da consciência humana. A formação da inteligência tem portanto uma base material, práxica, operativa, motora. A disponibilidade de um corpo que se pode mover intencionalmente converte-o no instrumento essencial da construção do "intelecto" e, nesta criação, a mão ocupa lugar primordial, na medida em que a sua libertação é simultaneamente a libertação da totalidade humana do indivíduo; a mão servindo para o trabalho, aperfeiçoando-se nele, é o representante objetivo do cérebro.

O desenvolvimento da mão, como órgão de trabalho, é fundamentalmente, por esse fato, o fator gerador do desenvolvimento da inteligência (WALLON, 1963).

Os múltiplos contatos que a mão proporciona como instrumento essencial de trabalho provoca um enriquecimento da sua capacidade sensitiva, ou seja, das suas possibilidades de discriminação táctilo-receptora, que lhe vão permitir a distinção e diferenciação, não só das qualidades sensíveis, como também das características dos objetos. Simultânea e paralelamente, desenvolvem-se outras estruturas (visão, audição, organização espacial, etc.) que vão permitir posteriormente o acesso à linguagem humana.

Voltando aos aspectos da praxia, não a podemos separar da *motricidade,* do *esquema corporal* (ligação do espaço corporal com o espaço objetivo) e da *afetividade.*

Ora, no plano das nossas preocupações de investigação (CIP 72), não podíamos separar estes três aspectos, e foi neste âmbito que procuramos descobrir alguns pilares de conceituação em relação às dislexias, às disortografias e às discalculias.

Tomando como base este aspecto, e porque nos encontramos no capítulo das aplicações da psicomotricidade, não queríamos deixar em branco a nossa perspectiva nocional de praxia, a partir da qual tentaremos equacionar o conceito de dislexia e conseqüentemente a nossa linha metodológica adotada no tratamento da nossa primeira casuística.

Para além do que atrás já se focou, interessa abordar a praxia numa dimensão a três planos:

1) praxia e desenvolvimento intelectual;

2) praxia e desenvolvimento motor;

3) praxia e afetividade.

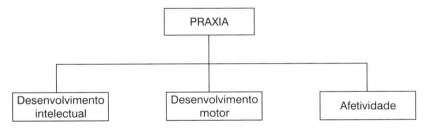

3.8.2. Praxia e desenvolvimento intelectual

Para entrarmos na discussão deste tema, começaremos por indicar uma frase de Piaget: "as praxias ou ações não são movimentos quaisquer, mas sistemas de movimentos coordenados em função de um resultado ou de uma intenção" (PIAGET, 1968). É a partir deste conceito que Piaget desenvolve as suas idéias do desenvolvimento da inteligência. A teoria do conhecimento (epistemologia genética) tem neste autor o fundamento na coordenação das ações. Continuando as suas concepções, a criança adquire aos 18 meses a função simbólica, a que se ligam os primeiros esboços de praxias construtivas que vão permitir a primeira clivagem dos significantes e dos significados. Os símbolos e os sinais adquirem o seu significado, originando a evocação dos objetos, a sua relação e utilização, estruturas que vão ser responsáveis pelos pilares da representação. Nascem então os jogos simbólicos e a imitação que, por sua vez, vão preparando o terreno à linguagem, à comunicação e ao entendimento interpessoal. Aqui verifica-se o plano de execução (plano de movimento) antes da sua realização, as ações nascem primeiro no pensamento, encontram-se interiorizadas antes de serem expressas em movimento. Piaget caracteriza como importante a fase que separa o aspecto figurativo do operativo, no que diz respeito ao pensamento representativo (STAMBAK; HERETEAU; AUZIAS; BERGÉS; AJURIAGUERRA, 1964). O *figurativo* trata das configurações estáticas em oposição às transformações, diferenciando em três planos: a percepção, a imitação e a imagem mental. O *operativo* caracteriza as formas de conhecimento que levam à transformação do objeto, ou seja, forma utilizada para provocar transformações e resultados intencionais. Este estado operativo subdivide-se em vários terrenos: esquemas sensório-motores, esquemas imaginados, intuitivos (2 aos 7 anos) e, por fim, esquemas operatórios.

Esta evolução elegante, segundo Inhelder (STAMBAK; L'HERETEAU; AUZIAS; BERGÉS; AJURIAGUERRA, 1964), vai permitir a aquisição e a fixação de informação que serve de alimento ao próprio pensamento. Para que se observe, portanto, esta fixação, ou seja, uma estabilidade das experiências e das adesões ao real, é necessário que a criança viva o seu corpo, explore as suas potencialidades motoras, por serem exatamente os meios que irão desencadear os circuitos sensório-motores, verdadeiros arquitetos da relação entre as estruturas de concepção (cérebro) e as estruturas de realização (músculo). Têm aqui transcendente importância as construções e as aquisições espaciais, nas quais as praxias construtivas se baseiam fundamentalmente. Como aquisições, os valores do espaço são interiorizados pelo movimento (experiência vivida), do que resulta uma primeira figuração evocada e, em seguida, uma figuração antecipada (representação antecipadora do movimento – plano de ação). Inúmeras provas psicológicas exploram este campo, como sejam a parte de *performance* do Wisc, e a cópia de figuras de Bender-Santucci. Em face deste conteúdo, procuramos também explorar um tipo de situações que colocassem em causa não só a evocação, como também a antecipação, e encontram-se nesta linha as nossas experiências com "os fósforos", "os clips", "os blocos lógicos", e a "utilização do papel quadriculado".

Todo o ato cognitivo é estruturado por um aspecto operativo, daí a sua importância no diagnóstico de uma dispraxia, considerando-a quer no nível operativo quer no figurativo. Não se pode dissociar uma dispraxia da sua componente espacial, daí o grande interesse de situações-problema que ponham em causa os aspectos topológicos e euclideanos, as relações espaciais de igualdade, oposição, inversão, colocação, referenciação, representação, etc. Mais à frente, no nosso contributo de ordem prática, procuraremos apresentar casos e exemplos-tipo de referência espacial, segundo as sessões de psicomotricidade levadas a efeito no CIP.

A construção da permanência dos objetos, que é o ponto de partida das noções de conservação (período pré-operatório – dos 2 aos 7 anos), é uma conseqüência natural do período sensório-motor, em que os movimentos e as atitudes acusam uma importância imprescindível.

Em resumo, a estrutura da inteligência está dependente das ações, da sua coordenação e representação, a partir das quais o estádio lógico do pensamento se vai organizando, com base no estádio infralógico, ou seja, no período das operações espácio-temporais. A fase formal, (hipotético-dedutiva) à qual se ligam os enunciados verbais é, portanto, uma conseqüência da atividade motora superior e voluntariamente organizada.

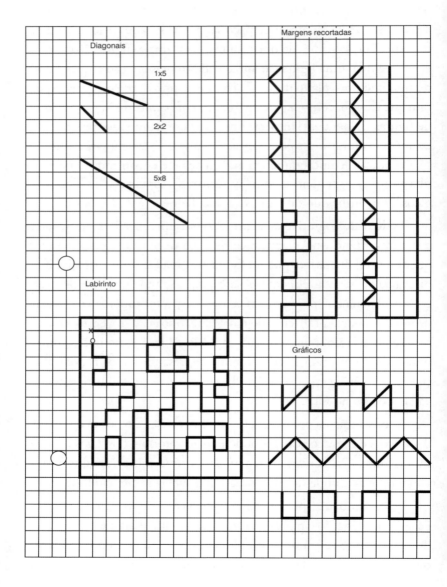

Exemplos

1) Com 4 palitos de fósforo, pode-se fazer com 2,3

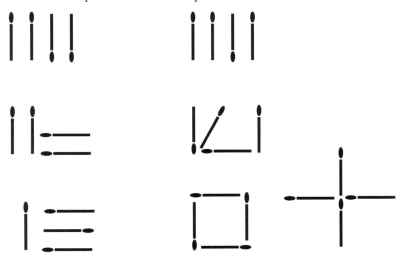

2) Com 4, 5, 6 clips

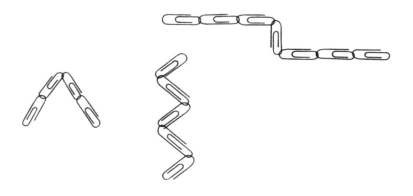

3) Com blocos lógicos

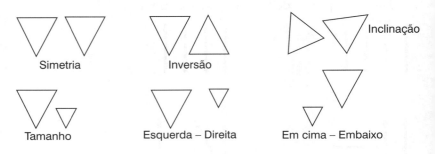

3.8.3. *Praxia e desenvolvimento motor*

Wallon (1956) foi quem primeiro equacionou a importância do movimento no desenvolvimento psicológico da criança, o seu papel no período que antecede a linguagem, é a garantia e o testemunho de todas as estruturas em evolução.

O mesmo autor sublinhou a incessante reciprocidade das atitudes, da sensibilidade, da acomodação perceptiva e mental em todos os comportamentos humanos. A função tônica e clônica (fásica-cinética) constituem duas estruturas da mesma unidade, se quisermos considerar que o movimento resulta do tônus que lhe dá todo o suporte. A ligação que Wallon estabelece entre a emoção e a motricidade é de uma fecundidade incontestável e, segundo ele, constitui o pilar sólido da representação mental (WALLON, 1956).

As ligações do espaço subjetivo com o espaço exterior encontram-se em interdependência, e são o fator característico das praxias, ou seja, movimentos investidos no mundo exterior com um objetivo preciso a atender. Para que a mão corresponda aos desejos do cérebro é necessário que outras estruturas lhe dêem suporte e lhe garantam disponibilidade para a ação. Passa-se aqui à observação de circuitos tônico-motores e tônico-posturais que, pelo seu jogo harmonioso, originam o ajustamento da ação do indivíduo às exigências que o seu desenvolvimento lhe provoca. É neste campo que interessa considerar as descobertas dos neurologistas e, por conta disso, conferir ao tônus permanente e ao tônus de base a principal ação, isto é, atender à extensibilidade das articulações, à consistência dos músculos, à hipertonicidade, à hipotonicidade, às paratonias, às sincinesias, etc. A seleção conveniente dos movimentos, a exigência de procurar uma economia de ajustamento, o aumento crescente da inibição vão possibilitar a integração do movimento na melodia adaptativa que caracteriza todos os comportamentos humanos. O estudo mais cuidadoso das praxias humanas parece não estar de acordo com qualquer barreira ou fronteira entre os aspectos anátomo-fisiológicos e os aspectos psicológicos.

De qualquer modo, não podendo formular qualquer conceito devidamente comprovado, sentimos que o estudo do movimento é um excelente meio de observação funcional do sistema nervoso, ao mesmo tempo que nos permite uma primeira abordagem aos aspectos da história cognitiva e afetiva do indivíduo. As alterações no plano do movimento constituem síndromes maturativas de inexcedível interesse para o estudo genético.

3.8.4. Praxia e afetividade

Anteriormente indicamos algumas relações da afetividade com a motricidade intencional, nomeadamente no setor do esquema corporal e na relação com o objeto. Aí tentamos observar que, no âmbito das perturbações somatognosias, far-se-ia sentir, quer no "corpo próprio", quer "no espaço no qual o corpo atua", tomando como base que o movimento se desenrola num espaço orientado, dominado, dirigido e agido (espaço práxico). A motricidade cresce no seu significado a partir do momento em que se articula com um espaço extracorporal ou ótico, onde passa a ser guiada por percepções (visuais, auditivas, labirínticas e cutâneas) (AJURIAGUERRA & ANDRÉ-THOMAS, 1948).

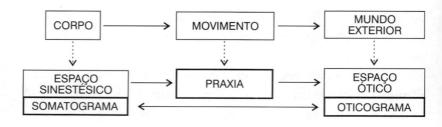

Têm importância aqui os trabalhos de Goodenough, Machover, Dolto (GOODNOUGH; MACHOVER; DOLTO, 1975), etc., que nos fazem recuar e projetar nos problemas do esquema corporal conhecido (teste do *bonhomme*) e no esquema corporal de ação (praxias). Ambas as situações vão-nos permitir explicar a evolução da noção do corpo, à qual se juntam aspectos libidinais identificativos e socioanalíticos (relacionais).

***

Nesta nossa tridimensão práxica apenas nos interessava fazer compreender que o movimento está na base da atividade simbólica e se encontra no início da formação da corticalização.

Há portanto que analisar as aprendizagens léxicas, no âmbito genético em que o *símbolo* surge, como marco posterior de um caminho anteriormente percorrido pelo corpo e pela sua disposição para a ação.

Antes da linguagem, que levou os homens a comungarem e a comunicarem com os mesmos símbolos, o gesto sempre constituiu a primeira linguagem de dimensão humana (linguagem do corpo).

Surge, portanto, uma primeira necessidade, isto é, alfabetizar a linguagem do corpo e só então caminhar para as aprendizagens triviais que mais não são que investimentos perceptivo-motores ligados por coordenadas espácio-temporais e correlacionados por melodias rítmicas de integração e resposta.

É através do movimento (ação) que a criança integra os dados sensitivo-sensoriais que lhe permitem adquirir a noção do seu corpo e a determinação da sua lateralidade, estruturas que asseguram a estabilização do universo vivido (MUCCHIELLI & BOURCIER, 1972) e uma melhor adaptação às exigências das aprendizagens escolares básicas, evitando-se assim as desarmonias evolutivas das *dislexias*, das *disortografias,* das *disgrafias* e das *discalculias*, hoje consideradas como verdadeiras epidemias escolares.

Bibliografia

AJURIAGUERRA, J. de (1957). Langage et dominance cérébrale. *J.F. d'Oto-rhino-lar.*, VI.

AJURIAGUERRA, J. de & ANDRÉ-THOMAS (1948). *L'axe corporel.* Paris: Masson & Cie.

AJURIAGUERRA, J. de & HECAEN, H. (1960). *Le córtex cerebral.* 2. ed. Paris: Masson & Cie.

AJURIAGUERRA, J. de; HECAEN, H. & ANGELERGUES, R. (1960). Les apraxies: variétés cliniques et latéralisation lésionnelle. *Rev. Neurol.*, 102.

AZEMAR, G. (1970). *Sport et lateralité.* Paris: Universitaires.

BENDER, L. (1967). Theory and treatment of childhood schizophrénia. *Acta Paedopsychiat.*, 34.

BENTON, A.L. (1959). *Right-left discrimination and finger localization* – Development and pathology. Nova York: Hoeber-Warper.

BERGÉS, J. (1973). Quelques thémes de recherche en psychomotricité. *Rev. Thérapie Psychomotrice*, n. 19, ago.

_____ (1968). Diagnostic des dyspraxies chez l'enfant d'âge scolaire. *Rev. Reed. Orthophonique*, n. 37-38, ago.-set.

BLOEDE, G. (1946). *Les gauchers* – Étude du comportement, de la pathologie et de la conduite à tenir. Lyon: [s.e.] [Tese de doutorado].

BROCA, P. (1865). Sur la faculté du langage articulé. *Bull. de la Société d'Anthropologie de Paris*, VI.

CHAMBERLAIN, H.D. (1935). A study of some factors entering into the determination of handedness. *Child. Dev.*, VI.

CLARK, M.M. (1957). *Left-handedness.* Londres: University of London.

DENNY-BROWN, D. (1962). *Interhemispheric relations and cerebral dominance.* Baltimore: Hohns Hopkins.

DIMOND, S. (1972). *The Double Brain*. Londres: Churchill Livingstone.

FONSECA, V. da (1971). *De uma filosofia à minha atitude*. [s.l.]: Inef [Tese de doutorado – Cap. "Justificação neurológica do movimento humano"].

GESELL, A. (1962). *L'Embryologie du comportement*. Paris: PUF.

GOODNOUGH, Fl. (1975). *L'Intelligence d'après le dessin*. Paris: PUF.

GRANJON, N.G. (1959). L'élaboration des rapports spatiaux et la dominance lateral chez les enfants dyslexiques-dysorthographiques. *Bull. de la Société Alfred-Binet*, VI, p. 452.

GRANJON, N.G. & AJURIAGUERRA, J. de (1951). Troubles de l'apprentissage de la lecture et dominance latérale. *L'Encéphale*, 5.

HECAEN, H. (1972). *Introduction à la neuropsychologie*. Paris: Larousse.

HECAEN, H. & AJURIAGUERRA, J. de (1963). *Les gauchers* – Prèvalence manuelle et dominance cérébrale. Paris: PUF.

LAUNAY & VANHOVE. (1949). Retarde du langage et dévéloppement moteur. *Rapport au XII ͤ Congrès des Pédiatres de Langue Française*. Paris: Masson.

LESNE, M. & PEYCELON (1934). Aquel âge un enfant cesse-t-il d'être ambidextre pour devenir droitier. *Bull. de la Société de Pediatrie de Paris*, 32.

LHERMITTE, J. (1968). Les fondements anatomiques de la lateralité. *Main droit et main gaúche*. Paris: PUF.

LIESSENS, P. (1947). "Un cas d'audimutité idiopathique". *J. Belge Neurol. Psychiat.*, 47.

MUCCHIELLI, R. & BOURCIER, A. (1972). *La dyslexie*: la maladie du siècle. Paris: ESF.

NIELSEN, J.M. (1946). *Agnosia, apraxia, aphasia*: their value in cerebral localization. Nova York: Paul Hoeber.

OMBREDANE, A. (s.d.). Troubles du langage. *Encyclopèdie Française*, Vie mentale, 8-34,8.

ORTON, S.T. (1934). Some studies in the language function. *Rés. Publ. Ass. Nervment. Dis.*, 13.

PIAGET, J. (1968). *La naissance de l'intelligence chez l'enfant*. Paris: Delachaux & Niestlé.

ROUDINESCO, M. & THYSS, J. (1948). L'enfant gaucher – Étude clinique – Signification physiologique – Problèmes pédagogiques. *Enfance*, 1.

STAMBAK, M. (1963). *Tonus et psychomotricité dans la première enfance*. Neuchâtel: Delachaux & Niestlé.

STAMBAK, M.; BERGÉS, J.; HARRISON, A. (1965). Étude sur la lateralité: nouvelles perspectives. *Rev. Neuropsychiat. Inf.*, 3.

STAMBAK, M.; L'HERÉTEAU, D.; AUZIAS, M.; BERGÉS, J.; AJURIAGUERRA, J. de (1964). Les dyspraxies chez l'enfant. *La Psychiatrie de l'Enfant*, vol. VII, fasc. 2.

STAMBAK, M.; MONOD, V.; AJURIAGUERRA, J. de (1960). L'efficience motrice et l'organisation spatiale chez les gauchers. *La Psychiatrie de l'Enfant*, vol. III, fasc. 1.

SUBIRANA, A. (1952). La droiterie. *Arch. Suisses de Neurologie et de Psychiatrie*, LXIX, 1/2.

WALLON, H. (1963). "L'Habilité manuelle. *Rev. Enfance*, n. 16.

_____ (1956). Importance du mouvement dans le dévéloppement psychologique de l'enfant. *Rev. Enfance*, n. 2.

ZAZZO, R. (1960). *Manuel pour l'examen psychologique de l'enfant.* Paris: Delachaux & Niestlé.

3.8.5. Dificuldades escolares (DL-DO-DG e DC)

Nas *dislexias*, as principais causas da incapacidade de aprender a ler traduzem, na maioria dos casos, atrasos motores, deficiente estruturação perceptivo-motora, dificuldades de orientação espacial e sucessão temporal e outros tantos fatores inerentes a uma desorganização da motricidade, que impedem a ligação entre os elementos constituintes do discurso e as formas gráficas que os simbolizam.

Foi Hinshelwood (1917) (apud AJURIAGUERRA, 1970) o primeiro indivíduo a introduzir a noção de dislexia, traduzindo-a como uma incapacidade de aprender a ler. Os conceitos têm naturalmente evoluído e, segundo vários autores, nomeadamente Ajuriaguerra (1951), a dislexia está ligada a um bloqueio de aquisição, ou seja, a uma desorganização práxica que impede a integração das aquisições necessárias à compreensão da leitura.

Na evolução da dislexia não temos só os aspectos específicos em causa, persistem igualmente registros de ordem evolutiva, como, por exemplo, os aspectos técnicos da aprendizagem e as suas condições afetivas envolventes.

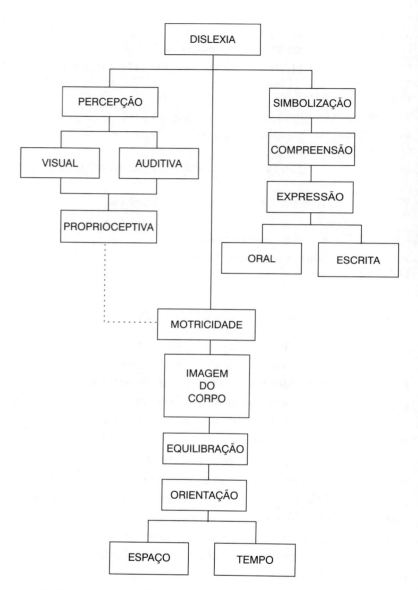

Gibello (1969) considera dois tipos de aspectos técnicos: *exteriores*, por má prática pedagógica, mudança repetida de classes, de processos, de métodos de aprendizagem, etc.; e *interiores*, deficiência do próprio indivíduo, no que diz respeito ao conjunto perceptivo-motor, deficiências do sistema sensitivo-sensorial, do sistema nervoso, motor, etc., como as que apontamos atrás, fundamentalmente as desorganizações e bloqueios corporais, as desorganizações do espaço e do tempo, problemas óculo-motores, problemas de lateralização, etc.

A compreensão da leitura fica alterada em função do desregulamento óculo-motor, da não-precisão de exploração espacial e da sucessão e progressão do campo visual em movimento ("varrer" visual) (AJURIAGUERRA; DIATKINE; KALMANSON, 1959). A imaturidade psicomotora implica uma dificuldade de organização da atividade simbólica, observando-se uma cadeia de dificuldades de reconhecimento automático das letras e dos seus conjuntos significativos. Toda a atenção se encontra presa à diferenciação das letras e, por esse fato, não se encontra disponível para a compreensão do texto lido.

Para perceber o conteúdo semântico das palavras é necessário uma adaptação à seqüência das letras, para rapidamente escolher um significado (DIATKINE, 1963). A percepção não é um conhecimento dos sinais que representam as letras, mas uma formulação de hipóteses e uma apreensão de significados. Claro que o poder de escolha está dependente da linguagem e da ligação dos circuitos internos relacionados com a integração, retenção e evocação dos símbolos (LURIA, 1966).

Exteriormente a esta linha de abordagem da dislexia, nunca convém separá-la da sua concomitante expressão *afetiva*. Neste campo, poderemos argumentar que a escola constitui um novo perigo social, não só porque cada vez mais explora situações de insucesso, angústia e inadaptação (CHILAND, 1971), como também por insistir em se tornar um centro de agressão e de imposição cultural. Nos aspectos afetivos atinentes aos estudos da dislexia, o professor, muitas vezes pela sua atitude perfeccionista e repressiva, inibe todas as expressões da criança, manifestando-se nela atitudes de oposição, recusa de progresso escolar e de desenvolvimento, defesas motivadas pela reação familiar, etc. Encontramo-nos num mundo, onde impera o diploma (MENDEL & VOGT, 1973), fator gerador de prestígio social, no qual a família deposita grande importância. A família vive a *falha esco-*

lar como um registro de culpabilidade e ansiedade, que em nada é favorável ao desenvolvimento da criança. A escola e a família dramatizam o erro escolar de uma forma humilhante para a criança. A leitura é a primeira barragem segregacionista oficial.

Estamos perante não de uma doença do século (MUCCHIELLI & BOURCIER, 1972), mas perante uma adulteração de valores e perspectivas socioculturais e socioescolares que originam a dislexia. Todos os fatores etiológicos que se considerem encontram-se dependentes de todo um desenvolvimento socioeconômico, em que as condições escolares, familiares, habitacionais, relacionais, etc. têm alguma importância.

A criança fala muito antes de "saber ler" e "saber escrever"; a evolução do som ao grafismo correspondente põe um problema de decalque e de significação da palavra, com ordenação fonética e uma conveniente tradução simbólica dos sons percebidos (BOREL-MAISONNY, 1963).

Verificamos aqui uma articulação auditivo-vísuo-verbal indispensável, e sem a qual não se pode perceber por que é que a linguagem constitui, depois do movimento que a antecede, um novo mediador e estruturador do EU. Pela linguagem, a criança ressitua-se no mundo, libertando-se da ação motora e projetando-se na aventura do pensamento.

O sinal que corresponde à letra possui um conteúdo semântico, caracterizado por uma forma vocal definida (*o significante*), e por uma significação (*o significado*) (PENFIELD & ROBERT, 1963). A linguagem é um simbolismo em segundo grau (Gibello), é uma representação simbólica gráfica de significados vocais. Linguagem falada (vocalização) e linguagem escrita (grafismo) estão em mútua dependência.

A diferenciação dos sons das palavras e a sua fusão, traduzidas em dificuldades de reprodução oral e realização gráfica, são formas disléxicas, cuja razão principal é uma desintegração das funções espaciais e a sua correspondente desorganização, que se opõem ao ritmo e à melodia que caracterizam o discurso (PICHON & BOREL-MAISONNY, apud BOREL-MAISONNY, 1963; PIACÉRE, 1970).

Se quisermos fazer uma viagem pela evolução da linguagem, verificaremos que no primeiro ano as relações da criança com o mundo estabelecem-se segundo sinais percebidos por ela e pelos seus movimentos corporais exprimidos e percebidos pelo envolvimento (diálogo tônico-corporal mãe ⇄ filho) (SPITZ, 1972).

Da indiferenciação primitiva, confusão do EU e do NÃO-EU (PIÉRON, 1967), passa-se ao contato com o objeto.

A associação gesticulação-choro-presença da mãe-prazer desejado constitui já uma forma de comunicação essencial. Daqui nascem outros sistemas de expressão (o desencadeamento de várias *gestaltes* – Spitz). A criança só percebe o universo sinalizado e condicionado (PAVLOV, apud AJURIAGUERRA, 1970) que traduz o primeiro sistema de sinalização, em que o corpo ocupa lugar de grande importância. A mãe constitui nesta fase o mundo para a criança, a sua presença ou ausência é o meio pelo qual a criança estabelece os seus primeiros investimentos relacionais.

Do sinal ao símbolo, do gesto à linguagem falada, a criança deixa os atos para se iniciar na estruturação de sinais que posteriormente permitirão atingir a inteligência específica do homem (LEONTIEV, 1973). Vem então a imitação (ecocinésia, ecolália), verdadeiro suporte dos processos de identificação com os outros. De uma imitação magnetizada e recíproca (pais-filhos) a evolução fonológica processa-se por vocalizações variadas, reduzidas e confusas, que são um esboço de palavras, com uma significação definida, bases prefiguradas e verdadeiras estruturas da linguagem infantil (1 aos 4 anos).

O período da *palavra-frase* (algumas dezenas no primeiro, duzentas no segundo e mil no quarto ano) começa por uma significação concreta, mímica e gestual, ou seja, uma tradução em atos. Pouco a pouco o adulto vai reconhecendo as vocalizações da criança, as suas evocações mágicas, provocando-se assim as primeiras satisfações dos desejos. A linguagem situa a realidade em termos dialéticos: prazer-desprazer, presença-ausência, quietude-inquietude, exprimindo um estado de oposição básica. Neste amálgama de sinais, fonemas, vocalizações, imitações, gestos, risos, oposições desenvolve-se a *linguagem ar-*

caica, densa em metáforas, metomímicas, em situações irracionais, ilógicas, ocultas, etc., que traduzem um estado de confusão de pensamento e, ao mesmo tempo, um salto para as primeiras experiências de identificação (BOUKNAK, 1969; FONSECA, 1973).

No quarto ano, as estruturas da linguagem adulta estabelecem-se. A criança pode adotar sinais para se libertar da sua operação motora, submete-se à realidade e integra toda a dimensão da expressão verbal.

Após este traço histórico da linguagem convém saber a causa principal da dislexia, dado que ela, ao surgir, vai provocar uma alteração das relações com o Eu e com o mundo, fechando todas as portas da comunicação.

Quer os aspectos afetivos (LAUNAY & HALLGREN, apud HALLGREN, 1958), quer a hiperprodutividade (COURIOL, apud AJURIAGUERRA & HECAEN, 1960), quer a percepção do ritmo (OMBREDANE, 1937), quer a lateralização maldefinida (GALIFRET-GRANJON, apud GRANJON, 1966), quer a organização têmporo-espacial (DIATKINE et al., 1963), podem ser apontadas como etiologias da dislexia. Todo o diagnóstico destas dificuldades deve levar bem em conta se elas traduzem álibis de outros problemas afetivos, através de uma anamnese cuidada e evolutivamente considerada. Por outro lado convém verificar se a dislexia se encontra associada a problemas posturais e a estados hipercinéticos, ou imaturidade dos centros cerebrais, da motricidade, da insuficiente elaboração espacial (GIROLAMI-BOULINIER, 1969), problemas práxicos, atrasos de simbolização, etc., a fim de encontrar um quadro de sinais ou um perfil de dificuldades que possa garantir um planejamento de sessões que possibilitem a ultrapassagem das perturbações que impedem a aprendizagem léxica.

Em Ajuriaguerra (1970) e Kocher (1966) a dislexia é um problema da função de direção e orientação, causada por uma má lateralização que dá origem conseqüentemente a desorganizações perceptivo-motoras e incapacidades de organização espacial.

Quando a criança não sabe ordenar os aspectos corporais com os espácio-temporais (BERTHOUD, 1973), dificilmente poderá vir a orientar-se na diferenciação fundamental da esquerda para a direita que caracteriza a horizontalidade da leitura. Com dificuldade de localização corporal, a criança desintegra as funções espaciais e desorganiza as funções temporais, ao mesmo tempo que se encontra impossibilitada de estruturar a noção de intervalo e de sucessão de sons, manifestando uma imaturidade de apreensão rítmica (STAMBAK & JAKSIC, 1965) que limitará a evolução das aprendizagens escolares.

Quer dizer, a dislexia encontra-se ligada aos problemas de movimento, expressa numa insuficiência de elaboração e representação espacial e nos problemas práxicos e simbólicos (LAUNAY & RAIMBAULT, 1962; LEFAVRAIS, 1965).

Alguns métodos preconizam uma abordagem de aprendizagem à leitura e à escrita, utilizando largamente o movimento como é o caso do conhecido *"Bon Départ" de Thea Bugnet* (1887-1951) (LAMPREIA, 1971). Tudo leva a crer que a utilização do movimento, fundamentado numa Terapia Psicomotora, poderá vir a constituir uma verdadeira propedêutica das aprendizagens escolares, atuando como um método preventivo.

A origem das experiências de T. Bugnet encontrou nos estudos psiquiátricos, psicopatológicos e psicanalíticos grande suporte, em que as aplicações dos métodos de relaxamento eram profundamente utilizados. Depois dos estudos de Bergson, a autora encaminhou-se para os estudos do desenvolvimento psicomotor e perceptivo da criança, e é com base neles que lança os primeiros pilares do "método gestual". Depois de convergir os métodos de Decroly com os de Montessori, T. Bugnet adota um método gestual aliado à canção e ao ritmo, introduzindo a imagem da palavra na criança, através de todos os sentidos. Aborda primeiro a totalidade e só depois a análise dos seus elementos, por meio do contorno das letras e a sua relação com a utilização do corpo: mão, pé, cotovelo, joelho. O corpo explora, em primeiro lugar, todo o contorno da letra, e só depois a mão o explora, em situação lúdica, livre (giz e quadro), para depois a realizar controladamente (lápis e papel).

O trabalho inicial do *Bon Départ* constitui a relação entre a construção gráfica e a preparação rítmica, juntando os aspectos melódicos à organização temporal.

A utilização das caixas de areia visa a uma diferenciação de sinais, como a uma dissociação de sincinesias e a uma eliminação de paratonias.

Cada gráfico é explorado corporal e espacialmente, com olhos abertos e depois com olhos fechados (interiorização). O gesto deve partir do ombro por ser mais fácil o seu *controle* mental, na medida em que respeita a lei de desenvolvimento neurológico próximo-distal. O grafismo deve ser utilizado em grandes espaços, com cores, pincéis, marcadores, lápis grossos, (grafismo lúdico) para finalmente tomar uma forma de menor dimensão e maior precisão. Neste âmbito, iniciamos no CIP uma pista de exploração gráfica, com base nestes princípios e na procura de muitos aspectos criativos que se podem associar. Mais à frente tocaremos concretamente neste aspecto.

O método *Bon Départ* pretende explorar os quatro membros, quer no espaço quer no grafismo, segundo uma perspectiva de determinação lateral reproduzindo os gráficos no sentido esquerda-direita. Aqui levantamos as nossas dúvidas, se de fato há interesse de explorar os gráficos com a mão direita e com a mão esquerda. Parece-nos que desta forma se vai colidir com as concepções da lateralidade que nos dizem ser recomendável a educação da mão direita, quando há indecisão na opção lateral e manual. Não se agravarão os problemas da lateralidade cruzada? Não representará uma perda de tempo? Não interessará, o mais depressa possível, a determinação da lateralidade? Não irá provocar problemas na mão-iniciativa e na mão-auxiliar?

Estas dúvidas constituirão novas preocupações de estudo e observação, dado que nos interessa esclarecer estes problemas e elaborar

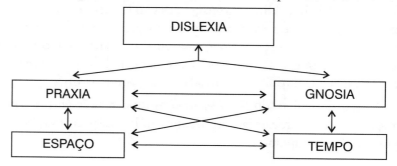

uma investigação que nos demonstre qual a melhor forma de intervenção. Em anos futuros, no CIP, iremos aumentar a amostra em número e qualidade e tentar clarificar este ponto que o método *Bon Départ* nos apresenta.

De qualquer forma, o objetivo principal do método é relacionar o trabalho motor com a expressão verbal, tanto falada como cantada. A ligação da audiomotricidade com a vísuo-motricidade, constitui uma das características fundamentais do método; desta forma, as estruturas do movimento relacionam-se com as da postura, permitindo uma dupla finalidade: interligar os dados proprioceptivos (esquema cor-

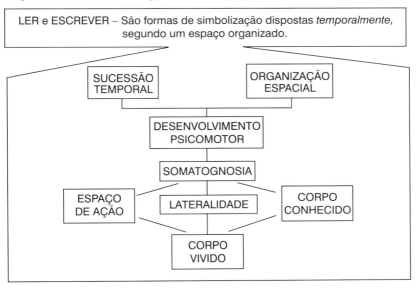

poral-somatograma) com os dados exteroceptivos (espaço e tempo-oticograma). A conquista do grafismo, através de coordenação óculo-motora, faz-se associadamente com o auxílio do ritmo. As lengalengas, ao provocarem a ligação do ritmo ao *controle* corporal, facilitam a memorização e a reprodução mental, verbal e escrita dos vários gráficos, facilitando assim as aprendizagens escolares básicas (BEAUMONT & DIMOND, 1973).

Dificuldades de percepção auditiva.

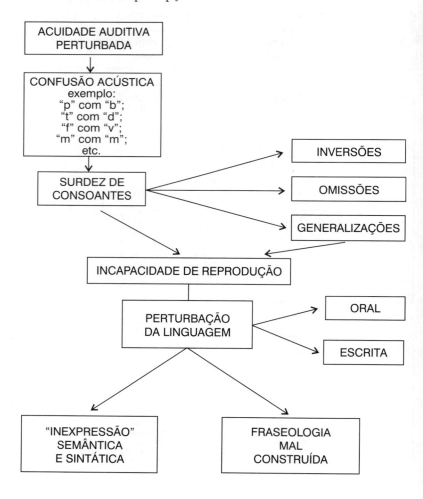

A partir da dislexia surgem os problemas da ortografia, associados a confusões do discurso e a perturbações da linguagem, caracterizadas por inexpressões semânticas e por fraseologias mal construídas.

As *disortografias* são incapacidades de escrever corretamente a língua maternal, e constituem uma conseqüência natural das dislexias. Os condicionamentos fonéticos, gráficos e gramaticais são adquiridos erradamente, tendo em vista determinadas dificuldades implícitas já na dislexia, na medida em que esta não é mais do que uma disortografia em potêncial (CHASSAGNY, 1962, 1972).

Os mecanismos cerebrais exigidos para escrever são mais complexos do que os exigidos para ler, o que prova muitas vezes uma disortografia em indivíduos que aprenderam a ler facilmente. A esta incapacidade podem juntar-se problemas de percepção auditiva ou atrasos na compreensão da linguagem. As palavras mal escritas podem representar dificuldade de discriminação sonora, de omissão de fonemas, de inversão de sílabas ou de letras, de agrupamentos de palavras homófonas, dificuldades de ligação, falta de leitura, dificuldades de ligar o som ao grafismo, falta de acentos, confusão entre homônimas e homófonas, etc.

De uma forma geral, podemos reconhecer que a disortografia representa um conjunto de dificuldades complexas, não só as que já apontamos nas dislexias, como também nas dificuldades de reprodução da forma sonora da linguagem, de separação de palavras, de escolha gráfica conveniente e de compreensão das relações lógicas da gramática (LOBROT, 1973). Na base de todas estas dificuldades, vamos encontrar problemas de diferenciação auditiva, visual, orientação espacial, sucesso temporal, compreensão simbólica, isto é, problemas relativos a uma dificuldade de orientação corporal e espacial (MASSE, 1966; MOOR, 1973). Preconiza-se portanto, antes da diferenciação de um "d" de um "b" ou um "q" de um "p", toda uma ativação lúdico-motora a que a sociedade, a escola e a família têm de dar resposta, muito antes de se exigir da criança as aprendizagens sociais indispensáveis.

***

Também as *disgrafias* se encontram no mesmo plano etiológico. A ação não é mais do que representação, na medida em que a escrita significa uma função simbólica codificada, rítmica e especialmente organizada (AJURIAGUERRA & AUZIAS, 1960; AUZIAS, 1970). A escrita de uma palavra não é mais do que um grupo de letras separadas e agrupadas por um espaço.

A escrita é um investimento motor desenrolado num campo motor, é uma atividade gráfica realizada num espaço bem definido (FONSECA, 1973).

A criança deve iniciar-se por um *grafismo lúdico* e só depois aprender o grafismo expressivo, mais limitativo e reduzido no movimento. A organização espacial a escolher (página, quadro, paredes, etc.) deve levar em conta as necessidades de fabricação, criação e expressão espontânea (MOUNOD, 1970) e só posteriormente garantir uma progressiva precisão e orientação dos movimentos.

No CIP-72 iniciamos variadíssimas explorações no âmbito da aprendizagem do grafismo, tendo como preocupação, em primeiro lugar, utilizar os grandes grupos musculares (ROCH, 1961; SOUBIRAN & MAZO, 1965), antes de se lhes exigir uma motricidade fina e uma preensão precisa dos pequenos grupos musculares da mão que comandam, controlam e executam a escrita.

A utilização do espaço da sala de reeducação para a relação e transposição do grafismo reproduzido no quadro é depois corporalmente explorado no solo e foi uma das inovações que introduzimos nas nossas sessões (VAYER, 1972; WILLEMS, 1972). A utilização do corpo num espaço e depois a sua utilização estática na reprodução de grafismos espaciais, feitos com o pé, com os membros superiores ou com a mão e os dedos, foram também outras situações-problema que no campo da reeducação da escrita introduzimos.

Do grande espaço da sala e da utilização total do corpo passamos para a exploração do quadro vertical e para a progressiva dissociação motora do membro superior – 1º) ombro; 2º) braço/antebraço; 3º) pulso/mão; 4º) dedos – e só finalmente entramos na descoberta de grandes páginas e na preensão de lápis e canetas (AJURIAGUERRA & AUZIAS, 1960).

Exemplos – Tipo de grafismos:

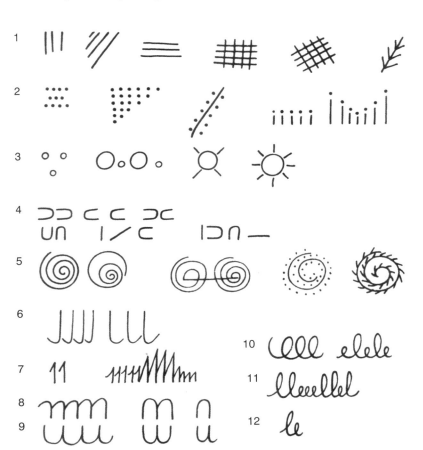

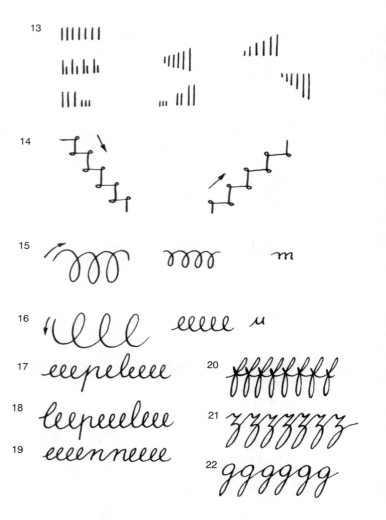

Apresentamos algumas situações-tipo da nossa exploração gráfica, que mais não são do que uma exploração dos aspectos motores que presidem à execução da escrita (libertação de paratonias, eliminação de sincinesias, reeducação psicotônica, interiorização, representação mental, etc.).

Quanto às *discalculias*, verificamos tratar-se de uma incapacidade de compreensão dos números e das suas operações, ou seja, uma perda da possibilidade de executar operações aritméticas (anaritméricas) (DAURAT; HMELJAK; NARLIAN, 1967). Podemos compreender que se trata de uma nova incapacidade de organização espacial que dá origem a uma impossibilidade operativa por má colocação dos números e por desconexão lógica das propriedades que os ligam. Normalmente as discalculias encontram-se associadas às *alexias dos algarismos* resultantes de problemas agnósticos unilaterais e espaciais, apraxias construtivas, asomatognosias, problemas óculo-motores, agnosias de objetos e de imagens, de problemas da sensibilidade, problemas direcionais e vestibulares, agnosias de fisionomias, contornos, volumes, pesos, numerações, seriações, generalizações, etc.

No fundo trata-se de um problema de relação de espaço e da manipulação de algarismos que impedem as operações lógicas, dedutivas e formulativas.

Interessa desenvolver na criança a possibilidade de representação mental espacial e, posteriormente, o mesmo tipo de representação com os algarismos e com as suas múltiplas formas de relação. Contar, numerar, seriar e fundamentalmente agir, é tocar e manipular objetos, deslocá-los, transportá-los, juntá-los, classificá-los, etc.

A utilização de objetos deve permitir uma primeira classificação seguida de reconstituições de conjuntos (ROCH, 1961).

Faz-se apelo aqui a toda uma educação sensorial, tomando como meios fundamentais os jogos sensório-motores, jogando com uma multiplicidade de materiais, formas, consistências, resistências, pesos, temperaturas, volumes, etc. (JAULIN MANNONI, 1973). Com base neste aspecto, temos também introduzido no CIP a experiência dos *blocos lógicos*, não só na utilização das peças, como conferindo a cada criança uma característica de uma peça bem definida e integrando-a em toda uma exploração lúdica daí resultante (DUBOSSON, 1957). Jogos de uma diferença, dominó, contradição, pares, negação, etc. têm sido vivenciados no sentido de facilitar uma organização espacial suficientemente integrada e representada, a fim de facilitar a compreensão das operações aritméticas. A criança, aprendendo a relacionar as quantidades, compondo e decompondo estruturas, adquire mais facilmente a percepção dos números e das suas relações e portanto toda uma base sensorial útil para a aprendizagem do cálculo

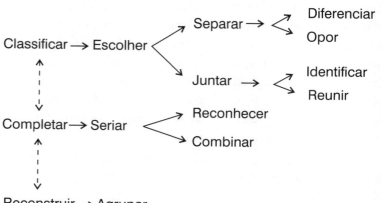

A utilização de *bolas*, a sua preensão e a sua utilização com finalidades bem estabelecidas levam a criança a adquirir uma noção global dos números, dos seus valores e das suas construções lógicas. Da ação passa-se à simbolização (SOUBIRAN & MAZO, 1965), verificando-se uma tomada de consciência da representação gráfica e do significado da sua transposição. Daqui podemos partir para as noções de adição e subtração e outras operações do cálculo mais complexas. Não nos interessa somente o reconhecimento dos números como a sua revisualização, tendo como base a exploração do cálculo em termos mentais e posteriormente corporais e escritos. A utilização de situações a memorizar e a classificar tem sido largamente aplicada nas nossas primeiras investigações. Da manipulação concreta de objetos, criamos hipóteses de uma manipulação aritmética através de formas lúdicas. A diferenciação de grandezas e de quantidades pela vista e pelo tato tem também grande interesse em ser explorada, na medida em que se esboçam estimativas mentais e representações simples que facilitam extraordinariamente as ordenações que constituem o núcleo de todas as operações do cálculo. A avaliação de bolas em movimento, a distinção das suas velocidades, a quantificação de batimentos, pode constituir uma situação cuja exploração pode garantir um melhor ajustamento às exigências das operações matemáticas mais elementares.

Muitos autores como Strauss e Werner (apud AJURIAGUERRA, 1970) encontraram uma certa relatividade perturbadora entre problemas aritméticos e a agnosia digital (não-conhecimento dos dedos, zonas do corpo perifericamente mais divididas).

Ajuriaguerra (1970) encontrou também algumas incapacidades de designação manual ou corporal nos indivíduos que apresentavam dificuldades na iniciação ao cálculo. Na nossa pequena observação também encontramos uma apraxia construtiva relacionada com dificuldades no plano da aritmética. O mesmo caso, para além de uma esfera inibidora geral, apresentava dificuldades na imitação de movimentos cruzados e em todos os aspectos de investimento lúdico-motor.

Todos os problemas que encerram uma discalculia mostram-nos a importância da retenção mnésica, do reconhecimento visual e dos aspectos somatognósicos e espaciais, isto é, toda uma fenomenologia da motricidade e da sua regulação, exatamente porque é um valor energético a partir do qual se elabora a maturação do sistema nervoso e se estruturam os alicerces da inteligência humana.

***

Resumindo agora todas as *dificuldades escolares* são conseqüência de uma *deficiência de adaptação psicomotora* que engloba problemas de desenvolvimento motor, de dominância lateral, de organização espacial, de construção práxica e de estabilidade emotivo-afetiva que se podem projetar em alterações do comportamento da criança.

As aprendizagens do grafismo, do cálculo e da linguagem estão dependentes da evolução das possibilidades motoras. Só a partir de um certo nível de organização motora, de uma coordenação fina dos movimentos e de uma integração vivida espácio-temporal se pode caminhar para as aprendizagens escolares.

Este nosso panorama vem demonstrar a mutualidade condicionante da atividade perceptivo-motora, bem como a inter-relação recíproca do movimento e da abstração, demonstrando bem que a organização da ação se encontra ligada à formação da consciência humana.

O movimento conveniente, fundamentado segundo uma justificação epistemológica e baseado numa tomada de consciência dos fenômenos relacionais, pode prevenir as dificuldades de aprendizagem e tornar-se uma verdadeira propedêutica, facilitando à criança possibilidades de se exprimir harmoniosamente e dando satisfação à maravilhosa aventura do seu psiquismo.

Bibliografia

AJURIAGUERRA, J. de (1970). *Manuel de psychiatrie de l'enfant*. Paris: Masson & Cie [Cap. "Le langage].

_____ (1951). A propos des troubles de l'apprentissage de la lecture – Critiques methodologiques. *Rev. Enfance*, n. 4-5.

AJURIAGUERRA, J. de & AUZIAS, H. (1960). Méthodes et techniques d'apprentissage de l'ecriture. *La Psychiatrie de l'Enfant*, vol. III, fasc. 2.

AJURIAGUERRA, J. de; DIATKINE, R. & KALMANSON, D. (1959). Les troubles du dévéloppement du langage au cours des états psychotiques precoces. *La Psychiatrie de l'Enfant*, vol. II, fasc. 1.

AJURIAGUERRA, J. de & HECAEN, H. (1960). *Le córtex cérébrale*. 2. ed. Paris: Masson & Cie.

AUZIAS, M. (1970). *Les troubles de l'écriture chez l'enfant*. Neuchâtel: Delachaux et Niestlé.

BEAUMONT, J.G. & DIMOND, S. (1973). Transfer between the cerebral hemisphères in HUMAN LEARNING. *Acta Psychologica*, 37.

BERTHOUD, M. (1973). Système de référence spatiaux chez l'enfant d'âge préscolaire. *Rev. L'Année Psychologique*, fasc. 2.

BOREL-MAISONNY, S. (1963). *Langage oral et écrit*. Vol. I e II. Neuchâtel: Delachaux & Niestlé.

BOUKNAK, V. (1969). *Dados sobre el origen de la linguaje* – Los procesos de hominización. México: Grijalbo.

CHASSAGNY, C. (1972). *La rééducation du langage écrit*. Paris: Néret.

_____ (1962). *Manuel pour la rééducation de la lecture et de l'orthographie.* Paris: Neret.

CHILAND, C. (1971). *L'enfant de six ans et son avenir.* Paris: PUF.

DAURAT; HMELJAK, C.; NARLIAN, R. (1967). Rééducation du calcul. *La Psychiatrie de l'Enfant*, vol. X, fasc. 2.

DIATKINE, R. et al. (1963). Les troubles d'apprentissage do langage écrit: dyslexie et dysorthographie. *La Psychiatrie de l'Enfant*, vol. VI, fasc. 2.

DUBOSSON, J. (1957). *Exercices perceptifes et sensori-moteurs.* Neuchâtel: Delachaux et Niestlé.

FONSECA, V. da (1973a). Linguagem sobre o ponto de vista antropológico. *Publicação de apoio a cadeira de Antropologia.* [s.l.]: Inef.

_____ (1973b). As necessidades de movimento da criança. *Boletim do Inef,* n. 3-4.

GIBELLO, B. (1969). La dyslexie. *Perspectives Psychiatriques*, n. 23.

GIROLAMI-BOULINIER, A. (1969). Inadaptation et dyslexie. *Rev. Rééducation Orthphonique*, n. 41, jan.-fev.

GRANJON, N.G. (1966). L'apprentissage de la langue écrit et sés troubles. *Bull. Psycholog.*, 247.

HALLGREN, B. (1958). Difficulties in reading and writing, genetic aspects. *Nondisk Medicin*, 59/15.

JAULIN MANNONI, F. (1973). *Pédagogie de structures logiques élémentaire.* Paris: ESF.

KOCHER, F. (1966). *La rééducation des dyslexiques.* Paris: PUF.

LAMPREIA, M.A.R. (1971). "L'application de la méthode psychomotrice "Bon Départ" dans le champ rééducatif et thérapeutique de déficiences instrumentales et d'adaptation. *Rev. Orthophonique*, vol. 9, n. 63.

LAUNAY, C. & RAIMBAULT, J. (1962). L'écriture et le langage écrit chez l'enfant épileptique". *Psychiat. Enf.*, vol. V, fasc. 1.

LEFAVRAIS, P. (1965). Description, definition et mesure de la dyslexie. *Rev. Psych. Appliq.*, vol. 15, n. 1.

LEONTIEV (1973). *Linguagem e razão humana.* Lisboa: Presença.

LOBROT, M. (1973). Les troubles electifs de la lecture e de l'orthographie. *Les enfants et les adolescents inadaptés.* Paris: Armand Colin [Cahiers de Pédagogie Moderne, 57].

LURIA, A.R. (1966). *El papel del linguage en el desarrollo de la conducta.* Buenos Aires: Tekne.

MAISTRE, M. de (1968). *Dyslexie et dysorthographie*. Tomos I e II. Paris: Universitaires.

_____ (1966). La dyslexie analyse des troubles et techniques de rééducation. *Bull. Société Alfred-Binet & Th. Simon*, n. 490, III.

MASSE, F. (1966). Apport de la rééducation psycho-motrice au traitement des dyslexies. *Rev. Neuropsychiat. Infantil*, n. 4-5.

MENDEL, G. & VOGT, C. (1973). *Le manifeste educatif.* Paris: Petit Bibliothèque Payot.

MOOR, L. (1973). *Élements de biopsychologie du comportement*. Paris: L'Expansion Scientifique [Cap: "Les conduites expressives et symboliques"].

MOUNOD, P. (1970). *Structuration de l'instrument chez l'enfant*. Neuchâtel: Delachaux et Niestlé.

MUCCHIELLI, R. & BOURCIER, A. (1972). *La dyslexie: la maladie du siècle*. Paris: PSF.

OMBREDANE, A. (1937). Le mécanisme et la correction des difficultés de la lecture connus sons le nom de cécité verbale congénitale. *Rapport du 1ᵉʳ Congrés de Psychiatrie Infantile* [s.n.t.].

PENFIELD, W. & ROBERT, L. (1963). *Language et mécanismes cérebraux.* Paris: PUF.

PIACÉRE, J. (1970). Dyslexie, mythes et realités. *Intereducation*, n. 14, mar.-abr.

PIERON, H. (1967). L'Homme rien que l'homme. *l'Anthropogenese a L'hominisation*. Paris: PUF.

ROCH, Y.L. (1961). *Comment faire?...* Les exercices sensoriels. Paris: F. Nathan, Paris.

SOUBIRAN, G.B. & MAZO, P. (1965). *La réadaptation scolaire des enfants intelligents par la rééducation psychomotrice*. Paris: Doin.

SPITZ, R. (1972). *De la naissance à la parole*. Paris: PUF.

STAMBAK, M. & JAKSIC, S. (1965). Épreuves de niveau et de style moteur. In: ZAZZO, R. *Manuel pour l'examen psychologique de l'enfant*. 2. ed. Neuchâtel: Delachaux et Niestlé.

VAYER, P. (1972). *L'enfant face au monde à l'age des apprentissages scolaires*. Paris: Doin.

WILLEMS, E. (1972). La dyslexie et la musique. *Conférence sous les auspices de l'Adopsed.* Estrasburgo.

Parte III

Análise sumária de uma casuística

Centro de Investigação Pedagógica – 1972/1973

1

Considerações prévias

Encaramos este nosso primeiro contribuinte como a abertura de um caminho científico a percorrer, cuja significação mais profunda constitui uma busca permanente de criatividade metodológica e a conquista minuciosa de dados que possibilitem uma melhor compreensão da importância do movimento na gênese da personalidade humana.

Com base nos nossos estudos, verificamos ser urgente, primeiro, encontrar a bibliografia fundamental e só depois procurar uma via de investigação. Todo este caminho que procuraremos percorrer visa a um confronto permanente com a crítica e com uma semantização possível do nosso trabalho. Reconhecemos que este contributo prático é extremamente insuficiente, todavia é já a existência de um certo *húmus*, de várias microdescobertas, de iluminações isoladas e não-habituais, de arranjos particulares e situações originais, que mais não são que um esboço de tenacidade e perseverança, na tentativa de uma via científica situada nas repercussões da motricidade em toda a esfera criadora do psiquismo humano.

Depois de uma visão do problema, em que de momento nos encontramos, procuraremos uma via de incubação que mais tarde origine uma verificação cientificamente considerada. Não nos interessa viver sessões de terapêutica sem que elas, simultaneamente, nos mostrem a importância dos dados observados e o significado afetivo da situação vivida. Quer dizer, por cada sessão de trabalho pretendemos estabelecer uma relação criadora, libertadora e gratificadora, sem que nos escape a importância dos comportamentos observados, tendo em vista o seu melhor ajustamento e disponibilidade para as mais variadas situações. Não nos pertence a fixação e obsessão de coisificar uma criança e fazer dela apenas um número das nossas "variáveis estatísticas". Negamos um tipo de investigação de selvagem, centrando na criança todo um âmbito de preocupações investigativas. Todos conhecemos que "o homem é um objeto difícil de observar" (BALLEYGUIER, 1970), mas raramente se consegue harmonizar um estudo científico com uma atmosfera afetiva, que achamos de primordial importância no campo terapêutico em que nos encontramos.

Procuraremos uma exploração do desconhecido, com base numa atitude de abertura ao novo e segundo uma metodologia suscetível de dar lugar a transformações em qualquer campo fenomenal. Temos consciência de que a interpretação que damos às variáveis é a nossa própria visão, e não a sua própria veracidade. Aquilo que percebemos nelas é filho da nossa representação e não da realidade (FONSECA, 1974). Procuraremos, contudo, um conhecimento, tanto quanto possível, adequado, organizado, minucioso e estruturado.

É numa tentativa de combater as esclerosidades tradicionais e as afirmações gratuitas que procuramos alargar os horizontes da psicomotricidade, lutando por uma melhor compreensão da importância que cabe ao movimento humano.

Na nossa experiência, pelo contrário, aceitaremos as reações afetivas inconscientes e não pensamos que assim se reduzam os fatos humanos a puras subjetividades. O excesso de rigor objetivo, por vezes, tende a isolar a ação do observador (ou do terapeuta), procurando este uma análise dos dados isolada da sua função e alheando-se dos fatos que lhe parecem desfavoráveis. Nós desejamos um âmbito de investigação também extensivo à nossa intervenção, isto é, no papel que desempenhamos em toda a evolução terapêutica, reconhecendo novamente que ela pode ser benéfica ou não. Para além de um rigor na recolha e análise dos dados, desejamos um rigor na nossa intervenção terapêutica. Não nos interessará somente a obtenção de construções matemáticas ou enquadramentos estatísticos; preocupamo-nos, fundamentalmente como terapeutas, em compreender melhor os fatos humanos, tendo em vista um pensamento crítico da nossa ação e do nosso potencial relacional.

Combatendo qualquer certeza de adequação da nossa ação, com base neste parâmetro, procuraremos ser agentes de mudança, na medida em que mudamos, para nos adaptarmos às novas e crescentes necessidades de fundamentação da psicomotricidade e às suas múltiplas aplicações terapêuticas.

A metodologia que temos para apresentar, como nosso contributo no campo tão vasto da *gênese da psicomotricidade*, é um trajeto agora iniciado e que desejamos ver constantemente recomeçado através de uma crítica a todas as operações efetuadas e que nos permita uma busca global de avançar, caminhar e descobrir. Harmonizar a precisão e coerência da nossa ação terapêutica com os complexos estudos que encerram a psicomotricidade é, no fundo, a nossa preocupação metodológica fundamental.

Lutamos contra as nossas ações no sentido de criarmos uma tensão de oposição indispensável, pois só assim podemos refletir e atingir novas luzes, ao mesmo tempo que tentaremos estabelecer uma permeabilidade a novos conceitos e a novas perspectivas.

A evolução dos nossos trabalhos procurará dar expressão a estas considerações, visando uma disponibilidade constante e uma adaptabilidade às situações imprevisíveis. É com base nestes considerandos que passaremos aos aspectos concretos da nossa intervenção terapêutica no Centro de Investigação Pedagógica da Fundação Calouste Gulbenkian em 1972.

Bibliografia

BALLEYGUIER, G.B. (1970). *La recherche en sciences humaines.* Paris: Universitaires.

FONSECA, V. da (1974). Dados para uma observação em psicomotricidade. *Seminário Internacional de Observação e Avaliação em Pedagogia*, Inef.

2

Plano de Terapia Psicomotora

CIP-72

2.1. Objetivos

2.1.1. Através do movimento, diminuir a deficiência instrumental e, em paralelo, tentar enquadrar uma linha de estudo e investigação que permita compreender melhor a problemática da PSICOMOTRICIDADE, fundamentalmente no que diz respeito à diagnose e ao processo reeducativo a adotar. Procuraremos numa primeira perspectiva de reeducação postural e posteriormente abordar as perturbações da motricidade, relacionadas com os problemas da expressão corporal, no sentido de melhorar as inter-relações psico-tônico-afetivo-motoras.

É no campo da patologia da relação que iremos utilizar o movimento, por meio de situações-problema, de forma a criar uma modificação relacional do indivíduo consigo próprio (noção do corpo), com os objetos (atividade instrumental) e com os outros (sociabilidade).

As dificuldades escolares instrumentais, essencialmente a dispraxia e a dislexia, são conseqüência de uma não-utilização e vivência do corpo, que originam a evolução de incapacidades de orientação espácio-temporal que dificultam a relação entre o indivíduo e o seu envolvimento.

A nossa atitude será baseada num descondicionamento e numa aceitação incondicionalmente positiva das desarmonias simbólicas e psicomotoras reveladas pelas crianças e, a partir daí, tentar melhorar as formas de comportamento gnoseo-práxico exigidas pela situação escolar.

2.1.2. A experiência e a tentativa de investigação visarão abordar os seguintes aspectos:

2.1.2.1. Um estudo da importância da função tônica nas relações com a atitude e a ontogênese da motricidade;

2.1.2.2. Um estudo sobre a importância da lateralidade e da somatognosia na evolução das aquisições grafoléxicas;

2.1.2.3. Um estudo dos vários métodos de relaxamento como reeducação disléxica e disgráfica;

2.1.2.4. Um estudo do jogo e da improvisação gestual como suporte de uma criatividade básica que nos permita esboçar o problema da EXPRESSÃO (expressão corporal; expressão artística; expressão teatral; etc.);

2.1.2.5. Estudo e reflexão crítica dos métodos de reeducação psicomotora: *Borel-Maisonny*, *Bon Départ*, etc.;

2.1.2.6. Estudos sobre a reeducação da leitura e da escrita.

2.2. Aspectos metodológicos

2.2.1. Adotaremos uma bateria de provas iniciais, relativas fundamentalmente a problemas de *controle* da atitude, de noção do corpo, de organização espacial, de noção de simetria, inversão e inclinação, de identificação de diferentes orientações (esquerda, direita, alto e baixo, etc.); de lateralidade (olho, mão e pé); de ritmo; de conceitualização do gesto; de coordenação dinâmica geral, de organização perceptiva e de simbolismo.

2.2.2. Realizaremos uma prova inicial, uma de *controle* e outra final, por cada caso sujeito a reeducação.

2.2.3. Elaboraremos um processo individual (fichas de observação, fichas de provas, reações mais características, recolha das expressões gráficas e verbais originais, etc.).

2.2.4. Realizaremos a cobertura das sessões, com a enumeração das situações-problema e dos objetivos pretendidos.

2.2.5. Estabeleceremos uma observação subdividida em três aspectos: esporádica, sistemática e evolutiva.

2.2.6. Tentaremos estabelecer uma tripla aproximação: psicológica, neuropsíquica e reeducativa.

2.2.7. A estrutura das sessões-tipo ocupará os seguintes aspectos:

• descondicionamento;

• esquema corporal (relaxamento; descoberta do corpo);

• motricidade manual (preensão de objetos);

• lateralidade;

• grafismo (do movimento ao símbolo);

• organização espacial (representação, execução);

• organização temporal (mímica, ritmo);

• linguagem (escrita e oral);

• situação lúdica relacionada com as perturbações correspondentes.

2.2.8. Em função de cada caso, estabeleceremos um esboço de reeducação, logo após as primeiras sessões concretas.

2.2.9. Passados três meses de trabalho, reestruturaremos o plano de reeducação a fim de verificar: aspectos adquiridos, pontos a adquirir, aspectos a não considerar.

2.2.10. Incluiremos duas formas de reeducação: um grupo trabalhará em métodos de relaxamento essencialmente, outro trabalhará em métodos de reeducação psicomotora, de forma a estabelecer um estudo reeducativo comparativo.

2.2.11. A atmosfera relacional a adotar baseia-se no conceito de não-diretividade segundo C. Rogers, de modo a subtrair a sensação doentia que caracteriza normalmente qualquer trabalho de reeducação.

2.3. Fases de evolução do plano

2.3.1. Considera-se insuficiente a aplicação deste plano, somente durante um ano, na medida em que se torna necessário atingir uma certa maturidade no tratamento dos problemas que o mesmo plano comporta.

2.3.2. A aplicação do plano talvez resultasse em três anos, com elementos suscetíveis de um interesse informativo (cadernos CIP em 1974).

2.3.3. Realização de relatório anual.

2.3.4. Realização de um trabalho de fundamentação, subordinado ao tema REEDUCAÇÃO DAS DIFICULDADES ESCOLARES INSTRUMENTAIS (primeiro tema do nosso contributo).

2.4. Meios materiais necessários

2.4.1. Relação do material necessário:

1 metrônomo;

1 quadro preto;

9 cordas (três de cada cor: amarelo, azul e vermelho);

9 arcos de madeira (id.);

9 bastões de madeira (id.);

20 bolas de rítmica (id.);

2 caixas de bolas (duas medidas);

9 colchões de espuma próprios para relaxamento;

5 jogos de Blocos Lógicos;

1 espelho com dimensões de (2 x 2m).

2.4.2. Sala para sessões de reeducação com os instrumentos acima referidos.

2.4.3. Utilização do material de aplicação do CIP (testes, aparelhos, gravador, máquina fotográfica, etc.).

2.4.4. Mobilização dos serviços de secretaria e datilografia para fichas, convocatórias, relatórios, etc.

2.4.5. Possibilidades para solicitar a aquisição de obras ou a assinatura de revistas da especialidade.

2.4.6. Apoio bibliográfico e documental da biblioteca.

Bibliografia

FONSECA, V. da (1973). Reeducação expressiva. *Boletim Bibliográfico*, 17. Lisboa: F.C. Gulbenkian.

_____ (1972). *Projeto de Reeducação Psicomotora*. Lisboa: F.C. Gulbenkian.

3

Abordagem metodológica

3.1. Generalidades

Durante o ano de 1972, no Centro de Investigação Pedagógica da Fundação Calouste Gulbenkian, procuramos uma primeira observação dentro do campo da motricidade, e também nas suas múltiplas relações com o estudo das dificuldades instrumentais, nomeadamente a dispraxia e a dislexia.

A bateria de provas, escolhida com base nas experiências de Ajuriaguerra e colaboradores (AJURIAGUERRA et al., s.d.), procurou satisfazer a convergência dos aspectos somáticos, psicomotores, psicotônicos e psicossociais.

A metodologia adotada enquadrou-se num estudo experimental de técnicas de reeducação expressiva, alargando-se as experiências anteriores por recurso a novas técnicas de reeducação da psicomotricidade. A reeducação pelo movimento num pequeno grupo heterogêneo de crianças visou um primeiro contato com as novas e variadíssimas perspectivas de aplicação da Terapia Psicomotora.

A realização de uma bateria de provas psicomotoras teria que dar continuidade a um trabalho já projetado, embora com outras preocupações no âmbito da organicidade psicomotora básica.

Todas as crianças em reeducação se beneficiaram de um exame psicológico e de um exame pedopsiquiátrico, e só depois foram observadas na esfera da psicomotricidade.

Antes de nos alongarmos na metodologia, convém assinalar que as crianças observadas foram selecionadas das consultas e exames dos serviços psicopedagógicos do CIP, tendo sido assistidas, psicológica e pedopsiquiatricamente, no ano de 1971. Segundo tais exames, as crianças apresentavam um nível normal de maturidade intelectual, embora com dificuldades escolares específicas.

Bibliografia

AJURIAGUERRA, J. et al. (s.d.). *Travaux sur le troubles psychomoteurs de l'equipe de recherches de l'Hôspital Henri-Rousselle.* Paris: [s.e.].

3.2. Observação inicial

Interessou-nos, numa primeira fase da nossa orientação investigativa, considerar a *personalidade psicomotora* (SOUBIRAN & MAZO, 1965) da criança, isto é, verificar que no ato motor a subjetividade e a objetividade se encontram inseparáveis e indissociáveis. Bastou-nos construir um conjunto de provas que colocassem em jogo aqueles dois fatores da mesma realidade de comportamento. Não nos interessava adquirir uma série de provas que colocassem o movimento fora da subjetividade própria que o executa, e se tomamos em consideração o termo de *provas psicomotoras*, é porque nos surgiu a necessidade de indagar o papel da *representação mental* (STAMBAK, 1968) do ato motor e a forma de o realizar, tendo em atenção o *grau de execução*: velocidade, precisão, ajustamento, etc.

As provas serviram-nos para abordar as dificuldades psicomotoras e a sua expressão emocional concomitante.

Na observação das provas não nos preocupa tão-somente o resultado final, mas também a adaptabilidade emocional que o acompanha.

Para além destes dois aspectos, necessário se torna despistar os elementos suscetíveis de comprometer as realizações psicomotoras da criança. Dentro de outros, os fatores da idade, da maturidade, da lateralidade e da tipologia constituem marcos essenciais a considerar para um primeiro perfil somático, em estreita correlação com as dificuldades de conceitualização motora.

As situações a criar na observação inicial devem evitar inibições e blocagens que possam impedir uma observação global da criança num aqui-e-agora. Convém atender a um ambiente agradável, livre em espaço, em que a criança possa se sentir disponível. As situações apresentadas devem ser progressivamente ajustadas às características relacionais que a criança vai demonstrando não tendo como preocupação a aferição de uma perturbação neuromotora ou de uma dificuldade de preensão de objetos, mas assegurando alguns dados que nos permitam diagnosticar melhor a criança em situação de observação.

Podemos rapidamente verificar se a criança tem grandes dificuldades motoras, fraca reação emocional, blocagens, etc., ou se, pelo contrário, acusa pequenas dificuldades motoras (STAMBAK, 1968), associadas ou não a emotividades excessivas, etc.

Paralelamente à observação da criança, convém adotar uma *anamnese* de forma a caracterizarmos historicamente a criança. Recolher dados sobre a formação e profissão dos pais, o tempo que dedicam ao grupo familiar, as condições da habitação (local, espaço, número de pessoas, quarto individual, ocupação de tempos livres, férias, etc.). Por outro lado, ter uma noção dos acontecimentos do desenvolvimento psicomotor da criança (parto, atividade reflexa, exercícios de reflexos, sono, sucção, visão, audição, fonação, preensão, locomoção, etc.). Tirar igualmente umas notas sobre a história social e escolar, de grande importância para o estudo evolutivo da criança, tentando em complemento a análise de alguns dados fornecidos pelos pais sobre a história clínica da criança.

A observação inicial deve ser caracterizada por uma atmosfera lúdica, simples, adaptada às características da criança, tentando a todo o momento não repetir situações traumatizantes, evitando tanto quanto possível a passividade e a pseudo-seriedade dos exames médico-pedagógicos tradicionais. Tanto os *êxitos* como os *não-êxitos* das situações não devem ser hipervalorizados nem ajuizados, apenas devem ser registrados tranqüilamente.

Em nosso caso, solicitávamos a presença dos pais na observação da criança. Depois estabelecíamos um pequeno diálogo sobre o real observado, procurando uma tomada de consciência dos problemas, relacionando-os com o futuro trabalho terapêutico. A presença dos pais servia para dar novos esclarecimentos aos comportamentos motores dos filhos, e, ao mesmo tempo, permitia-lhes uma melhor percepção das verdadeiras dificuldades da criança, nascendo motivações de interrogação que originavam a nossa intervenção no sentido de provocar, tanto quanto possível, uma convergência de atuação quer ao nosso nível terapêutico como no nível do envolvimento afetivo familiar. Por outro lado, a presença dos pais (normalmente da mãe) pode facilitar a observação de mecanismos defensivos e de dependência afetiva da parte da criança, e, simultaneamente, ansiedades e emotividades da parte da mãe, dados estes de alguma importância para o estudo dos modelos de intervenção e relação que se devem adotar no decorrer das sessões terapêuticas.

Em termos muito genéricos as provas psicomotoras a serem adotadas devem permitir verificar se:

• a criança se adapta às situações;
• o nível de execução apresenta dificuldades;
• a velocidade de execução altera a adaptação emotiva posta em jogo;
• a fadigabilidade altera a execução;
• a criança conduz a sua motricidade;
• há ajustamento às situações propostas (ritmo, memorização, recepção, emissão, etc.);
• a inibição impede o desenrolar da ação.

De uma forma rápida para além dos *itens* da observação, o terapeuta deve aferir e respeitar permanentemente todos estes dados comuns a todas as situações.

A observação deve subdividir-se, em cada um dos seus pormenores, em *possibilidades motoras* (STAMBAK, 1968) (habilidade motora, tendo em atenção o equipamento neurofisiológico de base, os fatores de coordenação e associação melódica) e em *estilo motor* (STAMBAK, 1968) (considerar os elementos da motricidade que definem a execução do ato-motor, ou seja, a maneira de estar e de executar de cada criança, tendo em atenção as diferentes modalidades de integração afetivo-emocional).

A necessidade de se observar a capacidade de atenção é também importante, procurar determinar o *biorritmo* da criança, e, na própria observação, solicitar comportamentos que respeitem, constituindo esta uma preocupação protocolar indispensável.

Com base nestes parâmetros, e utilizando uma *ficha* de fácil preenchimento e tratamento, podemos estabelecer com a observação inicial, um primeiro *perfil de dificuldades* da criança.

A partir do perfil de dificuldades, segundo uma conclusão sincrética, estabelece-se o *plano de terapia psicomotora*, que constituirá um apoio inicial e flexível do processo terapêutico a desenvolver. Este plano terapêutico constituirá uma permanente referência para a construção de situações-problema, que no seu conjunto compõem as várias sessões de movimento.

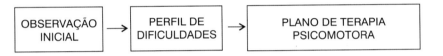

O perfil de dificuldades, não é absoluto, apresenta um relativismo que convém deixar em relevo. A situação de observação pode cair numa situação-exame, e portanto dar origem a uma série de perturbações que alteram necessariamente a fidedignidade e validade dos comportamentos observados. Apenas nos servimos do perfil e da ficha de observação como primeira caracterização da criança, tentando detectar como ela se situa no ato-motor, quais as repercussões do movimento no psiquismo e se as realizações motoras se modificam ou não em função da afetividade e da emotividade.

Bibliografia

SOUBIRAN, G. & MAZO, P. (1965). *La réadaptation scolaire d'es enfants intelligents par la rééducation psychomotrice.* Paris: Doin.

STAMBAK, M. (1968). La motricité chez les débiles mentaux [Cap. "Qu'est-ce que la motricité?"]. *La Psychiatrie de l'Enfant*, vol. XI, fasc. 2.

FICHA DE OBSERVAÇÃO PSICOMOTORA

Nome: _____

Data de nascimento: _____

Data da observação inicial: _____   ☐

Dados anamnésicos:

Exame psicológico:

Exame neurológico:

Características do envolvimento familiar:

Pai (profissão)

Mãe (profissão)

Nº de irmãos: T ____ M ____ F ____

Habitação: _____

Características do envolvimento escolar:

Escolaridade ☐

Leitura:

Dificuldades escolares:

Creche:

Escrita:

Escola pré-primária:

Comportamento:

Cálculo:

Dados sobre o desenvolvimento psicomotor:

Parto:

Atividade reflexa:

Sono:

Sucção: Visão:

Audição:

Fonação:

Aquisição da posição de sentado:

Locomoção:

Preensão:

Relação com objeto:

Linguagem:

Estereótipos:

Atividade lúdica:

Sociabilidade:

Comportamento durante a observação:

Aspectos somáticos:

Defeitos de atitude:

Controle respiratório: Inspiração ☐

Expiração ☐

Apnéia ☐

Fadigabilidade:

Tonicidade:

    Hipotonicidade ☐

    Hipertonicidade ☐

Extensibilidade:

	Membros direitos	Membros esquerdos
Membros inferiores		
Ângulo adutor:		
Ângulo poplíteo:		
Membros superiores		
Peitorais e deltóide anterior		
Flexores do antebraço		
Extensores do punho		

Passividade:

Membros superiores		
Membros inferiores		

Paratonia:

Membros superiores		
Antebraço		
Mão		
Membros inferiores		
Pé		

Diadococinesia:

    D ☐

    E ☐

Sincinesias:

    bucais:

    contralaterais:

Sentido sinestésico:

Dismetria:

Imobilidade:

Controle visual:
  (exterognosias)

Equilibração

Dissociação:

Equilíbrio estático:

	Êxito	Não-êxito
Apoio retilíneo	☐	☐
Ponta dos pés	☐	☐
Apoio num pé PE:	☐	☐
PD:	☐	☐

	Trem superior		Trem inferior		Êxitos
	ME	MD	PE	PD	
1ª	+	+			
2ª			+	+	
3ª	+	+			
4ª		+		+	
5ª	+	+	+		
6ª	+	+		+	
7ª	+	+	+	+	

Equilíbrio dinâmico:

	Êxito	Não-êxito
Marcha controlada	☐	☐
Meia volta	☐	☐

Total de êxitos ☐
Total de não-êxitos ☐

Saltos:

"Pé coxinho"

Pés juntos: PE ☐ PD ☐   8ª Agilidade e coordenação ☐☐☐☐

Coordenação óculo-manual   MD ☐

Tentativas ☐   ME ☐

Coordenação óculo-pedal   PD ☐

Tentativas ☐   PE ☐

Coordenação dinâmica manual: Tempo
(Relação velocidade-precisão)

Composição ____

Controle emocional:

Decomposição ____

Tamborilar: TOTAL ☐   V P

Noção do corpo:

Reconhecimento (d-e):   Em si: Face a face:

Imitação de gestos:

        – motricidade facial:

        – espelho:

        – verdade:

Desenho do corpo (teste do *bonhomme*):

Em pé:	Sentado:

ADAPTAÇÃO ESPACIAL

Cópias de elementos:

Reconhecimento das noções fundamentais:

Esquerda – Direita	☐ ☐
Alto – Baixo	☐ ☐
Pequeno – Grande	☐ ☐
Em cima – Embaixo	☐ ☐
Em frente – Atrás	☐ ☐
Simetria	☐ ☐
Inversão	☐ ☐
Inclinação	☐ ☐
Horizontal	☐ ☐
Vertical	☐ ☐

Reprodução de estruturas espaciais (fósforos):

AMOSTRAGEM	RETENÇÃO	REPRODUÇÃO

REPRESENTAÇÃO ESPACIAL

Reprodução topográfica:

(Planta da sala de observação)

Organização espacial:

Normal	☐
+	☐
–	☐

Legenda

C – Cadeiras
M – Mesa
S – Secretária
A – Armário
P – Porta
J – Janelas
E – Estante baixa

1ª tentativa

2ª tentativa

RITMO

Gnosia do ritmo:

Praxia do ritmo:

	Lento	Médio	Rápido
Batido			
Marchado			
Memorizado			

Reprodução de estruturas rítmicas:
(Estruturas ritmicas de Mira Stambak)

	Estruturas (percussão)	Reprodução	
		Êxito	Não-êxito
1	OOO		
2	OO OO		
3	O OO		
4	O O O		
5	OOOO		
6	O OOO		
7	OO O O		
8	OO OO OO		
9	OO OOO		
10	O O O O		
11	O OOOO		
12	OOOOO		
13	OO O OO		
14	OOOO OO		
15	O O O OO		
16	OO OOO O		
17	O OOOO OO		
18	OO O O OO		
19	OOO O OO O		
20	O OO OOO OO		
	Totais		

Número de pontos

LATERALIZAÇÃO

Lateralidade inata:

Lateralidade socializada:

Gênese da lateralidade:

Fatores hereditários: Pai: Mãe: Avós:

	ESQUERDA		DIREITA	
	+	−	+	−
Lateralidade ocular:				
Lateralidade auditiva:				
Lateralidade manual:				
mão-iniciativa:				
mão-auxiliar:				
Lateralidade pedal:				
pé-equilibrador:				
pé-diretor:				
Escolar os dentes:				
Cortar papel com uma tesoura				
Pentear				
Tomar a sopa				
Assoar				
Tirar os sapatos				
Folhear um livro				
Dar um murro				
Dar um grande passo				
1º pé a entrar nas calças				
Mão preferida?				
Mão mais forte?				
Velocidade comparada: maior número de cruzes				
Número de respostas				
	%	%	%	%

CONCLUSÕES:

PLANO TERAPÊUTICO:

PERFIL DE DIFICULDADES

	Toni-cidade	Equi-libração	Late-ralidade	Noção do corpo	Estru-turação espácio-temporal	Praxia	Ativi-dade simbó-lica
4							
3							
2							
1							

O OBSERVADOR

_____

3.3. Aspectos práticos utilizados na observação psicomotora

3.3.1. Nos dados anamnésicos convém determinar as **características do envolvimento familiar**, não só quanto aos aspectos humanos, como em relação aos aspectos materiais. As características apontadas permitem-nos uma melhor percepção da história da criança, ao mesmo tempo em que nos informam do tipo de relações vividas e qual o grau de condicionamento (social, espacial, etc.) a que a criança tem estado sujeita. O número de pessoas que habitam o espaço habitacional deve ser considerado, bem como o grau de parentesco e o tempo de relação que mutuamente estabelecem, no sentido de uma primeira caracterização afetiva do grupo familiar (intervencionista, superprotetor, ansioso, agressivo, indiferente, etc.).

3.3.2. Numa outra rubrica, interessa-nos situar o **nível de escolaridade**, e se possível detectar quais as dificuldades específicas e o valor da integração escolar. É importante saber se a criança freqüentou ou não as séries pré-primárias, bem como o tipo de orientação escolar. Por este simples dado, pode-se observar se a criança foi ou não contrariada na sua lateralidade ou se o nível de exigência de comportamento a afetou.

3.3.3. Quanto aos dados do **desenvolvimento psicomotor**, interessa um pequeno esboço das sucessivas aquisições psicotônicas, tendo em atenção algum pormenor suscetível de justificar sinais perturbadores verificados ao longo da observação. As respostas a estes dados são normalmente pouco objetivas e muito pouco precisas, todavia num pequeno diálogo com os pais podemos descobrir algumas referências sobre a organicidade básica que podem estar em relação com dificuldades no plano da psicomotricidade.

Saber se a ritmicidade das refeições e do sono, nos primeiros meses, sofreu alguma alteração, determinar se as datas da aquisição da posição de sentado e da marcha provocaram atrasos na motricidade ou problemas na regulação neuromotora do movimento, verificar se as relações com os objetos alteravam a afetividade da criança, que tipos de situações repetia, quais as características fundamentais da atividade lúdica, etc. Todos estes dados são extraordinariamente ricos para uma comparação com os dados obtidos na própria observação inicial (diagnóstico).

3.3.4. Num outro parâmetro convém situar a criança registrando aspectos do seu **comportamento durante a observação**, que nos pareçam significativos. Verificar se a criança na presença dos pais se inibe, se opõe, ou se a sua instabilidade é manifesta. Relacionar os comportamentos da criança, não só em presença dos pais como na sua ausência, parece-nos um dado fundamental para a sua caracterização inicial.

Segue-se a *observação psicomotora propriamente dita*, subdividida pelos seguintes aspectos:

3.3.5. Aspectos somáticos

Convém anotar algumas particularidades somáticas que nos permitam verificar discordâncias, tanto anatômicas como fisiológicas, isto é, problemas de atitude (lordose, cifose, escoliose, etc.), distonias, seqüelas de raquitismo, manifestações asmáticas, fatigabilidade, etc. Podemos encarar aqui, inclusivamente, os aspectos tipológicos (longilíneo, brevilíneo, atlético, etc.) e aspectos ortopédicos (báscula da bacia, joelho recurvado, joelho valgo, pés planos, hiperlaxidez tendinosa, etc.).

Nos aspectos morfológicos interessou-nos recorrer às excelentes obras de Sheldon (apud ZAZZO et al., 1969) e aí estabelecer uma hipótese comparativa com os tipos psicomotores. Com base na evolução dos três fascículos do embrião: *endoderme* (elementos funcionais do sistema digestivo), *mesoderme* (ossos, músculos e tecido conjuntivo) e *ectoderme* (pele, órgãos dos sentidos exteroceptivos, cérebro), o autor americano classificou os indivíduos em três componentes: *endomorfismo*, caracterizado por um aspecto arredondado e amolecido do corpo (indivíduos geralmente gordos, tronco extenso e membros curtos), *mesomorfismo* pela característica musculosa e atlética e *ectomorfismo* pela linearidade, magreza e graciosidade corporal (tronco reduzido e membros compridos). Apenas nos interessou referenciar vagamente os vários tipos morfológicos, tentando mais tarde estabelecer correlações com os múltiplos aspectos da organização psicomotora. Numa rápida análise, todos os indivíduos etomorfos são hipotônicos e os mesomorfos são hipertônicos, o que explica a importância da arquitetura mioarticular em todos os comportamentos motores e psicomotores.

Podemos também acrescentar outros aspectos como: deformações torácicas, onicofagia, sucção do polegar, tiques, manias, estereótipos, alterações mímicas, etc.

3.3.6. Controle da respiração

Verificar se a ampliação do tórax é suficiente ou insuficiente, observando a coordenação dos movimentos torácico-abdominais. Solicitar respiração nasal e bucal, sua coordenação e ligação, inspiração pelo nariz e expiração pela boca e vice-versa, inspiração lenta e expiração rápida e vice-versa.

Não nos podemos esquecer que a motricidade fina, durante a sua execução, exige um bom *controle* respiratório. Através do *controle* respiratório podemos observar instabilidades, fatigabilidade, dispersão da atenção, operações motoras inacabadas etc. Devemos anotar se as situações são controladas ou não. (*Código:* o sinal + para bem controlado; ± para controlado e o sinal - para mal controlado.)

3.3.7. Tonicidade, extensibilidade e passividade

Com base nos estudos de Ajuriaguerra e Stambak (1955) procuramos abordar o estudo da extensibilidade e da passividade, ou sejam, as duas componentes do tônus do fundo. A EXTENSIBILIDADE tem mais interesse em ser encarada no ponto de vista genético, e torna-se mais importante considerá-la nos três primeiros anos de vida. Considerando a *extensibilidade, o maior comprimento possível que podemos imprimir a um músculo, afastando as suas inserções,* podemos pela sua observação constatar o grau de mobilização que a articulação considerada atinge, isto é, avaliar o ângulo que dois segmentos ósseos, unidos por uma mesma articulação, estabelecem, i.é, entre uma aproximação e um afastamento máximos.

Através da mobilização angular e articular podemos avaliar o grau de resistência tônica do indivíduo e em função disso considerá-lo hipoextenso ou hiperextenso. Segundo o estudo de Stambak (apud AJURIAGUERRA & STAMBAK, 1955), os indivíduos hiperextensos são hipotônicos, enquanto que os hipotensos são hipertônicos. É com base nesta aparente contradição que devemos caracterizar o indivíduo. Através dela podemos determinar as discordâncias tônicas e a dominância lateral (AJURIAGUERRA & SOUBIRAN, 1962).

Uma noção básica convém logo ter em conta a resistência ao alongamento (afastamento de dois segmentos ósseos unidos pela mesma articulação. Ex.: braço e antebraço unidos pela mesma articulação do cotovelo), é maior nos *músculos flexores* (mais rápidos, altamente energéticos), do que nos *músculos extensores* (mais lentos, pouco energéticos,). Os tipos osteomusculares são hipotensos, ao contrário dos astênicos. Com base nisto, podemos encarar a criança, segundo um ponto de vista tipológico (hipertônico ou hipotônico). Com a observação podemos igualmente detectar outros aspectos neurológicos, como, por exemplo, problemas posturais e problemas de lateralidade, dado que a utilização da mão iniciativa condiciona a tonicidade do seu membro. A extensibilidade do antebraço e do braço é, na criança destra, mais visível no seu lado esquerdo (AJURIAGUERRA & SOUBIRAN, 1962).

Quanto ao método de observação da extensibilidade, subdividimo-lo em dois aspectos: extensibilidade dos membros inferiores e dos superiores.

Na *extensibilidade dos membros inferiores, exploramos o ângulo adutor e o ângulo poplíteo. No ângulo adutor* exploramos a extensibilidade dos adutores. A criança deve ser colocada em decúbito dorsal, com as pernas em afastamento lateral e em extensão. Para esta prova apenas consideramos a resistência que os membros inferiores oferecem ao afastamento. Em função desse movimento, analisar a amplitude do afastamento e o grau de resistência. Consideramos o sinal +, quando o afastamento das pernas é significativo; o sinal ± quando se verifica um certo grau de resistência e o sinal - quando o afastamento é pequeno e a resistência considerável.

Na exploração do *ângulo poplíteo* exploramos os músculos extensores da coxa. A criança em decúbito dorsal flecte ao máximo a coxa sobre a bacia e, nessa postura, verificar o grau de extensibilidade da perna. Nesta observação consideramos a mesma codificação.

Na extensibilidade dos membros superiores consideramos: os peitorais e o deltóide anterior, os músculos flexores do antebraço e os extensores do pulso. *Na exploração dos peitorais e do deltóide anterior* solicitamos à criança uma postura que visa a aproximação máxima dos cotovelos atrás das costas (distância dos cotovelos). Em função da aproximação consideramos o sinal + quando os cotovelos se tocam, e quando o afastamento é reduzido, e o sinal - quando o afastamento é considerável. A melhor orientação seria a própria medição em centímetros, mas porque nos faltam aparelhos de medição exata procuramos adotar uma simbolização que nos permita apenas um esboço de aproximação dos problemas da tonicidade. Explorando em seguida os *flexores do antebraço* avaliamos o ângulo formado pelo antebraço e pelo braço após extensão máxima do antebraço (ângulo posterior do cotovelo). Consideramos o sinal + quando se verifica uma extensão total, o sinal ± quando se verificam dificuldades na extensão, e o sinal - quando a extensão é impossível. Por último analisamos a *exploração dos extensores do punho*. Flectindo a mão ao máximo, reforçando a flexão por uma pressão nas costas da mão, analisar o ângulo formado entre o antebraço e a mão (ângulo do punho). Consideramos o sinal + quando o ângulo entre a mão e o antebraço é diminuto, o sinal - quando do se verifica uma dificuldade de flexão da mão sobre o antebraço, o sinal ±, quando essa dificuldade é acrescida.

A outra componente do tônus de fundo, a PASSIVIDADE, é analisada em função das oscilações dos membros relaxados ("mortos"), pondo em relevo as paratonias. Mobilizar os *membros superiores* no sentido ântero-posterior e observar os movimentos das extremidades, tendo em atenção a rigidez ou a resistência ao *movimento passivo*. Mobilizar os *membros inferiores* (a criança deve ficar sentada numa cadeira ou numa mesa), a fim de se poder analisar o grau de oscilação das pernas e os movimentos passivos dos pés.

Consideramos o sinal + quando se verifica um movimento livre, não controlado (passivo), no nível das extremidades; o sinal ± quando o segmento distal se movimenta sem resistência, mas em que as extremidades se encontram ligeiramente mobilizadas; o sinal - quando se observa uma blocagem no nível das articulações proximais que impedem o movimento passivo dos membros e das suas extremidades, originando inclusivamente imobilizações e resistências tônico-musculares.

3.3.8. Parotonias e sincinesias

Ainda dentro da esfera tônica, observamos as PARATONIAS, quer dos membros superiores (antebraço e mão), quer dos membros inferiores (pé). Entendendo paratonia como uma *incapacidade de descontração voluntária*, procuramos observar a criança em decúbito dorsal, na postura tradicional do relaxamento adotado por Schultz (1965) (treino autógeno) e por Jacobson (1948) (relaxamento progressivo). Solicitando uma interiorização à criança, podemos igualmente observar qualquer tipo de reação tônico-emocional incontrolável (sorrisos, torções, alterações da mímica facial, etc.) que nos poderão dar indicativos de uma impulsividade ou de uma instabilidade latentes. Reações de sobressalto podem também caracterizar uma emotividade mal-investida. Ao mesmo tempo que solicitamos à criança um estado de autodescontração, podemos também, por mobilizações passivas dos segmentos (ALEXANDER, 1962) e também Wintrebert (apud WINTREBERT; MICHAUX; WIDLOCHER; PRINGUET, 1971), apercebermo-nos do grau de resistência localizada nas principais articulações (proximais e distais). Por outro lado, esta prova pode referir manutenção de atitudes e reflexos policinéticos que nos fornecem outros indicativos dos problemas do tônus induzido. Por situações de queda (Jacobson) e por localizações corporais ("levanta o teu braço esquerdo"; "baixa a tua perna direita"; "levanta primeiro o braço esquerdo e depois a perna direita", etc.) podemos igualmente observar a noção do corpo (esquema corporal) e novos problemas da lateralidade, ao mesmo tempo em que podem surgir relações com as sincinesias. Interessa observar fundamentalmente nas paratonias se há ou não abandono completo dos membros que traduza uma *capacidade* de controle de *relaxamento muscular*. Como é fácil verificar, se a criança manifestar dificuldades de auto-relaxamento, nomeadamente na articulação escápulo-humeral, oferecendo resistência ao deslocamento passivo, podemos nela constatar dificuldades de praxia manual que se repercutem em problemas escolares como a disgrafia, a modelagem, a expressão plástica, etc.

Como observação mais cuidada, procuramos explorar o abandono do antebraço, com apoio no solo do cotovelo, e o abandono da mão com apoio do pulso (membro superior). No pé, exploramos o abandono lateral-inferior da articulação do tornozelo por meio duma reação antigravítica, isto é, contrariando a posição de relaxamento do pé, quando o indivíduo se encontra em decúbito dorsal.

Consideramos o sinal + quando se manifestam blocagens irredutíveis (inibição verdadeira); o sinal ± quando as blocagens são freqüentes, mas não se manifestam de forma constante; e o sinal - quando se verificam resistências ligeiras (SOUBIRAN & MAZO, 1965).

Resta-nos a observação da DIADOCOCINESIA (*possibilidade de movimentos vivos e alternados*) e das SINCINESIAS (*reação parasita que traduz um esboço de reprodução (imitação) de movimento pelo membro contralateral, ou concentração hipertônica no membro oposto.* Ex.: mão em garra, abdução do braço, flexão progressiva do antebraço sobre o braço, ou até mesmo a reação da "boca-aberta", em que a língua "acompanha" a execução dos movimentos da mão...).

A prova clássica das "marionetes" pode indicar o grau de maturação neurológica da criança. A observação pode pormenorizar a inexistência de movimentos sucessivos de pronação e supinação, antebraço flectido sobre o braço e os cotovelos em apoio. Verificar a boa ou má localização, a extensão e o jogo agonistas-antagonistas, ou se o movimento se processa sem resistências, solicitando a execução em várias velocidades e de forma alternada. Esta prova pode revelar a incubação de problemas tônicos que não afetam as possibilidades normais da criança. A prova deverá considerar dois parâmetros: velocidade e duração. Na observação das sincinesias, consideramos que elas são característica do comportamento da criança até aos 7-8 anos. O progressivo desaparecimento traduz a maturação da psicomotricidade.

Segundo Ajuriaguerra (apud AJURIAGUERRA & STAMBAK, 1955), deixam de ser visíveis a partir dos 12 anos. De qualquer forma, as sincinesias servem-nos para despistar aspectos da tonicidade induzida, que poderão justificar o recurso a uma intervenção terapêutica psicotônica (fazendo apelo, consoante os casos, às técnicas de relaxamento mais conhecidas: Schultz (1965), Jacobson (1948), Vittoz (1954), Alexander (1962), Ajuriaguerra (apud AJURIAGUERRA & SOUBIRAN, 1962), Wintrebert (apud WINTREBERT; MICHAUX; WIDLOCHER; PRINGUET, 1971), Bergés (s.d.), Bousingen (apud BOUSINGEN & GEISSMANN, 1968), etc.).

A procura de sincinesias dá-nos importantes informações sobre as reações tipológicas e emocionais e sobre a lateralidade. Na criança destra, as sincinesias de imitação são mais assinaladas da esquerda para a direita do que da direita para a esquerda (AJURIAGUERRA & SOUBIRAN, 1962). Aproveitando as experiências de Collin e Launay podemos recorrer a uma observação das sincinesias, explorando objetos como o dinamômetro e a bola de espuma com a mão (contrair-fechar a mão) ou recorrendo ao afastamento e aproximação alternada dos pés. Não esquecemos as provas da motricidade facial de Kwint (apud THOMAZI, 1960) nem as de motricidade digital de Rey (1947), cuja utilização nos deram outras variáveis tônicas.

Adotamos neste âmbito uma simbolização que nos permita distinguir a intensidade das sincinesias:

- Sinal +, sincinesias fortemente assinaláveis;

- Sinal ±, sincinesias normalmente assinaláveis;

- Sinal -, sincinesias pouco assinaláveis.

3.3.9. Sentido sinestésico

Observação clássica que nos permite despistar problemas de integração e realização do movimento para além de problemas emocionais relativos ao conhecimento e expansão do corpo. Solicitando à criança várias posições dos membros superiores (elevação superior do braço direito com elevação anterior do braço esquerdo, etc.), primeiro em imitação e depois em reprodução interiorizada (olhos fechados), vamos registrando o êxito das situações ao mesmo tempo que se podem observar dismetrias, dificuldades de *controle*, de localização corporal e de ocupação espacial.

3.3.10. Dismetria

Um dos movimentos estudados por Ozeretzki (1936), na sua "escala métrica do desenvolvimento da motricidade na criança e no adolescente". Partindo da posição de braço estendido, tocar a ponta do nariz com a extremidade do indicador, movimento realizado com olhos fechados. Encarando a dismetria como *um movimento de execução exagerada, pouco precisa, ou seja, pouco econômica* e *ajustada,* podemos também registrá-la nas situações de *controle* da equilibração, respeitando as evoluções da marcha, da corrida ou da coordenação dinâmica geral.

3.3.11. Imobilidade

É uma das observações que mais elementos nos fornece. Observação utilizada por Guilmain (apud GUILMAIN, E. & GUILMAIN, G.), visando a capacidade de imobilização corporal, durante 60 segundos, com olhos fechados.

Através desta observação podemos recolher informações sobre a existência ou não de problemas de *ansiedade, turbulência, instabilidade.* Logo que a criança abre os olhos, altera a sua mímica facial, gesticula, sorri ou quando acusa perturbações no equilíbrio ou até mesmo outro tipo de reações incontroláveis. Outra informação situa-se no nível das oscilações ântero-posteriores, ou laterais do corpo, como também a fixação da atitude por uma rigidez corporal, visível nos braços estendidos e na flexão crispada da mão. Neste caso estamos em presença de uma *criança inibida,* sendo necessário registrar a característica somática atinente (blocagem respiratória, crispação da visão etc.), ter em atenção se a atitude é mantida pelos músculos da superfície como o reto abdominal ou o quadríceps femural, pois neste caso podemos estar em presença de distonias de atitude que justificam intervenção terapêutica cuidada. A observação de *tiques* e de estereótipos podem também surgir. As manifestações de *hiperemotividade* são normalmente assinaladas por pequenos movimentos dos dedos da mão.

Interessa captar a forma de manutenção da atitude, se é mantida através de uma calma interior, se é conseguida por um grande esforço com blocagens associadas, perturbações psicotônicas, etc.

Consideramos dois parâmetros fundamentais: instabilidade (IB) e inibição (IN), e dentro deles: o sinal +, se são fortemente marcadas; o sinal ± normalmente assinaláveis; o sinal - se são pouco visíveis.

3.3.12. Controle visual

Solicitamos à criança a discriminação visual de algumas figuras desenhadas no espaço, como círculos, triângulos, quadrados, letras, etc. Podemos registrar problemas de atenção e verificar aspectos da atividade simbólica. A prova de Vyl (1970) pode ser também um ótimo indicativo da adaptação espacial. A autora sugere a execução de um círculo no espaço em 8 tempos, relacionando o movimento do olho com a sucessiva ocupação espacial da ponta do indicador. Através desta exploração outros aspectos da coordenação óculo-manual poderão resultar, podendo vir a acentuar noutras observações mais específicas que se seguirão.

3.3.13. Equilibração

Na equilibração procuramos adotar as provas de Ozeretsky (1936) e Wallon (1958) considerando três aspectos essenciais:

1) Equilíbrio Estático (EE);

2) Equilíbrio Dinâmico (ED);

3) Saltos (S).

No *equilíbrio estático* solicitamos à criança a execução de três provas. Na 1ª, denominada por *apoio retilíneo*, a criança terá que colocar um pé no prolongamento do outro, de forma que o calcanhar do pé da frente toque na ponta do pé de trás, respeitando um apoio retilíneo, não bilateral como é a tendência normal. Trata-se de observar a capacidade de domínio de um automatismo adquirido. Esta simples prova, como as restantes, podem nos informar da existência de problemas do equilíbrio e portanto de anomalias cerebelosas que podem estar na origem de outras carências psicomotoras.

Na 2ª prova do EE solicitamos à criança a *manutenção do equilíbrio do corpo em "pontas de pés"* (elevação dos calcanhares), com os pés juntos.

Na 3ª prova do EE pedimos à criança para se *apoiar num pé,* levantando a perna em relação à coxa, de modo que realize um ângulo reto. A prova deve ser realizada, primeiro com o PE e depois com o PD.

Nas três provas consideramos o *êxito* (+) *quando a criança executa a prova num mínimo de duas tentativas, e o não-inêxito* (-) *quando a execução é imperfeita e ultrapassa* as três *tentativas.* A prova deve ser realizada primeiro com os olhos fechados (OF), isto é, tomando a posição com os olhos abertos e fechando-os em seguida.

No *equilíbrio dinâmico* solicitamos a execução de duas provas feitas com as mãos livres.

Na 1ª prova do ED pede-se à criança a realização de uma *marcha controlada,* em cadência livre, colocando os pés um à frente do outro (o calcanhar do pé da frente tocando a extremidade anterior do pé de trás) segundo uma linha retilínea, numa distância mínima de três metros.

Na 2ª prova do ED solicitamos a execução de um percurso em marcha normal com *meia-volta.* A meia-volta deve ser realizada de forma espontânea, tomando-se nota do pé que serve de *pivô* e do sentido de rotação (no sentido do relógio ou no sentido inverso). Podemos fazer uma demonstração para melhor compreensão, frisando bem que, após a meia-volta, o sentido da marcha é inverso ao da direção inicial.

Consideramos o aferimento do êxito e o não-êxito nas mesmas condições das provas do EE.

Nas provas de *saltos*, para além do equilíbrio, procuraremos referenciar aspectos da coordenação e da desinibição. Solicitando um deslocamento de três metros em pé *coxinho*, devemos anotar o pé do equilíbrio e a qualidade de *controle*, ou inclusivamente qualquer tipo de reações incontroláveis. Numa segunda situação, solicitamos a execução em pés *juntos*, tendo em atenção a colocação dos pés, da bacia, do tronco e da cabeça, e observar também se há dificuldades de relação entre as ações das pernas com o restante conjunto corporal, como sejam dismetrias, *bloqueios,* fortes pressões no solo, apoio plantar dos pés, sincinesias bucais e braquiais, etc.

O aferimento é feito nos mesmos moldes das provas anteriores, tendo em atenção aspectos de coordenação e do *controle* da atitude, que nos possam permitir um estudo relacional com a tonicidade e com as restantes provas de eficiência motora.

3.3.14. Dissociação

Em primeiro lugar entendemos por dissociação *a capacidade de individualizar os segmentos corporais, que tomam parte na execução de um gesto intencional.* A dissociação reveste-se de uma formulação melódico-sinestésica que põe em causa aspectos do autocomando motor e aspectos de adaptação a situações que exijam continuidade rítmica de execução. Dissociar é sinônimo de diferenciar, e no campo da psicomotricidade está em relação com o grau de dificuldade do *controle* mental do gesto.

Nesta observação interessa-nos verificar a *possibilidade de independência dos vários segmentos corporais* quando estruturados em função de um fim. A independência segmentar que nos é mais significativa é a que se estabelece entre o *trem superior* (diferenciação dos braços em relação ao tronco) e o *trem inferior* (diferenciação das pernas em relação ao tronco).

Segundo Piret e Beziers (1971), o tronco está organizado pelo seu sistema cruzado, em forma de torsão com os membros. O tronco situa-se na continuidade dos movimentos dos membros, unindo as mãos e os pés. Com base nesta perspectiva, procuramos perceber a dissociação segmentar, como uma estrutura resultante da coordenação.

Numa primeira análise verificamos a independência dos dois membros superiores entre si. Posteriormente analisamos a diferenciação dos dois membros inferiores entre si, tomando em consideração, quer num caso, quer noutro, a execução de movimentos de percussão (membros superiores) e de batimentos no solo (membros inferiores), em função de um ritmo do metrônomo. Nesta observação temos, como preocupação essencial, verificar a *libertação da globalização do gesto*, a que normalmente as crianças se encontram presas (AJURIA-GUERRA, 1956).

Na 3ª e 4ª observações procuramos já inter-relacionar a execução de movimentos unilaterais. Solicita-se à criança para realizar um batimento da mão e do pé do mesmo lado, e em seguida do lado contrário.

A 5ª, 6ª e 7ª observações visam a dissociação da mão direita e esquerda, com o pé direito e esquerdo. Exemplo: do primeiro sinal bater com a mão esquerda (ME), depois com a mão direita (MD) ao segundo; em seguida, um batimento do pé esquerdo (PE), e por último, no quarto sinal, um batimento do pé direito (PD). A prova deve ser continuada e deve permitir a observação de aspectos relativos ao *controle* e coordenação do gesto. Devemos tomar nota da qualidade do gesto (crispado, sacado, harmonioso, etc.) da disponibilidade e da elegância psicomotora (no sentido do "estilo motor" de Stambak, 1963). Podemos observar as variações de execução, as blocagens, as hesitações, as inibições, e através delas tomar consciência das relações entre motricidade automática e a voluntária. Ainda na dissociação, adotamos uma prova de Soubiran (apud SOUBIRAN & MAZO, 1965) (8ª observação), que visa relacionar aspectos da agilidade, da coordenação e da dissociação.

Trata-se de solicitar à criança a realização de uma prova mais dinâmica, que pode dar origem à reação de desorganização e descoordenação, visto exigir uma maior perfeição motora:

1º) Afastar e juntar as pernas (agilidade);

2º) O mesmo movimento, com batimento de palmas no momento da junção das pernas (coordenação);

3º) O mesmo movimento, com batimento de palmas no momento do afastamento das pernas (dissociação);

4º) Os mesmos saltos, com batimentos de palmas no 1º e 2º tempos.

(*Obs.*: Todas as provas devem respeitar a seqüência.)

Em todas as observações procuramos assinalar a percentagem dos êxitos (sinais +), e dos inêxitos (sinais -), estabelecendo uma primeira comparatividade, que nos leve a um esclarecimento de resultados com outras provas.

3.3.15. Coordenação

Nas provas de coordenação procuramos o grau de maturidade das estruturas vísuo-motoras e o plano do movimento adaptado a um fim. Aplicamos quatro provas; uma óculo-manual, duas óculo-pedais e uma de dinâmica manual (motricidade fina).

Na *coordenação óculo-manual,* utilizando uma bola, solicitamos à criança *um lançamento para um cesto a três metros de distância e colocado a uma altura de um metro.* Devemos fazer referência ao número de *tentativas* necessárias para introduzir a bola no cesto, bem como à adaptação emocional da situação, ao mesmo tempo em que se vão apontando reações de ajustamento. Sem condicionar a criança, esta prova surge-nos também como definidora da sua lateralidade.

Nas provas *óculo-pedais* utilizando, na primeira, uma bola, solicitamos *um pontapé dirigido para o intervalo dos pés de uma cadeira, que dista da criança os mesmos três metros*. Interessa-nos verificar o *controle* do equilíbrio e a intensidade e precisão do pontapé, anotanto o número de tentativas necessárias para o êxito da situação. Esta prova dá-nos também uma referência sobre a lateralidade do membro inferior. A segunda prova trata do *controle de um objeto* (malha, caixa, etc.) *na posição de pé coxinho, visando a realização dum percurso determinado*. Com esta prova completamos a anterior e poderemos ficar em condições de determinar o *pé de equilíbrio e o pé de iniciativa de movimento*.

Na *coordenação dinâmica manual* procuramos estabelecer uma relação entre os fatores da velocidade e da precisão da execução, entrando em linha de conta com o tempo de composição e decomposição. Solicitando à criança a *composição articulada de 10 "clips" e a sua decomposição por unidade,* tomando nota do tempo e simultaneamente analisando o seu estilo motor, procuramos diagnosticar a maturidade práxico-manual e a sua componente tônico-emocional. A prova não é mais do que uma adaptação de A. Rey, cuja aplicação nos interessou considerar, ao mesmo tempo em que nos fornece indicações da carência instrumental que podem estar na origem de problemas escolares, nomeadamente dificuldades na escrita. Em função da execução, assim verificamos a relação dos fatores velocidade e precisão, que nos podem fazer recuar aos problemas de instabilidade (V > P), *controle* (V = P) ou inibição (V < P). O tratamento cronométrico apenas nos serve para comparar as várias crianças, dado que a amostra, por ser pequena, não nos permite a análise de um desvio-padrão ou dos níveis de significância que qualquer tratamento estatístico requer.

3.3.16. Noção do corpo

Procuramos com esta observação a aplicação dos testes de Piaget (1960) e Head (apud HÉCAEN & AJURIAGUERRA, 1963), através do reconhecimento corporal (inventário do corpo e amostragem dos segmentos do corpo), bem como a capacidade de identificação corporal com a adaptação dos testes de imitação de Bergés e Lezine (1963). Em complemento, solicitamos à criança o "teste de *bonhomme*", também como adaptação original, isto é, com o desenho do corpo em pé (gnosia postural) e o desenho do corpo sentado (gnosia cinética).

A formação da imagem visual do corpo humano (*bonhomme*) tem sido largamente aplicada, tanto nos campos da psicologia como da patologia. A nossa tentativa procura apenas uma objetivação da representação do corpo, tanto no seu aspecto gnósico como simbólico. Procurando uma via de comparação, solicitamos à criança o "desenho de uma pessoa", tanto na observação inicial como final, e com base nos dois desenhos assim tomamos consciência dos efeitos de ordem gnoseo-práxica provocados pelas sessões de Terapia Psicomotora. Neste setor procuramos captar alguns dados que nos permitam concretizar aspectos da evolução do desenho, e que traduzem um meio concreto de aferição do nosso processo terapêutico. Com base nos problemas levantados no capítulo sobre a gênese da noção do corpo (AJURIAGUERRA & SOUBIRAN, 1962), a aplicação desta prova constitui uma das nossas pistas de investigação mais importantes, na medida em que nos fornece elementos referentes à integração da experiência corporal e à sua repercussão e significação no desenvolvimento da personalidade da criança. Quando da apresentação da casuística, procuraremos referenciar estes aspectos, com apoio metodológico, nas obras de Goodenough (1957), Wintsch (1935), Fontes (1960) e Thomazi (1960).

3.3.17. Adaptação espacial

Cópias de elementos

Apenas a aplicação dos quadros de Bugnet (apud SOUBIRAN & MAZO, 1965), solicitando à criança a transposição para o papel de estruturas gráficas elementares que lhe são mostradas.

A aplicação destas estruturas visa captar alguns problemas de discriminação vísuo-espacial e de coordenação óculo-manual, que nos permitam, fundamentalmente, despistar perturbações de caráter espacial, que podem estar na origem de uma dificuldade escolar específica (disgrafia, discalculia, etc.).

Exemplo de estruturas gráficas elementares:

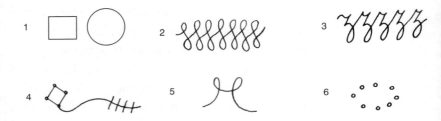

Em função da criança observada, poderemos, com base nestas experiências, apercebermo-nos de dificuldade de ordem perceptiva, de ordem seriativa, de ordem memorial, de ordem reprodutiva, etc. No fundo, embora com uma finalidade diferente, esta prova visa uma aplicação do teste Bender-Santucci, embora com um tratamento diferente, não tão pormenorizado e cientificado.

Reconhecimento das noções fundamentais

Com a apresentação de algumas fichas, que referenciam figuras colocadas em diferentes posições, direções e com diferentes dimensões, solicitamos à criança a diferenciação das estruturas espaciais elementares, como por exemplo: esquerda-direita; alto-baixo; pequeno-grande; em cima-embaixo; à frente-atrás; noção de simetria, inversão; inclinação; horizontal e vertical.

Reprodução de estruturas espaciais

Para além do diagnóstico memorial que caracteriza esta prova, procuramos relacionar a coordenação óculo-manual e a estruturação espacial. Em primeiro lugar, mostramos uma *estrutura de fósforos,* solicitando à criança uma representação espacial. Seguidamente tapamos a estrutura, ao mesmo tempo em que a criança a executa segundo uma coordenação espacial esquerda-direita. As estruturas espaciais são simples e constituem um conjunto de posições e direções fundamentais, agora exploradas num sentido práxico-construtivo.

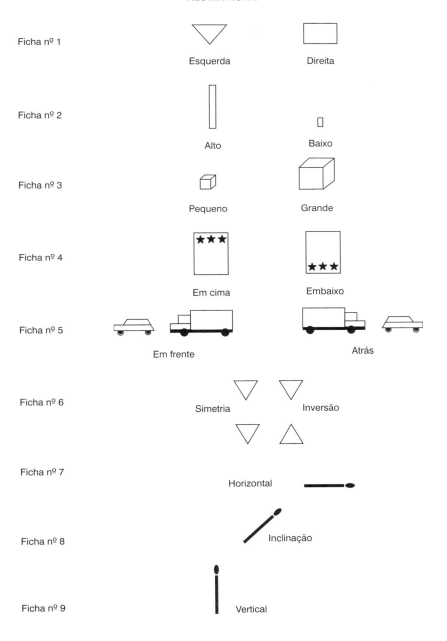

Exemplo de estruturas espaciais com fósforos:

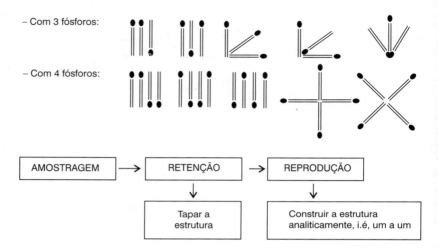

Solicitamos à criança a *prensão em pinça* de um fósforo do seu lado esquerdo, e a sua colocação do lado direito, em função da estrutura espacial sugerida. Após a construção total da estrutura realiza-se uma *correção* em caso de necessidade. Em função do comportamento da criança, verificamos não só a resolução da situação (reprodução) como as capacidades de integração perceptiva e de representação espacial (retenção), através de um complexo emotivo-afetivo, rapidamente expresso na mímica facial ou numa instabilidade psicomotora, ou inclusivamente, por todo um conjunto de reações verbais compensatórias que apelam para uma freqüência exagerada de repetições de amostragens.

Esta prova serve apenas para verificar as possibilidades de generalização das estruturas mentais que presidem à integração, elaboração e execução de estímulos. Com base nesta situação podemos captar problemas psicofisiológicos do sistema nervoso central que são responsáveis pelos fenômenos do armazenamento, codificação e descodificação de estruturas espaciais, e problemas relativos à motricidade fina. Esta observação, para além de diagnosticar aspectos psicomotores, levanta outras despistagens que estão na origem das dislexias e disortografias, como por exemplo as estruturas reciprocamente despendentes, perceptivas e motoras.

Representação espacial

Esta prova é também uma outra tentativa de diagnóstico da adaptação espacial e visa a *reprodução topográfico-cinética* de um trajeto desenhado numa planta da sala. Depois de informarmos à criança que os objetos da sala se encontram desenhados no plano, criamos um trajeto com o lápis e solicitamos-lhe a sua realização motora. Trata-se de avaliar a descoberta do esquema da sala e a relação espacial dos objetos que nela se encontram (cadeiras, mesa, secretária, armário, portas, janelas, etc.)*.

Depois de um primeiro trajeto comentado, onde inclusivamente nos podemos aperceber do vocabulário da criança, sua riqueza ou empobrecimento, solicitamos mais duas situações idênticas, i.é, desenhamos trajetos diferentes e pedimos à criança para os realizar na sala, ou, então, podemos realizar um determinado trajeto solicitando-lhe, em seguida, a sua reprodução desenhada da própria planta da sala.

EXEMPLO

C1 – Cadeira onde está a criança observada
C3 – Cadeira do observador
C8 – Cadeira do familiar que assiste à observação
C2, 5, 6, 7 – Outras cadeiras

P – Porta de entrada
A – Armário
M – Mesa
S – Secretária
E – Estante baixa

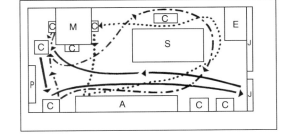

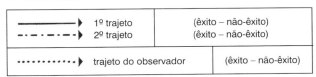

---

* Ver a ficha de observação psicomotora.

Em função dos três trajetos solicitados, da sua compreensão, execução e precisão topográfica, assim analisamos o êxito e o não-êxito desta situação.

Organização espacial

Esta prova é uma adaptação de Vyl. Trata-se de pedir à criança a realização de um percurso (o comprimento da sala – 5,30m) em marcha normal, ao mesmo tempo que se deve contar o número de passos dados. Após tomada a consciência do número de passos dados, solicitamos à criança para realizar mais dois percursos: o primeiro, com mais passos que o normal; o segundo, com menos. Suponhamos que a criança percorreu a distância de *12* passos. Na *1ª tentativa,* pedimos-lhe para fazer o mesmo percurso em *15* passos (+3), provocando na criança um plano de organização espacial que a leve a concretizar a situação-problema. Verificamos, assim, se a criança reduz a amplitude da passada, se a tem que diminuir exageradamente na parte final, se organizou o mesmo espaço com a sua motricidade e se realizou de fato a situação. Na *2ª tentativa* pedimos-lhe para fazer o mesmo percurso em *9* passos (- 3), isto é, com menor número de passos, onde o problema da organização espacial exige o alargamento da passada.

Podemos, com base nesta observação, constatar se o número de passos tem uma significação vivida, que nos levanta problemas de cálculo. Também é interessante anotar, ao mesmo tempo que relaciona a representação espacial objetiva. Todas estas provas não têm uma significação absoluta nem constituem provas puras, só no seu todo nos podem endereçar indicações sobre a adaptação espacial e da sua recognição, como uma aquisição fundamental para a compreensão do real e para uma mais ajustada resposta às exigências escolares básicas.

3.3.18. Ritmo

Com base nas estruturas rítmicas de Stambak (apud STAMBAK & JAKSIC, 1965) procuramos ter uma noção da estruturação harmoniosa dos dados espaciais e temporais, formulando um parecer sobre a criança que reúna não só aspectos gnósicos (reconhecimento) como práxicos (construção, realização, etc).

Numa *1ª observação* utilizando como material o metrônomo, procuramos analisar a adaptação a três velocidades diferentes (lento, médio e rápido), tanto nas situações de *batimento de palmas,* como nas de *marcha.* Em função da aceleração do ritmo, convém referenciar a existência ou não de impulsividades ou de reações incontroláveis como mais um dado de caracterização a comparar com as restantes situações da observação.

De maneira geral e segundo Soubiran e Mazo (1965), o batimento de palmas está relacionado com a *impulsividade*, ao mesmo tempo em que a marcha se encontra em relação com a *inibição*. Por aqui podemos avaliar o papel dos fatores de adaptação espácio-temporal da criança, que assumem grande importância nas aprendizagens léxicas.

Não só a reprodução como a conservação dos ritmos têm importância, dado que normalmente uma inadaptação espácio-temporal reflete toda uma desorganicidade psicotônica muito complexa. Convém anotar as discordâncias entre os ritmos batidos e os ritmos marchados, ao mesmo tempo em que se recolhem ótimas informações sobre o *controle* emocional e o *controle* motor, que no seu conjunto podem traduzir uma *disritmia psicomotora.*

Para além dos aspectos rítmicos, as situações que solicitamos às crianças podem construir excelentes indicativos sobre os seus estilos motores, isto é, das suas possibilidades de coordenação motora, estática e dinâmica, difusão e blocagem motoras, hipertonicidade, hiperemotividade, etc. Como foca Ajuriaguerra e os seus colaboradores (AJURIAGUERRA & SOUBIRAN, 1962), a educação pelo ritmo é um meio extremamente eficaz para combater a ansiedade, a inibição, a debilidade motora, a expressão motora, a rigidez de atitude (*reaction de prestance*), etc.

Numa observação conjunta com os ritmos batidos e marchados adaptamos também uma situação de *memória rítmica.* Pondo em funcionamento o metrônomo, solicitamos à criança, após ter sido parado, a exata reprodução do ritmo que interiorizou, i.é, batendo as palmas das mãos na cadência do metrônomo. Trata-se de verificar a acuidade auditiva e a capacidade de retenção do estímulo sonoro. Em complemento, adotamos uma situação de *memória motora,* solicitamos novamente à criança a integração de três movimentos condicionados a três sinais diferentes.

Ao 1º sinal: "Sentado no chão";

Ao 2º sinal: "Deitado no chão";

Ao 3° sinal: "Ficar de pé".

Na *2ª observação* procuramos a reprodução das vinte estruturas rítmicas de Stambak, com a finalidade de verificar a capacidade de generalização perceptivo-motora da criança (Audição → Simbolização → Realização).

Sugerindo à criança a capacidade de discriminação auditiva (atenção auditiva) bate-se com o lápis na mesa, respeitando as estruturas rítmicas transcritas na ficha de observação psicomotora. Depois de termos realizado as estruturas, pedimos à criança para as repetir o mais exatamente possível. A primeira estrutura é feita pelo observador e logo em seguida a criança repete-a, e assim sucessivamente, até atingir a vigésima estrutura rítmica.

O lápis deve estar fora do campo visual, a fim de permitir à criança uma melhor integração auditiva, de modo a não ser confundida com a integração visual.

Logo que o ensaio da criança atingiu êxito, passamos às estruturas seguintes e a partir do momento em que a criança não o consegue à 3ª tentativa passamos à estrutura imediata, registando o não-êxito. Se a partir de certa altura verificarmos três não-inêxitos seguidos, convém passar a outra observação, tentando cuidadosamente não valorizar os não-êxitos, a fim de manter o mais afastado possível qualquer mecanismo de defesa, que por sua vez pode falsear os dados recolhidos na primeira observação. Podemos adotar, como Wayer (1972), um ponto por cada estrutura bem executada e com base nisto realizar uma notação de comparação.

Em paralelo, podemos anotar indicações sobre a mão utilizada, o sentido da transcrição, a compreensão da situação, a adaptação emotivo-afetiva, etc.

3.3.19. Lateralização

As provas de lateralidade constituem uma amálgama de situações de autores clássicos, como por exemplo Bloéde (1946), Bingley (apud HÉCAEN & AJURIAGUERRA, 1963), Humphrey (apud HUMPHREY & ZANGWILL, 1952), Roudinesco e Thyss (1948), Subirana (1952), Clark (1957), Granjon (1970), Piaget (1960), Head (apud HÉCAEN & AJURIAGUERRA, 1963), Ajuriaguerra (apud AJURIAGUERRA & SOUBIRAN, 1962), etc. Duas preocupações presidiram à estruturação do teste: em primeiro lugar, a diferenciação entre *lateralidade inata e lateralidade socializada* (adquirida em função de aspectos sociais, escolares, familiares, etc.); em segundo lugar, a sua *ontogênese.* Em função de um pequeno questionário feito aos pais, determinamos alguns aspectos da gênese da lateralidade e averiguamos a existência ou não de lateralidade contrariada provocada, quer no interior da família, quer no nível de exigência escolar. Com referência a estes aspectos procuramos diferenciar a etiologia da lateralidade (aspectos do equipamento neurofisiológico básico, causas exógenas resultantes de uma desajustada aplicação de normas sociais e efeitos psicoafetivos do trauma escolar). Para um dado investigativo, acrescentamos ainda a lateralidade dos progenitores e dos seus antecedentes familiares. Neste aspecto, convém situar qual a lateralidade do adulto que durante mais tempo se encontra em relação com a criança, para além dos pais e dos professores.

Na análise da lateralidade, encaramos a ocular, a auditiva, a manual, a pedal e a expressiva.

Em todas as situações procuramos não só uma *lateralidade tipo motora*, com situações específicas por resolver, como também uma *lateralidade convencional tipo expressiva*, a fim de aferir a importância dos aspectos sociais.

1) *Lateralidade ocular*: Solicitamos à criança espreitar por um canudo e simular a visualização de uma pistola.

2) *Lateralidade auditiva*: Colocar a criança de costas para o observador, tendo este que fazer um sinal sonoro. Em função da rotação do corpo, registrar para que lado foi realizada. Pedir à criança para simular a situação de atender ao telefone.

3) *Lateralidade manual*: Em função da prova de coordenação dinâmica-manual e da coordenação óculo-manual (lançamento da bola) registrar a mão com funções de adaptação imprevisível (iniciativa) e a mão com funções complementares de apoio e suporte (auxiliar).

4) *Lateralidade pedal*: Determinar em função das provas de equilíbrio o pé equilibrador e o pé diretor de movimento (pontapé-controle de um objeto em pé coxinho).

5) *Lateralidade expressiva*: Solicitar à criança a simulação de gestos propostos na ficha de observação.

Por último realizamos uma *prova de velocidade comparada*, que constitui a aplicação de uma prova de Clark (1957), e que para além de vários aspectos ligados a outras observações constitui uma prova de características muito objetivas e que nos permite aperceber da verdadeira lateralidade da criança, quando se registra uma hesitação de determinação em função das outras provas.

A notação é feita em forma de X, ora do lado direito ora do esquerdo. Em ambas as colunas ainda temos duas outras, que nos servem para diferenciar o nível de execução e coordenação dos gestos pedidos. Se o gesto é espontâneo, controlado, sem perturbações psicotônicas ou psicomotoras, o X deve ser colocado na *coluna* +; se, pelo contrário, a resposta denota ausência de disponibilidade, falta de harmonia gestual, dificuldades psicomotoras, etc., o X é colocado na *coluna* -.

Em função na somatória das respostas das várias situações, atingimos a percentagem das respostas bem e mal executadas no plano motor e psicomotor, e o número de respostas feitas com órgãos corporais esquerdos e direitos, segundo o quadro:

	Esquerda (x%)	Coordenada x_1% Descoordenada x_2%
LATERALIDADE		
	Direita (y%)	Coordenada y_1% Descoordenada y_2%

3.3.20. Conclusão da observação psicomotora, plano terapêutico e perfil

A observação psicomotora está então terminada.

Logo após a observação procuramos um pequeno *diálogo com os pais*, tentando implicá-los no próprio processo terapêutico que se vai seguir, construindo com eles o próprio *plano de intervenção,* alertando-os inclusivamente para os problemas que acabaram de tomar consciência, na medida em que também foram observadores. Julgamos que este aspecto é fundamental, primeiro porque os pais passam a ter mais consciência das dificuldades da criança e isto pode servir para reduzir síndrome de culpabilização e dramatização; segundo, porque se comprometem numa mutualidade de responsabilidade entre a vida familiar e a vivência da terapêutica. Com isto queremos também combater a passividade ou compensação dos pais, que julguem ter resolvido o seu problema de prestígio social. Entendemos que uma terapêutica, feita fora dos ambientes e espaços habituais da criança, não resulta significativamente. A terapêutica deveria ser operada ou pelos professores ou pelos pais. Estamos conscientes que esta é uma perspectiva desinserida da realidade socioeducativa, daí que procuremos, com base nos contatos *pós-sessões*, uma pequena via de comunicação fortalecida entre nós e os pais da criança. Não nos interessa ficar no nível de um centro especializado em diagnósticos psicomotores; reconhecemos que isto pode ser um esforço da segregação e patologização da criança. Procuramos no nosso trabalho um difícil equilíbrio (reajustamento) entre uma investigação clínica (cientificada) e um processo terapêutico transformativo e afetivo (humanizado).

Desta forma, e porque os pais não acompanham as sessões de trabalho, evita-se um sentimento de insegurança da parte deles e um pseudo-sigilo científico da parte do terapeuta. Claro que a entrevista com os pais deve ser feita fora da presença da criança, renunciando qualquer valorização das suas dificuldades. Por outro lado, convém evitar um certo misticismo entre adultos (pais-terapeuta) e a própria criança, e naturalmente equacionar um plano relacional entre três unidades postas em situação perante um problema que nos interessa em comum resolver:

Após reflexão conjunta com os pais e depois da recolha dos dados da observação psicomotora procuramos construir uma *conclusão global* que constitua uma análise e uma interpretação cuidada dos dados reunidos e organizados. Com base neste conjunto estruturaremos, em função das dificuldades, um *plano terapêutico* que irá ser concretizado ao longo de várias sessões de trabalho. Durante este período procuraremos meios psicomotores que traduzem não só um enriquecimento da esfera psicomotora, como uma tentativa de aplicação psicoterapêutica atinente, que garanta a aquisição de um sentimento de confiança da parte da criança, que seja difusor de confiança nos próprios pais e professores.

Em complemento e como tentativa metodológica procuramos *resumir* a observação psicomotora num perfil de dificuldades, abordando os seguintes parâmetros:

- tonicidade;
- equilibração;
- noção do corpo (somatognosia);
- estruturação espácio-temporal;
- praxia;
- atividade simbólica.

Os parâmetros são analisados na própria observação e são considerados quer na observação inicial, quer na observação final.

Os valores do perfil que adotamos procuram apenas *determinar* o controle dos *fatores da atividade motora*. Para esse efeito tentamos uma aplicação da metodologia de Stambak (1963), qualificando a criança em função das possibilidades de *controle*.

Graus de qualificação

1) *Falta de controle*: Manifestações de problemas de equipamento neurofisiológico. Registro de perturbações psicomotoras;

2) *Malcontrolado*: Falta de ajustamento e continuidade nas tarefas motoras propostas. Dificuldades de execução e de coordenação;

3) *Controlado*: Execução e regularidade adaptativa. Ausência de sinais de desorganicidade psicomotora;

4) *Bem controlado*: Precisão e harmonia psicomotora.

Na maioria dos casos o *perfil psicomotor traduz*, de forma mais ou menos correta, as dificuldades da criança perante as situações propostas na observação.

Para efeitos de ordem metodológica e investigativa, a *observação inicial* procura ser o mais fiel possível à *observação final*, visando não só a repercussão dos efeitos das sessões terapêuticas, como a evolução (ou estacionamento) das capacidades captadas, e daí concluir criticamente se a linha de intervenção foi bem ou malsucedida.

Em síntese, procuramos posteriormente no perfil psicomotor inicial traçar o perfil final, a outra cor, e assim, rapidamente, aferir a evolução dos vários casos.

Bibliografia

AJURIAGUERRA, J. de (1956). "Intégration de la motilité". *In: Rev. Enfance,* n. 2, 1956.

AJURIAGUERRA, J. de & SOUBIRAN, G. (1962). Indications et techniques de rééducation psychomotrice. *Rev. Psychiat. de l'Enfant,* vol. II, fasc. 2.

AJURIAGUERRA, J. de & STAMBAK, M. (1955). L'evolution des syncinésies chez l'enfant. *Présse Médicale*, n. 39.

ALEXANDER, G. (1962). Les methodes de relaxation. *Cahiers de Psychiatrie*, n. 16-17.

BERGÉS, J. (s.d.). Les indications de la relaxation chez l'enfant. *Rev. Neuropsychiatrie Inf.*, n. 7-8.

BERGÉS, J. & LÉZINE, L. (1963). *Test d'imitation des gestes* – Techniques d'exploration du schéma corporel et des praxies chez l'enfant de 3 à 6 ans. Paris: Masson & Cie.

BLOÈDE, G. (1946). *Les gauchers – Étude du comportement de la pathologie et de la conduite à tenir*. Lyon: [s.e.] [Tese de doutorado].

BOUSINGEN, D. & GEISSMANN, P. (1968). *Les méthodes de relaxation*. Bruxelas: Dessart.

CLARK, M.M. (1957). *Left – Handedness*. Londres: University of London.

FONTES, V. (1960). Interprétation psychologique du dessin antropomorphique infantile, spécialement observé chez les olighophréniques. *Sauvegarde de l'Enfant*, 6.

GOODNOUGH, Fl. (1957). *L'Intelligence d'apprés le dessin*. Paris: PUF.

GRANJON, N.G. (1970). Le symbolisme chez l'enfant. *Psychiat. L'Enfant*, vol. XIII, fasc. 1.

GUILMAIN, E. & GUILMAIN, G. (1971). *L'activité psycho-motrice de l'enfant: son evolution jusq à 12 ans* – Tests d'âge moteur & tests psychomoteurs. Paris: Lib. Vignés.

HÉCAEN, H. & AJURIAGUERRA, J. de (1963). *Les gauchers* – Prévalence manuelle et dominance cérébrale. Paris: PUF.

HUMPHREY, M.E. & ZANGWILL, O.L. (1952). Dysphasia in Left-handed Patients with Unilateral Brain Lesions. *J. Neurol. Neurosurg. Psychiat.*, XV.

JACOBSON (1948). *Progressive relaxation*. Chicago: The University of Chicago Press.

OZERETZKI, N. (1936). Echelle métrique du dévéloppement de la motricité chez l'enfant et l'adolescent. *Hygiène Mentale* [s.n.t.].

PIAGET, J. (1960). Les praxies chez l'enfant. *Rev. Neurologique*, 102.

PIRET, S. & BEZIERS, M.M. (1971). *La coordination motrice* – Aspect mécanique de l'organisation psycho-motrice de l'homme. Paris: Masson & Cie.

REY, A. (1947). *Études des insuffisances psychologiques.* Neuchâtel: Delachaux et Niestlé.

ROUDINESCO, M. & THYSS, J. (1948). L'enfant gaucher – Étude clinique – Signification physiologique – Problèmes pedagogiques. *Enfance*, 1.

SANTUCCI, H. & BENDER, L. (1968). *Épreuve d'organisation grapho-perceptive pour enfants de 6 à 14 ans.* Neuchâtel: Delachaux et Niestlé.

SCHELDON, W.H. (1969), apud ZAZZO, R. et al. *Des garçons de 6 à 12 ans.* Paris: PUF.

SCHULTZ, J.H. (1965). *Le training autogéne.* Paris: PUF.

SOUBIRAN, G.B. & MAZO, P. (1965). *La réadaptation scolaire des enfants intelligents par la rééducation psychomotrice.* Paris: Doin.

STAMBAK, M. (1963). *Tonus et psychomotricité dans la première enfance.* Neuchâtel: Delachaux et Niestlé.

STAMBAK, M. & JAKSIC, S. (1965). Épreuves de niveau et de style moteur. In: ZAZZO, R. *Manuel par l'examen psychologique de l'enfant.* Neuchâtel: Delachaux et Niestlé.

SUBIRANA, A. (1952). La droiterie. *Arch. Suisses de Neurologie et de Psychiatrie*, LXIX, 112.

THOMAZI, J. (1960). *Le bonhomme et l'enfant.* Angouléme: Coquemard.

WAYER, P. (1972). *L'enfant face au monde à l'age des apprentissages scolaires.* Paris: Doin.

VITTOZ, R. (1954). *Traitement des psychonéuroses par la rééducation du controle cerebral.* Paris: Baillère.

VYL, M. (1970). Rééducation neuropsychique et troubles scolaires. *Reed. Orthophonique*, n. 55-56.

WALLON, H. et al. (1958). Equilibre statique; equilibre du mouvement: double lateralisation entre 5 e 15 ans. *Enfance* [s.n.t.].

WINTREBERT, H.; MICHAUX, L.; WIDLOCHER, D.; PRINGUET, G. (1971). La relaxation chez l'enfant: principes généraux, méthodes et indications. In: *La Relaxation.* [s.l.]: L'Expansion.

WINTSCH, J. (1935). Le dessin comme témoin du dévéloppement mental. *Z. Kinder Psych.*, 2.

3.3.21. Apresentação de um exemplo prático

FICHA DE OBSERVAÇÃO PSICOMOTORA

Nome: *A.E.*

Data de nascimento: *20/1/64*

Data da observação inicial: *14/4/72*　　　　| *8; 3* |

Dados anamnésicos:　　　　Exame psicológico: *Exame CIP em 1971*
　　　　　　　　　　　　　Exame neurológico: *Idem*

Características do envolvimento familiar:
Pai (profissão) *Chefe de seção da empresa*　　　Nº de irmãos: T *1* M *—* F *1 2/2*
Mãe (profissão) *Doméstica*　　　　　　　　　Habitação: *Sem espaço lúdico*

Características do envolvimento escolar:
Escolaridade　| *2ª classe* |
　　　　　　　　　　　　　　　　Leitura:

Dificuldades escolares:
Creche: *Não freqüentou*　　　　　　　　Escrita:
Escola pré-primária: *Dificuldades de adaptação*　　Cálculo:
Comportamento: *Dependência e hiperemotividade*

Dados sobre o desenvolvimento psicomotor:
Parto: *Normal*
Atividade reflexa: *—*　　　　　　　　Sono: *Enurése*
Sucção: *—*　　　　Visão: *—*　　　　Audição: *—*
Fonação: *—*
Aquisição da posição de sentado:　　　　Locomoção: *13 meses*
Preensão: *Mão esquerda*
Relação com objeto:　　　　　　　　Linguagem: *Dificuldades na*
Estereótipos: *Tiques*　　　　　　　　　　　　　*pronúncia*
Atividade lúdica: *Egocentrismo lúdico*　　Sociabilidade: *Contato fácil*

Comportamento durante a observação: *Instabilidade. Dependência da mãe.*
　　　　　　　　　　　　　　　　　Onicofagra
Aspectos somáticos: *Endomorfismo a tender para mesomorfismo*
Defeitos de atitude: *Notava-se certa tendência cordótica. Pé chato (correção)*
Controle respiratório:

　　　　　　　　　　Inspiração | + − |

　　　　　　　　　　Expiração | + − |

Fadigabilidade:　　　　Apnéia | − |

Tonicidade:

Hipotonicidade [x]

Hipertonicidade [ ]

Extensibilidade:

	Membros direitos	Membros esquerdos
Membros inferiores	– + +	– + +
Ângulo adutor:	– + +	– + +
Ângulo poplíteo:		
Membros superiores		
Peitorais e deltóide anterior	– + +	± + –
Flexores do antebraço	– + +	± + +
Extensores do punho	– + +	– + –

Passividade:

Membros superiores	–	±
Membros inferiores	–	–

Paratonia:

Membros superiores	+	+
Antebraço	+	+
Mão	+	+
Membros inferiores	+	+
Pé	+	+

Diadococinesia: Sincinesias:

D [–]

E [+]

bucais: x *c/alteração da mímica facial*

contralaterais:

Sentido sinestésico: *Agnosias corporais e digitais. Dificuldades de interiorização gestual.*

Dismetria: *Movimentos de oxilação da cabeça. Dificuldades nas situações de precisão gestual. Dificuldades de controle gestual*

Imobilidade: *Instabilidade... Oscilações laterais do corpo.*

Controle visual: *Dificuldades de integração perceptivo espacial e atenção.*
(exterognosias)

Equilibração

Equilíbrio estático:

Dissociação:

	Êxito	Não-êxito
Apoio retilíneo	+	
Ponta dos pés	+	
Apoio num pé PE:		
PD:		−

Equilíbrio dinâmico:

Marcha controlada		−
Meia-volta		−

Saltos:

"Pé coxinho"

Pés juntos: PE [ ] PD [+]

Fatigabilidade

	Trem superior		Trem inferior		Êxitos
	ME	MD	PE	PD	
1ª	+	+			⊬
2ª			+	+	⊬
3ª	+		+		−
4ª		+		+	−
5ª	+	+	+		−
6ª	+	+		+	−
7ª	+	+	+	+	−
			Total de êxitos		2
			Total de não-êxitos		5
8ª Agilidade e coordenação				+ − − −	

Coordenação óculo-manual   MD [+]

Tentativas [3]   ME [ ]

Coordenação óculo-pedal   PD [+]

Tentativas [3]   PE [ ]

Coordenação dinâmica manual:
(Relação velocidade-precisão)

Tempo

Composição   35

Controle emocional: *Reações incontroláveis*

Decomposição   40

Tamborilar: *Execução lenta*
Dificuldades de
preensão da pinça

TOTAL [1,5]   [V > P]

Noção do corpo: *Perturbações na percepção do esquema corporal*

Reconhecimento (d-e): *Êxito com hesitação*   Em si: *Êxito*   Face a face: *Não-êxito*

Imitação de gestos: *Dificuldades de reconhecimento de algumas partes do corpo (ombros, pulsos, tronco, etc...)*

  – motricidade facial: *Inicinésias: Dispraxia facial*

  – espelho: *êxito*

  – verdade: *dificuldades de reprodução*

Desenho do corpo (teste do *bonhomme*):

Em pé:	Sentado:

ADAPTAÇÃO ESPACIAL

Cópias de elementos: *Dificuldades de transposição espacial*

Reconhecimento das noções fundamentais:

Esquerda – Direita	+	+
Alto – Baixo	+	+
Pequeno – Grande	+	+
Em cima – Embaixo	+	+
Em frente – Atrás	+	+
Simetria	+	+
Inversão	+	+
Inclinação	–	
Horizontal	–	
Vertical	–	

Reprodução de estruturas espaciais (fósforos):

AMOSTRAGEM	RETENÇÃO	REPRODUÇÃO
‖⹀	*Instabilidade*	‖⟍
⎮⹀	*Dispersão*	⑩⹀
V⎮⎯	*Idem*	⊘‖

REPRESENTAÇÃO ESPACIAL

Reprodução topográfica: *Dificuldades de representação espacial*
(Planta da sala de observação)

Legenda

C – Cadeiras
M – Mesa
S – Secretária
A – Armário
P – Porta
J – Janelas
E – Estante baixa

Organização espacial:

Normal	7
+	9
–	5

1ª tentativa *Não-êxito*

2ª tentativa *Não-êxito*

RITMO

Gnosia do ritmo: *Dificuldades de integração*

Praxia do ritmo:

	Lento	Médio	Rápido
Batido	+	+	+
Marchado	+	−	−
Memorizado	+	+	+

Reprodução de estruturas rítmicas:
(Estruturas rítmicas de Mira Stambak)

	Estruturas (percussão)	Reprodução	
		Êxito	Não-êxito
1	OOO	+	
2	OO OO	+	
3	O OO	+	
4	O O O	+	
5	OOOO	+	
6	O OOO		−
7	OO O O		−
8	OO OO OO		−
9	OO OOO	+	
10	O O O O		−
11	O OOOO		−
12	OOOOO		−
13	OO O OO		−
14	OOOO OO		−
15	O O O OO		−
16	OO OOO O		−
17	O OOOO OO		−
18	OO O O OO		−
19	OOO O OO O		−
20	O OO OOO OO		−
	Totais	+ 6	− 14

Número de pontos − 8

LATERALIZAÇÃO *Ambidentria*

Lateralidade inata: *Direita*

Lateralidade socializada: *Esquerda*

Gênese da lateralidade: *Mão esquerda e utilização da mão direita na escola.*

Fatores hereditários:　　　　Pai: *D*　　Mãe: *D*　　Avós: *D*

	ESQUERDA		DIREITA	
	+	−	+	−
Lateralidade ocular:			+	
Lateralidade auditiva:			+	
Lateralidade manual:				
mão-iniciativa:				+
mão-auxiliar:		+		
Lateralidade pedal:				
pé-equilibrador:			+	
pé-diretor:			+	
Escovar os dentes:			+	
Cortar papel com uma tesoura			+	
Pentear			+	
Tomar a sopa			+	
Assoar			+	
Tirar os sapatos			+	
Folhear um livro			+	
Dar um murro			+	
Dar um grande passo			+	
1º pé a entrar nas calças			+	
Mão preferida?	−			
Mão mais forte?	−			
Velocidade comparada: maior nº de cruzes	35+		32	
Número de respostas	4		15	
	21,1%	0%	78,9%	0%

Lateralidade: Esquerda 21,1%
Direita: 78,9%

CONCLUSÕES:
- Ambidextria
- Dificuldades na estruturação, na organização e representação espácio-temporal
- Carências gerais – práxicas variadas
- Problemas de equilibração e de coordenação
- Hipermotricidade

PLANO TERAPÊUTICO:
- Determinação da lateralização
- Valorização da noção do corpo, utilizando a relaxação (método Gerda Alexander)
- Atividades de motricidade fina e de dissociação motora
- Desenvolvimento perceptivo motor
- Literações de estruturação espácio-temporal.

PERFIL DE DIFICULDADES

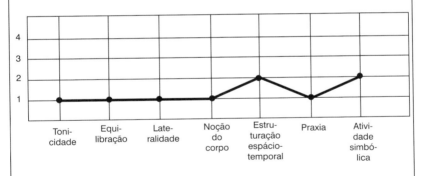

O OBSERVADOR

4

Apresentação sumária da casuística
Centro de Investigação Pedagógica – 1972

Os casos escolhidos, primeiramente observados neurológica e psicologicamente, obedeceram a uma despistagem de problemas de aprendizagem escolar com etiologia motora. A experiência levada a efeito procurou aferir as repercussões de uma terapêutica psicomotora no sentido de se confirmar ou não a facilitação de adaptações necessárias.

Incidimos fundamentalmente na terapêutica de casos com problemas instrumentais de base psicomotora relativos às dificuldades específicas de dislexia e disortografia.

O estudo realizado com base nos Serviços de Psicopedagogia do CIP incidiu em 7 casos (6 do sexo feminino e 1 do sexo masculino), apresentando no momento da primeira observação psicomotora idades compreendidas entre 6 e 9 anos. As crianças não apresentavam perturbações mentais, apenas revelavam dificuldades de aprendizagem na leitura, na escrita, na ortografia e no cálculo.

Depois de uma observação inicial, a casuística beneficiou de várias sessões terapêuticas, com base num diagnóstico psicomotor e num plano de intervenção continuada (plano reeducativo).

Estamos conscientes da limitação e insuficiência metodológica, terapêutica e científica da nossa primeira experiência. As dificuldades de tratamento dos dados recolhidos, a sua análise interpretativa e a exposição dos resultados obtidos requerem todo um preparo investigativo que necessariamente implica uma complexa formação.

Consideramos a amostra (7 casos) bastante reduzida, o que não permitiu qualquer tratamento estatístico, dadas as dificuldades de atingir níveis de significância. Restou-nos um tipo de análise clínica, tendo em vista estabelecer correlações múltiplas entre as provas da observação psicomotora e o índice evolutivo das várias sessões, bem como o perfil diferencial, entre a observação inicial e a final. Apenas a comparação dos elementos fornecidos pelas observações, nos permitiu aflorar as relações entre as estruturas práxicas e as estruturas cognitivas, que procuramos desenvolver teoricamente nos capítulos anteriores.

Interessava-nos investigar até que ponto o controle postural e a organização da motricidade presidem a todos os funcionamentos cognitivos. O nosso objetivo terapêutico considerou, pesadamente, as repercussões de eficiência e facilitação provocadas pelas sessões práticas.

O horizonte de observação considerou a atmosfera relacional, que na nossa experiência muito significou, daí a razão por que os dados apenas assumem importância de momento.

Os dados recolhidos põem em causa um quadro comportamental e relacional, com características situacionais particulares de observação intensiva.

Foi esta metodologia adotada que nos pareceu mais ou menos válida no estudo de pequenos grupos de crianças, agrupadas em função de critérios de desorganicidade motora e de dificuldades de aprendizagem.

Limitamo-nos, nesta apresentação, a expor os dados, recolhidos numa observação inicial e numa observação final aferidora, tendo pelo meio sessões de Terapia Psicomotora onde se procuravam relacionar os efeitos produzidos, bem como a eficiência dos meios, por nós utilizados.

Não se trata senão de uma dificuldade da psicologia experimental, a nossa tentativa está longe de atingir um rigor e uma validade científica comparáveis. Ela apenas exprime uma procura permanente de dados, que nos permitam compreender a importância dos fenômenos do movimento na gênese do pensamento humano.

4.1. Metodologia de observação

A metodologia de observação que se vai seguir, compreende essencialmente três fases:

1ª fase: Recolhimento de dados – Apresentação da casuística em 4 parâmetros: meio familiar, dados históricos, comportamento psicomotor e carreira escolar. Posteriormente, e em resumo, surge a amostra composta por 7 observações.

2ª fase: Análise e discussão dos dados – Apresentação dos quadros de caracterização global, onde se estabelecem as primeiras linhas diagnósticas e onde surgem as primeiras coincidências com fundamentação teórica da I e II partes do nosso contributo. Os quadros seguem evolução:

Quadro I – Caracterização anamnésica;

Quadro II – Caracterização ontogenética;

Quadro III – Caracterização psicomotora;

Quadro IV – Caracterização escolar.

3ª fase: Interpretação dos dados – Finalizamos com um quadro de caracterização diferencial, com a apresentação dos casos e sua interpretação. Estes dados depois de convenientemente tratados, constituirão os pilares do nosso plano terapêutico, cuja metodologia, seqüência e resultados se expõem no capítulo seguinte.

A apresentação respeita a ordem de observação psicomotora e assinala: sexo, idade e escolaridade, e referência dados do meio familiar, alguns dados históricos, aspectos particulares do comportamento psicomotor e pormenores da carreira escolar:

OBSERVAÇÃO Nº 1 – M.R. – F. – (7; 1) – 1ª série

Meio familiar: pai, advogado, personalidade a tender para o autoritarismo; mãe, educadora de infância, muito ansiosa e preocupada com o êxito escolar. A mais velha de três irmãos (dois rapazes e uma moça). Ausência de espaço lúdico.

Dados históricos: Parto demorado com traumatismo no olho esquerdo. Acidente com queda aos 6 meses. Sorriso aos 9 meses. Enurese. Reação de oposição à mãe. Criança revelando comportamentos depressivos.

Comportamento psicomotor: Problemas no domínio postural. Agnosia corporal. Estruturação espácio-temporal, sem problemas de organização. Lateralização cruzada (olho-mão). Sincinesias e dismetria. Fatigabilidade.

Carreira escolar: Beneficiou-se de escolaridade pré-primária, com iniciação musical e pisicomotricidade num colégio com fácil ambientação afetiva. Durante a escolaridade sentiu a mudança de professor e revelou dificuldades na articulação de sons e na aprendizagem da leitura.

OBSERVAÇÃO Nº 2 – I.M.S. – F. – (7; 7) – 2ª série

Meio familiar: pai, engenheiro químico, personalidade autoritária; mãe, dona-de-casa, acusando ansiedade. Única mulher em 4 filhos. Grande habitação. Influência dos modelos lúdicos dos irmãos.

Dados históricos: Parto normal. Afastado da mãe dois anos. Onicofagia. Egocêntrica. Dependência. Terrores noturnos. Correção ortopédica (botas). Dificuldade de relação com crianças da mesma idade e com adultos. Passiva.

Comportamento psicomotor: Grandes dificuldades de estruturação espácio-temporal. Lateralidade cruzada. Dificuldades perceptivo-motoras. Dificuldades práxicas. Inexistente diferenciação e dissociação motora da mão. Perturbações na coordenação motora. Dificuldades de controle postural.

Carreira escolar: Dificuldades de adaptação, carreira escolar em vários colégios e com várias interrupções. Escolaridade adiantada para a sua maturidade. Beneficiou-se de escolaridade pré-primária num colégio. Dislexia e disortografia. Dispraxia.

OBSERVAÇÃO Nº 3 – A.G. – F. – (8; 3) – 2ª série

Meio familiar: pai, chefe de empresa; mãe, dona-de-casa, personalidade ativa e original, extremamente protetora e ansiosa. A irmã mais velha, gaga, tem 14 anos de idade e constitui a companheira ideal nas atividades lúdicas. Ambas habitam o mesmo quarto. Superproteção dos avós maternos, e pelos quais registrou excessiva aproximação afetiva.

Dados históricos: Parto normal. Queda aos 15 meses. Onicofagia. Enurese. Tiques. Normalmente instável. Hiperemotiva. Correção ortopédica do pé. Sinais de imaturidade. Excessivamente dependente do adulto.

Comportamento psicomotor: Ambidextria. Dificuldades na estruturação espácio-temporal com integração rítmica alterada. Dificuldades no controle postural e nas situações de equilibração. Hipertonicidade global. Organização perceptivo-motora deficiente. Perturbações na atenção e na memorização. Pequenos sinais hipercinéticos. Lateralidade inata esquerda e lateralidade socializada direita, o que levantou vários problemas no nível da preensão fina e da coordenação óculo-manual. Sincinesias.

Carreira escolar: Não gostou de se separar do ambiente familiar. Freqüentou o pré-primário. Dificuldades na pronúncia. Dislexia e disortografia. Dispraxia. Freqüentou sessões de dança clássica. Freqüentou colégio religioso.

OBSERVAÇÃO Nº 4 – L.S. – F. – (6; 7) – 1ª série

Meio familiar: pai, médico pedopsiquiatra, personalidade original, tolerante e receptivo; mãe: dona-de-casa, calma e receptiva. Habitação com espaço lúdico. Ambiente familiar favorável. A mais jovem de duas irmãs.

Dados históricos: Parto por cesariana. Dificuldades de relação afetiva. Dependente da mãe. Perturbações na linguagem resultantes de um quadro inibitório.

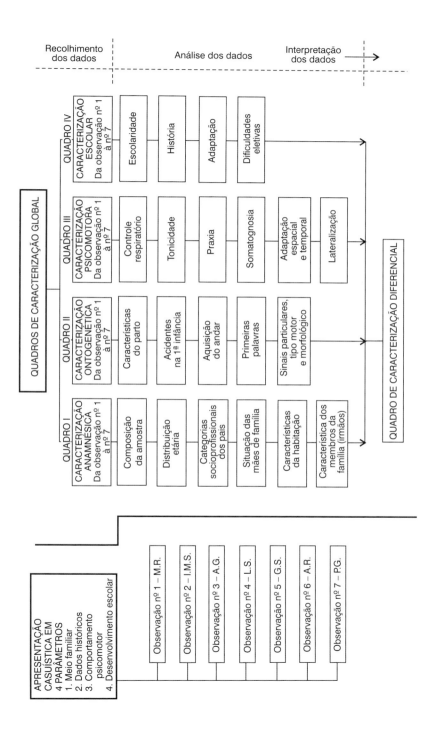

Comportamento psicomotor: Instabilidade no nível do controle postural. Revelou agnosias corporais. Reduzida experiência corporal. Lateralização cruzada com repercussões na coordenação óculo-manual. Problemas na organização espácio-temporal. Imaturidade psicomotora.

Carreira escolar: Freqüentou o pré-primária. Não revelou dificuldades de aprendizagem. Facilidade de compreensão e de memorização. Dificuldades no plano da motricidade fina. Dispraxia.

OBSERVAÇÃO Nº 5 – G. S. – (7; 11) – 2ª série

Meio familiar: A mesma caracterização da observação anterior. Irmã mais velha.

Dados históricos: Parto por cesariana. Ontogênese da motricidade sem problemas. Resolveu sempre uma disponibilidade verbal e motora. Evolução estável e adaptada. Expressiva e extremamente comunicativa.

Comportamento psicomotor: Pequenas perturbações na estruturação rítmica. Ligeiras dificuldades no plano da equilibração. Esfera motora sem qualquer problema. Coordenação motora assinalável. Disponibilidade global. Total ausência de desorganicidade do equipamento psicomotor.

Carreira escolar: Fácil adaptação. Facilidade de aprendizagem. Êxito escolar desde o pré-primário. Ausência de dificuldades instrumentais.

OBSERVAÇÃO Nº 6 – A.R. – F. – (9; 7) – 3ª série

Meio familiar: pai: porteiro; mãe: dona-de-casa. Ambiente estável. Grande convicção educacional. Ausência de motivação cultural. Filha única.

Dados históricos: Parto normal. Falou cedo. Revela fenômenos alérgicos com associações asmáticas. Sofreu reeducação asmática. Sinais particulares de inibição. Normalmente passiva e sem iniciativas. Hipoemotiva. Sinais freqüentes de fatigabilidade.

Comportamento psicomotor: Lateralização cruzada. Sem problemas de estruturação espácio-temporal. Integração e execução rítmica notáveis. Ausência de iniciativa motora. Inexpressão mímica. Inibição.

Carreira escolar: Freqüentou a escola a partir da 1ª série, sempre com dificuldades. Problemas nas atividades expressivas. Dislexia e discalculia. Freqüentou cursos de iniciação musical desde os 7 anos de idade. Freqüentou sempre a escola oficial.

OBSERVAÇÃO Nº 7 – P.G. – M. – (8; 1) – 2ª série

Meio familiar: pai, empregado bancário; mãe, telefonista. O mais novo de 4 filhos (2 rapazes com 9 e 11 anos e 1 adolescente com 14 anos). Dificuldades espaciais na habitação.

Dados históricos: Parto normal. Aos 14 meses teve uma queda que ocasionou várias perturbações defensivas, a partir daí acusa problemas no equilíbrio e crises de falta de ar. Rigidez corporal e dificuldades de adaptação. Várias vezes submetido a observações psicológicas.

Comportamento psicomotor: Hipertonia generalizada. Problemas do tônus induzido, sincinesias e paratonias. Atraso psicomotor. Agnosia corporal e lateral. Dificuldades de dissociação motora. Problemas no nível da motricidade final. Dispraxia manual.

Carreira escolar: Não freqüentou o pré-primário. Repetiu a 1ª série, passando para a 2ª com dificuldades específicas; dislexia, disortografia e discalculia.

QUADROS DE CARACTERIZAÇÃO GLOBAL

4.2. Caracterização anamnésica – Dados do envolvimento familiar

QUADRO I

Casuística	Idade	Sexo	Pai		Mãe		Nº de irmãos	Habitação
			Formação	Profissão	Formação	Profissão		
1 – M.R.	7; 1	F	superior	advogado	média	educadora de infância	1/4	sem espaço lúdico
2 – I.M.S.	7; 7	F	id.	engenheiro químico	id.	doméstica	4/4	habitação com grandes espaços
3 – A.G.	8; 3	F	média	chefe de seção de uma empresa	id.	id.	2/2	sem espaço lúdico
4 – L.S.	6; 7	F	superior	médico	id.	id.	2/2	com espaço lúdico
5 – G.S.	7; 11	F	id.	id.	id.	id.	1/2	id.
6 – A.R.	9; 7	F	inferior	porteiro	inferior	id.	1/1	sem espaço lúdico
7 – P.G.	8; 1	M	média	bancário	média	telefonista	4/4	id.

ANÁLISE DOS DADOS

4.2.1. Composição da amostra

A nossa amostra, composta por sete crianças, apresentou a seguinte distribuição:

	Sexo feminino	Sexo masculino	Total
Número de reeducandos	6	1	7
%	85,7%	14,3%	100%
Reeducandos	M.R. I.M.S. A.G. L.S. G.S. A.R.	P.G.	

Apenas um caso masculino, num conjunto de sete casos. Dadas as características da amostra, o projeto de reeducação psicomotora não podia explorar uma via de comparação das estruturas psicotônicas, que diferentemente distribuídas nos sexos: *sexo feminino* (hipotonicidade e motricidade fina aperfeiçoada), *sexo masculino* (hipertonicidade e adaptação espácio-temporal), poderia nos levar a conclusões bastante mais significativas da importância que a organização do movimento humano desempenha no nível das estruturas necessárias às aprendizagens escolares fundamentais.

4.2.2. Distribuição etária

A via de investigação procurou os casos que apresentassem menor idade, a fim de se registrarem melhores efeitos do processo terapêutico instituído.

Os valores etários vão de um valor inferior de 6, 7 a um valor superior de 9, 7 e encontram-se distribuídos conforme o seguinte quadro:

Anos	6	7			8		9
Meses	7	1	7	11	1	3	7
Reeducandos	L.S.	M.R.	I.M.S.	G.S.	P.G.	A.G.	A.R.
%	14,3%	42,8%			28,6%		14,3%

O escalão etário mais representado foi o dos sete anos, seguido do dos oito anos, que no seu conjunto totalizavam 81,4% dos casos. A distribuição etária correspondia a uma 1ª série na maioria dos casos, período escolar onde se detectam as primeiras dificuldades de aprendizagem.

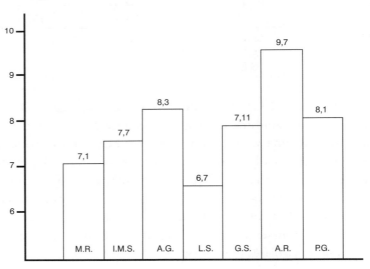

4.2.3. Nível sociocultural da família

Em função dos dados anamnésicos, interessou-nos registar as categorias socioprofissionais dos pais, a fim de caracterizar globalmente o ambiente e o nível social da família. Apenas utilizamos os índices da formação e a profissão. Paralelamente interessou-nos registar o tipo de casa e as características lúdicas do espaço habitacional. A amostra é bastante reduzida para se atingir qualquer significação. De qualquer forma, muitos dos aspectos se justificam pela carência de espaço necessário das estruturas psicomotoras que são exigidas pela escola nas aprendizagens triviais.

O trabalho do chefe de família e a situação das mães, são dados que se encontram estritamente ligados no nível sociocultural, daí o nosso interesse em os equacionar.

Distribuição das categorias socioprofissionais
dos chefes de família

Categorias	Nº	%
Profissões liberais	4	57,1%
Quadros médios	2	28,6%
Funcionários	1	14,3%

Convém referir que não referenciamos as categorias socioprofissionais em função de qualquer dado oficial ou estatístico. Apenas nos limitamos a estabelecer três níveis profissionais em função da formação e do papel desempenhado no nível do trabalho.

Numa rápida visão a repartição da nossa casuística tocou fundamentalmente o nível superior, i.é, crianças cujo nível sociocultural se pode considerar satisfatório.

4.2.4. Situação das mães de família

Noutra perspectiva, nos preocupou a situação desempenhada pela mãe no seio familiar, e com base nisso referenciar o ambiente afetivo de suporte que a família deve criar para acompanhar a carreira escolar das crianças.

Em relação à situação da mãe, estabelecemos três níveis: profissões liberais, quadros médios (empregadas ou funcionárias) e domésticas.

A nossa amostra apresentou a seguinte caracterização:

Situação da mãe	Nº	%
Profissões liberais	0	0%
Quadros médios	2	28,6%
Domésticas	5	71,4%

4.2.5. Características da habitação

Necessariamente que as características da habitação condicionam os múltiplos aspectos de desenvolvimento da criança e ao mesmo tempo constituem as causas profundas de várias dificuldades, que só na escola mais tarde se vêm a revelar. Uma habitação exígua, mal arejada, pequenos quartos, grandes aglomerações familiares em espaços reduzidos, são muitas vezes a razão de inexperiências corporais e motoras que se repercutem em carências instrumentais que, só por si, justificam incapacidades e dificuldades adaptativas. Claro que o nosso estudo sobre o meio familiar é demasiado superficial, apenas levantamos alguns aspectos que mais tarde possam traduzir pistas de investigação que nos levem, não a uma análise psicológica absoluta das dificuldades escolares, mas que se possam também equacionar aspectos de ordem social. Defendemos a idéia de que uma dislexia e uma disortografia não se explicam etiologicamente, só por aspectos psicoorgânicos ou neurofisiológicos tais problemas são também expressão de aspectos afetivo-psico-sociais. Conscientes de que se encontram na base do problema determinados fatores socioeconômicos que condicionam todo o comportamento familiar e ao mesmo tempo incidem na carreira das crianças, apenas nos interessou considerar as características da habitação, no que respeita à existência ou não de espaço lúdico para a criança. A história lúdica, outro dos aspectos que nos deixam inúmeras pistas de observação, é um pilar fundamental na organização da vida psicológica da criança – a relação objetal, a vida fantásmica, a exploração mágica, a função simbólica, a imitação, o investimento socioafetivo, etc. – e todo o seu equipamento biológico nela encontra vias inesgotáveis de expressão. Claro que uma habitação confortável, uma rua sem tráfego, um parque lúdico, etc. não são hoje um luxo social, desempenham um papel fundamental na "maturação afetiva da criança" (WINNICOTT) (1972). Um ambiente familiar pouco confortável dá origem a um estreitamento de disponibilidade da parte dos pais nos contatos a estabelecer em relação à criança. Nos nossos dias é difícil existir para a criança, na medida em que rodeada por violências afetivas e profundamente condicionada, raro é o tempo e o espaço que dispõe para poder evoluir conforme os seus desejos e necessidades.

Considerando estes aspectos, limitamo-nos a apontar as seguintes características habitacionais:

	Tipo de habitação	Rua	Local
M.R.	Habitação (sem espaço lúdico)	Sem tráfego	Arredores
I.M.S.	Habitação (com espaço lúdico)	id.	id.
A.G.	Propriedade horizontal (sem espaço lúdico)	Com tráfego	Lisboa
L.S.	Propriedade horizontal (com espaço lúdico)	Sem tráfego	Arredores
G.S.	Propriedade horizontal id.	id.	id.
A.R.	Propriedade horizontal (sem espaço lúdico)	Com tráfego	Lisboa
P.G.	Propriedade horizontal (com espaço lúdico)	id.	id.

A presença ou não de espaço lúdico não depende só do tipo de habitação, há a considerar aspectos culturais e rigores de arrumação adulta que no seio familiar muito podem condicionar a criação ou não de espaço de jogo, onde a criança tenha os seus brinquedos e os seus objetos aos quais dedicará atenção em função do espaço operante que tiver à sua disposição.

Dos casos rapidamente podemos concluir que: três habitam o centro urbano de Lisboa, onde se registra a presença de tráfego automóvel intenso, e os restantes quatro habitam residências nos arredores, onde o tráfego não se faz sentir com tanta intensidade. Dos sete casos, cinco habitam propriedades horizontais, sem espaço envolvente, e dois habitam vivendas, uma com espaço, outra sem espaço lúdico, dadas as características do envolvimento familiar que assume uma atitude de excesso de rigor e de silêncio. Da casuística, quatro crianças vivem sem espaço lúdico e três com quartos individuais, onde existe ambiente permissivo.

4.2.6. Características da fratria

É necessário distinguir o número de crianças que comporta a família de cada criança observada, e o seu lugar na fratria. Pois vários estudos, como, por exemplo: Lasko (1954) (apud CHILAND, 1971), Chiland (1971), Casabianca (1968), concluiu-se que, em média, os pais dedicam uma menor atenção afetiva aos primeiros filhos, registrando-se um maior potencial restritivo e coercivo, assim como toda a sua educação se torna menos coerente no sentido evolutivo. À medida que os filhos vão surgindo verifica-se uma maior afetividade pelos mais jovens e esta relação é integrada pelos mais velhos, podendo dar origem a determinadas perturbações que quotidianamente se desenvolvem até atingir por vezes estados de psicotização variada. Todos estes aspectos podem condicionar as estruturas necessárias às aprendizagens, como provam os inúmeros trabalhos de psiquiatria infantil.

Ca-suís-tica	Total de pessoas		Número de irmãos			Situação na fratria
	Adulto	Criança	Total	Masc.	Femin.	
M.R.	6	2	4	3	2	1	1º filho de quatro (1/4)
I.M.S.	6	2	4	3	3	–	última de quatro (4/4)
A.G.	4	2	2	1	–	1	última de duas (2/2)
L.S.	4	2	2	1	–	1	última de duas (2/2)
G.S.	4	2	2	1	–	1	1ª de duas (1/2)
A.R.	3	2	1	–	–	–	filha única (1/1)
P.G.	6	2	4	3	3	–	último de quatro (4/4)

Em função do quadro verificamos, uma filha única (A.R.), duas famílias com duas filhas (M.R. e G. S.) e quatro últimos filhos (I.M.S; A.G; L.S; P.G.).

Com este simples levantamento e em função dos estudos psiquiátricos outras aproximações nos ressaltariam como significativas etiologicamente.

4.3. Caracterização ontogenética

Dados históricos

QUADRO II

Casuística	Parto	Acidentes	Aquisição do andar	Primeiras palavras	Sinais particulares
1 – M.R.	Fórceps demorado traumatismo no olho esquerdo	–	14 meses	15 meses	Comportamento depressivo
2 – I.M.S.	Normal	–	16 meses	24 meses	Passividade Onicofagia
3 – A.G.	id.	Queda aos 15 meses	13 meses	28 meses	Tiques e enurese
4 – L.S.	Cesariana	–	15 meses	25 meses	Dificuldades na pronúncia
5 – G.S.	id.	–	14 meses	20 meses	–
6 – A.R.	Normal	–	13 meses	14 meses	Lentidão e inibição
7 – P.G.	id.	Queda aos 18 meses	12 meses	18 meses	Comportamento dependente

4.3.1. Características do parto

Dos casos apresentados apenas três acusavam traumatismo inicial, que se repercutiram em dois deles em comportamentos depressivos e em dificuldades relacionais, os restantes não acusaram qualquer anomalia.

Interessou-nos ver até que ponto a situação de parto está em relação com a evolução da organicidade motora e qual a sua relação com as aquisições de automatismos básicos: marcha, preensão, etc. Na presente casuística tal relação não nos surgiu como significativa, até porque a anamnese, neste aspecto histórico, não foi suficientemente cuidada. Não nos restam dúvidas que a relação destes aspectos é de uma importância fundamental para a gênese da psicomotricidade, ao mesmo tempo em que nos permite observar o papel desempenhado pela maturidade psicotônica no desenvolvimento da atividade cognitiva.

4.3.2. Acidentes na primeira infância

Somente em dois casos se registraram acidentes com quedas que provocaram convulsões várias e perturbações de comportamento. Estão neste caso: *A.G.*, com a aquisição da marcha precoce, mas com atrasos, na evolução da linguagem, e *P.G.*, com permanência de dificuldades de equilibração que levou a adquirir um comportamento excessivamente defensivo. Resta analisar que estes dois casos são também os únicos, cujo tipo motor é caracterizado por uma *hipertonia generalizada*.

4.3.3. Aquisição da marcha

Os dados do desenvolvimento postural têm sido profundamente estudados no campo da neurofisiologia e da neuropatologia. Desde o nascimento até aos dois anos o desenvolvimento postural constitui o único testemunho da maturidade da criança. No momento do nascimento ela possui marcha reflexa, e não segura a cabeça, para aos dois anos adquirir toda uma autonomia que vai jogar uma grande importância na relação de objeto e na atividade simbólica que desempenharão o papel de alicerces da linguagem. Segundo a lei céfalo-caudal, a aquisição da marcha é o reflexo da progressiva maturação tônica das vértebras, que permite à criança evoluir da posição horizontal inicial à locomoção ereta que traduz a característica antropológica fundamental do ser humano.

As escalas de desenvolvimento estão hoje divulgadas universalmente e encontram-se em relação com quatro parâmetros maturativos: *1)* manutenção da cabeça (quatro meses); *2)* estação de sentado (oito meses); *3)* estação bípede (dez meses) e *4)* marcha (doze a catorze meses). A maioria dos autores estabeleceram índice de flutuabilidade e limites de aquisição, para além dos quais a evolução da marcha reflete problemas patológicos. Segundo vários estudos, o rapaz adquire a marcha mais precocemente que a menina. No 1º caso, os valores situam-se entre os doze e os catorze meses, e no 2º caso entre os catorze e os dezesseis meses. Para além destes limites as crianças manifestam várias perturbações na atitude, nomeadamente problemas de equilibração, praxia, preensão, coordenação, etc.

Com base nos parâmetros maturativos procurávamos ver até que ponto em nossa casuística os valores apresentados estavam de acordo com as escalas e com as repercussões no desenvolvimento psicomotor.

Em relação aos casos do sexo masculino, a nossa casuística apresentou um único caso, onde não se revelam variações (7-P.G. – aos doze meses).

Nos casos do sexo feminino, já vamos encontrar dois aspectos interessantes:

2) IMS aos dezesseis meses (tarde);

5) LS aos quinze meses (relativamente tarde).

Em ambos os casos se revelam problemas na equilibração e na dissociação, bem como nas situações de adaptabilidade espácio-temporal e de coordenação geral dinâmica.

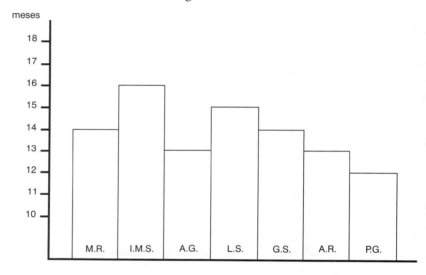

Histograma do andar

4.3.4. Primeiras palavras

Reconhece-se como fundamental na evolução da linguagem, e se a experiência corporal e a exploração sensitivo-motora do aparelho fonador, que no ser humano apresenta um alto nível de articulação sonora. A primeira comunicação que a criança produz é de característica mímico-tônica, para mais tarde se transformar em linguagem gestual. Tanto o sorriso como o choro e o grito são manifestações sensitivo-sonoras que desempenham grande importância na evolução da linguagem. Os fenômenos de projeção-introjeção de fonação-audição, assumem um papel de comunicação muito importante na relação da criança com a sua mãe, como provam os estudos de Wallon (apud HEAD, 1911) e também de Spitz (1972). Aos fenômenos biológicos fundamentais e às especializações interoceptivas da nutrição e da eliminação vêm juntar-se formas elementares de comunicação tônico-corporal e emissões vocais isoladas e intermitentes. Após uma exploração de sons guturais a criança entra na liberdade neuromotora da língua que lhe permite posteriormente emitir sons pré-linguais, médio-linguais, linguodentais e linguolabiais, toda esta evolução, aliás confirmada em termos paleontológicos por Bouknak (1969) e Leroi-Gourhan (1964), está de acordo com as alterações morfológicas e com as novas possibilidades de emissão e recepção da criança.

Após o período de lalação (dos dois aos nove meses) caracterizado pela produção de vogais e fonemas expressivos, surge a *pré-linguagem*, no qual a linguagem maternal desempenha o mesmo papel de satisfação corporal que o banho, trata-se do *banho* verbal que tanta importância os lingüistas e os psicanalistas têm conferido à maturação das estruturas sensitivo-sensoriais necessárias à comunicação.

Se em termos antropológicos não nos podemos esquecer que a linguagem evoluiu paralelamente com a evolução técnico-econômica e com o trabalho (atividade co-laboral), também na criança não podemos dissociar a evolução da linguagem da atividade lúdica. A produção de sons inconscientes e insignificativos prepara o terreno aos sons conscientes para atingir as primeiras palavras. Necessariamente que o desenvolvimento da criança não permite a produção de sons audíveis e decodificados pelo adulto. A criança tem um longo caminho a percorrer para atingir a linguagem como processo cognitivo. A produção das primeiras palavras reveste-se sempre de um contexto afetivo de grande significado, o *polissemantismo* é neste momento a característica do processo de produção-compreensão (LENTIN, 1972) que exige uma mutualidade de investimentos sonoros entre a criança e o adulto.

Dos nove aos trinta meses passamos para um novo estado da linguagem, ou seja o período da *palavra-frase*, que atingindo um alto nível de articulação e entoação vai criar a linguagem sintagmática, organizada e estruturada, desempenhando então o papel de instrumento do pensamento.

Com base nesta evolução da linguagem procuramos determinar o período das primeiras produções sonoras e a partir daí analisar a existência de algumas perturbações que justificassem dificuldades escolares eletivas.

Segundo os dados recolhidos em entrevistas com os pais, as datas de aquisição lingüísticas foram as que se apresentam no gráfico da página seguinte.

Tendo dificuldades em definir com rigor a evolução da pré-linguagem (dois a nove meses), da palavra-frase (nove a trinta meses), em função dos dados fornecidos pelos pais, podemos concluir que em três casos (I.M.S.; A.G.; L.S.) os períodos de aquisição são relativamente tardios, enquanto os outros não revelam qualquer aspecto significativo. Acrescentamos ainda que os três casos acima referidos têm como aspectos menos integrados no comportamento motor, a equilibração e o desenvolvimento da coordenação da dinâmica geral, e são também os que apresentam maiores dificuldades de relação com o objeto, o que pode demonstrar a importância da atividade lúdica na evolução da linguagem.

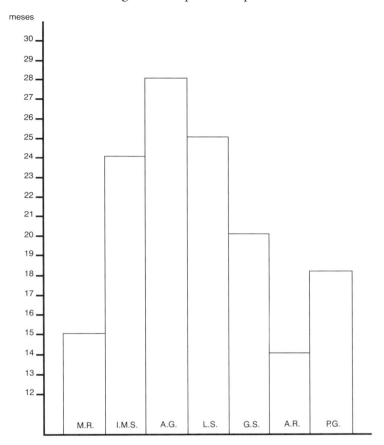

4.3.5. Sinais particulares, tipo motor e morfológico

Como sinais particulares interpretamos alguns dos aspectos comportamentais que, não sendo de características psicomotoras, todavia com eles se correlacionam e podem até desempenhar um papel justificador no diagnóstico. Procuramos reunir aspectos originais que traduzissem uma maturação de estruturas e significassem aspectos do desenvolvimento afetivo. Em função dos comportamentos afetivos verificamos determinadas analogias com as estruturas psicomotoras e com as variantes morfológicas que nos deixam, para o futuro, outra pista de investigação.

Casuística	Sinais particulares	Tipo psicomotor	Tipo morfológico
1 – M.R.	Comportamento depressivo.	Hipotônica	Etomórfica
2 – I.M.S.	Passividade. Onicofagia.	Hipotônica	Etomórfica
3 – A.G.	Tiques. Enurese.	Hipertônica	Mesomórfica
4 – L.S.	Dificuldades na pronúncia.	Hipotônica	Etomórfica
5 – G.S.	–	Eutônica	Mesomórfica
6 – A.R.	Lentidão. Inibição.	Hipotônica	Etomórfica
7 – P.G.	Comportamento dependente.	Hipertônica	Mesomórfico

Pela análise do quadro verificamos a presença de quatro crianças hipotônicas (todas do sexo feminino), duas crianças hipertônicas (uma de cada sexo) e uma criança eutônica, isto é, com um controle psicotônico que não se manifesta em qualquer dos sentidos, portanto, com uma tonicidade ajustada e disponível.

Nos casos de hipotonia (etomorfismo) (M.R.; I.M.S.; A.R.) denotam-se perturbações afetivas, várias, que vão da inibição e passividade à lentidão e às dificuldades de equilibração e coordenação de movimentos. Desde quatro casos hipotônicos, como se pode verificar mais à frente, quando do tratamento dos dados do comportamento psicomotor resultam dispraxias ligeiras, quer em nível global, quer manual. Também aqui, os fatores de precisão e de velocidade se encontravam com ligeiros atrasos.

Nos casos de hipertonia (mesomorfismo) (A.G. e P.G.) para além de sincinesias e paratonias, mantinham-se alguns estereótipos motores e perturbações nas situações emotivas variadas, que iam de um extremo ao outro, ora permaneciam hiperemotivos, ora se mantinham isolados e dependentes.

No único caso de *tônus ajustado* (G.S.), não se verificavam quaisquer alterações do tônus de suporte induzido, e em todas as situações de observação ou de terapêutica revelou grande disponibilidade psicomotora.

QUADRO III

Exposição dos resultados das observações iniciais

Casuística		Controle respiratório	TONICIDADE				
			Tônus de suporte			Tônus de ação	
			Extensibilidade	Passividade	Paratonia	Diadococinesia – Sincinesias	
1	M.R	– Blocagem espiratória. – Fatigabilidade. (+)	– Hipotonia. – Hiperextensibilidade. (+ t +)	– Resistência tônica dos membros direitos. (+)	– Ausência de blocagens tônicas. (+)	– Ligeiras dificuldades nos movimentos alternados. (+)	– Linguais. – Mímico-faciais. (+)
2	I.M.S.	– Perturbações no ritmo respiratório. (–)	– Hipotonia. – Hiperrefletividade. – Labilidade tônico-emocional. (+ t –)	– Grande resistência tônica. – Perturbações tônicas. (–)	– Inibição tônica. – Conservação de atitudes. (–)	– Adiadococinesia. – Lentidão. – Movimentos anormais imprecisos. (–)	– Linguais – Axiais. – Contralaterais. (+)
3	A.G.	– Insuficiente ampliação do tórax. – Blocagem espiratória. (–)	– Hipertonia. – Hipoextensibilidade. – Estereótipos. – Tremores. (– t +)	– Resistência nos membros esquerdos. – Hipossensibilidade. (–)	– Explosão de movimentos. – Instabilidade. – Hiperemotividade. (–)	– Modificações tônico-cinéticas nos membros inferiores. (–)	– Homolaterais. – Bucais. – Mímico-faciais. (+)
4	L.S.	– Ligeiras dificuldades na coordenação dos movimentos tóraco-abdominais. (+)	– Hipotonia. – Hiperextensibilidade nos membros inferiores. (+ t –)	– Reações tônicas incontroláveis. (+)	– Ligeiras imobilizações tônico-musculares. (+)	– Lentidão. – Mais facilidade no braço esquerdo. (+)	– Contralaterais. – Abdução do braço contrário. (+)
5	G.S.	– Ausência de perturbações. (+)	– Hipotonia. – Hiperextensibilidade. – Controle tônico-emocional. (+ t +)	– Disponibilidade tônica das extremidades. (+)	– Ausência de blocagens. – Controle do relaxamento muscular. (+)	– Movimento bem localizado. (+)	– Bucais. – Linguais. (–)
6	A.R.	– Asmática. – Blocagem espiratória. (–)	– Hipotonia. – Hiperextensibilidade. – Controle tônico-emocional. (+ t +)	– Ligeiras blocagens tônicas. (+)	– Ausência de blocagens. – Inibição. (+)	– Movimento bem localizado e diferenciado. (+)	– Não-assináláveis. (–)
7	P.G.	– Blocagem inspiratória. – Fatigabilidade. (+)	– Hipertonia. – Hipoextensibilidade. – Refletividade ósteo-tendinosa. (– t +)	– Crispação tônica. – Hipossensibilidade. (–)	– Conservação de atitudes. – Paratonia. – Impulsividade. (–)	– Adiadocinesia. – Modificações tônico-cinéticas. – Movimentos explosivos. (–)	– Homolaterais. (+)

Continua ⟶

	Casuística	Sentido sinestésico	Imobilidade	PRAXIA		Dissociação	Coor
				Equilibração			Óc
				Estática	Dinâmica		ma
1	M.R	– Controle tôni-co-motor. (+)	– Oscilação dos membros supe-riores. 1B ( )	– Controle pos-tural. (+)	– Disponibilida-de motora. (+)	– Hesitação. – Imprecisão me-lódico-sinética. (4 + e 3 –)	– Dificulc manipula – Mão di – Êxito n tativa.
2	I.M.S.	– Dificuldades de imitação de gestos. – Problemas de realização motora – Dismetria. (–)	– Inibição. – Crispação de visão. – Distonia de ati-tude. IN (+)	– Grandes dificul-dades do contro-le postural. (–)	– Dismetria. – Bloqueio pos-tural. (–)	– Hesitação. – Incapacidade de individualização segmentar. – Dispraxia gene-ralizada. (2 + e 5 –)	– Carênc trumenta – Mão di – Não-êx
3	A.G.	– Dismetria. – Perturbações sensório-motores. – Dificuldades no controle tônico-emocional. (–)	– Turbulência. –Instabilidade. – Reações in-controláveis. IB (+)	– Grandes difi-culdades de con-trole postural. (–)	– Dismetria. – Atitude cris-pada. – Dificuldades de coordenação. (–)	– Dispraxia sen-sório-sinética. – Crispação mo-tora. – Imprecisão. (3 + e 4 –)	– Coorde vísuo-mc ficiente. – Mão dir – Êxito na tativa.
4	L.S.	– Dificuldades de inferiorização. – Diametria li-geira. (+)	– Dificuldades de controle pos-tural. IB (+)	– Ligeiras pertur-bações na mar-cha equilibrada. (+)	– Dificuldades de coordenação geral dinâmica. (+)	– Indiferenciação. – Dificuldades de comando e exe-cução motora. – Dispraxia. – Hesitação. (3 + e 4 –)	– Dificuld coordena – Ambas – Não-êx
5	G.S.	– Controle-tônico-motor. (+)	– Controle pos-tural. IN (–)	– Controle pos-tural. – Alterações mí-micas. (+)	– Disponibilida-de motora. (+)	– Harmonia de movimento. – Disponibilidade práxico-rítmica. (7 +)	– Precisã tual. – Mão dir – Êxito na tativa.
6	A.R.	– Controle tônico-motor. (+)	– Ansiedade. – Tiques na visão. Ligeiras altera-ções tônico-posturais. IN (–)	– Controle pos-tural. (+)	– Inibição. – Execução mo-tora controlada. (+)	– Ligeiros proble-mas na planifica-ção do movimen-to. (6 + e 1–)	– Precisã tual. – Mão dir – Êxito na tativa.
7	P.G.	– Dificuldades de localização sen-sório-motora. – Dismetria. (–)	– Ligeira instabi-lidade. IB (+)	– Dificuldades de controle postural. (+)	– Atitude cris-pada. – Dismetria. (–)	– Dismetria. –Indiferenciação. – Ausência de li-bertação gestual. (4 + e 3 –)	– Dificuld coordena – Mão dir – Êxito na tativa.

Continua ————

| óculo-pedal | Motricidade fina | SOMATOGNOSIA | | ADAPTAÇÃO ESPACIAL | | Organização |
		Esquema corporal	Desenho do corpo	Estruturação	Representação	
Controle pos-al. Pé direito. Êxito na 4ª tenva.	– Controle emocional. – Praxia manual. – V = p – 1. 10,7	– Dificuldade na imitação de gestos. – Perturbações no esquema corporal de ação. – Apraxia sensório-sinética.	– Desenho revelando agnosia digital. – Desenho vestido. – Ausência de pormenores faciais.	– Dificuldade de retenção de estruturas espaciais.	– Êxito – Inibição.	– Êxito
Movimento exsivo. Pé direito. Não-êxito.	– Lentidão. – Apraxia construtiva. – V < P – 2. 04,5	– Agnosia digital. – Dificuldade na imitação de atitudes e de gestos. – Evolução objetal alternada. – Apractognosia.	– Desenho muito alto revelando problemas de personalidade. –Os membros superiores e as mãos estão insignificativamente figurados.	– Dificuldade de retenção. – Indiscriminação vísuo-espacial. – Desconhecimento das noções fundamentais.	– Dificuldades topológicas. – Não-êxito. – Dificuldades de compreensão da situação. – Inibição.	– Não-êxito. – Problemas no cálculo espacial.
Dificuldade na uilibração. Pé direito. Êxito na 3ª teniva.	– Impulsividade. – Sincinesias. – V > P – 1. 15,0	– Agnosia das extremidades. – Perturbações na própria ceptividade. – Alterações sensitivas. – Apractognosia sômato-espacial.	– Desenho vestido tipo geométrico. – Pés em perfil. – Ausência de diferenciação digital.	– Dificuldades perceptivas. – Apraxia sômato-espacial. – Não reconhecimento da esquerda e da direita dos objetos.	– Dificuldades de relação espacial. – Dificuldades topológicas. – Dificuldades no espaço práxico.	– Não-êxito. – Hesitação. – Não compreensão da situação.
Descontrole stural. Pé direito. Êxito na 3ª teniva.	– Dificuldade de dissociação digital. – Minuciosidade. – V < P – 1. 29,3	– Insuficiente integração e experiência corporal. – Agnosia do hemicorpo. – Inibição do investimento lúdico.	– Desenho com total ausência das mãos.	– Dificuldades de integração espacial. – Hesitação. – Apraxia sômato-espacial. – Assomatognosia do hemicorpo.	– Lateralização não definida. – Êxito nos aspectos topológicos. – Ligeiras perturbações no espaço práxico.	– Êxito
Controle pos-al. Pé direito. Êxito na 2ª teniva.	– Hiperprecisão. – Controle. – V = P – 1. 49,0	– Ausência de perturbações do esquema corporal.	– Desenho vestido tipo geométrico com pormenores cinéticos.	– Adaptação espacial. – Facilidade de retenção de estruturas espaciais. – Êxito em todas as provas.	– Êxito – Ligeiras dificuldades tipológicas.	– Êxito
Controle pos-al. Pé direito. Êxito na 1ª tentiva.	– Controle emocional com tendência inobidora. – V < P – 1. 34,0	– Ausência de perturbações do esquema corporal. – Ligeiras perturbações sensitivo-motoras.	– Desenho vestido revelando maturidade na imagem do corpo.	– Adaptação espacial. – Êxito em todas as provas. – Reações de inibição.	– Êxito – Inibição.	– Êxito
Imprecisão no ovimento. Pé direito. Êxito na 1ª tentiva.	– Impulsividade. – Sincinésias. – V > P – 1. 35,8	– Desconhecimento de termos corporais. – Dificuldades de localização. – Assomatognosia simbólica.	– Desenho inicial em "saco" de perfil e com simbolização de gesto.	– Assomatognosia do hemicorpo. – Não-reconhecimento das noções espaciais fundamentais.	– Lateralização não definida. – Êxito nos aspectos topológicos.	– Êxito

Continua ⟶

| Casuística | | ADAPTAÇÃO TEMPORAL | | | LATERALIZAÇÃO | | | | |
		Gnosia de ritmo	Praxia do ritmo	Estruturação riítmica	Ocular	Auditiva	Manual	Pedal	Global
1	M.R	– Êxito na memória rítmica.	– Adaptação temporal. – Inibição.	– Adaptação emotivo-afetiva. – Êxito até a 8ª estrutura.	– Esquerda	– Direita	– Direita	– Direita	– Cruzada controlada.
2	I.M.S.	– Perturbações na atenção. – Desorganização espácio-temporal. – Disritmia psicomotora.	– Dificuldades de realização espácio-temporal. – Dismetria.	– Dificuldades de compreensão da situação. –Dificuldades de reprodução rítmica. – Êxito até a 3ª estrutura.	– Esquerda	– Direita	– Direita	– Direita	– Cruzada desarmônica não controlada.
3	A.G.	– Desorganização espácio-temporal. – Disritmia psicomotora.	– Reações incontroláveis. – Dificuldades de realização espácio-temporal. – Dificuldades metódico-cinéticas.	– Dificuldades de atenção. – Descontrole emotivo-afetivo. – Êxito até a 4ª estrutura.	– Esquerda e direita	– Direita	– Es querda e direita	– Direita	– Ambidextria desarmônica não controlada.
4	L.S.	– Dificuldades de retenção. – Ligeiras perturbações na atenção.	– Ligeiras dificuldades metódico-cinéticas. – Inibição.	– Dificuldades de integração e reprodução rítmica. – Êxito até a 54ª estrutura.	– Esquerda	– Direita	– Direita	– Direita	– Cruzada desarmônica mal controlada.
5	G.S.	– Êxito na memória rítmica.	– Controle ritmopráxico. – Adaptação temporal.	– Dificuldades de reprodução rítmica. – Êxito até a 12ª estrutura.	– Esquerda	– Direita	– Direita	– Direita	– Cruzada controlada.
6	A.R.	– Êxito na memória rítmica	– Controle ritmopraxico. – Adaptação temporal.	– Facilidade de integração e reprodução. – Êxito até a 18ª estrutura.	– Esquerda	– Direita	– Direita	– Direita	– Cruzada controlada.
7	P.G.	– Ligeiras perturbações na atenção. – Hiperemotividade.	– Impulsividade. – Dificuldade de controle psicomotor.	– Descontrole emotivo-afetivo. – Êxito até a 68ª estrutura.	– Direita	– Direita	– Direita	– Direita	– Homogenêa não controlada.

4.4. Caracterização psicomotora

Dado que se trata do aspecto fundamental da nossa procura, tentaremos após a recolha de dados que o quadro expressa, abordar uma tentativa de análise comprovativa dos vários aspectos da observação psicomotora, finalizando com uma perspectiva de generalização e interpretação dos dados obtidos na abordagem inicial, encarando diferencialmente, e segundo uma ótica psicomotora, os casos da nossa amostra.

4.4.1. Controle respiratório

Apenas nos interessa aferir a adaptação respiratória com o controle e a precisão da motricidade fina. Para além da reciprocidade com a coordenação de gestos complexos, o controle respiratório está em relação com o *controle* emocional que qualquer situação inédita exige.

Casuística		Controle respiratório		
	Perturbações	Bloqueios	Fatigabilidade	Observações
M.R.	Sem perturbações	Expiratório	Manifestada	
I.M.S.	Com perturbações rítmicas	id.	id.	
A.G.	Insuficiente amplitude	id.	id.	
L.S.	Descoordenação torácico-abdominal	Inspiratório	id.	
G.S.	Sem perturbações	–	Não manifestada	
A.R.	Dificuldades de apnéia	Expiratório	id.	Asmática
P.G.	Sem perturbações	Inspiratório	Manifestada	

Segundo o quadro, verificamos 3 casos sem perturbações (M.R.; G.S.; P.G.) e os restantes com perturbações quer do controle-rítmico, quer da coordenação dos movimentos tóracico-abdominais, a justificar em resumo, uma provação de experiências corporais, ou pelo menos uma insuficiente adaptação à ação motora e à expressão lúdica. Tais carências irão necessariamente repercutir-se na motricidade fina e na somatognosia. A maioria acusa bloqueio expiratório (4 casos) e fatigalidade (5 casos). Tais aspectos correlacionam-se com a continuidade e a sucessão de controle que, por exemplo, uma situação de motricidade fina requer. Este aspecto apenas pode demonstrar a importância das invariáveis fisiológicas que presidem e acompanham qualquer comportamento motor. O precoce aparecimento da fadiga provoca uma opacidade das aferências sensitivo-sensoriais, que necessariamente desempenham um papel importante na execução de qualquer gesto.

Um caso interessante nos ressalta. Trata-se de P.G. (do sexo masculino) que, por características da sua história, surge sem perturbações visíveis, não deixando, no entanto, de apresentar bloqueio inspiratório, a expressar uma inibição face à situação da observação e a manifestar fatigabilidade nas provas de coordenação. Pode-se concluir que é razoável, na medida em que o sexo masculino, mais dedicado na sua experiência à atividade de exploração espacial e a investimentos lúdicos mais vastos e prolongados apresentam normalmente uma melhor adaptação ao esforço e ao jogo dinâmico-corporal.

4.4.2. Tonicidade

A recolha destes dados, embora de uma forma menos rigorosa, com utilização de palpações, pequenas oscilações e movimentos corporais, permite-nos verificar a estreita correlação da tonicidade e da praxia. Por outro lado, e segundo o quadro, pode constatar-se que a tonicidade condiciona em grande parte a lateralização, e esta, por sua vez, todos os comportamentos psicomotores.

No quadro, encontram-se assinalados dois aspectos da função tônica: o primeiro de suporte, relacionado com a postura (atitude), o segundo relacionado com o desenvolvimento motor, isto é, com a integração melódico-cinética que acompanha e reajusta permanentemente o gesto motor (movimento).

Tônus de suporte

A *extensibilidade* encontra-se em relação com os aspectos mais variados da psicomotricidade. Conforme o quadro, podemos analisar que as crianças hipertônicas (A.G. e P.G.) acusam dificuldades na equilibração (desenvolvimento postural) e na preensão (motricidade fina). Esta análise vem confirmar que o *controle* do movimento fino e coordenado depende muito da extensibilidade. A evolução da função tônica é um jogo dialético que se estabelece entre o eixo corporal (aumento do tônus axial) e os membros (diminuição da hipertonicidade das extremidades).

Segundo a distribuição por sexos, verificamos que em 5 casos se registra uma hipotonicidade nos membros, que está em analogia com uma hiperextensibilidade, i.é, facilidade de aproximar ou afastar segmentos corporais correlacionados, que implicam uma mais variada gama de exteriorizações motoras. Todavia, a discussão destes resultados não nos serve para diagnosticar a presença de perturbações tônico-posturais ou tônico-motoras, que impossibilitam ou dificultam a realização de movimentos. O exemplo da I.M.S. é acompanhado com uma hiper-reflexibilidade, que mais sugere uma atividade exagerada dos motoneurônios gama, que regulam pelo sistema gama e manutenção da atitude. Neste caso a manutenção da atitude é largamente energética, o que justifica no quadro anterior o aparecimento da fatigabilidade, ao mesmo tempo que surgem dos movimentos do tipo atetósico, i.é, movimentos descontrolados e descoordenados.

Um caso (A.G.) nos surge de certa forma original, manifestando a persistência de movimentos não-característicos e com repercussão de tremores, dado que a sua extensibilidade se encontrava condicionada a uma hipertonicidade exagerada, para a idade e para o sexo. O caso A.G. surge-nos como um exemplo de hipertonicidade, com grandes resistências tônico-posturais e com aparecimento de reações incontroláveis que vieram a se manifestar durante toda a observação; dificuldades nas situações de equilibração, dismetria, dispraxia, impulsividade,

| Casuística | Tonicidade | | | | |
| | Tônus de Suporte | | | Tônus de ação | |
	Extensibilidade	Passividade	Paratonia	Diadococinesias	Sincinesias
M.R.	Hipotonia Hiperextensibilidade	Resistência tônica nos membros direitos	Ausência de blocagens tônicas	Dificuldades na realização de movimentos alternados	Linguais mímico-faciais
I.M.S.	Hipotonia Hiperreflexibilidade Labilidade tônico-emocional	Grande resistência tônica Perturbações tônicas	Inibição tônica Conservação de atitudes	Adiadococinesia Lentidão Movimentos anormais e imprecisos	Linguais Axiais controlaterais
A.G.	Hipertonia Hipoextensibilidade Estereótipos Tremores	Resistência nos membros esquerdos Hipossensibilidade	Explosão de movimentos Instabilidade e hiperemotividade	Modificações tônico-cinéticas nos membros inferiores	Homolaterais Bucais Mímico-faciais
L.S.	Hipotonia Hiperextensibilidade dos membros inferiores	Reações-tônico incontroláveis Dificuldades de interiorização	Ligeiras imobilizações tônico-musculares	Lentidão Facilidade no braço esquerdo	Contralaterais Abdução do braço contrário
G.S.	Hipotonia Hiperextensibilidade Controle tônico-emocional	Disponibilidade tônica nas extremidades	Controle de relaxamento muscular	Movimento bem localizado	Bucais Linguais
A.R.	Hipotonia Hiperextensibilidade Controle tônico-emocional	Ligeiras blocagens tônicas	Ausência de blocagens Inibição tônica	Movimento bem localizado	Não assinaláveis
P.G.	Hipertonia Hiperextensibilidade Refletividade ósteo-tendinosa	Crispação tônica Hipossensibilidade	Conservação de atitude (Paratonia) Impulsividade	Adiadococinesia Modificações tônico-cinéticas Movimentos explosivos	Homolaterais

etc. Só um outro caso (P.G.) manifesta hipertonicidade com flexibilidade osteo-tendinosa, e igualmente com o mesmo tipo de dificuldades no plano da realização motora.

O caso (L.S.), como o mais jovem do grupo, apresentava ainda a persistência de uma imaturidade no *controle* psicotônico da atitude e, por outro lado, manifestou o índice de maior hiperextensibilidade dos membros inferiores (ângulo adutor exagerado) com tendência para o aparecimento de dificuldades no equilíbrio e na coordenação dinâmica geral.

Quanto a *passividade*, mais difícil ainda de aferir objetivamente, surgem-nos 4 casos com resistência e persistência de atitudes, i.é, com dificuldades de *controle* passivo, a justificar uma imaturidade de *controle* psicotônico, caracterizada essencialmente, por um número muito reduzido de experiências corporais, quer de caráter lúdico, quer de caráter práxico (M.R.; I.M.S.; A.G.; P.G.).

Dois casos com hipo-sensibilidade (A.G.; P.G.) a revelarem a relação estreita da tonicidade e da sensório-motricidade. Um caso (L.S.) com dificuldades de interiorização e localização das diferentes partes do corpo. Dos dois restantes (G.S.; A.R.) apenas um ligeiro bloqueio, mas demonstrando disponibilidade tônico-motora e, portanto, a expressarem uma libertação neuromotora das extremidades.

Na *paratonia*, através de situações, que estão muito próximas de uma somatognosia, cuja interconexão do esquema corporal vivido e do esquema corporal conhecido se procura observar, verificamos em 3 casos (M.P.; G.S.; A.R.) ausência de blocagens como *controle* da auto-descontração, nos restantes 4 casos anotam-se: inibição e conservação de atitudes (I.M.S.; P.G.), explosão motora e hiperemotividade (A.G.) e ligeiras imobilizações tônico-musculares associadas a sinergias onerosas (L.S.).

4.4.2.1. Tônus de suporte

No que diz respeito ao *tônus de suporte,* verificamos que, reunindo os três aspectos, extensibilidade, passividade e paratonia, poderemos ter uma noção global da sua importância na praxia e na adaptação espácio-temporal. Todos os elementos de nossa observação psicomotora estão interligados. Todavia, o diagnóstico num dos seus aspectos particulares pode-nos facilitar a compreensão da veracidade de algumas dificuldades instrumentais que poderão estar na base de problemas de aprendizagem. Assim, poderemos verificar que um descontrole tônico-postural e tônico-motor, pode gerar uma gama de dificuldades instrumentais, como são os casos da I.M.S.; A.G.; L.S. e P.G. Todos manifestaram perturbações na praxia e na adaptação espácio-temporal, como se pode constatar pelo quadro.

4.4.2.2. Tônus de ação

Ação

Perante o quadro, apenas dois aspectos do tônus de ação foram considerados: *diadococinesia*, visando a detecção de dismetrias ou descontrole tônico-motor, e as *sincinesias*, visando a constatação de sinergias onerosas e bloqueios tônicos que constituem obstáculos à realização de movimentos.

Quanto a *diadococinesia*, registramos dois casos de incapacidade de movimentos alternados e diferenciados nos dois membros superiores (I.M.S.; P.G.), uma a revelar uma síndrome deficitária, outro uma hiper-reflexibilidade. Verificamos, também, dois outros casos (M.R.; L.S.) com ligeiras dificuldades expressas numa alteração mímico-labial, que denotam não-associações segmentares entre a mão e o antebraço, a comprometer uma motricidade normal, traduzida em grafismos imprecisos. Um único caso (A.G.) nos pareceu mais complexo, dado que se verificaram reações tônicas incontroláveis, com modificações tônico-cinéticas nos membros inferiores e a presença de problemas no tônus induzido, aliás expressos em sincinesias bucais, mímico-faciais e homolaterais. Nos dois casos que restam (G.S. e A.R.), já com aquisições tônico-motoras mais vividas, não se registrou qualquer perturbação, apresentando todo um quadro tônico disponível para o *controle* postural e o domínio práxico.

Nas *sincinesias*, surgem-nos dois casos de sincinesias exageradas (I.M.S.; P.G.), ligeiras sincinesias em 4 casos (M.R.; L.S.; G.S.; P.G.) e inexistência num caso (A.R.). Tendo em atenção que o desaparecimento das sincinesias está muito dependente da idade e do fator da vivência corporal, verificamos que neste aspecto a casuística se situa num plano onde não se registram lesões neurológicas.

Podemos concluir que as perturbações do tônus de suporte (também chamado tônus de fundo) estão em relação com as perturbações do tônus de ação. Uma hipotonia pode gerar uma extensibilidade exagerada, e esta por sua vez originar hemissindromas deficitários que podem justificar uma insuficiente coordenação do gesto. De qualquer forma os casos por nós analisados não apresentam uma suspeita de lesão neurológica propriamente dita, apenas se registram dificuldades no *controle* psicológico e tônico-motor. Uns por sinais de estados tensionais, outros por movimentos anormais que vêm a refletir-se na manifestação de problemas de estabilidade e de coordenação (dispraxia). Necessariamente que estas carências instrumentais podem determinar dificuldades eletivas de aprendizagem, onde a expressão motora e a precisão do *controle* pósturo-cinético são reclamados permanentemente.

4.4.3. Praxia

As situações criadas para a observação no plano de diagnósticos de dispraxias procuram aproximar-se das noções neurológicas, relativas a problemas de construção, de organização e integração psicomotora. As carências neste plano permitem-nos também observar outros casos de dificuldades instrumentais que estão em relação com as coordenadas espaciais e com as coordenadas objetais. Visando uma análise das aferências vísuo-tato-sinestésicas e práxico-construtivas, a observação procurou seguir as orientações de Poppelreuter (apud GOODNOUGH, 1957), Kleist (1964), Strauss et al. (1947), Ajuriaguerra (apud HÉCAEN & AJURIAGUERRA, 1963), Hécaen (apud HÉCAEN & AJURIAGUERRA, 1964) e Angelergues (1955), objetivando os diferentes contextos semiológicos inerentes às praxias. Não nos preocupamos sequer estabelecer relações entre e apraxia e a lesão hemisférica correspondente, apenas nos localizamos numa via de despistagem de obstáculos tônico-motores e tônico-posturais que nos façam compreender as exigências de expressão motora, que qualquer tipo de aprendizagem desencadeia. A alfabetização requer igualmente alfabetização do corpo, como medida preventiva (sentido antropológico), na medida em que o organismo reage como um todo nas situações de desequilíbrio, que qualquer tipo de aprendizagem inicialmente destaca. A aprendizagem é uma mudança de comportamento motor que parte inicialmente de movimentos exagerados (dismetria) para movimentos cada vez mais ajustados (praxia). Não nos foi possível diagnosticar lesões de apraxia ideatória (ideável) ou de praxia ideomotora, não só por constituir um aspecto mais complexo, como também traduzir outra linha de investigação. Resta-nos recorrer a uma série de situações que reclamassem a participação dos "centros práxicos" e, a partir daí, reunir dados que nos esclarecessem das dificuldades de aprendizagem. Com base nas situações, pudemos discriminar as dificuldades em vários planos e, portanto, as suas repercussões e associações. De fato, basta observarem-se problemas da atividade gestual intencional, para que todas as atividades relacionais, solicitadas pela aprendizagem, estejam condicionadas e limitadas. Somos levados a considerar o conceito de apraxia de Dejerine (1914), dado que este autor a situa num plano que vem ao encontro das nossas necessidades. Segundo este autor, a apraxia não é sinônimo de lesão das estruturas de execução, nem sinônimo de ausência do conhecimento do ato motor (agnosias, deficiências intelectuais globais, etc.).

No quadro procuramos reunir um conjunto de situações, todas elas interligadas, mas pondo em relevo diferentes aspectos da organização do gesto intencional. Das oito situações da observação, três procuram despistar problemas estáticos, duas encontram-se relacionadas com a coordenação dinâmica geral, e as restantes três põem em conexão aspectos da precisão gestual, onde se destacam dados perceptivo-motores, duas delas de dinâmica manual e uma de dinâmica-pedal.

No *sentido sinestésico*, procuramos detectar problemas de interligação e interiorização psicomotora, para além da capacidade de reprodu-

Casuística	Sentido Sinestésico	PRAXIA Imobilidade	Equilibração Estática	Equilibração Dinâmica	Dissociação	Coordenação Óculo-manual	Coordenação Óculo-pedal	Motricidade fina
M.R.	Controle tônico-motor	Oscilação dos membros superiores	Controle postural	Disponibilidade motora	Hesitação Imprecisão melódico-sinética	Dificuldade de manipulação Mão direita Êxito na 2ª tentativa	Controle postural Pé direito Êxito na 4ª tentativa	Controle emocional Praxia manual V = P 1.10,7
I.M.S.	Dificuldades na imitação de gestos Problemas de realização motora Dismetria	Inibição Crispação da visão Distonia de atitude	Grandes dificuldades de controle postural	Dismetria Bloqueio postural	Hesitação Incapacidade de individualização dos segmentos Dispraxia generalizada	Carências instrumentais Mão direita Não-êxito	Movimento explosivo Pé direito Não-êxito	Lentidão Apraxia construtiva V = P 2.04,5
A.G.	Dismetria Perturbações sensório-motoras Dificuldades de controle tônico-emocional	Turbulência Instabilidade Reações incontroláveis	Grandes dificuldades de controle postural	Dismetria Atitude crispada Dificuldades de coordenação	Dispraxia sensório-sinética Crispação motora	Coordenação visuo-motora Deficiente Mão direita Êxito na 3ª tentativa	Dificuldade no equilibrio Pé direito Êxito na 3ª tentativa	Impulsividade Sincinesias V = P 1.15,0
L.S.	Dificuldades de interiorização Dismetria ligeira	Dificuldades de controle postural	Ligeiras perturbações na marcha equilibrada	Dificuldades de coordenação geral dinâmica	Indiferenciação Dificuldades de execução motora Dispraxia Hesitação	Dificuldades de coordenação Ambas as mãos Não-êxito	Descontrole postural Pé direito Êxito na 3ª tentativa	Dificuldades de dissociação digital Minuciosidade Controle V = P 1.29,3
G.S.	Controle tônico-motor	Controle postural	Controle postural. Alterações mímicas	Disponibilidade motora	Harmonia de movimento Disponibilidade práxico-rítmica	Precisão gestual Mão direita Êxito na 3ª tentativa	Controle postural Pé direito Êxito na 1ª tentativa	Minuciosidade Controle V = P 1.49,0
A.R.	Controle tônico-motor	Ansiedade Tiques na visão Ligeiras alterações tônico-posturais	Controle postural	Inibição Execução motora controlada	Ligeiros problemas na planificação do movimento	Precisão gestual Mão direita Êxito na 1ª tentativa	Controle postural Pé direito Êxito na 1ª tentativa	Controle emocional V = P 1.34,0
P.G.	Dificuldades de localização sensório-motora Dismetria	Ligeira instabilidade	Dificuldades de controle postural	Atitude crispada Dismetria	Dismetria Indiferenciação Ausência de libertação gestual	Dificuldades de coordenação Mão direita Êxito na 4ª tentativa	Imprecisão no movimento Pé direito Êxito na 1ª tentativa	Impulsividade Sincinesias V = P 1.35,8

ção de atitudes. Todos estes aspectos nos informam da experiência corporal vivida e conhecida. Da nossa casuística, surgem-nos três casos com dificuldades de localização e interiorização, revelando nas situações anteriores, problemas tônico-posturais e tônico-motores (I.M.S.; L.S.; P.G.).

Um caso de imaturidade psicomotora e descontrole tônico-emocional (A.G.) e os três restantes como *controle* tônico-motor, i.é, reproduzindo exatamente as atitudes solicitadas (M.R.; G.S.; A.R.).

A análise da situação de *imobilidade* parece-nos bastante mais complexa do que a sua aparente facilidade de execução. Através dela é possível diagnosticar hiperemotividades, tiques, perturbações emocionais, ansiedade, inibição, etc. Segundo o quadro podemos constatar que a imobilidade está em relação com alterações do tônus de suporte (I.M.S.; A.G.; P.G.), i.é, verifica-se uma tendência para a crispação da atitude, associada a uma instabilidade visível nas oscilações laterais permanentes, nas perdas de equilíbrio, nos movimentos estereotipados da cabeça, etc.

Nos restantes casos, verifica-se em dois, uma imaturidade no *controle* postural (M.R.; L.S.), num a manifestação de ansiedade, a demonstrar um sinal de inibição (A.R.) e no outro um perfeito *controle* da situação (G.S.).

4.4.3.1. Passando agora à **equilibração**, vamos indagar não só os mesmos aspectos da observação anterior, mas também as relações da equilibração com a coordenação. De uma maneira geral, o indivíduo terá uma função de execução precisa e ajustada se efetivamente as estruturas de equilibração estiverem intactas. Qualquer tipo de aprendizagem motora, por exemplo, a realização de trabalhos manuais, de desenho, ou até mesmo da escrita, põe em conjunção aspectos de equilibração e de coordenação (construção). A coordenação de movimentos exige a presença de posturas suficientemente integradas e assumidas.

Com base nesta realidade, o indivíduo com problemas de equilibração tem necessariamente problemas de coordenação e de motricidade fina. Se analisarmos o quadro deparamos com esta relação, atestada com grandes dificuldades de *controle* postural (I.M.S.; A.G.), e por ligeiras dificuldades (L.S.; P.G.). No primeiro caso, estamos em presença de imaturidade psicotônica associada e perturbações tônicas diversas; no segundo caso, surge-nos um exemplo de insuficiente vivência e utilização do corpo (L.S.) e o outro, representando o único caso masculino da casuística (P.G.), vem demonstrar maior número de explorações psicomotoras, mas igualmente apresentando perturbações do tônus de suporte. Qualquer destes casos se apresenta no plano da coordenação com problemas de execução e precisão psicomotora.

Depois de analisarmos o aspecto estático da equilibração, encontramos o mesmo tipo de relações no aspecto dinâmico, i.é, os casos com problemas tônicos implicam problemas estáticos e necessariamente dinâmicos. No quadro constatamos três casos de dismetria (I.M.S.; A.G.; P.G.), associada a bloqueios posturais e a sinergias onerosas múltiplas, um caso com dificuldades de coordenação (L.S.) e os restantes três com disponibilidade motora e facilidade de execução (M.R.; G.S.; A.R.).

4.4.3.2. Noutro aspecto práxico, tomamos em consideração a **dissociação** (dificuldades de diferenciação e independência segmentar), aspecto intimamente ligado ao tônus induzido e à equilibração. De uma forma global, a criança que manifesta perturbações naqueles dois aspectos revela na dissolução novas dificuldades, que por sua vez vão condicionar o problema da motricidade fina, não só ligada às infra-estruturas instrumentais como também a outros aspectos de *controle* emocional. Na nossa limitada amostra, a relação exposta acima no plano teórico veio encontrar uma veracidade e um testemunho operacional na observação. As crianças que revelaram problemas tônicos, e alterações do *controle* postural, demonstraram nesta observação: hesitação, incapacidade de individualização segmentar e cinética, imprecisão, bloqueios gestuais, cincinesias contralaterais e homolaterais, etc. (I.M.S.; A.G.; L.S.; P.G.), isto é, manifestação de uma *dispraxia*.

Num outro plano, registraram-se, imprecisões melódico-cinéticas, dificuldades de comando e de execução motora, problemas na preparação do movimento, *hipercontrole*, etc. (M.R.; A.R.) e, por último, a apresentação de uma disponibilidade práxico-rítmica com harmonização de movimento (G.S.).

Perante esta análise de dados, somos levados a procurar uma previsão de outros problemas. Tendo em consideração que a *dispraxia* se caracteriza por uma perturbação conjunta de esquema corporal (espaço sinestésico, associado a engramas e somatogramas) e da *estruturação espacial* (espaço ótico, oticograma), certamente que os casos reveladores de problemas de dissociação vão implicar alterações somatognósicas e desajustamentos espácio-temporais. Vejamos mais à frente se esta caracterização diagnóstica se verificou na prática da nossa observação. Se esta revelação se provar, estamos no encontro da nossa tese, isto é, provar que a facilidade de aprendizagem escolar só é possível a partir do momento que a criança no seu processo de maturação adquiriu um verdadeiro conhecimento do seu próprio corpo, como *pivot* de todas as relações que caracterizam o seu envolvimento circunstancial.

4.4.3.3. Coordenação. Na prova seguinte de coordenação preocupou-se aferir em primeiro as relações olho-mão e olho-pé (atenção seletiva, discriminação vísuo-tático-sinestésica, condicionamento instrumental, generalização perceptiva, relação efeito-causa, etc.).

Procuramos uma linha objetiva, relacionando aspectos da relação objeto (bola), utilização predominante, quer manual, quer pedal (lateralidade membro dominante-membro auxiliar) e coeficiente de êxito (êxito no menor número de experiências).

Preocupou-nos não só a adaptabilidade e uma situação-problema. O seu *controle* emocional (*hipercontrole* noção de esforço controlado, efeito de *feedback* do movimento, etc.), bem como o nível de afinamento espácio-motor e sua coadjuvante melódica. Reconhecemos que protocolarmente muitas outras coisas se podiam explorar, como por exemplo: nível de continuidade da experiência, retenção do gesto com êxito, freqüência ou percentil de sucesso, etc. A prova não apresenta, por isso, um cuidado extremo na sua finalidade mais simples, a sua utilização transcendeu a apresentação dos dados do quadro. É interessante registrar que as relações que temos apresentado no plano teórico se justificam concretamente nesta mesma prova. Se de fato, num dado caso, registramos problemas tônicos e suas repercussões na função de equilibração, problemas de construção de gesto intencional e suas repercussões na dissociação, também, se verificarem perturbações na coordenação (por definição, um movimento exteriorizado para atingir um fim, compreende a sua complementar antimovimento-equilibração). Estão efetivamente, neste caso, os exemplos apresentados anteriormente, com alterações onde entram variáveis de adaptação à situação, experiência vivida, iniciativa, pregnância, idade, sexo, etc.

Coordenação óculo-manual

Casuística	Adaptação à situação	Mão dominante	Coeficiente de êxito
M.R.	Dificuldades de manipulação de objeto	Direita	2ª tentativa
I.M.S.	Carências instrumentais	id.	Não-êxito
A.G.	Coordenação vísuo-motora deficiente	id.	3ª tentativa
L.S.	Dificuldades de coordenação	Ambas as mãos	Não-êxito
G.S.	Precisão gestual	Direita	3ª tentativa
A.R.	id.	id.	1ª tentativa
P.G.	Dificuldades de coordenação	id.	4ª tentativa

Num rápido tratamento verificamos que as dificuldades à situação de lançamento da bola se estendem por dificuldades de manipulação do objeto (M.R.); dificuldades de coordenação (L.S. e P.G.); coordenação vísuo-motora deficiente (A.G.); carências instrumentais (I.M.S.).

Em apenas dois casos se observou precisão gestual (G.S. e A.R.).

Quanto à utilização manual, 6 casos de utilização direita e um caso com ambas as mãos, tendência do gesto inibido, a revelar mais uma vez um investimento psicomotor condicionado por uma imaturidade dos processos de aquisição (L.S.).

No coeficiente de êxito, corremos o risco de aferir um comportamento "ao caso", de qualquer forma, em termos globais, e em conjunto com outras provas, pode favorecer a confirmação da dispraxia.

Coeficiente de êxito:
- na 1ª tentativa (A.R.);
- na 2ª   "   (M.R.);
- na 3ª   "   (A.G.; G.S.);
- na 4ª   "   (P.G.);
- Não-êxito (L.S.; I.M.S.).

Numa superficial interpretação, os casos com problemas na dissociação continuam a confirmar menores possibilidades de êxito nesta prova (I.M.S.; L.S.; A.G.; P.G.). Podem estar aqui incluídos, também, determinado número de problemas instrumentais que podem dar significado a uma disgrafia ou perturbação no plano grafomotor.

Coordenação óculo-pedal

Casuística	Adaptação à situação	Pé dominante	Coeficiente de êxito
M.R.	Controle postural	Direito	4ª tentativa
I.M.S.	Movimento explosivo	id.	Não-êxito
A.G.	Dificuldades de equilibração	id.	3ª tentativa
L.S.	Descontrole postural	id.	id.
G.S.	Controle postural	id.	2ª tentativa
A.R.	id.	id.	1ª tentativa
P.G.	Imprecisão no movimento	id.	id.

Com base no quadro, verificamos que as dificuldades à situação de pontapé na bola, dirigido numa trajetória determinada, estão em paralelo com as perturbações da equilibração estática e dinâmica.

Assim temos:

- movimento explosivo (I.M.S.);
- dificuldades de equilibração (A.G.);
- descontrole postural (L.S.);
- imprecisão no movimento (P.G.).

Em três casos registrou-se um *controle* postural (M.R.; G.S.; A.R.), de equilíbrio bem orientado, gesto ajustado, força adaptada à distância, etc.

No caso da M.R. registrou-se um *hipercontrole* que retardou o êxito, no entanto revelou *controle* postural, daí a nossa atitude de não conferir um valor absoluto ao aspecto dito objetivo da prova (êxito no número de experiências). No caso I.M.S. confirma-se a dispraxia, daí o seu êxito. Como caso não esperado, temos P.G. com êxito à 1ª tentativa, mas sem *controle* postural e com um movimento exagerado e demasiado potente para a situação; no entanto, o gesto é bastante mais familiar, dada a tendência lúdica para atividades óculo-pedais (ex.: futebol) do sexo masculino, que não surgem no sexo feminino.

Coeficiente de êxito;

- na 1ª tentativa (A.R. e P.G.)
- na 2ª   "   (G.S.)
- na 3ª   "   (A.G. e L.S.)
- na 4ª   "   (M.R.)
- Não-êxito (I.M.S.)

4.4.3.4. Motricidade fina. Resta-nos considerar a prova de *motricidade fina* (por nós assim designada, mas que apenas se trata da aplicação de uma prova de A. Rey, 1947). A utilização do *clips* para esta prova, põe em relevo a orientação global da tarefa, a orientação espacial, a função construtiva, a adaptação ao esforço continuado, bem como aos fatores motores da velocidade, da rapidez e da precisão. A prova demonstra nitidamente a importância das relações motoras e afetivas, e orienta-se para um tipo de atividades mais complexas onde os domínios da hipertensão, da lateralidade, da sensibilidade, da personalidade, cuidado e discriminação visual, da relação perceptivo-motora, da rejeição à situação, etc. são profundamente postos em causa.

Nesta primeira observação apenas nos interessou registrar os problemas do *controle*, a manifestação de carências instrumentais, a relação velocidade-precisão (V-P) e o tempo levado a realizar a tarefa, considerando o tempo de composição e o tempo de decomposição.

Motricidade fina

Casuística	Funções de controle	Carências instrumentais	Relação V – P	Adaptação à situação		
				Composição	Decomposição	Total
M.R.	Controle emocional	–	V P	48,7	22,0	1.10,7
I.M.S.	Lentidão	Dispraxia construtiva	V P	1.30,3	55,2	2.24,5
A.G.	Impulsividade	Sincinesias	V P	55,1	20,9	1.15,0
L.S.	Minuciosidade	Não-associação	V P	1.00,4	28,9	1.29.3.
G.S.	Hiperprecisão	–	V P	1.12,5	36,5	1.49,0
A.R.	Inibição	–	V P	59,3	35,7	1.34,0
P.G.	Impulsividade	Sincinesias	V P	1.10,4	25,4	1.35,8

Quanto à função de *controle* registram-se os seguintes casos:

• *controle* emocional (M.R.) – a revelar dissociação digital e facilidade de preensão fina;

• lentidão (I.M.S.) – associada a uma apraxia construtiva, bem marcada no tempo de execução;

• impulsividade (A.G.; P.G.) – demonstrando a presença de um excesso de atividade que prejudicou a operação (tipos hipertônicos);

• minuciosidade e hiperprecisão (L.S.; G.S.) – onde se verificaram adaptações nos mesmos moldes, em que o excesso de correção contribui em muito no fator velocidade;

• inibição (A.R.) – mantendo-se um perfeito *controle*, todavia sem revelar motivação pela realização rápida da prova, sem alterações emotivas, surgindo neste plano como exemplo único de casuística.

No âmbito das *carências instrumentais*, surge-nos mais uma confirmação da dispraxia, a demonstrar efetivamente perturbações na atividade manual simples e na exploração tátilo-manual (I.M.S.; A.G.; L.S.; P.G.). Nos restantes casos não se registraram carências de ordem instrumental (M.R.; G.S.; A.R.).

Na relação velocidade-precisão, verificam-se dois casos de coordenação (M.R.), três casos de hipovelocidade (I.M.S.; L.S.; P.G.), e dois casos de hipervelocidade (A.G.; P.G.).

Após esta exposição podemos verificar que se estabelecem no plano teórico as seguintes relações:

1) hipovelocidade: incapacidade, indissociação ou excesso de *controle*;

2) hipervelocidade: impulsividade ou falta de *controle*.

Na distribuição do tempo e por ordem cronométrica temos:

	Tempo total	Tempo composição	Tempo decomposição
1º	M.R. (1.10,7)	M.R. (48,7)	A.G. (20,9)
2º	A.G. (1.15,0)	A.G. (55,1)	M.R. (22,0)
3º	L.S. (1.29,3)	A.R. (59,3)	P.G. (25,4)
4º	A.R. (1.34,0)	L.S. (1.00,4)	L.S. (28,9)
5º	P.G. (1.35,8)	P.G. (1.10,4)	A.R. (35,7)
6º	G.S. (1.49,0)	G.S. (1.12,5)	G.S. (36,5)
7º	I.M.S. (2.24,5)	I.M.S. (1.30,3)	I.M.S. (55,2)

Numa rápida visão, a hipervelocidade encontra-se favorecida na decomposição dos *clips* e a hipovelocidade na composição, o que diferencia os dois grupos acima referidos, conforme se pode constatar pelo quadro.

4.4.4. Somatognosia

Perante o elevado número de trabalhos sobre a integração e a desintegração da somatognosia, procuramos com a nossa casuística um tipo de situações em que o esquema corporal vivido e o esquema corporal conhecido, entrassem em relação com o esquema corporal representado (teste do *bonhomme*).

Na mesma linha diagnóstica tentou-se observar até que ponto uma agnosia corporal compromete as estruturas responsáveis pela orientação e pela elaboração do gesto intencional. A noção do corpo exige, segundo Head, a coordenação dos processos fisiológicos com os seus equivalentes psíquicos, ao mesmo tempo que constitui o registro das experiências corporais passadas (Somatograma) (AJURIAGUERRA & ANDRÉ-THOMAS, 1948). Para além de um enquadramento espacial das percepções dos gestos, a noção do corpo é uma entidade psiconeurológica com raízes profundas na história afetiva do indivíduo (SCHILDER, 1968). São variadíssimas as perspectivas com que podíamos orientar o nosso trabalho, desde uma perspectiva genética até uma fenomenológica, passando por uma psicanalítica, todas elas de inexcedível interesse. Fomos levados a uma observação de caráter neurológico, onde se despistassem sinais suficientemente significativos para confirmar, ou não, a presença de carências instrumentais e de perturbações várias que no seu todo justificassem uma dispraxia.

Em termos de diagnóstico, as provas que utilizamos (PIAGET et al. 1948; HEAD, 1911; BERGÉS & LEZINE, 1963) visavam uma tomada de consciência dos fatores gnósicos, visuais, táteis e sinestésicos que no seu todo caracterizam o esquema corporal. A utilização de tais provas não foi sequer rigorosa, apenas as variadíssimas situações de observação nos permitiram completar o quadro.

De uma maneira geral, os casos com problemas tônicos e práxicos surgem, também nesta situação, com determinados problemas que dificultam a adesão do indivíduo com o seu envolvimento. Necessariamente, que no plano das aprendizagens escolares estes aspectos requerem cuidados especiais, na medida em que se devem respeitar as etapas da integração somatognósica para se atingirem posteriormente respostas corretas e ajustadas às exigências das aprendizagens da leitura, da escrita, do ditado, da redação, do cálculo, do desenho, dos trabalhos manuais, etc.

De uma maneira geral, a dispraxia abrange dois fatores essenciais: um *fator ótico* (oticograma) e um *fator sinestésico* (somatograma). Claro que a sua análise mais profunda nos traz outros fatores radicados numa perturbação da personalidade física (KRISHABER (apud HÉCAEN & AJURIAGUERRA, 1964), TAINE (apud HÉCAEN & AJURIAGUERRA, 1964), RIBOT (1964), WERNICKE (1906), etc.). A relação dos dois fatores acima expostos canaliza-nos para uma síntese dinâmica denominada, pelos neurologistas, por *practognosia*. Considerando que o ser humano estabelece uma relação inteligível e consciente, entre o movimento e a situação, todas as suas faculdades

SOMATOGNOSIA

Causuística	Dados do esquema corporal	Perturbações	Análise do desenho do corpo
M.R.	Dificuldades na imitação de gestos	Esquema corporal de ação. Apraxia sensório-sinética	Desenho revelando agnosia digital. Desenho "vestido" Ausência de pormenores faciais
I.M.S.	Dificuldades na imitação de atitudes e de gestos. Evolução objetal alterada	Agnósia digital Apractognosia	Desenho muito alto revelando problemas de personalidade. Membros superiores e mãos insignificativamente figuradas
A.G.	Perturbações na proprioceptividade. Alterações sensitivas	Agnosia das extremidades. Apractognosia sômato-espacial	Desenho "vestido" tipo geométrico. Pés em perfil. Ausência de diferenciação digital
L.S.	Insuficiente integração e experiência corporal. Inibição do investimento	Agnosia do hemicorpo	Desenho inicial com total ausência das mãos
G.S.	Ausência de perturbações do esquema corporal	–	Desenho "vestido" tipo geométrico com pormenores cinéticos
A.R.	Ligeiras perturbações sensitivo-motoras	–	Desenho "vestido" revelando maturidade na imagem do corpo
P.G.	Desconhecimento de termos e zonas corporais. Dificuldades de localização	Somatognosia simbólica	Desenho em "saco" de perfil, com simbolização do gesto

de transformação do envolvimento têm de repousar no somatograma; estrutura esta auto-regulada em termos inconscientes. O cérebro determina o fim (oticograma-atividade dita consciente) e ignora os meios (engrama e somatograma-atividade dita inconsciente). O cérebro, ao ser reclamado, por exemplo, para a situação de leitura, lança mão às estruturas programáticas que anteriormente registraram as experiências perceptivo-motoras, a fim de se ajustar corretamente ou de obter um resultado determinado. A privação sensorial ou a privação de situações de movimento condicionam a estrutura do somatograma, e esta, por sua vez, utilizará meios que vão servir insuficientemente às necessidades do cérebro. Esta perspectiva do movimento só vem enriquecer a sua importância, não só no desenvolvimento da noção do corpo, como também no desenvolvimento intelectual e motor. O nosso quadro vem demonstrar essa importância, bem como a repercussão das dispraxia em todos os fenômenos da aprendizagem humana.

4.4.4.1. Esquema corporal. A uma alteração da gnosia corporal corresponde uma alteração do próprio corpo e uma alteração dos problemas do espaço onde o corpo atua (imagem espacial do corpo). Se analisarmos evolutivamente o nosso quadro, vamos verificar que os casos de dispraxia apresentam alterações somatognósicas e grandes dificuldades no plano de adaptação espácio-temporal. A nossa caracterização corre o risco de imprecisão na medida em que a observação da casuística não tratou os dados em nível de perturbação neurológica. Somos levados a concluir que em nenhum dos casos se suspeita de lesões do hemisfério direito ou de lesões do hemisfério esquerdo. Aquilo que podemos diagnosticar é uma insuficiente integração somatognósica e a sua repercussão em toda a estrutura psicomotora.

Existindo uma integração incoerente da gnósica corporal, todos os problemas do movimento orientado estão reduzidos na sua execução. Passam a verificar-se movimentos exagerados e descoordenados, dificuldades de relação com os objetos, insuficiências do investimento afetivo e lúdico, etc., todas estas variáveis impedem o acesso de uma motricidade orientada e ajustada às percepções (essencialmente visuais, auditivas, labirínticas, cutâneas, táteis, sinestésicas, etc.), daí que necessitem de ser experimentadas, criadas e vivenciadas de modo a correlacionar dialeticamente o movimento (que justifica o comportamento humano) e o seu envolvimento. O movimento projeta o homem no envolvimento e introjeta o envolvimento no homem, como resultado das suas conexões de causa e efeito.

Passando à análise interpretativa do quadro, uma primeira relação nasce: todos os casos com problemas práxicos acusam perturbações somatognósicas (I.M.S.; A.G.; L.S.; P.G.). Nas perturbações somatognósicas despistadas temos em primeiro lugar uma apraxia sensório-cinética (M.R.), dois casos de apratognosia associada a agnosias das extremidades (I.M.S.; A.G.), uma agnosia do hemicorpo (L.S.) e uma assomatognosia simbólica (P.G.). Apenas um caso diferente nos surgiu, trata-se de M.R., revelando problemas de relação cinética com o espaço próximo, que nos pareceram de acuidade visual e que podem justificar a sua dificuldade na leitura.

A complexidade da somatognosia abrange problemas, da sensibilidade (HEAD, 1911), da generalização perceptiva (SCHILDER, 1968), da consciência do eu (LHERMITTE, 1939) e da aquisição memorial (VAN BOGAËRT, s.d.), que se manifestam em todas as ligações entre o domínio sinestésico e o domínio perceptivo, traduzindo a importância das funções cognitivas e afetivas que se encontram reunidas dialeticamente em qualquer atividade psicomotora, quer seja a mais rudimentar, quer seja a mais complexa. Todas as situações de aprendizagem escolar estão, portanto, agrupadas nos domínios da atividade psicomotora, dado que se tratam de aspectos perceptivos e motores constantemente inter-relacionados.

Resta-nos considerar o esquema corporal representado pelo "teste do bonhomme" (GOODENOUCH, 1957), como mais um dado aferidor da tomada de consciência da unidade corporal. Para o efeito apresentamos os desenhos e seus pormenores mais significativos.

4.4.4.2. Na totalidade dos casos os **desenhos do corpo** podem ser considerados normais, quer no seu valor expressivo-cognitivo, quer no seu valor grafomotor. Apenas um caso (L.S.) nos parece refletir uma imaturidade da gnosia corporal associada a ligeiras perturbações da percepção do seu eu e da realidade exterior.

Segundo Widlocher e Haag (apud WIDLOCHER, 1969), devemos distinguir no desenho da criança quatro aspectos de expressão: valor expressivo, valor projetivo; valor narrativo e valor associativo. Não vamos nos alongar em considerações sobre o desenho da criança, apenas queremos deixar expresso a importância desta simples observação que nos pode levar a compreender melhor estruturas que possam estar camufladas e que por esse fato perturbem a integração, a programação e a execução dos movimentos.

Por razões de ordem material não adotamos a utilização das cores que exprimem e refletem diferentes tipos de personalidade. A hipótese de partida situou-se apenas a um nível de observação das reações tônico-emocionais e das suas componentes simbólicas mais significativas. No que diz respeito à execução da prova, procuramos não condicionar a criança, apenas se lhe sugeriu a realização do desenho do corpo de uma pessoa numa folha branca de papel.

Anteriormente apresentamos uma escala evolutiva do desenho infantil (WINTSCH, 1935), mas não queremos deixar de referir outros aspectos maturativos. O desenho do corpo surge primeiro de face e posteriormente de perfil, das figuras estáticas passa-se progressivamente às figuras em movimento, sendo primeiramente considerados os membros superiores, depois os inferiores e finalmente todo o corpo.

A criança começa por representar o corpo por um gráfico em tipo de célula com uma forma de saco, onde se "enterram" quatro traços para figurar os membros. O ovóide inicial vai caminhando para uma pré-geometrização, até atingir a transparência, e na última fase a tentação de vestir o desenho. No meio destas fases registram-se duas transformações importantes, da assimetria inicial passa-se à simetria radical. As mutações gráficas acompanham paralelamente a evolução cognitiva, refletindo a par e passo os investimentos libidinais da criança sobre o seu corpo. O aparecimento de estruturas-base (trapézio-triângulo etc.) demonstram a importância dos interesses da criança em relação ao seu corpo e em relação às suas diferentes zonas. O ovóide é substituído pelo quadrado e pelo retângulo, no momento em que o desenho é reproduzido de face com os pés de perfil. Pouco a pouco iniciam-se as primeiras diferenciações da morfologia e da ação, sendo esta a que impõe todos os traços da representação. A diferenciação das zonas corporais depende não só da vivência do corpo como do envolvimento cultural, as proporções começam a esboçar-se segundo uma disposição espacial mais correta.

A criança tem tendência a evoluir de um desenho fantásmico (*bonhomme tetard*) para um desenho de perfil, para depois surgir o desenho de face com mais aspectos por representar.

O aparecimento do jogo articular começa a se esboçar, as inserções dos vários segmentos começam a ser representadas, o movimento acusa já uma dimensão funcional apreciável. Esta perspectiva evolutiva muito limitada procura apenas preparar o terreno para a caracterização dos nossos desenhos.

Não queremos observar o desenho pondo em relevo as incapacidades das crianças. Por princípio aceitamos qualquer expressão da criança como profundamente significativa.

O desenho é apenas utilizado para ver até que ponto a criança separa já o "eu" do "não-eu", como fase maturativa essencial. Com base nesta diferenciação, a criança adquire a noção de espaço próprio e de espaço próximo, tornando-se disponível para ordenar o espaço, os objetos e o movimento. Da relação corpo-criança, apercebemo-nos da relação corpo-mundo, sinônimo da relação espaço subjetivo (interior)-espaço objetivo (exterior). O desenho do corpo não exprime unicamente a gnosia corporal, nele se projetam as experiências emocionais, as sensações erogêneas, as pressões socioculturais, isto é, o desenho do corpo é o reflexo do que a criança viveu, nas relações com o envolvimento, não só no que sentiu como também no que simbolicamente integrou. Segundo Abraham (apud WINTSCH, 1935) o desenho inter-relaciona na criança a sua maturidade motora e afetiva, bem como a sua adaptação emocional e social. A nossa busca procura não só aferir o grau de evolução da somatognosia como também a sua importância como medida intelectual global.

Dos 7 desenhos da nossa casuística, temos a considerar em termos globais a seguinte distribuição:

- desenho "tetard" – 1 caso (L.S.);
- desenho "saco" – 1 caso (P.G.);
- desenho "geométrico" – 3 casos (I.M.S.; A G.; G.S.);
- desenho "proporcionado" – 2 casos (M.R.; A.R.).

Quanto à relação face-perfil temos:
- de face: I.M.S.; A.G.; L.S.; A.R.;
- de perfil: M.R.; G.S.; P.G.

Apresentamos em seguida um esboço de caracterização diferencial.

1) M.R. (7;1)

O desenho, para além de revelar agnosia digital, isto é, a diferenciação da mão e dos dedos é inexistente, apresenta também ausência de pormenores visuais. Lembramos que esta criança sofreu no parto traumatismo no olho esquerdo, que pode testemunhar a indiferenciação no nível da face. O desenho tem o corpo de perfil e a cabeça de face, e acusa já uma dimensão cinética. Valoriza a face em relação ao tronco e apresenta-se vestido, caracterizando uma expressão gráfica nos parâmetros normais.

2) I.M.S. (7;7)

O desenho parece traduzir preocupações somáticas e afetivas. Constitui o desenho mais alto da casuística com 19,5cm, quando o normal da sua idade não vai além dos 5cm, segundo os trabalhos de Thomazi (1960). Ausência de diferenciação anatômica da cabeça e do tronco. Implantação dos braços no tronco em posição incorreta e desproporcionada em relação ao conjunto do desenho. As mãos encontram-se insignificativamente representadas, o que pode justificar grandes dificuldades no nível da motricidade fina, tendo em atenção que as relações mão-visão são os pilares da conquista do mundo exterior.

3) A.G. (8;3)

O desenho revela uma certa harmonia de forma gráfica, todavia exprime uma imaturidade da representação do corpo, apresentando o corpo de face e os pés de perfil orientados para a direita. Verifica-se um esboço de ação no braço esquerdo, mas sem diferenciação articular. Quanto às mãos, não se reconhece a separação dos dedos nem o seu número exato surgindo sob a forma de mão arredondada. Trata-se de um exemplo de geometrização (retângulo e trapézio).

4) L.S. (6;7)

É um exemplo do desenho "tetard", com erros anatômicos, ausência de pormenores e com um aspecto híbrido e indefinido. Desenho revelador de imaturidade gnósica refletiva num grafismo confuso. Já ultrapassou a fase celular, iniciando-se já nas figurações das zonas corporais mais significativas. Ausência das extremidades principalmente das mãos, demonstrando uma dificuldade instrumental constatada na prova de motricidade fina.

5) G.S. (7;11)

Desenho tipo geométrico com esboço cinético totalmente perfilizado. Proporções e divisões corretas, mas pouco discriminadas.

6) A.R. (9;7)

Desenho vestido, revelando pormenores corporais corretos. Ausência de transparências. O desenho abandonou a fase da geometrização e dá os primeiros sinais de formas corporais arredondadas. Desenho relativamente inexpressivo a revelar sinais de inibição, expressos na face e na atitude dos braços. Desenho de face com pés de perfil com orientação para a esquerda.

7) P.G. (8;1)

Desenho em saco, com implantação dos braços incorreta. Indiferenciação do tronco e da cabeça. Face de perfil com ausência da orelha. Desenho de perfil com orientação para a direita. Não existem quaisquer indícios de articularidade e a implantação dos membros inferiores representa um certo conflito entre a morfologia e a ação.

Em todos os desenhos procuramos uma simples caracterização de pormenores e não abordamos o conteúdo inconsciente dos mesmos, visto este objetivo não nos interessar de momento. O desenho serviu-nos para aferir a atividade corporal vivida e exprimida, a construção do conceito do eu corporal e a organização do conceito de espaço.

4.4.5. Adaptação espacial

A nossa observação, não podendo ser caracterizada com o rigor desejado, alargou-se em três domínios espaciais: estruturação (retenção-execução), representação (memória topográfica) e organização (cálculo ótico-motor). Até certo ponto, preocupou-nos a confirmação e a repercussão da dispraxia, bem como a importância das dificuldades de investigação do espaço que são constantemente postas em causa pelas exigências escolares. As nossas situações servem suficientemente, em termos de diagnóstico, esta nossa hipótese de partida.

Reconhecemos que não focamos os problemas de localização, de comparação, de dimensão, de sucessão, de visão estereoscópica, etc., deixando todas estas preocupações para os ensaios das sessões de Terapia Psicomotora.

De uma forma geral, ao reunirmos aspectos do plano de movimento e da representação espacial, tocamos em quase todas as variáveis da adaptação espacial. O que nos interessou foi observar o poder de relação e de concretização práxica entre o espaço sinestésico (noção do corpo) e o espaço ótico (coordenada espacial que condiciona a execução do gesto intencional). As dificuldades de percepção espacial podem depender de inúmeros aspectos; desde uma agnosia oticossomática, passando por um encurtamento do campo visual, até à impossibilidade de fixar objetos e de os localizar, tudo pode justificar uma perturbação na adaptação espacial.

As situações que utilizamos servem-nos para observar até que ponto a criança tem um reconhecimento vivido do mundo tridimensional e com base neste dado detectar, o mais fielmente possível, problemas de concepção, estruturação, retenção e organização espacial. A inadaptação espacial é uma conseqüência polissensorial, onde a somatognosia e a experiência motora ocupam lugar de relevo. Nela podem estar camuflados problemas de integração do *feedback* sensorial e de relação oticomotora. Em termos de dislexia, a análise cuidada das agnosias espaciais e dos problemas de percepção espacial, é um elemento indispensável para o seu estudo.

A significativa vastidão de perspectivas de análise da adaptação espacial pode-nos levar a uma dimensão antropofenomenológica, considerando que o caráter espacial também por si, não isolado do caráter temporal, é um dado essencial da consciência do eu, e um pólo de apoio de identidade individual em relação ao mundo. A inadaptação espacial para além de transportar aspectos de despersonalização, tem origem nas perturbações da somatognosia, que podem justificar uma sintomatologia em nível evolutivo e uma alteração da capacidade de conhecimento da experiência, entendida como a relação criadora entre o espaço interior (espaço corporal) e o espaço exterior (mundo dos objetos e das pessoas). Segundo Piaget et al. (1948), a unidade da consciência apóia-se na experiência vivida e nas coordenadas cognitivo-reflexivas das operações. De uma forma geral, a inadaptação espacial pode condicionar em grande medida o grau de disponibilidade da experiência subjetiva e, de certa forma, apresentar-se como dificuldade e obstáculo, gênese das estruturas de aprendizagem.

A nossa casuística vem de certo modo confirmar este conjunto de dados, os casos com problemas de adaptação espacial tem já etiologias próprias numa alteração da somatognosia, e esta por sua vez, numa alteração da tonicidade. Se observarmos o quadro, vamos verificar a existência de uma certa relação entre adaptação espacial e somatognosia, como também uma comparação dos dados da adaptação espacial e da praxia. Parece provar-se que a adaptação espacial repousa na estruturação e integração da experiência vivida, onde o esquema corporal ocupa uma função essencial.

Quadro da adaptação espacial

Casuística	Estruturação	Representação	Organização
M.R.	Dificuldades de retenção de estruturas espaciais	Êxito Inibição	Êxito
I.M.S.	Dificuldades de retenção Indiscriminação vísuo-espacial Desconhecimento das noções fundamentais	Dificuldades topológicas Não-êxito Inibição Dificuldades de compreensão	Não-êxito Problemas de cálculo espacial
A.G.	Dificuldades perceptivas Apraxia sômato-espacial Não-reconhecimento da esquerda e da direita dos objetos	Dificuldades de relação espacial Dificuldades topológicas Dificuldades no espaço práxico	Não-êxito Hesitação Não compreensão da situação
L.S.	Dificuldades de integração espacial Hesitação Apraxia sômato-espacial Assomatognosia do hemicorpo	Êxito nos aspectos topológicos Ligeiras perturbações no espaço-práxico	Êxito
G.S.	Adaptação espacial Facilidade de retenção Êxito em todas as provas	Êxito Ligeiras dificuldades topológicas	Êxito
A.R.	Adaptação espacial Êxito em todas as provas Reação de inibição	Êxito Inibição	Êxito
P.G.	Assomatognosia do hemicorpo Não-reconhecimento das noções espaciais fundamentais	Êxito nos aspectos topológicos	Êxito

4.4.5.1. Nos dados da **estruturação espacial**, com a utilização de fósforos, procuramos observar primeiro problemas de orientação espacial, depois a relação da motricidade ocular com a motricidade fina e, finalmente, a integração espacial esquerda-direita, que condiciona a leitura. Em paralelo pretendeu-se analisar o grau de retenção e pregnância gnósica e espacial, e as suas relações com a praxia construtiva.

Na casuística podemos verificar dois casos sem perturbações de estruturação (G.S.; A.R.), que confirmar não só o seu mais adequado *controle* psicotônico, como também uma coerente integração dos dados somatognósicos.

Nos restantes casos, surgem-nos aspectos de desorientação espacial, provocados por problemas da somatognosia (I.M.S.; A.G.; L.S.; P.G.), com ausência de reconhecimento e utilização dos dados espaciais, com apraxias somato-espaciais, com problemas de localização e discriminação visual e espacial. Fácil é concluir que esta carência psicomotora pode comprometer seriamente a aprendizagem da leitura que põe em causa problemas perceptivos, óculo-motores, de lateralização e motricidade ocular, como de sucessão e progressão de letras orientadas significativamente. Efetivamente, os casos acima apontados acusavam uma sintomatologia disléxica, que foi relativamente superada após a vivenciação e consciencialização de situações de adaptação espacial criadas nas sessões de Terapia Psicomotora.

Não podemos separar a estruturação espacial com a capacidade de registro ou conservação da experiência, dado que o aspecto espacial se encontra estritamente ligado às funções da memória. Na maioria dos casos (M.R.; I.M.S.; A.G.; L.S.; P.G.) às dificuldades de localização espacial juntou-se a hesitação e a perda de reconhecimento da seriação dos fósforos.

4.4.5.2. Passando à **representação espacial**, procuramos detectar mais precisamente os elementos estruturais da memória topográfica. Através do plano da sala de observação com base na repetição e verificação dinâmico-espacial do itinerário desenhado por nós, analisamos grosseiramente a capacidade de representação topográfica, o investimento de exploração do espaço euclidiano e o grau de dificuldade da ordenação melódico-cinética dos dados espaciais.

Dos dados do quadro podemos concluir que a adaptação espacial não constitui uma só modalidade sensorial, a ela estão implícitos inúmeros problemas psicomotores que condicionam fortemente as estruturas lógico-construtivas da inteligência. Perante uma perspectiva antropológica, a humanização dos dados espaciais e temporais é o verdadeiro alicerce da linguagem. Para além deste aspecto que nos surge como primordial, temos a atender às condições do equilíbrio psíquico que se apóia na unidade organizada dos dados espaciais e temporais da pessoa humana. Com esta simples prova outros valores vamos apurar, como fatores da atenção seletiva, da gnosia espacial, da percepção das distâncias, das formas, dos tamanhos, da distinção fundamental esquerda-direita e o nível de referência verbal relacionado com a experiência espacial.

Em nossa casuística verificamos dois não-êxitos na situação, dificuldades de orientação e de utilização dos dados espaciais (I.M.S.; A.G.) associados a dificuldades de espaço práxico e das suas relações imediatas. Dois casos com êxito, mas revelando dificuldades topológicas e problemas de identificação do trajeto (L.S.; G.S.). Um caso (P.G.) com êxito global no trajeto mais com desorientação em relação à posição dos objetos. Por último, dois casos com êxito total (M.R.; A.R.), demonstrando hesitação, reflexão espacial verbalizada e gestualizada, paragens, etc.

4.4.5.3. Analisando agora os dados da **organização espacial**, com base numa situação simples de cálculo espacial vamos observar de novo a importância das relações entre o espaço interior com o espaço exterior. A mesma situação constitui um ótimo aferidor da estrutura consciente do eu, como reflexo da história psicomotora vivida pela criança.

Da casuística, apenas dois casos nos surgem com problemas de organização espacial, não só como repercussão da somatognosia alterada, como da importância das perturbações da tonicidade e da praxia (I.M.S.; A.G.). Para além da nossa caracterologia psicomotora, em ambos os casos não registraram qualquer tipo de desorganização espacial.

Em resumo podemos concluir que a adaptação espacial constitui uma estrutura que se encontra na dependência da organização psicotônica, onde cabem aspectos da estruturação tônica profunda e periférica, e modelações evolutivas da somatognosia. Estas invariáveis indissociáveis do ponto de vista do comportamento psicomotor constituem a etapa que permite a disponibilidade práxica e expressiva. Quer dizer, portanto, que o plano teórico, aliás confirmado em experiências clínicas, se encontra inserido em nossa prática. A nossa casuística, depois de observada, confirma a evolução móvel do comportamento psicomotor, bem como a sua profunda complexidade. Podemos arriscar, do ponto de vista genético, que a criança só se encontrará disponível para as aprendizagens escolares quando se respeitarem as sucessivas aquisições sensório e psicomotoras que testemunham concretamente toda a sua maturação.

4.4.6. Adaptação temporal

A separação que fomos levados a criar entre adaptação temporal e espacial é apenas resultado de uma necessidade de estruturação dos dados recolhidos na observação, na medida em que, na realidade, o movimento expressa uma simbiose melódica e interiorizada, do espaço e do tempo. O tempo vivido está intimamente ligado ao espaço reconhecido, reflete uma evolução pessoal e uma percepção original da sua duração e da sua repercussão futura. De qualquer forma, a nossa pesquisa procurou diferenciar a adaptação espacial (visão) da adaptação temporal (audição). A percepção auditiva e as suas relações com a motricidade (audiomotricidade) desempenham uma enormidade de funções de *feedback* sensorial e de *controle* pósturo-emocional de grande importância na organização da motricidade. A capacidade de discriminação auditiva e rítmica respeita a localização do som no espaço e a mudança dos dados temporais, situação esta fundamental para as aprendizagens escolares, como seja, por exemplo, o ditado.

A acuidade auditiva diz respeito a uma integração polissensorial que condiciona todas as atividades de expressão humana, quer sejam as condutas de comunicação, quer sejam as da linguagem e da inteligência. A análise de sons e ritmos complexos, a sua decodificação simbólica e semântica desempenham um papel fundamental nos processos e nos mecanismos de aquisição da linguagem (KATSUKI) (apud HÉCAEN & AJURIAGUERRA, 1964). Para além da percepção auditiva temos que considerar a concomitante integração e a retenção rítmica que no seu todo representam a problemática da adaptação temporal. Toda a complexa localização cerebral das áreas auditivas estão dependentes da organização superior cortical, onde a lateralização das funções desempenha um fulcro gnósico e práxico essencial.

Penfield e Evans (apud PIENFIELD & ROBERT, 1963) constataram, após uma lobectomia temporal direita, um problema de localização de sons do lado esquerdo, com repercussões imediatas na desorientação espacial. Com fundamento neste dado, procuramos adotar uma série de observações que colocassem em jogo as múltiplas estruturas de resposta espácio-temporal. A utilização do metrônomo, para despistar problemas gnósicos e práxicos do ritmo, visou a relação da adaptação temporal, encarada no sentido estruturalista, de assimilação (percepção-integração) e de acomodação (retenção/execução). A utilização da bateria de Samback (apud STAMBAK & JAKSIC, 1965) permitiu-nos aferir o índice de integração rítmico-temporal dos elementos da nossa casuística.

Ambas as situações de observação nos serviram para subtrair dados do comportamento que não se encontrassem suficientemente amadurecidos, ou por carência de experiência motora e corporal, ou por razões mais complexas que nos interessavam investigar. A dificuldade de adaptação escolar pode estar localizada num problema de percepção e integração auditiva, através de uma deficiência auditiva ou inclusivamente por problemas de ilusão auditiva, como sejam os exemplos de imprecisão sonora, confusão de sons, impressão de acréscimo rítmico de sons, modificações de tonalidade, de timbre, caráter desagradável ou estranho de sons, permanência de sons, problemas de apreensão dos dados musicais (*amusias*), disritmias psicomotoras, etc. As mesmas provas podem fornecer dados sobre as alucinações verbais que refletem em atrasos de linguagem e em outros problemas ainda mais complexos que se inter-relacionam com a memória e os seus fenômenos, como as ligações temporais das experiências vividas que condicionam o comportamento do homem. À memória estão ligadas as atividades que exigem fixação, retenção, pregnância, reconhecimento, etc. Nestes parâmetros neurobiológicos da memória pode estar a etiologia de uma dislexia e de outros problemas de aprendizagem. A nova investigação pretende no futuro atingir um rigor e uma clareza de dados espácio-temporais que nos permitam diagnosticar, carências que podem impedir o processo normal das aprendizagens escolares.

As estruturas rítmicas põem em jogo a sucessão, a repetição, preparação, a organização e a execução de comportamentos psicomotores que caracterizam as múltiplas atividades práxicas do ser humano. O *controle* e a harmonia gestual postos em situação nas nossas observações permitem-nos aferir desarmonias e inadequações comportamentais que dificultam as atitudes pósturo-motoras exigidas pelas aprendizagens escolares. Fenômenos de agitação e inibição são também observados, o que nos permite atingir uma caracterização, relativamente objetiva, do comportamento psicomotor do indivíduo.

4.4.6.1. Analisando os dados do quadro no seu primeiro aspecto de **gnosia do ritmo**, isto é, a capacidade de interiorização da sucessão de sons e a assimilação dos fatores temporais elementares, constatamos os seguintes aspectos:

- 3 casos com êxito na situação de memorização do ritmo (M.R.; G.S.; A.R.) a demonstrar um *controle* da atividade tônica e motora, a confirmar de certo modo uma harmonia de comportamentos psicomotores anteriormente observados;

- 3 casos com perturbações na atenção, uma acentuada (I.M.S.) e duas ligeiras (L.S.; P.G.);

- 2 casos de desorganização espácio-temporal associados a uma disritmia psicomotora (A.G.; I.M.S.).

Quadro de adaptação temporal

Casuística	Gnosia do ritmo	Praxia do ritmo	Estruturação rítmica
M.R.	– Êxito na memória rítmica	– Adaptação temporal – Inibição	– Adaptação emotivo-afetiva – Êxito até a 8ª estrutura
I.M.S.	– Perturbações na atenção – Desorganização espácio-temporal – Disritmia psicomotora	– Dificuldades de realização espácio-temporal – Dismetria	– Dificuldades de compreensão da situação – Dificuldades de reprodução rítmica – Êxito até a 3ª estrutura
A.G.	– Desorganização espácio-temporal – Disritmia psicomotora	– Reações incontroláveis – Dificuldades de realização espácio-temporal – Dificuldades melódico-cinéticas	– Dificuldades de atenção – Descontrole emotivo-afetivo – Êxito até a 4ª estrutura
L.S.	– Dificuldades de retenção – Ligeiras perturbações na atenção	– Ligeiras dificuldades melódico-cinéticas – Inibição	– Dificuldades de integração e reprodução rítmica – Êxito até a 5ª estrutura
G.S.	– Êxito na memória rítmica	– Controle rítmico-práxico – Adaptação temporal	– Dificuldades de reprodução rítmica – Êxito até a 15ª estrutura
A.R.	id.	– Controle rítmico-práxico – Inibição – Adaptação temporal	– Facilidade de integração e reprodução – Êxito até a 18ª estrutura
P.G.	– Ligeiras perturbações na atenção – Heperemotividade	– Impulsividade – Dificuldades de controle psicomotor	– Descontrole emotivo-afetivo – Êxito até a 6ª estrutura

Segundo esta caracterização, é possível prever que uma agnosia rítmica pode ter várias causas, ou descontrole emocional ou perturbações na função tônica. Estas perturbações são suficientes para desencadear uma série de comportamentos inadequados às situações escolares elementares. Na nossa observação psicomotora encontramos uma certa unidade e coerência no efeito que as alterações tônicas podem produzir nas situações de aprendizagem escolar. Uma disritmia psicomotora acentuada e normalmente acompanhada por uma desorganização da interioridade onde se desenvolve a própria linguagem e mais exatamente, o pensamento.

O ritmo é o teatro principal da atividade tônico-motora que funciona como suporte de todos os comportamentos humanos (Bergés). A atividade rítmica, segundo Fraisse (1957), desempenha um papel muito importante na edificação intelectual e na maturação da atividade motora sincronizada. A dialética rítmica dos fenômenos de tensão e de relaxamento manifestam-se desde os primeiros momentos de vida e constituem a modulação neurobiológica do ritmo preferencial espontâneo e do indivíduo. O conhecimento do ritmo preferencial (biorritmo) é fundamental para o problema da aprendizagem, na medida em que o não-respeito desta característica comportamental pode vir a comprometer seriamente o seu sucesso.

4.4.6.2. Passando agora ao aspecto da **praxia do ritmo**, isto é, a capacidade de reproduzir estruturas rítmicas, através de uma noção da evolução dos fenômenos temporais com domínio da sucessão dos elementos constituintes de uma estrutura rítmica homogênea, chegamos às mesmas considerações acima referidas, demonstrando a estreita afinidade das perturbações gnósicas com as perturbações práxicas do ritmo. A praxia do ritmo visa, no âmbito da nossa observação, obter dados sobre a capacidade de reprodução dos símbolos rítmicos.

Tomando como referência o nosso quadro, temos a confirmar.

• 2 casos de *controle* rítmico-práxico (G.S.; A.R.);

• 1 caso de adaptação temporal, associada a um descontrole emocional e a fatores inibitórios (M.R.);

• 2 casos, com ligeiras dificuldades de *controle* psicomotor aliados a alterações melódico-cinéticas (L.S.; P.G.);

• 2 casos, com dificuldades de realização espácio-temporal (aliás, confirmadas nas situações de dissociação) associadas a problemas reacionais incontroláveis (I.M.S.; A.G.).

O *controle* emocional e psicomotor exigido pela situação de reprodução de elementos rítmicos é um dos suportes de personalidade e tem repercussões no equilíbrio afetivo do indivíduo. A conservação de um ritmo simples, e sua vivência e significação são fatores condicionantes da melodia do movimento, que em termos fenomenológicos confere a característica peculiar, original e singular ao comportamento do ser humano. As alterações da atividade rítmica é um dado da psicologia genética, e a este aspecto Fraisse conferiu grande importância na sua obra. Segundo este autor, as alterações rítmicas marcam a gênese do esquema corporal e evoluem paralelamente com as estruturas neurobiológicas. De um ritmo medular, agitado e descontrolado, a criança passa a um ritmo cortical, organizado e preparado. Só a partir deste domínio a criança pode desenvolver respostas adequadas às situações de aprendizagem da leitura, da escrita, do ditado, do cálculo, etc.

A ação motora harmonizada às realidades da natureza e os fenômenos do pensamento humano não pode estar dissociada das interações dos fatores neuromotores, sensório-motores, psicomotores e sociomotores (STAMBAK, 1963). A troca dialética da instrumentalidade rítmica pessoal com as facilitações e contradições do mundo exterior, são os precursores do desenvolvimento da linguagem, primeiramente de características mímico-gestuais e posteriormente verbo-culturais. Na realidade, a adaptação espácio-temporal constitui um dos pilares sobre o qual se apóia toda a evolução do pensamento e da ação do indivíduo, daí a sua primordial importância nas aprendizagens escolares. A obra de Piaget dedica grande atenção à evolução das noções e espaço e do tempo em termos estruturalistas, defendendo também, a importância das relações espácio-temporais e causais no nascimento da inteligência da criança. O seu trabalho serviu-nos, por esse fato, de guia em toda a nossa planificação terapêutica.

4.4.6.3. Analisando em último lugar o aspecto da **estruturação rítmica**, com base na bateria de Stambak (STAMBAK & JAKSIC, 1965), a caracterização mais objetiva desta prova não alterou os dados interpretados anteriormente. Sendo a bateria composta de 20 estruturas rítmicas, de integração e execução cada vez mais complexas, esta prova veio aferir o nível de recepção e resposta melódico-rítmica da nossa casuística. A adaptação à prova em cada um dos casos não sofreu alterações, nem forneceu dados novos, pelo que nos limitamos a apresentar o grau do êxito de cada um dos reeducandos.

(*Ver página 272; ficha de observação psicomotora.*)

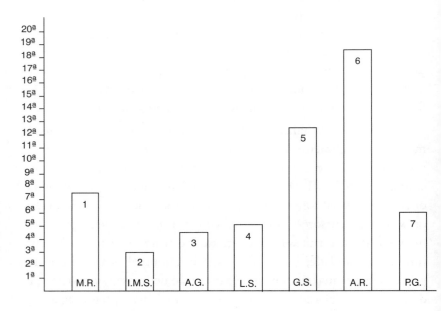

Histograma da estruturação rítmica (Stambak)

4.4.7. Lateralização

A relação de provas que utilizamos resultou de uma amálgama de outras criadas por vários autores, em especial, de Clark, 1957; Bloède, 1946; Roudinesco e Thyss, 1948; Hécaen e Ajuriaguerra, 1963. O problema da lateralidade tem merecido a atenção de neurologistas, fisiologistas, psicólogos, pediatras, etc., e ainda neste momento o assunto não parece estar claramente definido. A uma concepção de dominância cerebral e de prevalência manual (mão preferida e sua freqüência de utilização), é contrária a uma perspectiva inglesa da interdependência hemisférica (*cross-talk*). O assunto está longe de ser resolvido, dada a complexa estrutura do nosso sistema nervoso e a dificuldade do seu estudo funcional. A lateralidade parece encontrar uma certa clareza de explicação, no fato da necessidade de divisão de trabalho quando existem duas unidades de integração e de realização. A especialização de uma é o complemento necessário da outra, cuja função também primordial é auxiliá-la numa constante dialética de criação adequada e eficaz. A especialização é sinônimo de assimetria funcional, e esta é a característica essencial da "práxis" humana. Não vamos adiantar dados ontogenéticos, na medida em que já os esboçamos no capítulo que trata da problemática das aprendizagens escolares. De qualquer forma, necessitamos de aflorar a importância da lateralidade antes da apresentação dos dados da observação psicomotora.

A adoção de uma dextralidade ou de uma sinistralidade bem definidas, depende de inúmeros fatores, nos quais jogam importância, os aspectos da experiência corporal, a somatognosia, o desenvolvimento afetivo, os fatores hereditários e o envolvimento familiar e cultural. Dos vários estudos efetuados, uma conclusão parece encontrar ressonância em todas as perspectivas, trata-se da *hesitação na lateralidade*, caracterizada como sinal de imaturidade psicomotora. Uma criança que não hesita qual é a mão que vai utilizar para certo fim apresenta maiores disponibilidades de ação em relação à outra, que, diante de uma situação não discrimina a mão que vai utilizar. As razões bioculturais são muitas e antropologicamente parecem demonstrar a existência do fenômeno da vida com base em dois pólos dialeticamente opostos e ligados. A adaptação ao meio, a existência do trabalho social, a fabricação de instrumentos e o desenvolvimento artístico e posteriormente o desenvolvimento da escrita, levaram necessariamente a uma *especialização hemisférica* das aferências sensitivo-sensoriais, transformadas por último em estruturas simbólicas da linguagem. A atividade de relação com o meio é essencialmente polissensorial e multiperceptiva, daí que por necessidade de organização e de retenção se verificasse uma seletividade progressiva, acordante com a função da linguagem, e da qual resultou a especialização funcional dos hemisférios cerebrais. Não se trata da predominância de um sobre o outro, mas da coerência e unificação funcional entre ambos. Sendo do nosso conhecimento que o poder organizador do mundo é efetuado pelas mãos e retido e comandado pelo cérebro, teremos que nos mostrar receptivos ao fato da preferência manual corresponder a um desenvolvimento desigual mas complementar e coerentemente unificado dos dois hemisférios. Desta confirmação apenas nos resta estudar a lateralidade quanto à harmonia e à eficiência de execução práxica e à sua componente afetivo-emocional. Não podemos encarar a lateralidade segundo um ponto de vista absoluto e segregacionista, mas sim no seu nível de adequação às situações concretas da realidade envolvente.

Em termos escolares (na própria dislexia) não se pode ficar alheio a estes dados neurologicamente confirmados, dado que a uma ausência de determinação da lateralidade, i.é, preferência manual, pode corresponder uma desorganização das funções da linguagem, como também a afasias, agnosias e apraxias. A lateralidade depende do tônus axial, e este é o ponto de partida do movimento, é como que um guia da motricidade diferenciada e indiferenciada. A não-determinação da lateralidade é sinônimo de indecisão e de dificuldades de iniciativa, fatores instrumentais importantes que podem justificar dificuldades de aprendizagem. A lateralidade tem de ser compreendida nas suas dimensões: neurológica, espontânea e utilitária. Neurologicamente está em relação com a função tônica (ver o quadro), espontaneamente está em relação com a afetividade e utilitariamente está em relação com a eficiência de execução.

Quadro da lateralização

	Ocular	Auditiva	Manual	Pedal	Global
M.R.	E	D	D	D	Cruzada Controlada
I.M.S.	E	D	D	D	Cruzada Desarmônica Não controlada
A.G.	E e D	D	E e D	D	Ambidextria Desarmônica Não controlada
L.S.	E	D	D	D	Cruzada Desarmônica Mal controlada
G.S.	E	D	D	D	Cruzada Controlada
A.R.	E	D	D	D	id.
P.G.	D	D	D	D	Homogênea Não controlada

Aos problemas da indecisão lateral estão implicitamente ligados aspectos pósturo-motores, e problemas de orientação. Estando estes aspectos por amadurecer, não se pode caminhar para situações de orientação e *controle* postural, como são, por exemplo, a aprendizagem da escrita, da leitura, do ditado, do cálculo, etc. Conclui-se, portanto, que em termos diagnósticos convém aferir se a lateralidade está definida ou não, e só depois da sua fixação se pode então pensar em exigências de orientação, seriação, precisão e ajustamento espácio-temporal.

Não surgiu nenhum caso de canhotismo contrariado, ou de lateralidade patológica. Interessou-nos em primeiro lugar, perceber a harmonia da integração dos *feedbacks* (relação mão-visão) e o *controle* homolateral e contralateral, (relação visão-ouvido). Para os aspectos da preensão, do qual dependem as aprendizagens da escrita, convém uma relação cruzada, como provam as experiências.

De Sperry. Um hemisfério é utilizado para a recepção visual e o outro para o *controle* da execução motora. Para um indivíduo destro convém a relação: mão direita e olho esquerdo. As informações passam de um hemisfério para o outro e só depois se estabelece o plano de ação ideomotor. A nossa casuística só em 2 casos não apresenta esta relação, demonstrando a confirmação da tese de Annet (apud DIMOND, 1972), que nos diz que a organização espacial e a linguagem têm localizações em hemisférios diferentes, pelo que se prova, não uma competição entre os hemisférios, mas sim uma intercomunicação e uma co-função. Há apenas uma relação de hierarquia funcional dialeticamente construída.

Segundo o quadro, a fórmula adequada é "EDDD-Cruzada controlada", e neste caso temos 3 exemplos (M.R.; G.S.; A.R.). Tendo em atenção a problemática tônica vamos verificar que nenhum destes exemplos acusava perturbações.

Nos restantes temos a diferenciar L.S., por razões de idade e, portanto, de imaturidade da função tônica que apenas justificam uma lateralidade insuficientemente controlada. Não se trata de decisão lateral, mas sim de dificuldades de *controle* das funções de iniciativa de uma mão (dominante), e de espaço, de outra (auxiliar).

Os 3 casos seguintes assumem outra importância, tendo de comum uma lateralidade descontrolada (I.M.S.; A.G.; P.G.). Em I.M.S., persistiram hesitações e perturbações tônicas, que vieram confirmar as paratonias e as dismetrias, originando um quadro de lateralidade desarmônica. Nos outros casos A.G. e P.G., ambos com uma tipologia análoga (hipertonia), acusavam uma indefinição lateral com repercussões conflituais nos problemas espaciais e práxicos. Num caso, uma ambidestria (A.G.) a tender para uma reação de defesa implícita no recurso sistemático à mão esquerda, com todo um envolvimento escolar e familiar a supervalorizar a mão direita, com hesitações entre a lateralidade espontânea e a lateralidade socialmente imposta. No outro caso (P.G.) surgiu uma lateralidade homogênea, olho e mão do mesmo lado a revelar todo um desajustamento somato-espacial que, aliás, tinha sido já observado na adaptação espacial.

4.5. Caracterização escolar

A recolha dos dados da caracterização evolutivo-escolar das crianças que compõem a nossa amostra não atingiu o pormenor e o rigor necessários, dado que a nossa hipótese de partida se situava mais significativamente no plano diagnóstico do comportamento psicomotor. A utilização de provas mais adequadas para este efeito coube a outros elementos da equipe de investigação do CIP (um neuropsiquiatra e uma psicóloga). A exposição e a interpretação dos dados, que se vão seguir, serviu-nos para aferir a importância e a repercussão do comportamento psicomotor nas aprendizagens escolares. Através de dados obtidos iremos confirmar que as perturbações psicomotoras são a chave das dificuldades escolares, pelo que se justifica atender à importância de uma prevenção programada genericamente, a fim de se evitarem as atuais epidemias escolares, como a dislexia, a disortografia, a disgrafia, a discalculia e as múltiplas dispraxias. Guardaremos as conclusões para mais tarde, apenas não nos convém saltar um aspecto fundamental do nosso trabalho, ou seja, a necessidade profilática da Terapia Psicomotora nas escolaridades pré-primária e primária.

Reforçamos a idéia de que se tratam apenas de crianças normais, acusando simplesmente dificuldades e ligeiros atrasos nas aprendizagens escolares. A procura dessas dificuldades e a sua superação constituíram a preocupação central do nosso plano terapêutico.

De uma maneira geral as dificuldades escolares não são sinônimo de inaptidão radical de aprendizagem. Não há crianças inaptas nem irrecuperáveis, o papel da nossa intervenção é, antes de tudo, encontrar métodos ajustados às necessidades e às possibilidades delas. A nossa luta visa combater as inadequadas atitudes do envolvimento escolar e familiar, que levam a criança a assumir comportamento de passividade, de demissão e pânico pelas aprendizagens escolares. A recolha dos nossos dados estende-se para campos muitas vezes imperceptíveis à reeducação, quando considerada em moldes tradicionais. Esta nossa caracterização procura perceber até que ponto a dificuldade escolar é interiorizada na criança, dado que o levantamento de problemas de comunicação, de inibição, de defesa e de recusa nos parecem extraordinariamente importantes para o êxito e eficiência dos nossos métodos terapêuticos. Nem nos interessou que a criança aprendesse a ler "mecanicamente" sem perceber o texto, nem nos preocupa que a criança lesse hesitantemente ou de forma incorreta, percebendo globalmente o texto. A leitura, o ditado, as contas, não podem constituir um fim em si próprio, este é o êxito fácil das reeducações comercializadas. Convém perceber que no fundo está uma criança com problemas que podem dar origem à carreira antiformativa de um indivíduo que não adquire o gosto pela leitura e o contato com a cultura.

O problema da teurapêutica não é transformar a dificuldade banal numa tragédia familiar, com reflexo no comportamento da criança, trata-se antes de fornecer ocasiões de coerência e unificação da sua personalidade em evolução, garantindo a partir daí a melhor organização psicomotora para responder às necessidades adaptativas exigidas pela escola.

Como dados de caracterização escolar mais significativos, temos a considerar:

4.5.1. Escolaridade

- 2 casos na 1ª série (M.R.; L.S.);
- 4 casos na 2ª série (M.S.; A.G.; G.S.; P.G.);
- 1 caso na 3ª série (A.R.).

4.5.2. História escolar

- 4 casos com freqüência de pré-primário em colégios particulares (M.R.; I.M.S.; A.G.; L.S.);
- 3 casos sem freqüência do pré-primário (G.S.; A.R.; P.G.).

Nestes casos o 1º freqüentou colégio particular, o 2º escola oficial a partir da 1ª série e o 3º repetiu a 1ª série, também em escola oficial.

Quadro IV
CARACTERIZAÇÃO ESCOLAR

Escolaridade		História	Adaptação	Dificuldades eletivas
M.R.	1ª série	Pré-primária com iniciação musical e psicomotricidade sempre no mesmo colégio particular.	Difícil: ressentiu a mudança de dois professores.	Dislexia
I.M.S.	2ª série	Pré-primária num colégio religioso. Vários colégios particulares.	Difícil: várias interrupções por motivo de doença. Escolaridade adiantada para a sua maturidade.	Dislexia Disortografia
A.G.	2ª série	Pré-primária num colégio particular.	Difícil: sofreu a separação do meio familiar.	Dispraxia Dislexia Disortografia
L.S.	1ª série	Pré-primária num colégio particular com iniciação musical.	Fácil: com aptidão para o cálculo.	Dispraxia Problemas de articulação
G.S.	2ª série	Freqüência a partir da 1ª série em colégio particular e com iniciação musical.	Fácil: com êxito escolar.	Ausência de dificuldades
A.R.	3ª série	Freqüência a partir da 1ª série em escola oficial.	Difícil: com dificuldades de expressão e comunicação.	Dislexia Discalculia
P.G.	2ª série	Não freqüentou o pré-primário. Repetiu a 1ª série em escola oficial.	Difícil: com dificuldades instrumentais.	Dislexia Disortografia Discalculia

4.5.3. Adaptação escolar

5 casos de difícil adaptação provocados pelos seguintes fatores:

- mudança de professores (M.R.);
- interrupção (I.M.S.);
- separação do meio familiar (A.G.);
- dificuldades de expressão e de comunicação (A.R.);
- dificuldades instrumentais (P.G.).

• 2 casos de fácil adaptação provocada por uma orientação pedagógica segundo as perspectivas psicanalíticas contemporâneas (L.S.; G.S.).

4.5.4. Dificuldades eletivas

- dislexia – 5 casos (M.R.; I.M.S.; A.G.; A.R.; P.G.);
- disortografia – 3 casos (I.M.S.; A.G.; P.G.);
- dispraxia – 2 casos (A.G.; L.S.);
- problemas de articulação – 1 caso (L.S.);
- discalculia – 2 casos (A.R.; P.G.);
- ausência de dificuldades – 1 caso (G.S.).

Ressalta-nos para já um pormenor: a 2ª série surge como o primeiro obstáculo ao êxito escolar, o que leva a concluir que as exigências atingem outro nível, passando a constituir uma nova barreira à criança que manifesta dificuldades ou persiste na freqüência de não-êxitos nas situações de aprendizagem. A criança nestas condições começa a ser alvo de preocupação, quer da parte do professor, por razões de ordem pedagógica, quer da parte da família, por razões de ordem social. Estes envolvimentos de promoção socioprofissional, adicionados à vivência escolar, podem constituir novas barreiras à evolução escolar da criança. Podemos acrescentar que tal situação é resultante de inúmeros aspectos ou a eficiência do trabalho anterior não se encontra convenientemente fundamentada, ou a criança acusa dificuldades escolares. Por estar aqui o perigo. O programa da 1ª série está apoiado nos recentes contributos da investigação psicológica? Os professores primários têm a adequada formação epistemológica? A prática pedagógica está inserida nas perspectivas contemporâneas da psiquiatria da criança? Nascem as infinitas interrogações sobre tão atual problemática que arrastam consigo novas atitudes face à importância da família, da sociedade, da escola, da prática pedagógica, da formação científica do educador e do reeducador, etc.

A despistagem de dificuldade não pode ser equacionada na 2ª série, mas sim na escola maternal (jardim-de-infância). O processo terapêutico será tanto mais eficaz quanto mais rapidamente se diagnosticar uma dificuldade de aprendizagem. O êxito do nosso trabalho, como teurapeutas da psicomotricidade, pode estar condenado ao fracasso se não se criar uma bateria de prevenção suficientemente cientificada. O pré-primário deve funcionar como medida preventiva e não como medida diagnóstica, dado que se pode correr o risco de "etiquetar" a criança. Este interessante problema faz-nos recuar o tema de formação de educadores, que não é objeto do nosso estudo, mas que não queremos deixar de o referir.

A *evolução escolar (história e adaptação)* também nos fornece dados de reflexão.

Em nossa casuística não se torna significativo o fato de freqüência do pré-primário e do seu efeito, na facilidade ou dificuldade nas aprendizagens escolares. De uma forma geral o fato de freqüentar o pré-primário parece resolver problemas de adaptação emocional e instrumental que evitarão novas dificuldades de aprendizagem.

Necessariamente que a educação maternal se deve perspectivar terapeuticamente, a fim de evitar o choque adaptativo que constitui a entrada na 1ª série com programas rígidos a cumprir. A criança perde a sua individualidade e originalidade, o fator aberrante do anonimato escolar, onde todos têm que aprender a mesma "matéria" e à mesma "velocidade", reconstrói novas perturbações, cuja salvação é o ensino especial.

Ora, não nos parece uma medida adequada o recurso ao ensino especial, dado que este se caracteriza como um receptáculo segregacionista e como uma permanência de vivência do erro e do não-êxito. Não é debaixo desta atmosfera que a criança se poderá superar a si própria. Não há fronteira entre educação e reeducação, o problema está em intervir pedagogicamente, tomando em consideração a evolução particular de cada criança.

Referenciando os *fatores de não-adaptação*, os casos apresentados não se afastam das etiologias disléxicas já conhecidas. Para além dos fatores apresentados, registram-se fatores de dramatização e chantagem pedagógica e familiar, de perturbações instrumentais e sensoriais, de imaturidade cognitivo-intelectual, etc. Jogam grande importância neste aspecto a pedagogia, a relação professor-aluno, a metodologia, a atmosfera de trabalho, a eficiência da aprendizagem, etc.

Quanto às *dificuldades eletivas*, destaca-se a dislexia, apenas; num caso podemos referir que não se observou (G.S.). Estas dificuldades foram apuradas por informações escolares e também por informações familiares. A nossa investigação não apurou o nível de leitura e de ortografia de cada caso, limitou-se a aferir e a reorganizar aspectos da psicomotricidade, que comprometessem a evolução natural dos processos de aprendizagem.

Reconhecemos integralmente que a nossa intervenção pouco contribuiu para a resolução dos problemas que apresentavam os casos, na medida em que toda a terapêutica se encontrava separada da vida escolar.

A necessária coordenação interpedagógica do professor e do reeducador não se estabeleceu, não implicando na convergência de atitudes que é sempre desejável alcançar. A consideração destes aspectos transcendem os limites da nossa experiência terapêutica; de qualquer forma, a não atenção a estas coordenadas pode comprometer o sucesso do plano de intervenção reorganizadora. Partimos para a experiência conscientes das limitações que se reúnem à volta de um trabalho, cujo objetivo essencial é detectar carências psicomotoras que estão na base de qualquer comportamento de aprendizagem. A etiologia de tais carências não pode ficar presa à problemática psicomotora, ela deve mergulhar no campo epistemológico para se tornar científica. Foi este o esforço de caracterização que acabamos de construir, que simplesmente procura compreender melhor o sentido e o horizonte atual da pesquisa em psicomotricidade.

4.6. Caracterização diferencial

Interpretação dos dados e metodologia da Terapia Psicomotora

A partir dos quatro quadros que acabamos de expor e analisar, vamos agora refletir sobre os dados recolhidos na nossa observação, tendo em atenção um resumo diagnóstico diferencial exemplificativo da interconexão dos múltiplos aspectos que podem caracterizar uma dificuldade de aprendizagem. Tentaremos equacionar a implicação sintomatológica da evolução da personalidade (caracterização do meio familiar e dados históricos: quadros I e II), passando pela organicidade psicomotora (quadro III), até atingir a razão e o significado etiológico das dificuldades escolares eletivas (quadro IV). O resumo diferencial visa fundamentalmente a tomada de consciência do diagnóstico da observação inicial e a estruturação do plano de intervenção reorganizadora (plano terapêutico). Entramos aqui, nos aspectos metodológicos da Terapia Psicomotora, essencialmente no que se refere ao seu conteúdo, tendo em referência a observação inicial (*input*-diagnóstico) e a observação final (*output*-prognóstico).

Temos consciência que a interpretação diferencial resultou de uma experiência de laboratório, em condições ótimas de intervenção, que necessariamente se encontra limitada nas suas coordenadas conclusivas. A nossa experiência de laboratório, isolada da dialética conflituosa do "terreno escolar", limita-se ao que recolhemos e isso não é sequer cientificamente rigoroso. Variadíssimos erros metodológicos se encontram no nosso trabalho, independentemente da nossa tentativa de rigor. Recolhemos o que pudemos, inúmeros aspectos nos escaparam e se perderam, todavia o estrangulamento da nossa investigação leva-nos, mesmo assim, ao encontro de vários problemas suscetíveis de impedirem a eclosão das epidemias escolares. Da nossa experiência laboratorial nascem algumas conclusões preventivas que serão nossa contribuição à problemática das aprendizagens escolares.

Adotando uma atitude relativamente em termos terapêuticos, a observação que utilizamos compreende a atenção para cada um dos aspectos comportamentais, na medida em que são suficientemente representativos do comportamento global. Temos o cuidado de referir que a caracterização diferencial não pretende distinguir as crianças, no sentido de as rotular com uma "boa ou má" estruturação espácio-temporal, mas sim que tais crianças apresentaram na nossa observação determinados resultados. Negamos o rigor da nossa bateria, ela não é uma medida exata e absoluta, trata-se apenas de um conjunto de provas que nos levam a uma primeira aproximação da criança. Cada criança é um problema extremamente complexo, e não nos parece que a ciência do adulto o possa esclarecer exaustivamente. Nestes estudos laboratoriais é aconselhável partir de um parâmetro fundamental. Teremos sempre que admitir uma multicausalidade nas dificuldades de aprendizagem. Foi neste sentido que procuramos reunir os dados mais significativos numa caracterização diferencial, e por meio de uma análise, tanto quanto possível evolutiva, detectar os dados-chave que pudessem garantir uma intervenção preventiva. Anteriormente defendemos que a resolução de tão complicado problema não se opera pelo ensino especial. Não é porque existem professores especiais que se têm de "fabricar disléxicos" na escola, há professores especiais pelo simples fato de haver crianças em dificuldade. Não há dificuldades escolares para as crianças, há sim *crianças* que as acusam.

Tal atitude pretende evitar a forma simples de conceber o professor especial ou o "reeducador" como um "mágico", ao qual normalmente não são alheias as explorações comercializadas pseudocientíficas.

Como comentário crítico, temos de reconhecer que ligado a uma dificuldade escolar está associada uma patologia relacional, traduzida num conjunto de comportamentos de valor negativo que comprometem, e põem em causa, toda a dimensão relacional que a criança estabelece com o seu envolvimento. No âmbito terapêutico nunca podemos ver a criança no ponto de vista reeducativo, teremos de respeitar a sua totalidade individual, que reage inadequadamente a uma série de exigências, muitas vezes inocentes, variadas e contraditórias.

Uma criança com dificuldades de adaptação é paralelamente uma criança que se defende e se autoprotege de situações de não-êxito, fugindo a elas, numa tentativa de reequilibrar a sua conduta. Na ausência de dados neuropsiquiátricos e psicossociológicos, pode-se correr o risco de agravar o comportamento da criança, daí a urgência de equipes multidisciplinares para apoiarem o professor, permitindo-lhe uma melhor compreensão da criança, no sentido de a melhor suportar e ajudar.

Estamos com Chiland (1971), quando afirma que uma dificuldade escolar põe em perigo um homem iletrado com carências escolares e horror à cultura, que não pode resistir criticamente à alienação provocada pelos órgãos de informação.

Diante deste fenômeno vamos encontrar muitas perspectivas intervencionistas. De qualquer forma todas elas são acordantes nas medidas, preventivas. Tudo o que seja evitar erros escolares é hoje encarado na psiquiatria da criança com um cuidado de higiene mental. O êxito escolar conta muito, a tal ponto de ser incluído como um dado da saúde mental (CHILAND, 1971).

Muitos fatores influem no comportamento escolar como vamos observar no quadro de caracterização diferencial. Desde os problemas familiares, passando pela profissão e formação dos pais até aos aspectos da maturação afetivo-motora, sem esquecer o papel dos professores e do ambiente escolar, tudo pode influenciar o comportamento da criança.

Os dados que vamos reunir sumariamente vêm manifestar a urgência de equipamento psiquiátrico no seio escolar. Quer a "psicologia ou a psiquiatria de luxo", não podem evitar no consultório os múltiplos problemas do envolvimento familiar e escolar que condicionam a criança. Cada vez mais há necessidade de uma *batalha preventiva* para as crianças em idade escolar. A prevenção a criar, como enfatiza Carstairs (apud CHILAND, 1971), visa incidir, não só no destino da criança, através do êxito escolar, como também intervir na família em termos de continuidade. A medida preventiva deve combater as atitudes de inquietação e insegurança, e enquadra-se numa dimensão de transformação, nunca aceitando resignadamente um caso como irremediável.

QUADRO DE CARACTERIZAÇÃO DIFERENCIAL

Reeducandos	Quadro I Caracterização Anamnésica	Quadro II Caracterização Ontogenética	Quadro III Caracterização psicomotora	Quadro IV Caracterização escolar
1 – M.R. (7;1)	NSC – Superior EF – Exigente M/P – Educadora – Advogado F – 1/4 CH – "Vivenda"	P – Fórceps AM – 14 meses PP – 15 meses SP – Comportamento depressivo – Hipotônica TMF – Ectomórfica		E – 1ª série (CP) H – Pré-primária A – Difícil DE – Dislexia
2 – I.M.S. (7;7)	NSC – Superior EF – Autoritário M/P – Doméstica – Engenheiro F – 4/4 CH – "Vivenda"	P – Normal AM – 16 meses PP – 24 meses SP – Passividade – Onicofagia TM – Hipotônica TMF – Ectomórfica		E – 2ª série (CP) H – Pré-primária A – Difícil DE – Dislexia e disortografia
3 – A.G. (8;3)	NSC – Médio EF – Superprotetor M/P – Doméstica / Chefe de seção F – 2/2 CH – Andar	P – Normal AM – 13 meses PP – 28 meses SP – Tiques Enurese TM – Hipertônico TMF – Mesomórfica		E – 2ª série H – Pré-primária A – Difícil DE – Dispraxia, dislexia e disortografia

4 – L.S. (6;7)	NSC – Superior EF – Tolerante M/P – Doméstica Médico F – 2/2 CH – moradia	P – Cesariana AM – 15 meses PP – 25 meses SP – Dificuldades de pronúncia TM – Hipotônica TMF – Ectomórfica	4. L.S. (6; 7) ♀ _[gráfico: T E L NC EET P AS]_	E – 1ª série (CP) H – Pré-primária A – Fácil DE – Dispraxia Dificuldades de articulação
5 – G.S. (7;11)	NSC – Superior EF – Tolerante M/P – Doméstica Médico F – ½ CH – moradia	P – Cesariana AM – 14 meses PP – 20 meses SP – — — TM – Hipotônica TMF – Mesomórfica	5. G.S. (7; 11) ♀ _[gráfico: T E L NC EET P AS]_	E – 2ª série (CP) H – Primária A – Fácil DE – Ausência de dificuldades
6 – A.R. (9;7)	NSC – Inferior EF – Conservador M/P – Doméstica Porteiro F – 1/1 CH – Andar	P – Normal AM – 13 meses PP – 14 meses SP – Lentidão, inibição TM – Hipotônica TMF – Ectomórfica	6. A.R. (9; 7) ♀ _[gráfico: T E L NC EET P AS]_	E – 3ª série H – Primária A – Difícil DE – Dislexia e discalculia
7 – P.G. (8;1)	NSC – Médio EF – Instável M/P – Telefonista Bancário F – 4/4 CH – Andar	P – Normal AM – 12 meses PP – 18 meses SP – Dependência TM – Hipertônico TMF – Mesomórfico	7. P.G. (8; 1) ♂ _[gráfico: T E L NC EET P AS]_	E – 2ª série H – Primária Repetente na 1ª série A – Difícil DE – Dislexia, disortografia e discalculia

4.7. Estudo diferencial e evolução terapêutica

Como nota preliminar, vamos agora introduzir um pequeno esboço diferencial, apresentando cada caso, segundo os dados do quadro atrás exposto. Recolhendo os elementos da observação inicial, passando pelo perfil e pela sua análise psicomotora, equacionaremos o plano terapêutico e a evolução dos comportamentos mais significativos de cada uma das crianças. Finalizaremos, com um perfil comparativo e com uma conclusão prognóstica diferencial. Os dados que vamos em seguida tratar constam de um processo individual da criança, que procura reunir não só as observações de "entrada" e "saída", como também a razão e a fundamentação do conteúdo da Terapia Psicomotora levada a efeito. Não nos alongaremos neste processo metodológico (BUCHER, 1973), apenas desejamos dar uma panorâmica das condições e dos limites da nossa intervenção.

M.R.

O *envolvimento familiar*: Estatuto socioeconômico superior, habitação confortável, filha mais nova de quatro. A mãe sensível cultivada, educadora de infância mas vagamente ansiosa. Pai, advogado, superexigente, não dando atenção às necessidades lúdicas dos filhos. O meio familiar parece favorável, embora rígido e formal.

Dados do primeiro desenvolvimento: Parto demorado (fórceps) com traumatismo no olho esquerdo. O aparecimento da marcha e das primeiras palavras podem considerar-se dentro das escalas de desenvolvimento. Criança calma, controlada, com tendência inibitória e depressiva. Face à mãe manifestou oposição, revelando a valorização da sua figura. Apresenta também uma relação de dependência com períodos de apatia, ausência de iniciativa e desinteresse. Falou cedo com pormenores de organização do discurso. Habilidade neurovegetativa, apresentando manifestação de fatigabilidade.

Adaptação escolar: Adaptação difícil ao pré-primário, acumulando com período de fobia escolar. Diante do grupo revelou tendência para a liderança, atinente a uma relação conflituosa com os companheiros. Colégio particular de nível socioeconômico elevado e com bom ambiente pedagógico. Beneficiou de sessões de iniciação musical e de psicomotricidade. A dificuldade de adaptação agravou-se no segundo ano de escolaridade, com a entrada na 1ª série, associada ainda a uma mudança de professor e de metodologia, a meio do ano letivo. Reações de oposição a tarefas escolares e dificuldades ligeiras nas aquisições de ordem léxica com refúgio para as atividades de iniciação ao cálculo. Grafismos normais, embora demonstrando dificuldades de expressão no desenho, na modelagem e na pintura.

Diagnóstico psicomotor: O estudo da sua tonicidade revelou uma hipotonia controlada apenas apresentando sincinesias mímico-faciais. Os resultados nas provas de estruturação práxica podem considerar-se normais, acusando imprecisões superficiais na harmonização e melodia do movimento. Quanto à motricidade fina, apresentou um apreciável desenvolvimento com dissociação digital. No âmbito somatognósico, a consciência do corpo parece apresentar algumas perturbações, conseqüência de uma afetividade em vias de maturação. A sua lateralização não apresenta obstáculos à organização intencional do gesto. A estruturação espácio-temporal é boa, tanto no âmbito de projeto de ação como no âmbito da execução motora.

Em termos globais, não revela carências instrumentais nítidas, acusando relativas dificuldades na simbolização e na logicidade do gesto e nas suas coordenadas expressivas, a criarem exatamente um pano de fundo, onde pode nascer uma ligeira resistência às aprendizagens escolares...

Perfil psicomotor:

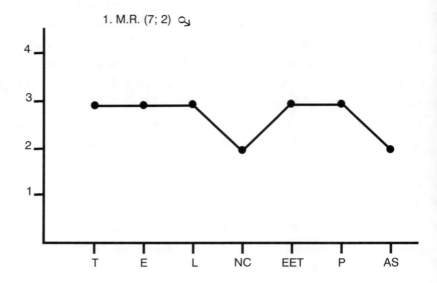

Esboço do plano terapêutico: Com base no diagnóstico da primeira observação e conforme consta do perfil, a nossa intervenção reorganizadora situou-se no nível da noção do corpo (N.C.) e da atividade simbólica (A.S.). Para a primeira intervenção recorremos às técnicas de *controle* psicotônico, com base no método progressivo de Jacobson; quanto à segunda, procuramos o recurso das atividades normais e dissociativas. Utilização de situações de equilibração, de coordenação dinâmica geral e relaxamento, visando sempre a consciencialização da experiência vivida com recurso à simbolização.

Evolução terapêutica: Efetuaram-se apenas 5 sessões de Terapia Psicomotora, o que não permite realizar um estudo longitudinal cuidado. As primeiras sessões desenvolveram-se num ambiente permissivo, através de modulações verbais e corporais. As dificuldades gnose-práxicas manifestaram-se em situações-problema de solicitação fundamentalmente espacial e temporal. Na exploração do espaço com condicionamento do metrônomo, afirmou a sua dificuldade de discriminação de trajetos e labirintos espácio-memoriais. Nas situações de imobilidade, manifestou reações de inibição com paratonia. Nos jogos grafoperceptivos foi freqüente a sua dificuldade da análise perceptiva, onde se detectaram desconhecimentos sobre as noções espaciais elementares.

Verificaram-se também algumas dificuldades nas situações de observação-retenção-execução. No plano de interiorização corporal, foi melhorando a noção do corpo, diferenciando e localizando as grandes divisões morfológicas. A organização espacial surgiu cada vez mais estável e o seu grafismo melhorou não só na distribuição espacial das folhas, como também na postura corporal.

O nível práxico foi melhorando progressivamente e o seu processo inibitório desbloqueou-se no contato com outras crianças.

As dificuldades de apresentação simbólica foram adquirindo maior valor lógico e operativo. No plano verbal, a organização do discurso foi-se tornando mais precisa e adequada à experiência vivida. Por razões de ordem familiar não pode continuar a terapêutica, não sendo possível realizar a observação final e daí estabelecer, portanto, o balanço comparativo da eficiência ou ineficiência da nossa intervenção.

(Nota: Apresentamos em seguida alguns dados produzidos nas sessões.)

bbbb

dddd

lllllll

oooooo

mnmnmn

ununuu

Eu estou sentada na cadeira

bd bd
bd bd

Perfil comparativo: Considerando a exigüidade das sessões, o perfil comparativo não assume o papel de um dado aferidor do efeito da nossa terapêutica. Até ao fim da 5ª sessão, o perfil psicomotor sofreu a seguinte transformação:

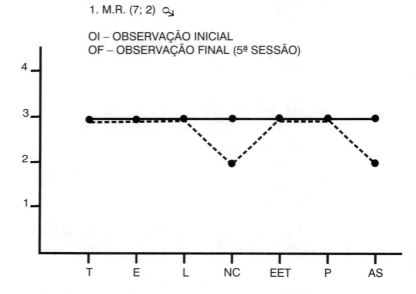

Conclusão prognóstica: Tendo em atenção a melhoria progressiva das suas dificuldades iniciais, não vemos que o caso mereça preocupação especial. Não devem ser recomendáveis novas mudanças de professores e de métodos, o que poderá originar novos problemas de adaptação, tendo em consideração sua estrutura parainibitória. Temos a sensação que a sua dislexia não se enraíza em fatores neurológicos, ela foi uma reação de defesa e uma menos cuidada intervenção psicopedagógica. Prevê-se uma evolução escolar normal, embora sem brilhantismos.

I.M.S.

O envolvimento familiar: Estatuto socioeconômico superior, habitação confortável com bastante espaço lúdico e sem tráfego na proximidade. Última filha de quatro. A mãe inteligente, interessada, caseira, disponível para as crianças, porque não trabalha. O pai, engenheiro químico, normalmente ausente de casa e autoritário. Meio familiar relativamente favorável com tendência para uma intolerância de atitudes relacionais.

Dados do primeiro desenvolvimento: Parto normal. A mãe recebeu-a como um fator de realização pessoal. O primeiro desenvolvimento levou-a a separar-se da mãe e a ser criada por uma empregada doméstica, razão que veio a originar carências afetivas variadas. Quer a aquisição da marcha, quer a das primeiras palavras, podem considerar-se atrasadas, segundo as escalas de Stambak. Onicofagia com tendência para a passividade e falta de iniciativa motora e lúdica. Labilidade neurovegetativa e alterações sensíveis na acuidade visual e auditiva. Criança excessivamente calma e francamente inibida, com perturbações relacionais. Durante a primeira infância acusou terrores noturnos e carências maternais típicas. Dependente, apática e instável. Grandes dificuldades na organização do discurso, associadas a carências de comunicação. Revela dificuldades de relação, com inclinação para o egocentrismo. O quadro relacional situou-se na fronteira familiar, ocupando o seu tempo livre em atividades lúdicas de caráter masculinizante. Apresentando problemas de ordem postural, tem sido orientada por um fisioterapeuta na reeducação da atitude.

Adaptação escolar: Adaptação extremamente dificultada pela constante mudança de colégios, acompanhada com largos períodos de interrupção escolar. O pré-primário foi realizado num colégio religioso. Os resultados escolares foram sempre fracos, passando de série com grandes dificuldades. A escolaridade e o nível de exigências são incompatíveis com a sua maturidade, onde persistem carências instrumentais várias. O grafismo apresenta um desenvolvimento aceitável, embora emocionalmente malcontrolado. O trabalho escolar constitui uma exigência familiar, muitas vezes inadequada às suas atitudes. Nas atividades expressivas revela um certo sentido estético ("deseja ser bailarina"), embora na modelagem se sinta limitada.

Diagnóstico psicomotor: A sua tonicidade, de características hipotônicas, é hiperextensa e com manifestações paratônicas, com tendência para a conservação de atitudes. Quer o tônus de suporte, quer o tônus de ação, encontram-se insuficientemente estruturados, e revelam obstáculos na expressão motora. Convém lembrar que tem sido seguida por um fisioterapeuta e que utiliza há 2 anos botas ortopédicas. As sincinesias, não são já naturais do desenvolvimento psicomotor, na medida em que se trata de verdadeiras blocagens que condicionam todas as atividades relacionais. Este quadro tônico revela já uma ligeira debilidade motora com insuficiente maturação das vias da motilidade. O nível de equilibração é francamente baixo, e manifesta grandes perturbações no *controle* postural, dismetrias e incapacidade de dissociação. A lateralidade é cruzada, mas desarmônica e não controlada, o que só por si justifica grandes dificuldades de estruturação espácio-temporal. A sua organização motora simboliza uma dispraxia com incidências afetivas. A integração somatognósica revela desconhecimento de várias zonas corporais; em nosso caso, nitidamente com maiores dificuldades no plano psicomotor. Durante a observação inicial verificaram-se dificuldades de comunicação com organização do discurso imprecisa e confusa.

Perfil psicomotor:

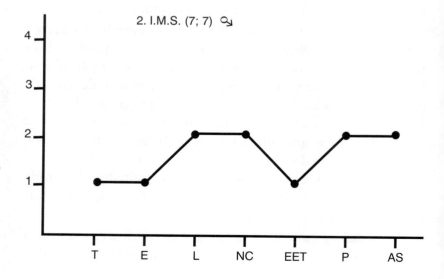

Esboço do plano terapêutico: Reeducação postural, com tomada de consciência das sensações proprioceptivo-plantares e com utilização de transporte equilibrado de pequenos objetos colocados na cabeça. Relaxamento, tentativa de encontro com o inventário gnósico-corporal. Recurso a atividades de motricidade fina, com a utilização de "clips", berlindes, mosaicos coloridos, pinças, fósforos, caixas de areia, etc. Educação da mão com exploração tátil e dissociação digital. Progressivamente intervenção de situações de organização espacial e de coordenação dinâmica geral.

Evolução prognóstica: Por razões de falta de tempo, este caso não seguiu nenhuma sessão de terapêutica psicomotora.

Conclusão prognóstica: As dificuldades vão persistir associadas a um não-êxito escolar que pode ser mal recebido no ambiente familiar. As suas carências no plano psicotônico são grandes obstáculos aos comportamentos escolares para além de uma linguagem e uma ortografia deficientes. O caso apresenta uma sinalização dispráxica bem marcada, conferindo certa relevância aos aspectos de uma intervenção reorganizadora. Porque não acompanhamos o caso, não podemos equacionar objetivamente a evolução das suas dificuldades psicomotoras. Propõe-se, portanto, uma Terapia Psicomotora, de base lúdica e psicotônica, para além de uma assistência pedopsiquiátrica.

A.G.

O envolvimento familiar: O nível socioeconômico pode-se considerar médio, com ordenado superior. Habitação superlotada e pequena, sem espaço lúdico e localizada numa zona de tráfego intenso. É a segunda filha de duas. A mãe defensiva, superprotetora e extremamente ansiosa, caseira, mas ausente de casa. O pai é chefe de seção de uma pequena empresa, também normalmente ausente e inflexível no cumprimento dos horários.

No meio familiar persistem ligações estreitas e formais no plano cultural, adicionados a uma ainda invisível dependência dos avós quer maternos, quer paternos. As relações mãe-filha podem considerar-se demasiado protecionistas que se repercutem em relações possessivas e limitativas, naturalmente afastando a criança de situações-conflito essenciais para o desenvolvimento da sua personalidade.

Dados do primeiro desenvolvimento: Parto normal. Aparecimento da marcha aos 13 meses e das primeiras palavras aos 28 meses, o que se pode considerar um atraso de linguagem. Estamos certos que, para o fato, muito contribuiu uma queda acidental aos 15 meses que afetou ligeiramente a zona occipital da cabeça (chamamos a atenção para o fato de que nessa zona se encontra localizado o cerebelo, que é um órgão de coordenação da motilidade voluntária). A criança é hiperemotiva, instável e agitada. Enurética, com tiques e onicofagia. Criança portadora de uma intensa atividade fantásmica, faladora e tagarela com sinais de imaturidade afetiva. Fácil contato, meiga e simpática. Algumas dificuldades na pronúncia, mas com riqueza de vocabulário. Relaciona-se intensamente com a irmã que tem 14 anos e que acusa sinais de gagueira e sigmatismo. Estamos na presença de uma criança instável com sinais de neuroticismo, segundo as observações psicológicas e neuropsiquiátricas.

Adaptação escolar: Adaptação difícil sentindo a separação do meio familiar e manifestando rejeição face à instituição escolar. Freqüentou o jardim-de-infância e o pré-primário, normalmente com dificuldades relacionais, quer com a professora, quer com o conteúdo das aprendizagens. Dada a sua característica tônica (hipertônica) e com uma deslateralização associada, verificou-se sempre uma carência instrumental para os trabalhos manuais e para a iniciação ao grafismo. Considerando os seus problemas de ambidestria camuflada e por vezes oposicionista, a sua dispraxia generalizada impede-se de acompanhar a evolução das aprendizagens escolares. A leitura e a ortografia são deficientes e a sua organização perceptiva descontrolada, que lhe conferem uma sintomatologia de hiperatividade (síndrome paracerebeloso) e de hipoatenção.

Diagnóstico psicomotor: Canhotismo nas atitudes espontâneas, com confirmação de uma maior resistência à mobilização passiva nos membros esquerdos. Hipertônica e hipoextensa, apresentando tremores e estereótipos gestuais e corporais. Paratonia com explosão de movimentos e com repercussões sincinéticas vincadas. A sua tonicidade demonstra, até certo ponto, uma desregulação teleocinética, com ligeiras perturbações na via extrapiramidal, que aliás foram confirmadas nas situações de equilibração, dissociação e coordenação. Necessariamente que a multicausalidade psicomotora afeta a organização da noção do corpo no plano íntero-próprio-exteroceptivo. Nas situações de interiorização sensorial foi significativa a agnosia somática, associada a uma apractognosia somato-espacial, que lhe criam numerosos obstáculos para a estruturação espácio-temporal, razão só por si suficiente para impedir o êxito, em situações de organização espacial e de adaptação rítmico-temporal, como são, por exemplo: a leitura, a escrita, o ditado e o cálculo. No âmbito da função práxica, embora apresentando adaptação a uma série de gestos femininos, acusa, por outro lado, ligeiras não-associações digitais e manuais que se traduzem numa motricidade fina descontrolada emocionalmente.

Perfil psicomotor:

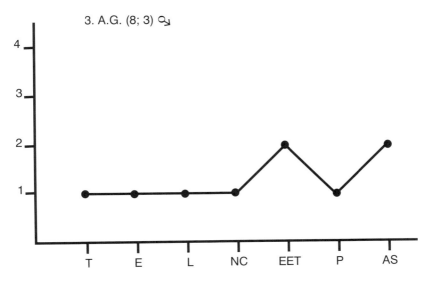

Esboço do plano terapêutico: Em primeiro lugar melhorar a atividade mental que preside à elaboração do movimento, com recurso a situações de conceitualização motora. Todas estas situações devem visar a afirmação da lateralidade e simultaneamente destruir as sincinesias e as paratonias. Recomenda-se, neste caso, a utilização de *controle* tônico-postural e tônico-cinético, como quedas controladas dos segmentos, imitação de atitudes, reconhecimento da esquerda e da direita, do espaço próprio e do espaço euclidiano. Quanto à educação da motricidade, atuar na prensão em pinça e na dissociação segmentar dos elementos que compõem a unidade de coordenação da mão. Inibir igualmente as pulsões motoras e emocionais, e as reações incontroláveis. Utilizar jogos de memória e de orientação espacial.

Evolução terapêutica: Foi seguida em 10 sessões terapêuticas, a um ritmo de 2 sessões semanais. Ao longo da terapia foram-se manifestando outras perturbações que não foram possíveis de observar durante o exame psicomotor. Inicialmente as situações que provocamos tinham tendência para a expressão de não-êxitos, o que nos levou a alterar a nossa conduta intervencionista. Durante as 4 sessões iniciais foram observadas dificuldades de representação espacial, de estruturação rítmica, de percepção e de coordenação geral. Passamos lentamente para sessões não dinâmicas, a fim de evitar a eclosão de instabilidades emocionais, como risos intensos e bastante freqüentes. No plano psicomotor a dismetria é a característica do seu comportamento. Perante situações de criatividade, manifesta dificuldade em descobrir respostas, compensando-as por intervenções verbais e permanentes.

Num ambiente permissivo, procuramos deixar o campo da situação lúdica, e fomos caminhando para a situação-problema, no desejo de observar quais as dificuldades que persistem e quais as que se encontram mais inadequadas.

No sentido da afirmação da lateralidade, solicitamos da A.G., comportamentos que exigissem intensa atividade perceptivo-manual e um projeto motor (conceitualização) de reflexão antecipada. Para o efeito recorremos às estruturas de fósforos para reconhecimento da esquerda e da direita, e alinhamento da preensão fina.

MODELOS	OBJETIVOS	REPRODUÇÕES
(1)	Noção de vertical, horizontal, esquerda e direita	(1) (Não-êxito no 3º e 4º)
(2)		(2) (Não-êxito no 2º)
(3)	Noção da obliqüidade	(3) (Não-êxito no 1º e 4º)
(4)		(4) (Não-êxito total)

Utilizando uma primeira amostragem de uma estrutura de fósforos, diversamente orientados no espaço, pedimos à criança para a reproduzir corretamente, construindo-a segundo o ritmo do metrônomo. Nestas situações manifestaram-se novas dificuldades, quer perceptivas, quer gnósico-práxicas, como se pode observar pelo seguinte dado recolhido na 8ª sessão. Preocupada em agradar, não se mantendo alheia ao processo terapêutico, foi-se revelando mais estável alternando com períodos de descontrole emocional. Quando à noção do corpo e sua localização e diferenciação passou a ser mais reconhecida e simbolizada, o que não foi confirmado pela comparação do desenho do corpo da observação final com o da observação inicial.

Na última sessão apresentou-se com melhor integração espácio-temporal e relacionou já o aspecto sensório-motor com a atividade simbólica. As possibilidades de equilibração aumentaram, por efeito de uma redução de dismetria e aumento de precisão e harmonização gestual. De qualquer forma, persistem problemas e hesitações na lateralização. Para situações espontâneas utiliza a mão esquerda, e para situações sujeitas à nossa observação, utiliza a mão direita. Nota-se também o desaparecimento de reações incontroláveis e melhores possibilidades de atenção.

Perfil comparativo:

3. A.G. (8; 5)

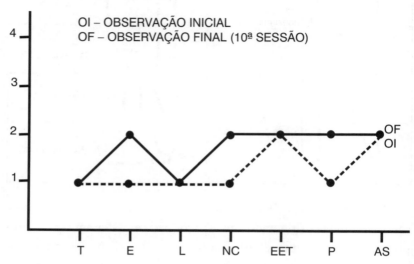

P.G. – Desenho do corpo na observação inicial

Desenho do corpo após 10 sessões de TPM

Conclusão prognóstica: A sua evolução, embora lenta, pode-se considerar favorável se efetivamente se observarem condições facilitadoras do envolvimento escolar e familiar. Não obstante do seu problema de lateralização, com repercussões na função tônica, o período de latência não oferece obstáculos. Se conseguir a superação da sua dependência maternal, prevê-se uma evolução escolar normal embora com a persistência de resultados modestos. Recomenda-se em paralelo uma atividade psicomotora libertadora e socializante, e ao mesmo tempo uma assistência periódica de um pedopsiquiatra.

L.S.

O envolvimento familiar: Estatuto socioeconômico médio-superior, habitação relativamente confortável fora do meio urbano com quarto individual e bastante espaço lúdico. A mãe culta, inteligente, interessada, não exerce atividade profissional, apresentando disponibilidade permanente para responder às necessidades das filhas; o pai, médico, pedopsiquiatra, muito atento aos problemas afetivos do meio familiar, encontra-se normalmente presente em todas as manifestações das filhas. O meio familiar é extremamente favorável, onde se respira um envolvimento cultural significativo.

Dados do primeiro desenvolvimento: Parto por cesariana, aquisição da marcha e das primeiras palavras, dentro dos parâmetros normais. Ligeiras dificuldades na articulação de sons e ligeira tendência inibitória. Poucas vivências motoras e lúdicas. Criança calma, meiga e simpática. Fácil no contato com a irmã, com quem brinca normalmente, embora manifeste perante ela ligeira dependência.

Adaptação escolar: Fácil adaptação ao colégio particular, beneficiando paralelamente de iniciação musical na Fundação Calouste Gulbenkian. Aquisição da leitura e da ortografia sem dificuldade, com predisposição para a iniciação ao cálculo. Dada a sua imaturidade psicomotora, experimentou algumas dificuldades nas atividades expressivas (desenho, pintura, etc.). Desde cedo que os resultados escolares são favoráveis, apenas surgindo problemas no plano da pronúncia (fator de comunicação) com tendência para uma gagueira muito leve, resultante de imaturidade psicotônica do aparelho fonador.

Diagnóstico psicomotor: Hipotônica com hiperextensibilidade nos membros inferiores, do qual vieram a se manifestar perturbações no plano da equilibração. A tonicidade aparece-nos com reações incontroláveis e com ligeiras paratonias, para além de sincinesias contralaterais. A equilibração apresenta imaturidade do *controle* postural, com repercussões na coordenação dinâmica geral. A lateralização é cruzada e malcontrolada. No plano somatognósico confirma-se a insuficiente integração e experiência corporal, com um desenho bizarro e indiferenciado. Quanto à estruturação espácio-temporal apresenta um desenvolvimento apreciável, quer no plano de integração, quer no plano de execução. Em nível prático, subsistem dificuldades na motricidade fina, por razões de indissociação motora da mão. A atividade simbólica não apresenta qualquer dado significativo, apenas condicionada pela problemática das dificuldades de pronúncia.

Perfil psicomotor:

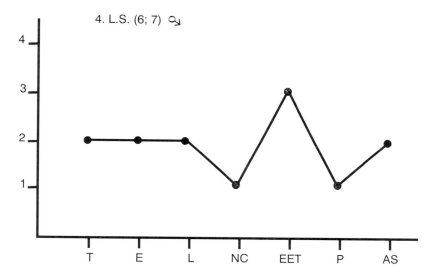

Esboço do plano terapêutico: Utilização de técnicas de relaxamento, como meio de reconhecimento e representação corporal, no sentido de uma primeira alfabetização psicomotora. Lançar recurso e situações-problema de equilibração, coordenação e de praxia construtiva, tendo em atenção a afirmação da lateralização. Ampla abordagem às situações lúdicas de descondicionamento, dentro de uma atmosfera relacional, tanto quanto possível permissiva e hipervalorizante. Facilitar as relações entre espaço corporal e espaço visual, dentro de uma conexão ótico-sinestésica de incidência practognósica, com freqüente recurso à atividade simbólica expressiva, através da reprodução gráfica das vivências psicomotoras.

Evolução terapêutica: Foi seguida durante 8 sessões terapêuticas, onde se registraram significativas transformações. Os problemas psicomotores essenciais resumiam-se a hesitações na lateralização e na iniciativa motora, revestidas de um quadro inibitório. Realizou todas as sessões na companhia da irmã da qual sofreu permanente dependência, de onde se pretendeu tirar efeito terapêutico. A noção e o reconhecimento do corpo melhorou, consideravelmente, não só no plano de execução motora, através de melhores possibilidades practognósicas, como também no plano de interiorização e representação somatognósica, como se pode constatar pela comparação do desenho do corpo.

L.S. – Desenho do corpo na observação inicial

L.S. – Desenho do corpo após 8 sessões terapêuticas

Ao longo das sessões apurou-se uma progressiva desblocagem relacional, já caracterizada por uma melhor expressão verbal e por uma presença de participação de maior investimento afetivo.

Embora persistissem dismetrias e agnosias da mão, fomos verificando que a precisão e a adaptação psicomotora atravessaram um período de maturação. As reações incontroláveis, como o riso e o descontrole emocional, foram desaparecendo, ao mesmo tempo em que as sincinesias já não ofereciam dificuldades à organização da motilidade voluntária. Com o objetivo de um enriquecimento psicomotor realizamos uma sessão na piscina, como meio adequado de eutonização, onde se detectaram dificuldades de equilibração aquomotora, resultantes do número limitado de vivências no meio. Convém referir que nesta experiência não se registraram comportamentos de ansiedade ou de fuga, apuraram-se aliás reações hedônicas e libertadoras (a natação encarada segundo a ótica psicomotora poderá ajudar a criança a compensar as suas carências psicomotoras). De um modo geral, observaram-se evoluções comportamentais no plano somatognósico, com implicações numa motricidade fina mais ajustada.

Perfil comparativo:

4. L.S. (6; 7)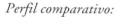

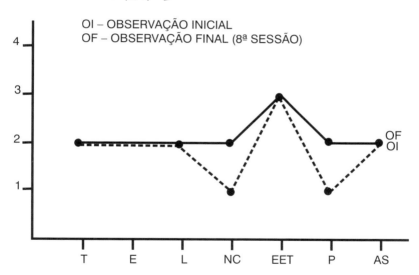

Conclusão prognóstica: Prevê-se uma evolução escolar normal e bem-sucedida no campo das atividades matemáticas. Tendo em atenção a receptividade afetiva do meio familiar, não se avistam quaisquer dificuldades de aprendizagem. Recomenda-se, todavia, o recurso a uma valorização vivida da atividade corporal e lúdica, de forma a provocar o desbloqueio da sua esfera de comunicação. Estão neste plano as atividades recreativas, as aventuras e explorações, a superação de tarefas psicomotoras e no fundo todo o tipo de atividades expressivas como a participação em jogos dramáticos, de modo a assumir uma maior disponibilidade na linguagem.

G.S.

O envolvimento familiar: A mesma caracterização de L.S.

Dados do primeiro desenvolvimento: Parto por cesariana. A aquisição da marcha e das primeiras palavras foi normal, sem problemas, no que diz respeito à organicidade da motricidade.

Quer no plano verbal, quer no plano motor, revelou sempre uma apreciável maturação. Criança com iniciativa, de fácil contato, meiga e simpática. Irmã mais velha de L.S., com quem estabelece uma relação afetiva estável e adequada.

Adaptação escolar: Sem beneficiar de escolaridade pré-primária, nunca experimentou dificuldades de adaptação. Os resultados escolares foram, desde o início, sempre favoráveis. A aquisição da leitura e da ortografia foi fácil e sem dificuldades iniciais.

Manteve-se sempre no mesmo colégio e foi acompanhada pela mesma professora. Bom grafismo e boa organização conceitual. Manifesta um interesse particular pelos acontecimentos escolares, onde raramente experimentou situações de insucesso.

Diagnóstico psicomotor: Podemos considerar este caso como um dado testemunho do desenvolvimento psicomotor harmonioso. A sua tonicidade tanto de suporte como de ação não apresenta qualquer sinal de perturbação ou de imaturidade, o que lhe garante uma instrumentalidade psicomotora de grande disponibilidade. A estrutura de equilibração e de praxia é o índice mais alto da casuística. Apenas revela ligeiras dificuldades na estruturação rítmica e na simbolização somatognósica, a caracterizar uma evolução psicológica estável, a refletir um permanente jogo de progressos e retrocessos na integração da motilidade, conseqüência já de uma dialética relacional e dinâmica, promovida pela unidade corporal e pela totalidade do envolvimento, que adquiriu ao longo da sua história.

Perfil psicomotor:

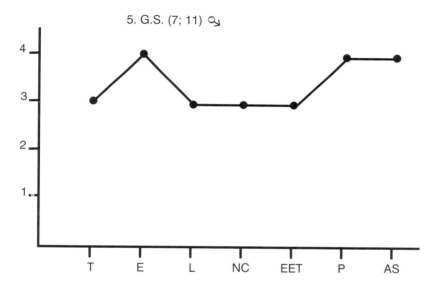

Esboço do plano terapêutico: Valorização das estruturas neurofisiológicas responsáveis pela equilibração e pela coordenação através de variadíssimas situações-problema. Introdução de relaxamento, como forma de interiorização e conceitualização do movimento, acompanhada de atividade instrumental fina, especialmente caracterizada por estruturas rítmico-cinéticas.

Evolução terapêutica: Foi seguida durante 8 sessões, onde acompanhou a irmã. Dado que não se justificava uma intervenção reorganizada, a sua evolução terapêutica não se torna significativa, pelo que nos limitamos a caracterizar alguns dos comportamentos durante as sessões de psicomotricidade ou de relaxamento. As suas possibilidades de aprendizagem foram sempre postas em situação, revelando originalidade e plasticidade adaptativa. Perante situações inesperadas as suas respostas foram quase sempre adequadas e ajustadas, quer no ponto de vista psicomotor, quer no ponto de vista conceitual. No grafismo foi experimentado um aperfeiçoamento espacial nos pormenores e nas figuras. Dentro deste plano, a comparação do "teste do bonhomme" inicial e final é suficientemente elucidativa, tendo em atenção a sua melhor integração somatognósica e o seu melhor poder de previsão práxica.

As situações-problema, muitas vezes, exigindo grande poder de representação, para posteriormente serem executadas, pretendiam um diagnóstico de dificuldades da estruturação espácio-temporal, que G.S. experimentou freqüentemente, não deixando porém de as realizar ao fim de um esclarecimento verbal ou uma segunda tentativa. As suas possibilidades levaram-nos a construir situações complexas, que numa atitude terapêutica poderá não ser aconselhável, todavia a fluência das suas respostas ajustadas nos motivou para uma exploração das extraordinárias hipóteses que a psicomotricidade nos oferece, quando em presença de casos que não acusam perturbações psicomotoras ou outras.

G.S. – Desenho do corpo na observação inicial

L.S. – Desenho do corpo, após 8 sessões terapêuticas

Ao longo das sessões e maturidade da esfera psicomotora, aliada a um mais aperfeiçoado *controle* tônico-postural, veio a demonstrar a sua disponibilidade gerante.

Perfil comparativo:

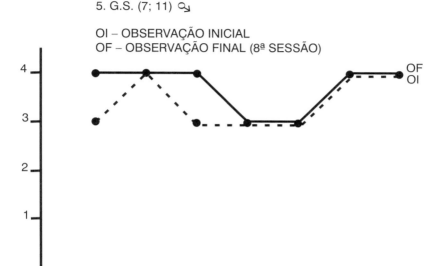

Conclusão prognóstica: Dada a sua caracterização diferencial, prevê-se um êxito escolar, com tendência para um brilhantismo nas atividades léxicas na medida em que dispõe de estruturas instrumentais e psicomotoras suscetíveis de obter bons resultados escolares, recomenda-se todavia um suporte das atividades corporais expressivas, que para além de uma valorização personalizante garanta um enriquecimento do seu sentido estético.

A.R.

O envolvimento familiar: Estatuto socioeconômico inferior; pai: viúvo, pouco culto, funcionário de uma empresa; mãe: dona-de-casa, também pouco instruída. O meio parece favorável no plano afetivo, carecendo em estímulo e vivência cultural, e de certa forma caracterizado por um ambiente conservador nas atitudes sociofamiliares.

Dados do primeiro desenvolvimento: Parto normal com desenvolvimento neurológico-motor ajustado. Filha única, esperada com ansiedade. Criança execessivamente calma, dócil, inibida, com resistências de iniciativa e disponibilidade. Contato demorado e muito lento, raramente falando. Sorri pouquíssimas vezes, parecendo demonstrar uma máscara de tristeza. A organização do discurso é confusa e pouco espontânea, revelando sinais de perturbação na relação de comunicação. Desde muito cedo manifestou reações alérgicas, com tendência asmática, vindo a se beneficiar posteriormente de reeducação respiratória. Criança hipoemotiva e depressiva.

Adaptação escolar: Não freqüentou o pré-primário experimentando dificuldades no plano da aprendizagem da leitura e da escrita, como uma resistência à iniciação do cálculo. Os resultados escolares têm sido fracos e a sua evolução tem sido muito lenta, demonstrando ligeiras dificuldades para acompanhar o ritmo de aprendizagem das outras crianças. Melhorou progressivamente ao longo dos anos, experimentando uma melhoria nítida a partir do momento em que freqüentou aulas de iniciação musical.

Diagnóstico psicomotor: O seu desenvolvimento psicomotor não apresenta carências instrumentais, pois surge com um quadro adequado à sua idade. Nota-se que A.R. é a criança com mais idade da casuística, razão suficiente para apresentar respostas mais ajustadas às situações de exame. De qualquer forma, a integração e consciencialização da sua motilidade apenas apresenta lacunas no "estilo motor" e na expressividade lúdica. A sua tonicidade é bem controlada e não apresenta sincinesias ou dismetrias. Por razões do seu comportamento inibitório surgiu-no com paratonias e bloqueios tônico-periféricos. A lateralização encontra-se perfeitamente determinada e controlada. A estrutura somatognósica revela sinais de inibição expressos não só no desenho, como nas resistências às experiências sensoriais e corporais. A sua estrutura espácio-temporal é notável e a adaptação rítmica muito bem controlada. Quanto à prática observamos dificuldades na dissociação da simbiose articular pulso-mão-dedos, que implica uma imprecisão nas execuções motoras finas. O seu grafismo é irregular e tremido, e quanto às provas verbais notamos dificuldades de comunicação e pobreza de vocabulário.

Perfil psicomotor:

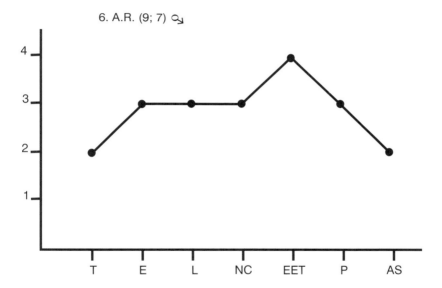

Esboço do plano terapêutico: Recurso a atividades lúdicas de desbloqueio tônico e mímico-expressivo. Jogos verbais e improvisações quotidianas e gestuais. Introdução de histórias gestuais e de comunicação corporal, não só em termos de diálogo lúdico como em intervenções autodescontrativas. Abordagem à motricidade manual fina, com utilização de pequeno material e caixas de areia. Apelo à educação da atenção segundo o método de Ramain, com larga utilização do papel quadriculado, de forma a aperfeiçoar a ação e a valorizar a representação simbólica.

Evolução terapêutica: Durante as primeiras sessões, a sua atitude passiva e tímida constituiu um obstáculo relacional de certa importância. Pouco a pouco fomos aceitos e as nossas intervenções visavam fundamentalmente o combate à sua conduta dependente. No plano motor as situações eram sempre bem respondidas, a demonstrarem um *controle* interiorizado, embora não expressivo e espontâneo. No plano léxico, a sua acuidade visual e auditiva pareceram-nos ligeiramente diminuídas, ainda associadas a problemas de retenção e de apreensão grafo-espacial. Neste caso, a partir da 5ª sessão iniciamos uma exploração do método de Borel-Maisonny, onde os resultados foram sucessivamente aperfeiçoados. No Ramain, a sua evolução foi notória e com repercussões numa melhor organização perceptiva, ligada a um poder de análise fonológica que garantiu uma leitura mais correta e uma organização conceitual mais adequada. No plano motor a motricidade fina, até à última sessão, foi adquirindo uma diferenciação progressiva.

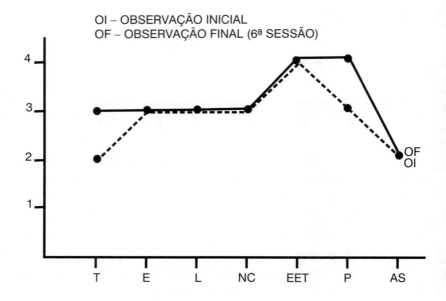

A.R. – *Desenho do corpo na observação inicial*

Desenho do corpo ao fim de 6 sessões de TPM

Conclusão prognóstica: A sua evolução escolar vai necessariamente encontrar paragens, quer no âmbito do português, quer também na aprendizagem das línguas estrangeiras. Supomos que tais dificuldades devem ser superadas, tendo em vista a sua obediência e dependência, que jogam relativa importância na continuidade e na persistência do estudo. Quanto à sua estrutura inibitória, o confronto com uma nova realidade escolar (1º ano do curso preparatório), pode ser favorável ao seu desbloqueio, todavia, recomenda-se uma assistência pedopsiquiátrica e o recurso a atividades expressivas e lúdicas, como o jogo educativo e a expressão corporal e rítmica.

P.G.

O envolvimento familiar: Estatuto socioeconômico médio. Habitação superlotada, mediamente confortável. Pai empregado bancário, de formação média e com comportamento tolerante, normalmente ausente de casa. Mãe telefonista, modesta, preocupada, subdivide-se pela família e pela atividade profissional, personalidade de fácil contato, de espírito jovem, porém ansiosa e protetora. O meio familiar, embora não respire uma atmosfera cultural, pode-se considerar estimulante para a atividade escolar.

Dados do primeiro desenvolvimento: Parto normal. Aquisição da marcha e das primeiras palavras, dentro do parâmetro das escolas mais conhecidas. Temos a considerar uma queda aos 18 meses, que se repercutiu num atraso de linguagem e num estrangulamento da atividade motora. Criança calma, com tendência para a reação defensiva, perante novos ambientes, todavia, hiperativa e instável em situações de desinibição. Dificuldades de *controle* emocional, disperso e normalmente instável. Alterna, com certa freqüência, comportamento de dependência e de hipermotilidade, que lhe dão uma sintomatologia próxima do hipercinetismo.

Adaptação escolar: Não freqüentou o pré-primário, por razões financeiras familiares, iniciando uma 1ª série com carência instrumental que lhe provocou a repetência. Os resultados escolares foram sempre fracos e a professora notou sempre dificuldades e resistências nas aprendizagens. A aquisição da leitura e da ortografia foi defeituosa, não só por razões pedagógicas como por deficiências instrumentais e psicomotoras. Em todas as aprendizagens triviais manifestou dificuldades de integração e de ajustamento. O interesse pelo meio escolar nem é favorável nem desfavorável, sentindo-se um certo isolamento pelas situações escolar e paraescolar. Verificaram-se por outro lado carências de relação com o objeto e com atividade lúdica e expressiva.

Diagnóstico psicomotor: Com um tipo hipertônico, registrou hipoextensibilidade, bastante marcada nas extremidades, que necessariamente vão coincidir com a locomoção e a estruturação espácio-temporal por um lado, e com a motricidade fina por outro. A sua lateralização homolateral demonstra problemas de estruturação e da execução motora, constituindo um caso único de deslateralização com repercussões em toda a esfera das condutas orientadas para um fim. O seu universo vivido não assume a unificação e a coerência necessárias para os comportamentos psicomotores precisos e ajustados, que são pedidos pelas aprendizagens escolares mais simples.

Quanto à somatognosia não revela problemas patológicos, embora se perceba uma certa labilidade afetivo-corporal, que foi muito sentida no nível das provas de passividade. Confunde a esquerda com a direita e revela graves problemas de orientação espacial. A organização prática estando limitada pelos obstáculos do tônus de ação e pela lateralidade, é reveladora de um fraco índice de construção e fabricação. A sua verbalização é desajustada e prolixa.

Esboço do plano terapêutico: Em primeiro lugar vivenciar situações de movimento, que facilitam a determinação da lateralidade. Progressivamente introduzir situações de orientação espacial, através de trajetos espaciais e labirintos, bem como por jogos memoriais. Reforçar as atividades práticas da mão, com iniciação lúdica do grafismo. Valorização da interiorização do corpo, com a intervenção do método psicotônico de Gerda Alexander. Mobilizar a sua esfera motora hipertônica para situações de autodescontração concentrativa com apelo à simbolização da experiência próprio e interoceptiva vivida.

Evolução terapêutica: Seguido em apenas 4 sessões, muito pouco nos ficou para caracterizar evolutivamente os seus comportamentos ao longo das sessões de Terapia Psicomotora. Nas primeiras sessões foi notória a sua estranheza pela descoberta do seu corpo, afirmando, embora com hesitações e flutuações, a sua lateralidade corporal. Ao longo das sessões a sua praxia foi sofrendo desbloqueios sucessivos, a demonstrar uma diferenciação segmentar suscetível de melhores meios de expressão construtiva e grafomotora. A sua disritmia foi francamente valorizada pelas estruturações de fósforos, executadas com condicionamento rítmico do metrônomo. As experiências verbais e a detecção de problemas léxicos levou-nos a uma experiência do "Bom Départ" e do "Método de Borel-Maisonny". Neste campo, P.G. revelou significativos progressos não só no âmbito da conceitualização verbal, como também na seqüência semântica dos textos apresentados. A sua leitura, mais controlada, facilitou-lhe uma mais aberta compreensão dos textos lidos, afirmando uma melhor autopercepção e um maior investimento afetivo nas situações provocadas. De qualquer modo, persistiram as confusões acústicas e as inversões e omissões tradicionais, bem como pouco se evoluiu no aspecto da motricidade fina.

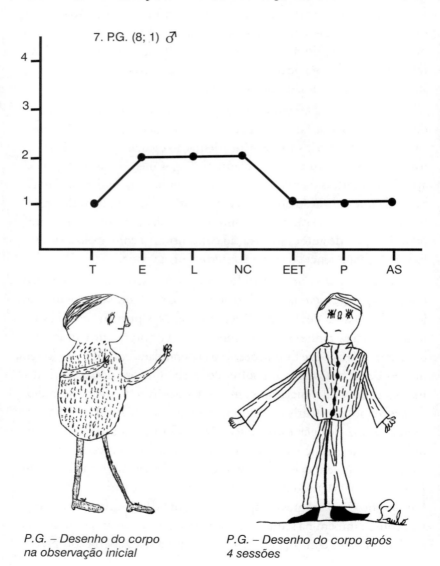

P.G. – Desenho do corpo na observação inicial

P.G. – Desenho do corpo após 4 sessões

Perfil comparativo:

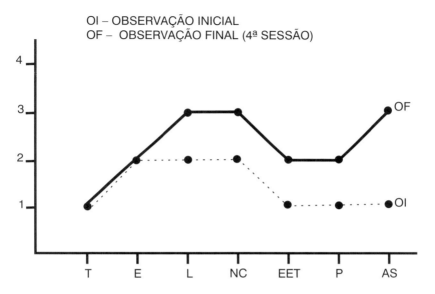

Conclusão prognóstica: Prevê-se uma evolução escolar com vários problemas, que não sendo marcados na escolaridade primária irão surgir mais tarde. Recomenda-se uma intervenção ortofônica e uma assistência psicomotora continuada. Para além da necessidade de seqüência terapêutica, torna-se viável um *controle* pedopsiquiátrico.

Bibliografia

AJURIAGUERRA, J. de & ANDRÉ-THOMAS (1948). *L'axe corporel*. Paris: Masson & Cie.

AJURIAGUERRA, J. de & STAMBAK, M. (1955). L'évolution des syncinèsies chez l'enfant. *Présse Medicale*, 63.

ANGELERGUES, R. et al. (1955). Les troubles mentaux au cours des tumeurs du lobe frontal. *Ann. Med. Psychol.*, 113.

BERGÉS, D. & LEZINE, L. (1963). *Test d'imitation des gestes* – Techniques d'exploration du schéma corporel et des praxies chez l'enfant de 3 à 6 ans. Paris: Masson & Cie.

BLOÈDE, G. (1946). *Les gauchers* – Étude du comportement, de la pathologie et de la conduite à tenir. Lyon: [s.e.] [Tese de doutorado].

BOUKNAK, V. (1969). *Dados sobre el origem de la linguage*. México: Grijalbo.

BUCHER, H. (1973). *Approche de la personnalité de l'enfant par l'examen psycho-moteur*. Paris: Mason & Cie.

CASABIANCA, M. (1968). *Sociabilité et loisirs chez l'enfant*. Neuchâtel: Delachaux et Niestlé.

CARSTAIRS, G.M. (1964). A propôs de l'etiologie des troubles psychiatriques chez les enfants: quelques études longitudinales de cohorte. *Psychiat. Enfant*, vol. IV, fasc 1.

CHILAND, C. (1971). *L'enfant de six ans et son avenir*. Paris: PUF.

CLARK, M.M. (1957). *Left – Handedness*. Vol. 1. Londres: University of London.

DEJERINE, J. (1914). *Sémiologie des affections du système nerveux*. Paris: Masson & Cie.

DIMOND, S. (1972). *The Double Brain*. Londres: Churchill Livingstone.

FRAISSE, P. (1957). *Les conduites temporelles*. Paris: PUF.

GOODNOUGH, Fl. (1957). *L'intelligence d'après le dessin*. Paris: PUF.

HEAD, H. et al. (1911). Troubles sensoriels dus à des lesions cérébrales. *Brain*, nov.

HÉCAEN, H. & AJURIAGUERRA, J. de (1964). *Le cortex cérébrale*. Paris: Masson & Cie.

———— (1963). *Les gauchers* – Prèvalence manuelle et dominance cérébrale. Paris: PUF.

KLEIST, K. (1964), apud AJURIAGUERRA, J & HÉCAEN, H. *Le cortex cérébral*. Paris: Masson & Cie.

LENTIN, L. (1972). *Apprendre à parler*: à l'enfant de moins de 6 ans. Paris: ESF.

LEROI-GOURHAN, A. (1964). *Le geste et la parole*: techinique et langage. Paris: A. Michel.

LHERMITTE, J. (1939). L'image de notre corps. Vol. 1. *Nouvelle Revue Critique* [s.n.t.].

PIAGET, J. et al. (1948). *La géométrie spontanée de l'enfant*. Paris: PUF.

PIENFIELD, W. & ROBERT, L. (1963). *Langage et mécanismes cérébraux*. Paris: PUF.

POPEELREUTEUR, W. (1964), apud AJURIAGUERRA, J. de & HÉCAEN, H. *Le cortex cérébral*. Paris: Masson & Cie.

REY, A. (1947). *Études des insuffisances psychologiques*. Neuchâtel: Delachaux et Niestlé.

RIBOT (1964), apud AJURIAGUERRA, J. de & HÉCAEN, H. *Le cortex cérébral*. Paris: Masson & Cie.

ROUDINESCO, M. & THYSS, J. (1948). L'enfant gaucher – Étude clinique – Signification physiologique – Problèmes pedagogiques. *Enfance*, 1.

SCHILDER, P. (1968). *L'image du corps*. Paris: Gallimard.

SPITZ, R. (1972). *De la naissance à la parole*. Paris: PUF.

STAMBAK, M. (1963). *Tonus et psychomotricité*. Neuchâtel: Delachaux et Niestlé.

STAMBAK, M. & JAKSIC, S. (1965). Épreuves de niveau et de style moteur. In: ZAZZO, R. *Manuel pour l'examen psychologique de l'enfant*. 2. ed. Neuchâtel: Delachaux et Niestlé.

STRAUSS, A.A. et al. (1947). *Psycopathology and education of the brain injured child*. Nova York: Grune and Stratton.

THOMAZI, J. (1960). *Le bonhomme et l'enfant*. Angouteme: Coquemard.

VAN BOGAERT, L. (s.d.). Sur la pathologie de l'image de Soi. *Travaux de l'Institut Bung*, n. 8.

WALLON, H. (1970). *Les origines du caractère chez l'enfant*. Paris: PUF.

WERNICKE, C. (1906). *Grundriss der psychiatrie*. 2. ed. Leipzig.

WIDLOCHER, D. (1969). Problèmes du développement psychomoteur. *Rev. Perspectives Psychiatriques*, n. 23.

WINICOTT, D.W. (1972). *Les processus de maturation chez l'enfant*. Paris: Payot.

WINTSCH, J. (1935). Le dessin comme témoin du développement mental. *Z. Kinderpsych.*, 2.

5

Alguns exemplos de sessões-tipo

5.1. Síntese metodológica

Não pretendemos recuar aos nossos modelos de intervenção relacional, na medida em que já os abordamos na II parte do trabalho; apenas vamos esboçar alguns exemplos de condução metodológica das sessões de Terapia Psicomotora, vivenciados pela casuística que nas páginas anteriores procuramos diferenciar.

Após o diagnóstico inicial organizamos sessões individuais e grupais. Individuais, se efetivamente a problemática afetiva das crianças exigia cuidados relacionais especiais, grupais quando a caracterização psicomotora das crianças apresentava certa afinidade.

A escolha dos meios de ação dependia necessariamente do plano terapêutico concebido, e fundamentalmente do tipo de dificuldades motoras e afetivas apresentadas pelas crianças. Nunca deixamos escapar a função dialética de qualquer diagnóstico, na medida em que não nos preocupou "planificar" a criança, nem nos interessou avançar numa procura em que se valorizassem mais os meios de intervenção do que as crianças. As modalidades de perturbação psicomotora são muito complexas e as etiologias circunstanciais muito variadas. A escolha do meio de ação mais aconselhável não se pode determinar *a priori*, ela é conseqüência da acumulação de novas dificuldades sempre presentes na vida quotidiana do terapeuta de psicomotricidade.

Em vários casos da nossa casuística independentemente de um quadro diagnóstico similar, seguimos formas de intervenção terapêutica diferentes. Uma criança emotiva, por exemplo, pode receber bem situações desinibidoras e lúdicas, e não se adaptar a situações de interiorização psicotônica (relaxamento), outra criança inibida pode refugiar-se no relaxamento e reagir ao contato com objetos (bolas, arcos, bastões, etc.). Não podemos, dentro de uma consciência crítica, equacionar a sistematização e a planificação das sessões, sem as relacionarmos com a mutação e a variabilidade permanente dos comportamentos observados nas crianças. Não podemos nos esquecer que o diagnóstico tem de ser completado na e pela terapêutica, na medida em que no decurso das sessões vão-nos surgindo novos conhecimentos, mais adequados às dificuldades e necessidades da criança.

Em função da nossa distribuição de casos, inicialmente começamos com sessões individuais em três crianças (M.R.; A.G.; A.R.) e sessões em grupo em duas (L.S.; G.S.). Ao longo do projeto terapêutico, fomos introduzindo algumas alterações, resultando como conseqüência a criação de dois grupos de trabalho.

1º) M.R.; A.G.; P.G., o 2º) L.S.; G.S., e a continuação de sessões individuais com A.R.

Destes diferentes grupos de trabalho apresentamos os seguintes exemplos de sessões-tipo, em função da casuística que temos vindo a analisar:

Terapia Psicomotora	1ª Sessão
Em grupo	Data 8/5/72

Situações-problema	Objetivos	Comportamentos durante a sessão	
		M.R.	A.G.
Grafismo Apresentação dos modelos de Borel-Maisonny	Análise perceptiva – retenção – reprodução	Grafomotricidade deficiente	Instabilidade psico-motora
e dos modelos do Bon Depart		Sinais de inibição	Reações incontroláveis Risos, desatenção Necessidade de afirmação Tagarela
Reconhecimento de fonemas (leitura rítmica e corporal-batimento de palmas e batimento dos pés)	Designação e diferen-ciação Formas de compo-sição	Dificuldades de estruturação rítmica	Disritmia
Situações de locomoção 1 pé 2 pés 2 saltos alternando os dois pés	Memória motora Equilibração Controle postural Ecocinesia	Sincinesias	Sincinesias homolaterais Descoordenação
Estruturação espácio-temporal com arcos	Planificação do movimento Relação-concepção-execução	Dificuldades no plano motor (apraxia somato-espacial)	Dificuldades no plano ideomotor
Trabalho com plasticina	Dinâmica manual e preensão fina	Motricidade rígida e indiferenciada	Hipertonia manual
Relaxação progressiva	Relaxamento e inibição voluntária	Inibição	Impulsividade

| | Terapia Psicomotora | 5ª Sessão |
| Individual | | Data 21/6/72 |

Situações-problema	Objetivos	Comportamentos durante a sessão	
		A.R.	
Inventário corporal	Esquema corporal	Reconhecimento de 17 termos numa bateria de 30 termos anatômicos	
Trabalho com "clips"	Motricidade fina Dissociações da mão	Lentidão e rigidez Ausência de disponibili- dade. Sincinesias bucais. Alterações mímico-faciais	
Organização espacial	Estruturação es- pácio-temporal (relação ritmo- batimento)	Êxito nas várias situações criadas	
Animal	Atividade sim- bólica Simbolização Grafismo Simplificação Codificação	A representação do real processada lentamente. Figuração gestual inex- pressiva	
	Estruturação rítmico- cinética (trabalho de equilíbrio dinâmico)	Fatigabilidade e labilidade neurovegetativa	
Atividade lúdica	Relação objeto (bola)		
Relaxamento	Mediação corporal entre o subjetivo e o objetivo (socia- lização das relações tônicas)	Relação perceptivo-motora deficiente. Não-êxitos freqüentes Dificuldades de conexão orgânica harmoniosa	
I. sombra		Hipotonia e hipoexcita- bilidade	

Terapia Psicomotora	7ª Sessão
Individual	Data 19/6/72

Situações-problema	Objetivos	Comportamentos durante a sessão	
		A.G.	
Leitura e ditado	Observação	Lentidão, paradas e blocagens de fonação Ansiedade. Salta linhas, mesmo com o auxílio do indicador. Omissões	
Marcha ritmada "andar levemente" "andar pesado"	Estruturação es-pácio-temporal	Dificuldades em expressar uma experiência corporal vivida	
	Simbolização e verbalização		
Situações de equilibração Pé coxinho 3 para frente 1 para trás 2 para direita 1 para esquerda	Afirmação da lateralização	Hesitação e lentidão	
4F – 4T – 2D – 2E			
	Atenção e memo-rização		
Equilíbrio em cima de uma cadeira móvel	Tomada de cons-ciência dos re-flexos de equili-bração	Grande entusiasmo	
Estruturas com fósforos (4)	Estruturação es-pácio-temporal (metrônomo)	Dificuldades de pressão e de adaptação ao ritmo do metrônomo Melhor compreensão da situação	
Labirinto de Ramain	Precisão gráfica (ditado no pa-pel quadriculado)	Ausência de erros e mais adequado ajustamento perceptivo-motor	

Terapia Psicomotora	1ª Sessão
Em grupo	Data 10/5/72

Situações-problema	Objetivos	Comportamentos durante a sessão	
		L.S.	G.S.
Estruturação espácio-temporal – andar – – – – correr – – – várias combina- ções: 3 passos correndo 3 andando (– – – – – – –) 3 passos lentos 3 passos rápidos (– – – – + + +)	Representação mental Memória espacial	Perturbações no equilíbrio	Facilidade de adaptação
– Equilíbrio por cima dos sacos – de frente – de trás – de lado com olhos abertos com olhos fechados	Controle postural Valorização das sensações plan- tares	Dificuldades de realização motora Dismetria	Disponibilidade corporal
Coordenação dinâmica – deslocamento e salto – deslocamento e parada	Tomada de consci- ência da globalidade das atitudes e sua relação com o movimento	Dispraxia Dependência do modelo da irmã	
Atividade construtiva – bolas de plasticina – construção de cubos	Atividade práxica e educação sen- sorial da mão	Dificuldades de preensão fina	Ligeiras dificul- dades de coorde- nação óculo-manual
Composição com fósforos	Organização per- ceptiva Afirmação da la- teralização	Revelou insufici- ente integração corporal	Integração rítmica apreciável
Relaxamento	Estruturação do esquema corporal	Agnosias das extremidades	Independência segmentar

Terapia Psicomotora	1ª Sessão
Individual	Data 17/4/72

Situações-problema	Objetivos	Comportamentos durante a sessão	
		M.R.	
Reconhecimento da sala (Desenho no quadro) cadeiras porta	Diferenciação de objetos, sua colocação espa- cial e orientação (trajetos)	Dificuldades de relação e organização espacial	
Designação dos objetos por números: 1 – janelas 2 – mesa 3 – quadro 4 – porta 5 – cadeiras	Atividade sim- bólica	Dificuldades de orientação Tentativas frustradas	
Tipos de trajeto – 45321 – 15243	Representação espacial		
Boneco do corpo em plasticina 	Integração soma- tognósica e pra- xia construtiva	Ausência das referências corporais do pescoço e das extremidades	
Caixa de madeira 	Iniciação ao gra- fismo motor Dissociação das sincinesias	Dismetria Ligeiras dificuldades na motricidade fina	
Estruturas rítmicas com paus e tambores 	Dissociação om- bro-mão e mão- pulso Diferenciação au- diomotora (Forte/fraco)	Adiadococinesia	
Equilíbrio sobre sacos 	Interiorização postural	Dificuldades de planificação de movimento	
Relaxamento	Coordenação di- nâmica geral Independência segmentar	Reações incontroláveis (risos)	

Terapia Psicomotora	3ª Sessão
Em grupo	Data 12/6/72

Situações-problema	Objetivos	Comportamentos durante a sessão	
		P.G.	A.G.
Marcha ritmada – olhos abertos – olhos fechados ⊕ – com batimento cardíaco forte – com batimento cardíaco ⊖ fraco (alt.) ♪ ○○♭○○♭○○♭○○♭○	Interiorização do comando e da execução motoras Relação entre intenção e realização	Ausência de independência Expressão global limitada	Dificuldades de integração rítmica Fatigabilidade
Locomoção – pés juntos – pés afastados – pés cruzados – pés para frente – pés para os lados (esq.-dir.) – pés para trás	Trabalho de equilíbrio dinâmico Estudo das sensações e dos deslocamentos	Dificuldades de controle Hipertonia	Persistência prolongada de sincinesias
☐ ▫▫▫ ☐ ☐ ▫ Lateralização – à esquerda de A e à direita de B. – imaginação de situações de imitação de espelho e de relaxamento perceptivo-motor	Atividade simbólica Do movimento à significação simbólica Integração consciente do movimento vivido	Dificuldades de relação Hesitação	Figuração gestual limitada Melhor adaptação
Inventário do corpo "ágido", vivido e representado	Autoconhecimento corporal	Inibição	Diferenciação gnósica do corpo...
Jogos de orientação 1 – mesa 2 – janela 3 – cadeira 4 – arco Tipos de trajeto 2314 – 3421 – 1234 – 4342	Representação espacial	Ligeiras dificuldades	Êxito
Relaxamento	Desaparecimento de reações tônicas	Paratonias	Melhor controle tônico

As fichas de observação que acabamos de apresentar têm apenas significado em relação a cada criança ou a cada grupo, daí a nossa necessidade em evitar um receituário de situações-tipo. Os exemplos das sessões-tipo apresentam uma coerência metodológica com os estudos diferenciais e estão com eles inter-relacionados.

Não nos interessou senão considerar que as crianças são o centro da nossa intervenção terapêutica, na medida em que não há situações-problema para as crianças, mas sim crianças em situações de comportamento.

5.2. Algumas reflexões sobre os meios de intervenção utilizados

5.2.1. Psicomotricidade (concepção psicopedagógica do movimento humano)

As situações criadas, tendo em atenção o diagnóstico psicomotor e o plano terapêutico projetado, visavam o confronto da criança com o seu movimento (expressão), através de um esforço de apreensão e de reflexão. Considerando o movimento uma ação relativa a um sujeito, o nosso objetivo essencial foi provocar por cada situação vivida uma mobilização das estruturas que integram, elaboram, executam e controlam o movimento (JOLIVET, 1970). A nossa intervenção resumiu-se a um diálogo verbal corporal, deixando à criança a elaboração da sua conduta motora (GIBELLO, 1970). O recurso à demonstração muito raramente foi utilizado, e só surgia em função do apelo das crianças. A tentativa de não dar uma imagem do movimento favorece na criança o desenvolvimento da sua atenção e da sua discriminação e relação, e estes aspectos são, para as crianças, os mais significativos. Interessou-nos transformar a atmosfera relacional num processo inteligível entre a palavra e o gesto, cuja finalidade se traduzisse numa plasticidade adaptativa a novas circunstâncias (NAVILLE & GONTHIER, 1970).

O efeito do movimento não está em si próprio, mas sim naquilo que origina e naquilo onde se representa (AJURIAGUERRA & SOUBIRAN,

1959). As possibilidades de melhorar o ajustamento aos dados do mundo exterior existem nos fatores extramotores, isto é, perceptivos, integrativos, construtivos, simbólicos, abstrativos, etc. (AJURIAGUERRA, 1956).

A nossa intervenção nega o padrão de execução, a apreciação estética, a "correção" em função de uma norma, a desvalorização do êxito, a repetição servil, a ausência de diálogo, e a inexistência da intelectualização do vivido.

As situações por nós provocadas tinham por fim colocar a criança numa situação de criatividade, numa expressão libertadora de pulsões e de motivações inconscientes, e simultaneamente. No grupo, uma mais adequada e complexa capacidade de expressão e criação.

A conjuntura afetiva e a tonalidade relacional assumem para nós uma importância paralela com as situações-problema, que visam a superação das dificuldades psicomotoras. Não valorizamos a relação, não desprezamos os meios de ação, a nossa intervenção requer um cuidado permanente de forma a evitar uma relação muito abstrata e uma ação muito empírica.

Quer o jogo, quer a psicomotricidade ou o relaxamento pretenderam, como meios de intervenção, favorecer a eclosão de projeções e identificações, a produção de imagens fantásmicas e o desbloqueamento dos mecanismos de defesa. Não se trata de uma técnica do corpo (TEMBOURET; DIAMAND; CRAMBES; GIRARD; GODEFRO, 1971), mas fundamentalmente de uma semiologia corporal expressiva, cuja característica psicopedagógica principal é assumir uma atitude antitécnica e antiginástica (LAUNAY & GUÉRITTE, 1966).

A dimensão com que equacionamos o corpo humano e o seu movimento, como expressão e materialização do seu intelecto, não se resume a tratar o corpo como instrumento a aperfeiçoar como qualquer objeto ou como algo exterior à consciência (SEDICA, 1971). Não nos serve o dado da psicologia tradicional, "ciência da alma", ou o dado da psicologia objetiva, "ciência de exteriorização", ambas se referem ao gesto e ao movimento como elementos de exteriorização das necessidades da pessoa. O corpo surge-nos aqui, como nos diz Wallon (1937), como um elemento estranho à consciência e ao psiquismo, independentemente de se servirem dele para se manifestarem.

A nossa concepção atira-se para uma expressão corporal, entendida como uma restauração da vivência e da maneira de ser (atitude face ao mundo), que não pode ser vista separada do seu componente social identificado na relação com o outro. O corpo é muito mais que um instrumento servil e perigoso da consciência, é a intencionalidade e a intersubjetividade coerente e globalmente estruturadas. Recorrendo a Buytendijk, "a existência corporal impõe ao homem, ao ser humano, uma dupla função. Ele tem um corpo e ele é um corpo. Por vezes o corpo é um instrumento, por outras, a consciência de si coincide com a corporalidade" (BUYTENDIJK, 1952).

Perante todas as situações que criamos, esforçamo-nos para permitir à criança a vivência do seu corpo. Descobrindo-o, explorando-o, sentindo-o, interiorizando-o, concebendo-o, a criança rompe com os seus fantasmas corporais e projeta-se na aventura da sua relação com o envolvimento. A criança em movimento acusa uma experiência pessoal, uma espontaneidade natural, pré-verbal, que a leva a uma verdadeira redescoberta do seu corpo inibido, depois de vários anos de repressão cinética que lhe oferece hoje o contexto social. O movimento só se justifica quando em relação com qualquer coisa e é a função relacional que precisamente o caracteriza como comportamento (...estar em relação com...). É provocando uma conexão do indivíduo com o envolvimento que se transforma o movimento num dado do pensamento (ORLIC, 1967).

Utilizamos o termo "psicomotricidade" para pôr em relevo o caráter intrinsecamente psíquico do movimento humano. Esta noção vem dar ao movimento o seu verdadeiro significado que a psicologia clássica esqueceu. Estamos atentos para evitar um novo dualismo, de um lado o *psíquico*, do outro o *motor*, ou até mesmo de correr o risco de consolidar um pleonasmo para designar o movimento humano e a sua natureza (VIAL, 1969). É impossível dissociar os fatores de conduta, em que uns são puramente motores e outros psíquicos. Todo o reflexo, mesmo o mais simples, é sinônimo de vida subjetiva, e encontra-se submetido nela, assim como qualquer pensamento, mesmo o mais abstrato, implica uma certa organização motora. Falar em psicomotricidade é dizer que o ser humano não é uma mecânica, na qual se justapõe exteriormente uma vida mental (VIAL, 1972). O psíquico e o motor não são uma conseqüência linear; um e outro são a mesma coisa no mesmo tempo, de um lado a subjetividade onde o corpo vive, do outro a forma objetiva que o corpo toma ou executa (AJURIAGUERRA, 1956) (dialética da atitude e do movimento humano).

O movimento é sinônimo de significação e de existência, a partir do momento em que a criança está em situação, condição absoluta no dizer de Buytendijk (1952), de todo o comportamento.

A abordagem terapêutica concebe o corpo como campo de relação e de comunicação, submetendo as esferas fisiopsicológicas e neurofisiológicas a uma dialética estruturada cuja finalidade é mobilizar e reorganizar as funções mentais através da expressão corporal (BRUNO, 1971). É nesta complexa rede de inter-relações centrais e periféricas que entendemos a psicomotricidade, que se inclina para uma perspectivação funcional do movimento humano. Não nos interessa salvaguardar efeitos estéticos exteriores à criança, nem a adaptação a "engenhos ginásticos" ou a "situações paradesportivas específicas", onde muitas vezes se confunde comportamento com reprodução ininteligível, e onde se censura o movimento, apanágio de uma formação tradicional do professor de educação física, que apenas se ocupa de uma finalidade de competição, de rentabilidade ou de espetacularidade do gesto humano. Tanto quanto possível tentamos evitar um corpo "rígido" , "correto", "mantido", "policiado", termos procurados pelas correntes de educação física tradicionais "ginástica corretiva", "ginástica de manutenção", "ginástica de pausa", etc.

Pretendemos uma redescoberta do corpo, isto é, uma nova aliança com o nosso corpo, ou seja, com a nossa dimensão antropológica, através de uma revelação de significações e de experiências imediatas postas em ação por todas as estruturas psicomotoras que presidem à conduta humana, encarada como totalidade expressiva (FONSECA, 1974).

Não há movimentos isolados das crianças que os executam, assim como não há objetos para os homens, mas apenas homens que os "sabem" utilizar (NAVILLE & GONTHIER, 1970). Para além desta esfera operacional (no verdadeiro sentido de Piaget), o movimento interessa-nos na sua esfera emocional e afetiva, e nunca como uma técnica codificada e padronizada, provocada numa atmosfera diretiva mais ou menos camuflada ("comando", "demonstração", etc.).

Utilizamos o movimento numa preocupação exclusiva de permitir à criança estabelecer uma relação com a situação concreta, relação dita consciente e inteligível, que se transforma numa ação intencional (SIVADON, 1966). Defendemos através da nossa concepção psicopedagógica a inseparabilidade do movimento e da vida mental (do ato ao pensamento), estruturas que representam o resultado das *experiências adquiridas*, traduzidas numa evolução progressiva da inteligência, só possível por uma motricidade cada vez mais organizada e consciencializada.

O movimento como meio terapêutico, e na perspectiva da sua aplicação em crianças com dificuldades (escolares, emocionais, sociais, etc.), merece ser considerado como um meio de descoberta e de estruturação da personalidade e como um meio de reintegração grupal (BERGÉS, 1967), de modo que traduza a aquisição de novos atributos e de novos recursos na multirrelação do indivíduo com o seu mundo exterior, quer natural, quer social.

A psicomotricidade não é um exclusivo de um novo método, ou de uma "escola" ou de uma "corrente" de pensamento, nem tampouco constitui uma técnica, um processo, pois tal pode levar-nos a um novo afastamento da concepção unitária do homem. Visa, segundo a reflexão de Vial (1972), fins educativos pelo emprego do movimento humano.

A nossa preocupação fundamental é conferir a cada movimento executado pela criança uma virtualidade cognitiva e prática, isto é, produzir um efeito psicológico na multidimensão da sua conduta.

O movimento é por nós utilizado para fins que o ultrapassam, como sejam a permanente reconstrução dialética da personalidade, as variadas formas de adaptação quotidiana, a facilitação das aprendizagens escolares, a aquisição de uma mais ampla plasticidade comportamental, etc. O movimento jamais pode ser visto naquilo que se vê, que se executa; deve antes ser completada a sua observação, por aquilo que representa e por aquilo que origina. Dotar as crianças com a maior disponibilidade motora e verbal possível é um dos nossos objetivos terapêuticos, dado que reconhecemos no meio privilegiado do movimento um excelente dado de reconstrução e reintegração da totalidade da pessoa.

Em resumo, pensamos que as coordenadas de fundamentação, onde atualmente se insere o estudo e a aplicação da psicomotricidade, são o resultado de uma lenta evolução, ao longo da qual adquiriu noções e intervenções mais ricas e científicas, que nos servem para agir sobre o indivíduo, que se manifesta como um todo, em cada um dos seus atos.

Não se pode separar o movimento da vida mental. As inúmeras experiências em vários campos científicos atestam a essência psicomotora do comportamento humano, daí a nossa necessidade de provocar no terreno terapêutico a eclosão do pensamento e do movimento, procurando que o privilégio do movimento pertença, como dom, ao sujeito que o executa, mas visando uma implicação da vivência mental com todos os seus movimentos. No fundo, trata-se de recuperar a caracterização psicológica do movimento, a relação recíproca da vida mental e do movimento, isto é, uma tentativa de reintegrar o movimento na vida mental do indivíduo (FONSECA, 1974). Não podemos conceber, a não ser por carências de reflexão, a ação separada da sua componente mental – a percepção.

A nossa idéia de psicomotricidade é justificar o movimento como realização intencional, como atividade da totalidade somatopsíquica, ou seja, como expressão de uma personalidade. Em termos globais, as situações-problema desencadeadas na terapêutica, para além do respeito que nos merece a liberdade e a expressão da criança, tendem a ca-

449

racterizar o movimento como um modo de organização e de estruturação neuromuscular, e como um modo de relação particular com o mundo dos objetos e com o mundo das pessoas.

Bibliografia

AJURIAGUERRA, J. de (1956). Intégration de la motilité. *Enfance*, n. 2.

AJURIAGUERRA, J. de & SOUBIRAN, G.B. (1959). Indications et techniques de rééducation psychomotrice em psychiatrie infantile. *Psychiatrie de l'Enfant*, vol. II, fasc. 2.

BERGÉS, J. (1967). *Les gestes et la personnalité*. Paris: Hachette.

BRUNO, P. (1971). Sur la formation des concepts freudiens de psychique-physiologique. *Nouvelle Revue de Psychanalyse* – Lieux du corps, n. 3.

BUYTENDIJK, F.J.J. (1952). *Phénomènologie de la rencontre*. Paris: Desclée de Brouwer.

FONSECA, V. da (1974a). Dados para a hominização do corpo. *Publicação de apoio à cadeira de Antropologia*. Lisboa: Inef.

_____ (1974b). Psicocinética e psicomotricidade. *Publicações de apoio à cadeira de Teoria da Ginástica*. Lisboa: Inef.

GIBELLO, B. (1970). Le carrefour de la psychomotricité. *Perspect. Psychiatriq.*, n. 29.

JOLIVET, B. (1970). De la relationen psychomotricité. *Perspectiv. Psychiatriq.*, n. 29.

LAUNAY, C. & GUÉRITTE, B. (1966). L'éducation psychomotrice. *Neuropsychiat. Infant.*, n. 4-5.

NAVILLE, S. & GONTHIER, E. (1970a). *Méthodologie de la rééducation psychomotrice* – Stage de Perfectionnement de Genève, 1969. Genebra: Médicine et Hygiène.

_____ (1970b). *Le material em rééducation psychomotrice* – Stage de Perfectionnement de Genève de 1969. Genebra: Médicine et Hygiène.

ORLIC, M.L. (1967). *L'éducation gestuelle*. Paris: ESF.

SEDICA, P. (1971). L'anatomie dans la psychanalyse. *Nouvelle Revue de Psychanalyse* – Lieux du corps. Paris: Gallimard.

SIVADON (1966). *La rééducation corporelle des fonctions mentales*. Paris: ESF.

TEMBOURET, E.; DIAMAND, L.; CRAMBES, G.; GIRARD, J.; GODEFROY, F. (1971). Recherche de modalités d'intervention em thérapie psychomotrice. *Thérapie Psychomotrice*, n. 9-10, fev.

VIAL, M. (1972). Quelques réflexion sur la notion de psychomotricité. *Rev. Thérapie Psychomotrice*, n. 5, ago.

_____ (1969). *Les activités physiques de l'homme* – A propôs de la psycho-cinetique: quelques problèmes poses par l'analyse du mouvement humain. Paris: Cerm.

WALLON, H. (1937). Développement moteur et mental chez l'enfant. *I^{éme} Congrès Internacional de Psychologie*.

5.2.2. Ludoterapia (concepção psicopedagógica do jogo)

O jogo tem merecido, da parte de psicólogos e de psicoanalistas, variadíssimas formas de reflexão, não esquecendo a sua análise antropológica e sociológica. Não vamos nos alongar aqui, na enumeração de autores e conceitos sobre o jogo, apenas nos limitamos a uma profunda valorização da atividade espontânea da criança e da sua comunicação não-verbal, como elementos de apreciação diagnóstica da psicomotricidade e da personalidade.

Gross (1935) e Claparède (1951) referem-se ao jogo como adesão ao real, e como fenômeno de identificação e construção. A expressão das tendências interiorizadas e das modulações lúdicas exteriorizadas não são senão a materialização do diálogo que a criança esboça e compõe com o seu mundo envolvente. Muitas vezes, através do jogo, estamos mais próximos das necessidades e existência da criança, do que por situações-problema complicadas e pseudo-expressivas. O jogo é um "ritual de iniciação", que nos faz recuar no seio da expressão natural, não codificada ou normalizada, e que constitui um ótimo coadjuvante terapêutico (LEBOVICI & DIATKINE, 1962). Ao jogar, a criança reconstrói-se e autodescobre-se, dado que se apodera da sua dimensão bio-psico-sociológica.

O jogo é um vulcão de descobertas pessoais e sociais, é um prelúdio psicomotor da inteligência. É pelo jogo que a criança combate a sua solidão, é nele que ela constantemente adquire noções de orientação, forma de construção, satisfações narcísicas, materializações fantásmicas, etc. (PIAGET, 1945). O jogo reúne na sua efetivação a infinidade humana, e não só humana, dado que ele também se observa nos animais (HUIZINGA, 1951). O seu poder antropológico confere-lhe um papel idêntico às secreções orgânicas. O jogo não é mais do que uma secreção da atividade psicomotora humana, e constitui, como defende C. Bühler, a imagem da evolução total da criança. Para além do seu efeito de satisfação de tensões acumuladas, como detonador de descargas nervosas, o jogo mobiliza as estruturas da afetividade e da imaginação criadora (BÜHLER et al., 1966). O jogo é fundamentalmente a expressão de uma vitalidade mental e a concretização de um dom psicomotor; ele e por ele, combatemos a leprosidade e a repressão corporal que são características da sociedade dos nossos dias. O jogo promove uma renovação da essência da espécie, tanto no animal como no homem.

Por se tratar de uma atividade sem finalidade (finalidade sem fim), o jogo ocupa um lugar de destaque nos nossos meios de intervenção terapêutica.

A maioria das nossas situações-problema são apresentadas numa atmosfera lúdica, descondicionante, desinibidora, libertadora, desbloqueadora, como formas projetivas de valorização do universo mágico das crianças. O excesso de conformidade e de repetição social inibe a criança de fazer desaguar na sua atividade lúdica as suas ininterruptas fantasmizações.

Por meio do jogo (quer funcional, quer ficcista) apercebemo-nos das capacidades relacionais da criança, da sua adesão ou rejeição aos objetos e aos outros. Só partindo deste diagnóstico de personalização caminhamos para uma via de utilização terapêutica do jogo. No jogo estão implicados problemas de estruturação do esquema corporal, do espaço e do tempo, problemas perceptivo-motores e ainda todo um complexo afetivo que se traduzirá num enriquecimento global da criança (CHATEAU, 1946).

Janet (1909) caracterizou o jogo como finalidade em si. A finalidade do jogo está nele próprio, pelas múltiplas funções que desperta. Piaget (1945) retrata o jogo como uma harmonia de assimilações e de acomodações que implicarão as evoluções do pensamento verbal, intuitivo e abstrato. O mesmo autor reforça a necessidade de uma análise estrutural do jogo segundo o seu conteúdo (como Gross e Claparède) e a sua repercussão. Em Stanley-Hall (1968) surge-nos a noção de revivescência, a traduzir uma reconstituição em analogia com as teorias neurobiológicas, que justificam na ontogênese uma recapitulação da filogênese.

Huizinga (1951) caracterizou o jogo como uma energia vital que ultrapassa as necessidades imediatas e estimula o crescimento. Também Claparède (1951) e Mead (1954) prevêm pelo jogo a realização do "ego" do indivíduo. Não vamos deixar de lado toda a importância da noção de conflito e a noção de sociabilização, que estão implicadas na atividade lúdica. Se efetivamente o desenvolvimento psicomotor é um misto de novos atributos verbais e lúdicos, para além dos inesgotáveis recursos psicossociais que oferece, o jogo tem, na Terapia Psicomotora, um papel de inexcedível significado (EIDELMAN-BOMPARD, 1971). O jogo é um contágio e uma incubação de valores socioculturais, não deixando de ser a linguagem da ação e a oficina da inteligência.

Pelo jogo, o aspecto relacional atinge o grau máximo de maturação, o desejo de estar com os outros (NIELSEN, apud ADLER, 1968), a confusão afetiva (ZAZZO, 1966) e a tendência para uma forma de coletividade (ADLER, 1968) são expressos numa amálgama psicomotora e sociomotora que sinteliza a condição existencial da criança.

A atmosfera lúdica é o diapasão do êxito de uma Terapia Psicomotora. E simultaneamente uma componente extraordinariamente rica de toda a relação humana. Pelo jogo a criança assume a atitude criadora, ao mesmo tempo que gratifica os seus interesses e necessidades (PLANCHARD, 1960).

Inúmeros psicólogos e psicoterapeutas têm-se dedicado ao estudo do jogo e numerosos trabalhos atestam o seu valor terapêutico e pedagógico. Quase que representa um traço comum das manifestações criadoras humanas que materializam o processo da hominização.

A vivência e convivência lúdica testemunham a evolução do ser humano na medida em que desempenham todo o investimento corporal que leva a criança a transformar-se num candidato à hominização.

O jogo, para além da secreção funcional que comporta, reflete a indução recíproca do indivíduo e do meio. Despertando as nossas impressões sensoriais, visuais, táteis e sinestésicas, o jogo promove a transformação da ação em representação. O horizonte imaginativo espalha-se na atividade lúdica, e vai dotando os aspectos e as pessoas de sistemas de referência, qualificação, utilidade e significação que ulteriormente serão mobilizados pela complexidade crescente das condutas humanas (WEBER, 1969).

Jogando, a criança dissocia, diferencia, agrupa, combina e estrutura elementos corporais e extracorporais (objetos, pessoas, animais, etc.).

O jogo no fundo dá resposta à mesma finalidade da psicomotricidade, isto é, a exploração das possibilidades exteriores e a descoberta das possibilidades funcionais. O jogo é um *écram* onde se projeta o que ocupa, ou que invade, o espírito e a sensibilidade da criança.

O jogo pode confundir-se com algumas noções de cultura, quando surge como algo gratuito e desinteressado, pode também apresentar afinidades com o conceito de *loisir* e aproximar-se da problemática sociológica do trabalho e do tempo livre. Etimologicamente o termo *loisir* vem do latim *licet* (é permitido...) que se encontra em relação com o conceito de *ociosidade* (que não tem ocupação, falta de trabalho, repouso, lazer...) em geral pejorativo, e que deu posteriormente lugar ao conceito de *liberdade*. Neste momento, o termo *loisir* assumiu uma noção de livre disposição do ser num dado tempo, enquanto o termo *loisirs* (plural) assumiu a significação das atividades que ocupam esse tempo (CASABIANCA, 1968). Não nos alongaremos na discussão dos temas de *loisir* e trabalho, na medida em que se apresentam detonados de ideologias diferenciadas. São numerosas as teses de economistas e sociólogos que encaram o lugar do *loisir* na sociedade contemporânea e a sua função libertadora e descondicionante (perspetiva anticultural).

Se desejarmos projetar a noção de jogo no conceito de *loisir* que no fundo traduziu a nossa preocupação terapêutica, nós entendemo-lo como "momento de cultura" onde a criança se encontra com todas as suas possibilidades de expressão corporal, estética, coreográfica, literária, teatral, desportiva, científica, etc. Apenas situações a viver que constituem uma maneira diferente de se exprimir, contrariando os valores normais e padronizados pela sociedade. Trata-se de defender a característica espontânea e expressiva da criança e de lhe permitir reagir favoravelmente à inatividade e ao excessivo sedentarismo dos modelos atuais de cultura, impostos por repressão de movimento, exigüidade de espaço e prolongados horários escolares.

A criança dos nossos dias é inexpressiva, é hipoativa corporal e psiquicamente, é pouco solicitada para a aprendizagem da sua liberdade psicomotora. Cada vez mais a criança tem dificuldade de se exprimir, de viver e de conquistar o envolvimento. A noção de humanização espacial e temporal tem de ser equacionada socialmente, dado que o progressivo estrangulamento do espaço onde o indivíduo habita pode vir a originar perturbações de comportamento, de certa gravidade, como comprovam as experiências com animais.

A apetência para o jogo é uma ocupação exclusiva do ser jovem e dos povos primitivos, o que vem atestar a peculiaridade biológica da atividade lúdica (BUYTENDIJK, 1935).

Ao mobilizarmos a esfera biológica, dentro do seu contexto unitário e global, estamos mais próximos das estruturas tônicas profundas que muitas vezes impedem a motricidade harmoniosa e precisa. A imediatividade de uma improvisação livre e de uma fantasia incontrolada e indirecionalizada, desencadeia toda uma plasticidade das estruturas tônicas que se encontram em relação com todos os movimentos quer reflexos, quer automáticos ("reflexos superiores"), quer voluntários. O simples convívio com as estruturas emocionais leva a criança a variadíssimas formas de conduta que vão de uma satisfação e de um contentamento, até ao gosto de superação de uma dificuldade prática (efeito *ludus* de Roger Caillois) (1958). O jogo, como secreção funcional, transforma-se em aquisição extrabiológica, originando uma evolução que vai da fantasia às regras (consciência dos outros).

Roger Caillois (1958) estabeleceu uma relação entre o jogo e as diferentes atitudes dos jogadores, conduzindo-nos a uma divisão em que surgem *atitude de "competição"* (atletismo, corridas não regulamentares, competições desportivas em geral), de *"chance"* (cartas, loteria), de *simulacro* (imitação, ilusão, teatro, arte do espetáculo...) e *de vertigem* (balanço, esqui, alpinismo...). A significação do jogo ultrapassa a perspectiva psicológica e pedagógica para se inserir numa dimensão antropológica, inseparável de uma análise social, mental e biológica.

Podemos conceber jogo como recreação, como energia supérflua (SCHILLER-SPENCER, 1935), como atavismo (STANLEY-HALL, 1968), como pré-exercício (GROSS, 1935), contudo não deixa de ser um agente de crescimento orgânico e integrativo. A maturação da criança surge-nos como uma recreação lúdica de todos os órgãos, que na sua totalidade estruturada definem o ser humano. O cérebro humano não adquire à nascença a sua maturação definitiva, o corpo, o movimento, o jogo e a linguagem encarregar-se-ão de o estruturar dialetica e inacabadamente. Os nervos mielinizam-se e as conexões e associações nervosas polimultiplicam-se, originando novas correlações psicomotoras. Dentro deste contexto, o jogo assume efetivamente uma importância capital no desenvolvimento integral da criança.

O jogo é um fator de libertação e de formação, que não pode faltar à criança em desenvolvimento, dado que para além da satisfação catártica que permite, implica também uma subestimação dos instintos e tendências anti-sociais. Nasce aqui outra dimensão da nossa terapêutica, que situa exatamente o relevo do *psicodrama* (BOUR, 1971) como intervenção reorganizadora. A psicoterapia pelo jogo é uma prescrição da medicina psiquiátrica e psicossomática, que origina uma reatualização das capacidades de que dispõe o indivíduo inadaptado.

As finalidades que procuramos atingir com o jogo situam-se na linha dos trabalhos de Wallon (1950), Piaget (1945), Chateau (1955), Partridge (apud PARTRIDGE & BÜHLER, 1965), Bühler et al. (1966) e outros, que são unânimes em considerá-lo como uma realização psicomotora que não tende para nenhuma finalidade, senão para ela própria. Ações que "não além razão de ser", que "não servem para nada", têm sido separadas de pré-adaptação, na nossa sociedade de consumo e de diplomas, mas é efetivamente o seu conteúdo antropológico que nos proporciona uma adesão ao real. A dialética futilidade-seriedade (WALLON, 1950) encontra equilíbrio no desenvolvimento da criança que não é mais do que o resultado de progressos e retrocessos. Só ao adulto surgem fronteiras nítidas entre trabalho e jogo, na criança há jogo porque ela ignora-o, dado que tal atitude é a condição da sua existencialidade.

Entre o movimento e os objetos, o jogo desempenha uma função de êxito, de alegria, de espontaneidade, isto é, uma globalidade afetiva imprescindível para o seu desenvolvimento intelectual.

Muito mais há que dizer da finalidade do jogo. Resumimos uma concepção lúdica que traduz uma experiência vivida e que pretendeu perspectivar, não só terapêutica como socialmente, a importância do jogo, do *loisir*, do tempo livre, do hábito psicomotor, da recreação, como ocupações construtivas que não atingem apenas o período da infância, mas que podem desempenhar uma permanente redescoberta cultural durante toda a vida do indivíduo (*Cahiers JEB*, 1971).

A atividade lúdica surge-nos como obstáculo à solidão e como eclosão extra-espacial, ao mesmo tempo que proporciona a relação com os outros, fator essencial ao desenvolvimento da personalidade.

A criança projeta-se globalmente no jogo. Ao partir para a satisfação da sua necessidade lúdica põe em ação a motricidade afetada ou perturbada que representa a imagem de espelho de uma perturbação mental. Ao pôr em ação a motricidade perturbada, os mecanismos inibitórios vão-se desbloqueando e dissociando, tornando o corpo mais adequado, mais colaborante com a intenção.

A motricidade afetada é posta em causa pela situação lúdica, desenvolvendo assim a capacidade operativa e transformativa da inteligência. O jogo é o caminho mais adequado para a conquista da autonomia da criança, dado que a atividade lúdica constitui um misto de modificação, que simultaneamente se opera no meio e no indivíduo que a executa.

O jogo é o *écran* do quotidiano, a natureza lúdica do mundo dos objetos e das pessoas, é uma constante da atividade do ser jovem. O jogo surge-nos como aventura de descoberta, aventura de conhecimento e aventura de aventura. Pelo jogo a criança encontra-se com os limites do seu espaço existencial e com os limites do seu espaço envolvente. A diferenciação sensorial, a incorporalização da ação, a observação visual, a comparação espacial, encaminham a criança para as atividades pré-lógicas e para a exploração do prazer funcional e da imaginação criadora.

A reconstrução biológica do jogo materializa a razão de ser da vida como uma forma particular de movimento. Este movimento lúdico é testemunho da maturação orgânica que prepara o terreno à representação simbólica, cedendo assim as condições elementares para o acesso à socialização (regra coletiva).

Para equacionarmos devidamente uma crítica ao jogo teremos de o compreender como meio terapêutico, na medida em que nos servimos dele para atingir um determinado objetivo. A própria atividade lúdica só entendida nos seus parâmetros habituais, sem contar com outros tipos de preocupação, pode levar a criança a libertar-se da sua prisão, do seu isolamento profundo e do seu sentimento de culpabilidade eventual.

Anna Freud (1968) desenvolveu uma obra notável sobre os mecanismos de defesa da criança, manifestando ao longo do seu trabalho o extraordinário contributo que o jogo oferece à resolução, de frustrações, de complexos, de insuficiências, de dificuldades de aprendizagem, de dificuldades relacionais, de reações regressivas, de tendências agressivas e anti-sociais, etc. É neste sentido que procuramos canalizar a nossa intervenção terapêutica, e foi nesta direção que nos esforçamos para conquistá-la. No fundo não se trata senão de uma relação de ajuda, de compreensão que visa proporcionar às crianças a superação das suas dificuldades de adaptação e de aprendizagem. Quer no sentido freudiano em que o jogo é tido como uma relação da imaginação e da emoção, quer no sentido piagetiano, em que é encarado como desenvolvimento intelectual, não nos restam dúvidas de que o jogo é um meio terapêutico de extraordinário recurso, não só no âmbito das perturbações psicomotoras, como também na esfera da prevenção das dificuldades escolares. Fazemos coro com Millar (1968) quando nos diz que as teorias da aprendizagem segregaram o aspecto lúdico da mudança de comportamento. Não integrando o jogo no processo de aquisição, que qualquer aprendizagem reflete, não favorecemos as condições onde melhor a criança se exprime. O jogo também oferece condições de relação de resposta e de decisão de comportamentos, que no seu todo estimulam atividade criadora e a "práxis" transformadora.

Para além da sua função diagnóstica, o jogo proporciona ao terapeuta uma parte de comunicação que muitas vezes não é atingida pelos outros meios de intervenção. Como meio de comunicação, o jogo traduz uma situação social que convém explorar, na medida em que pode nos levar ao convívio com os traumatismos afetivos que só na situação de jogo a criança exprime. Desta forma produzimos um desbloqueio de ansiedade e de fantasmizações que poderão significar traços patológicos de relação.

Na nossa experiência terapêutica o jogo serviu-nos de solução para os conflitos relacionais, e garantiu-nos uma profundidade de comunicação, que nos abriu caminho para as intervenções psicomotoras mais pormenorizadas. Desde jogos de exploração, de imitação, de dramatização, até às situações lúdicas psicomotoras, procuramos pôr em relevo situações particulares individuais e grupais que pudessem ocasionar efeitos hedônicos, emocionais, transitivos e projetivos, que no seu aspecto global formulassem aspectos de aprendizagem social.

Metodologicamente, preocupou-nos vivenciar as três fases sucessivas do jogo segundo Erikson (1959). Inicialmente, introduzimos jogos sensoriais, intero e exteroceptivos (autosfera), passando em seguida para pequenos jogos representativos (microsfera) e finalmente jogos sociais (macrosfera), no sentido de despertar a criança para o seu mundo envolvente. Jogar é uma função indispensável da Terapia Psicomotora, como meio de adaptar as atitudes da criança a todas as exigências que impõe a sua socialização, no sentido de uma autonomia cada vez maior.

As implicações relacionais que a experiência lúdica nos oferece no campo terapêutico são inúmeras, como afirmam Lebovici e Diatkine (1962), e dentro delas as mais interessantes de sublinhar são as seguintes:

a) Jogar constitui uma experiência emocional corretora e reorganizadora;

b) O conteúdo do jogo é revelador de condutas relacionais e transferenciais;

c) O jogo pode fazer ressaltar modalidades de comportamento resistentes.

Por todas estas referências, o jogo constitui um elemento útil, indispensável e inevitável a todo o plano de intervenção reorganizadora, quer seja utilizado no intuito educativo, quer terapêutico.

O jogo é uma sedução generalizadora e uma atividade global criadora, que foi por nós amplamente utilizada e da qual se obtiveram inúmeros efeitos terapêuticos.

Como característica fundamental da nossa intervenção, o jogo constitui uma institucionalização relacional, que procuramos sempre aprofundar e valorizar, em toda a evolução terapêutica da nossa casuística.

Bibliografia

ADLER, A. (1968). *Connaissance de l'homme* – Étude de caracterologie individuelle. Paris: Payot.

BOUR, P. (1971). Contrôle corporel au psychodrame. *Rev. Thérapie Psychomotrice*, n. 9-10, fev.

BÜHLER et al. (1966). *El desarrollo del niño pequeño*. Buenos Aires: Paidós.

BUYTENDIJK, F.J.J. (1935). *El juego y su significado*. Madri: Revista de Ocidente.

CASABIANCA, R.M. (1968). *Sociabilité et loisirs chez l'enfant*. Neuchâtel: Delachaux et Niestlé.

CALLOIS, R. (1958). *Les jeux les hommes*. Paris: Gallimard.

CHATEAU, J. (1955). *Le jeu de l'enfant aprés 3 ans: sa nature, sa discipline* – Introduction à la pedagogie. Paris: Vrin.

_____ (1946). *Le jeu de l'enfant.* Paris: Vrin.

CLAPARÈDE, E. (1951). *Le developpement mental.* Neuchâtel: Delachaux et Niestlé.

Cahiers JEB (1971). *Les loisirs des enfants* – Equipement et animation. Paris: Ministère de la Culture Française.

EIDELMAN-BOMPARD, B. (1971). Jeu et rééducation psychomotrice individuelle. *Rev. Thérapie Psychomotrice*, n. 12, ago.

ERIKSON, E.H. (1959). *Enfance et société*. Neuchâtel: Delachaux et Niestlé.

FREUD, A. (1968). *Le normal et le pathologique chez l'enfant.* Paris: Gallimard.

GROSS, M. (1935), apud BUYTENDIJK, F.J.J. *El juego y su significado.* Madri: Revista de Ocidente.

HUIZINGA, J. (1951). *Homo ludens* – Essai sur la fonction, social du jeu. Paris: Gallimard.

JANET, P. (1909). *Esquisse d'une psychologie experimenale* – Psychologie fondéé sur l'experience. Paris: Alcan.

LEBOVICI, S. & DIATKINE, R. (1962). Fonction et signification du jeu chez l'enfant. *Psychiat-enfant.*, vol. V, fasc. 1.

MEAD, M. (1954). *Childhood in contemporary cultures.* Chicago: [s.e.].

MILLAR, S. (1968). *The psychology of play.* Londres: Penguin Books.

NIELSEN, R.S. (1966). *Le développement de la sociabilité chez l'enfant.* Neuchâtel: Delachaux et Niestlé.

PARTRIDGE, E. et al. (1965). *La récréation infantil.* Buenos Aires: Paidós.

PIAGET, J. (1945). *La formation du symbole chez l'enfant.* Neuchâtel: Delachaux et Niestlé.

PLANCHARD, E. (1960). *A pedagogia escolar contemporânea.* Coimbra: Ed. Coimbra.

SCHILLER-SPENCER (1935), apud BUYTENDIJK, F.J.J. *El juego y su significado.* Madri: Revista de Ocidente.

STANLEY-HALL, H. (1968), apud MILLAR, S. *The psychology of play.* Londres: Penguin Books.

WALLON, H. (1950). *L'évolution psychologique de l'enfant.* Paris: A. Collin.

WEBER, E. (1969). *The kindergarten* – Its encounter with educational thought in America. Nova York: Kenneth/D. Wann.

ZAZZO, R. (1966). *Psychologie différentielle de l'adolescence*. Paris: PUF.

5.2.3. Relaxamento (concepção psicopedagógica da eutonia)

O relaxamento é um meio de intervenção terapêutica que visa a pacificação das tensões e conflitos através da libertação plena e total da unidade da pessoa. Como meio de aplicação psicoterápica e psicomotora assume uma importância cada vez maior na realidade hiperativa, insegura e supercondicionante dos nossos dias (FONSECA, 1973).

A excessiva vulgarização do termo (clínicas do corpo, estéticas comercializadas, centros de isolamento, centros de massagem, etc.) não deve ser confundida com os objetivos que presidem à sua aplicação psicoterapêutica, educativa ou reeducativa. A finalidade do relaxamento é a conquista de uma independência personalizante, face às perturbações interiores e exteriores que caracterizam o envolvimento do indivíduo. O termo relaxamento tem a sua origem na obra de Jacobson, intitulada *Progressive relaxation* (1948), independentemente de Johann-Heinrch Schultz, muito antes de ter publicado a sua obra clássica *training autogéne* (1965).

O *método de Schultz* (apud FONSECA, 1972/1973) pretende atingir a totalidade da pessoa, negando qualquer dissociação entre a "alma" e o "corpo". Para além da personalidade psíquica coexiste uma preocupação de valorização das reações somáticas. Fazendo apelo à sugestionabilidade, à autoconfiança e à vida interior do indivíduo, o método visa a aquisição de um estado de vigília caracterizado por uma hipnose superficial. Como aspectos mais significativos do método, temos de sublinhar a criação de situações cuja finalidade se resume nas expressões interiores da afetividade do sujeito. Através da tomada de consciência de várias zonas do corpo com recurso ao poder de abstração imagética, pretende-se alcançar uma desconexão orgânica que favoreça no sujeito um confronto mais apropriado entre a sua atividade e a sua realidade. Por meio de uma sensação de gravidade e de uma percepção difusa de calor, o indivíduo experimenta na primeira situação uma descontração muscular e na segunda uma vasodilatação. As tensões paroxísticas e as crispações são diminuídas através de um repouso profilático e de um autoconhecimento corporal, isto é, uma autodescontração concentrativa. No campo reeducativo não é conveniente utilizar o 2º ciclo de Schultz (apud BOUSINGEN, 1971) sem uma conveniente formação psicoterápica e um amplo conhecimento da personalidade fisiológica do sujeito a quem se dirige a intervenção.

O 1º ciclo está mais indicado para o campo educativo, visto poder valorizar e favorecer as possibilidades de *controle* corporal e psicomotor.

Quanto ao *método de Jacobson* (FONSECA, 1972/1973) as finalidades são mais adequadas a uma reeducação voluntária do tônus muscular de repouso (tônus residual) que se vai repercutir no *controle* do repouso cortical. Ao contrário de Schultz, o método de relaxamento progressivo parte do corpo para atingir o córtex, originando pequenas mobilizações por antagonismo muscular (flexores-extensores, periféricos-profundos, pluriarticulares, monoarticulares, abdutores-adutores, etc.) e provocando a tomada de consciência do grau de contração muscular necessário ao movimento. Reduzir a sensação de contração, através da educação do tônus, de forma a garantir progressivamente um esforço muscular inferior e insignificante, é um dos meios mais adequados de relaxamento (JARREAU, 1971). O método visa obter no plano sensitivo uma tomada de consciência e um afinamento do sentido sinestésico, e no plano motor um auto-aperfeiçoamento da faculdade de inibição tônica voluntária. Trata-se de uma aprendizagem da descontração, ou seja, a eliminação de tensões musculares inúteis. Como dado da 1ª etapa do método, temos o inventário dos músculos voluntários, na 2ª etapa entram já em relação os aspectos diferenciais, libertando zonas de tensão provocadas por timidez, angústia, fobias, etc. Utilizam-se mobilizações passivas, imobilizações, pequenas oscilações, respirações peitorais e ventrais, no sentido de um *biocontrole* psicológico (*bio-feedback* nas modernas técnicas electromiográficas) (BARBER, 1970) cujo objetivo essencial é uma verdadeira educação sensorial e corporal

No campo reeducativo (BERGÉS, 1964) algumas reservas se têm de considerar na utilização destes métodos, dado que continuamos fiéis à idéia de que não há métodos de relaxamento para as pessoas, mas sim pessoas que se relaxam. A personalidade da criança deve-nos preocupar mais do que a aplicação rigorosa dos métodos. É preciso cuidar se a reeducação psicotônica interfere na interioridade da criança e lhe provoca sensações de angústia de fantasmização, de ilusão, que podem ser associadas a mecanismos defensivos ou agressivos (BRITEN, 1973).

Para além dos meios de ação que Schultz e Jacobson nos oferecem, inúmeras outras perspectivas teóricas nos surgem nos nomes de Làngen (apud BOUSINGEN & GEISSMANN, 1968), Stokvis (1960), Chertok (apud ABOULKER; CHERTOK; SAPIR, 1959), Jarreau (1971), Kretschmer (1949), Klotz (1960), Vittoz (1954), Ajuriaguerra (1962), Alexander (1962), Wintrebert (apud ALEXANDER, 1966), Bousingen (1961), Bergés (1964), Segal (apud AZEMAR, 1968), Feldenkrais (1971), etc. que se reúnem globalmente em três tipos de métodos a nomear: os analíticos, os globais e os reeducativos. As dimensões destes métodos são aplicadas nos mais variados campos, como, por exemplo, na psicoterapia (BUGER, s.d.), na psicanálise (HELD & REVERCHON, 1960), na psicossomática (AJURIAGUERRA & BADARRACO, 1953), na psicomotricidade (ALEXANDER, 1966), nas aprendizagens de gestos profissionais (FONSECA, 1971) e desportivos (BERTAND, 1967; FONSECA, 1973/1974), etc.

A finalidade básica do relaxamento visa o afinamento, valorizando a integração consciencializada dos diferentes estados tensionais e promovendo progressivamente a unificação psicossomática (BERGÉS; BOUNES; MATTOS, 1972). Através de um diálogo tônico-corporal, atenuam-se as perturbações sendo e exopsíquicas que se vão acumulando na relação dialética do indivíduo com o seu meio (ALEXANDER, 1962). Todas as concepções são unânimes em unificar o "soma" e o "psíquico", objetivo idêntico das práticas do ioga e do zen-budismo (BRUNO, 1960), dando confirmação antropológica a uma necessidade fundamental do ser humano, i.é, a unificação do espaço corporal (espaço sinestésico-ser) com espaço cósmico (espaço observável não-ser).

No fundo, o relaxamento pretende atingir um estado de repouso e de calma interior, proporcionando uma integração da corporalidade ao mesmo tempo que garante uma hipnose superficial hedônica (AJURIAGUERRA, 1948), facilitadora das respostas necessárias para satisfazer as exigências da vida atual (AJURIAGUERRA; BADARRACO; CAHEN, 1959).

O aperfeiçoamento psicotônico (LEMAIRE, 1964) tem os seus alicerces na estruturação consciente do esquema corporal e do esquema de ação, que se encontram dependentes da história afetivo-cognitiva do indivíduo. Pela riqueza de vivenciação corporal, dependente de uma análise e de uma síntese mental, mobilizadas pela função tônica, o indivíduo é colocado em situações que implicam atividades pósturo-cinéticas que resultam de uma relação harmoniosa entre todas as estruturas de integração, elaboração e realização psicomotora (BERGÉS, 1973).

A aplicação do relaxamento deve merecer inúmeros cuidados, não só relacionais como metodológicos, dado que nele se encontram implicadas regressões de tipo edipiano (DIGEZMANN, 1967), revivescência de angústia (KAMMERER, 1971), despersonalizações, alucinações corporais e alterações sensoriais e sinestésicas, que poderão originar inibições e instabilidades variadas (MARVAUD, 1972).

O seu interesse como meio de Terapia Psicomotora situa-se fundamentalmente no desenvolvimento da função gnósica do corpo (BOUSINGEN, 1962), valorizando a dependência recíproca entre o corpo e o psiquismo, que se sintetizam numa mais adequada recepção das aferências que partem do mundo e numa mais ajustada projeção relacional com os outros (AJURIAGUERRA & CAHEN, 1971).

Para além deste aspeto, que nos surge como primeira esfera de despertar relacional (WINTREBERT, 1971) com o universo envolvente, através de um corpo situado e espacializado, temos também a referir o papel do relaxamento como meio de combate às tensões inúteis materializadas em sincinesias e paratonias que constituem um obstáculo à expressão (BERGÉS, BOUNES, MATTOS, 1972) dinâmica da criança. Por meio do corpo, abrimos o caminho à estimulação superior do córtex, que por sua vez se encontrará mais disponível e íntimo para as relações psico-tônico-afetivo-motoras.

O repouso neuromuscular resultante da simples vivência corporal consciencializada, quase como uma auto-hipnoterapia, pode vir a constituir um ótimo meio de aproximação relacional entre o terapeuta e a criança, que posteriormente pode vir a abrir portas a uma psicoterapia verbal (BOUSINGEN & GEISSMANN, 1968), que tenha por finalidade o acesso a uma autonomia gerante.

Da nossa experiência pessoal com a casuística, confrontamos resultados terapêuticos assinaláveis como, por exemplo, a facilitação de aprendizagens espaciais básicas, o afinamento sensorial no grafismo, a diferenciação visual na leitura, a orientação espacial no cálculo, um melhor *controle* motor, um enriquecimento na faculdade de atenção, uma conduta motora mais livre e econômica (AZEMAR, 1968), bem como uma atenuação da instabilidade freqüente nas crianças, como conseqüência de uma mais adequada imagem corporal, associada a uma melhor integração espácio-temporal.

A perfeição do *controle* psicotônico não interfere unicamente na vida volitiva, a repercussão funcional da atividade tônica vai até à nossa vida afetiva e também à nossa vida vegetativa. *O tônus como um estado de tensão harmoniosamente equilibrado que caracteriza a vigilância muscular* (AJURIAGUERRA & CAHEN, 1971) implica-se funcionalmente na musculatura estriada e na lisa. Quer no nível espinal (postura), quer ao subcortical (automatismo) e ao cortical (movimento práxico) (CHOULAT, 1967), o tônus desempenha uma função de coordenação e modulação harmoniosa não só das vias de condução, como dos centros de integração, direção e regulação de toda a expressão do indivíduo (FONSECA, 1973/1974).

O músculo como estrutura de recepção e não só de emissão, como foi encarado na fisiologia clássica, integra vários níveis de informação que lhe permite uma disposição mútua de ação e conservação sensorial. A qualquer contração muscular é inerente uma sensação concomitante, na medida em que os fusos neuromusculares (AJURIAGUERRA & ANDRÉ-THOMAS, 1949) e os corpúsculos de Golgi (apud AJURIAGUERRA & ANDRÉ-THOMAS, 1949) se encarregam de fazer chegar múltiplas informações à medula, como o grau de excitabilidade da periferia corporal, estabelecendo-se a este nível o primeiro grau de coordenação entre o músculo e a área psicomotora cortical (FONSECA, 1971).

A função tônica, nas concepções neurofisiológicas modernas, constitui o ponto de fusão do corpo e da consciência (FONSECA, 1973/1974), dado que regula todas as aferências sensitivo-sensoriais (mensagens da musculatura estriada e lisa, do olho, do ouvido, do gosto, do odor,...) e coordena todas as aferências córtico-cinéticas (ALEXANDER, 1962; BARBER, 1970).

Queremos com esta abordagem preliminar da função tônica apenas reforçar o interesse do relaxamento como um verdadeiro investimento psíquico do corpo, com toda a alegria que advém de o conduzir apropriadamente em todas as manifestações expressivas, que não são mais do que uma adequada fixação do Eu à sua pele (FELDENKRAIS, 1971) (universo pessoal).

Não vamos entrar em explicações exaustivas do relaxamento. Todavia, não queremos apresentá-lo de uma forma muito superficial; desejamos apenas encará-lo numa perspectiva terapêutica que não deve ser separada de outra, de inclinação educativa. O esforço que desenvolvemos neste campo abriu-nos infinitas possibilidades no campo da educação sensorial e perceptivo-motora, que no seu todo visam educar o movimento pelo pensamento. A execução econômica, fácil e harmoniosa de um movimento voluntário ou elaborado, requer a participação das funções do sistema nervoso central e periférico, que interessam a todas as manifestações quotidianas, quer no trabalho (BOUSINGEN & GEISSMANN, 1968), quer no lazer (FONSECA, 1969/1970), quer na comunicação social (AJURIAGUERRA & CAHEN,

1971), quer nas multiformas de aprendizagem corporal das atividades expressivas, artísticas e desportivas.

Dentre os inúmeros métodos de relaxamento, o de Alexander (1966) ocupa um lugar original não só porque introduz o movimento, como também pela etiologia da sua fundamentação científica. As noções de tensão mínima, esforço muscular insignificante, de eutonia, de contato, de mobilidade e imobilidade, de ecocinésia, e muitas outras que devem ser vividas e posteriormente reconhecidas, dão ao método de Gerda Alexander uma valorização pedagógica significativa. A maioria das nossas experiências deu-se em nível global, tentando evitar a utilização dos métodos analíticos, que podem estar contra-indicados para situações idênticas às que vivemos com a nossa casuística.

Em resumo, a intervenção psicomotora através da *eutonia* (DI-GEZMANN, 1971) pode favorecer o equilíbrio pessoal e a descoberta das próprias capacidades corporais e relacionais, que pela sua vivenciação poderão garantir à criança uma estabilidade dinâmica de todos os seus fatores do comportamento que são solicitados em toda a sua vida quotidiana (ALEXANDER, 1962), nomeadamente na escola, onde as estruturas de aprendizagem (fatores instrumentais) são constantemente reclamados.

A eutonia oferece uma grande riqueza de situações que após vivenciação se refletem numa unidade corporal, numa consciência corporal e finalmente numa libertação corporal experimentada pelo *contato* (DIGEZMANN, 1967) (ponto de tangência) com o mundo exterior. Desde a descoberta corporal, passando pelas noções de economia, inventário, percepção e representação, contato, manipulação, posição de *controle*, movimento passivo, alternância de contração-descontração, o método de Gerda Alexander submete-nos a uma experiência verdadeiramente significativa, que empresta ao movimento uma dimensão mais primitiva de expressão em comparação com a palavra. A exploração de movimentos naturais, de extiramentos espontâneos, de movimento de extensão, favorecem a maturação da imagem do corpo.

Todas as nossas experiências de eutonia, com a nossa casuística sofreram uma intervenção metodológica fundamental, que constitui em proporcionar às crianças a descoberta pessoal do seu movimento, evitando a todo o momento recurso à demonstração. Ainda nesta perspectiva pedagógica, procuramos colocar as situações de forma a que a criança percepcionasse o corpo antes do movimento, representasse o movimento, observasse o seu corpo em movimento, e, finalmente, controlasse o seu ritmo de execução (DIGEZMANN, 1967).

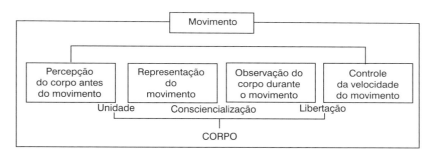

Ao contrário do método de Schultz, a eutonia tem conta das sincinesias e é baseada no movimento; por outro lado evita uma produção fantástica que pode estar contra-indicada para o nosso tipo de trabalho. Em analogia com o ioga, o treino autogêneo não valoriza a noção de contato com o exterior e com os outros (movimentos em grupo). Por outro lado, a eutonia reforça a totalidade e a globalidade do corpo (ALEXANDER, 1962), ao contrário da perspectiva fragmentada e muscular de relaxamento progressivo. A eutonia tem uma visão contrária ao método de Feldenkrais, num lado a consciência do dado orgânico e a descoberta das componentes; no outro, a unidade como resultante final a partir de sensações musculares elementares. Tendo porém algumas analogias com o ioga (DIGEZMANN, 1967), no que diz respeito às posições de *controle* e à respiração, não tem preocupações de isolamento, de meditação ou de inserção cultural determinada e exclusiva.

Finalizando, a perspectiva que nos oferece a eutonia projeta-se numa dimensão epistemológica do movimento humano, e neste campo pode traduzir-se num ótimo meio de intervenção psicomotora, dado que o seu fim se concretiza na tomada de consciência das possibilidades artísticas do sujeito, que o levam a não ser um tributário de um modelo, mas que pelo contrário lhe permitem a adaptação de uma técnica às suas possibilidades próprias (sic) (ALEXANDER, s.d.).

Bibliografia

ABOULKER, P.; CHERTOK, L.; SAPIR, M. (1959). *La relaxation*: aspects theóriques et pratiques. Paris: Expansion.

AJURIAGUERRA, J. de (1962). Le corps comme relation. *Rev. de Psychologie Pure et Appliquée*, XXI, n. 2.

_____ (1948). Emotion et toniques paraxystiques. *Evolution Psychiatrique*, n. 11.

AJURIAGUERRA, J. de & ANDRÉ-THOMAS (1949). *Sémiologie du tonus musculaire*. Paris: Masson & Cie.

AJURIAGUERRA, J. de; BADARRACO, G.; CAHEN, M. (1959). L'entrainement psycho-pshysologique par la relaxation. In: *La relaxation*. Paris: Expansion.

AJURIAGUERRA, J. de & BADARRACO, G. (1953). Thérapeutique de relaxation em médecine psycho-somatique. *Presse Méd.*, 3.

AJURIAGUERRA, J. de & CAHEN, M. (1971). Tonus corporel et relation avec autrui l'experience tonique ou cours de la relaxation. In: *La relaxation*. 4. ed. Paris: Expansion.

ALEXANDER, G. (1966). Eutonie. *Rhythmisch Erziehung* [s.n.t.].

_____ (1962a). *Compte rendu des Jouneés de Strasbourg*, jun. [s.n.t.].

_____ (1962b). Les méthodes de relaxation. *Cahiers de Psychiatrie,* n. 16-17.

ALEXANDER, G. (s.d.). *Comte rendu du 1ᵉʳ Congrés de Psychodrame, Sociodrame, Jeu de rôle* [s.n.t.].

AZEMAR, G. (1968). Activité cinètique – Tonus postural, relaxation. *Rev. de Gnesiologie*, n. 3.

BARBER, T. et al. (1970). *Biofeedback and self-control*. Chicago: Aldine Atherton.

BERGÉS, J. (1973). Relaxation et espace. *Therapie Psychomotrice*, n. 17.

_____ (1964). Les indications de la relaxation chez l'enfant. *Rev. Neuropsychiat. Infantile*, n. 7-8.

BERGÉS J.; BOUNES, M.; MATTOS, Z. (1972). Reflexions sur quelques problèmes abordes em relaxation. *Perspect. Psychiatrique*, n. 3.

BERTAND, R. (1967). Relaxation, eutonie, education physique. *Physiq. et Sports* [s.n.t.].

BOUSINGEN, D. de (1971). La rééducation psychotonique: relaxation, gymnastique e rythmique – La pédagogie de la relaxation de Mad. Gerda Alexander. In: *La relaxation*. 4. ed. Paris: Expansion.

_____ (1962). Indication et techniques de relaxation en neuropsychiatrie infantile. *Rev. de Neuropsych. Infant.*, 10.

_____ (1961). *La relaxation*. Paris: PUF.

BOUSINGEN, D. de & GEISSMANN, P. (1968). *Les méthodes de relaxation*. Bruxelas: Dessart.

BRITEN, C.S. (1973). Relaxation et psychologie des profondeurs. *Rev. Ciba*, mai.

BRUNO, J. (1960). Yoga et training autogéne. *Critique*, n. 159-160.

BUGER, A.J. (s.d.). Psychothérapie de relaxation. *Encyclopédie Médico-chirurgicale* [s.n.t.].

CHOULAT, L. (1967). La rélaxation. *Ed. Physiq. et Sports*, supplément au n. 86, mai.

CRINGUET, G.; MOOR, L.E.; WIDLOCHER, D.; WINTREBERT, H. (1964). Essai clinique de la relaxation chez l'enfant. *Rev. Neuropsych. Inf.*, n. 7-8.

DIGEZMANN, D. (1971). *L'eutonie-Cemea*. [s.l.]: Scarabée.

_____ (1967). *L'eutonie de Gerda Alexander*: approche psychiatrique. Estrasburgo: [s.e.] [Tese de doutorado em Medicina].

FELDENKRAIS, M. (1971). *La conscience du corps*. Paris: Robert Laffont.

FONSECA, V. da (1973). Relaxação. *Enciclopédia Luso-Brasileira*. [s.l.]: Verbo.

_____ (1973/1974a). Experiência de relaxação com estudantes de Educação Física. *Publicação a elaborar de apoio à cadeira de Ginástica Prática*. Lisboa: Inef.

_____ (1973/1974b). Relaxação. *Publicações de apoio ao Grupo de Ginástica do 2º ano*. Lisboa: Inef.

_____ (1972/1973). Estudo comparativo dos métodos de relaxação de Schultz e de Jacobson. *Publicação da disciplina de Opção "Educação Psicomotora"*. Lisboa: Inef.

_____ (1971a). *De uma filosofia à minha atitude*. Lisboa: Inef [Cap. "A relaxação – Tese de doutorado].

_____ (1971b). Experiência de relaxação com adultos. *Dossier de Estudos da Associação Cristã da Mocidade*. Lisboa.

_____ (1969/1970). Apontamentos sobre relaxação. *Publicações de apoio à cadeira de Ginástica*, 1º e 2º ano. Lisboa: Inef.

HELD, R. & REVERCHON, F. (1960). Psychanalise et relaxation. *Rev. Médicine Psycho-somatique*, t. II, n. 2.

JACOBSON, E. (1948). *Progressive relaxation*. 2. ed. Chicago: The University of Chicago Press.

JARREAU, R. (1971). Techinique de la méthode de Jacobson. *La relaxation*. 4. ed. Paris: Expansion.

KAMMERER, T. (1971). La relaxation em neuropsychiatrie. *La relaxation*. 4. ed. Paris: Expansion.

KRETSCHMER, E. (1949). *Études psychothérapiques*. Stuttgart: Thieme, Stuttgart, 1949.

KLOTZ, H.P. (1960). Intéret de la relaxation dans la spasmophilie. *Rev. Médecine Psycho-Somatique*, t. II, n. 2.

LAPIERRE, L.; CAMBLONG, P.; AUCOUTURIER, B. (1968). *Aspects de la relaxation*. Paris: Institut National des Sports.

LEMAIRE, J.G. (1964). *La relaxation*. Ed. Payot, Paris, 1964.

MARVAUD, J. (1972). La relaxation chez l'enfant – Sa place parmi d'autres thérapeutiques: Thérapie psychomotrice, psychothérapie. *Thérapie Psychomotrice*, n. 14.

SCHULTZ, J.H. (1965). *Le training autogéne*. 3. ed. Paris: PUF.

STOKVIS, B. (1960). Possibilites et limitations de la relaxation dans la médecine psycho-somatique. *Rev. de Médecine Psycho-somatique*, t. II.

VITTOZ, R. (1954). *Traitement des psychonévroses par la rééducation du contrôle cérébral*. Paris: Baillère.

WINTREBERT, H. (1971). La relaxation, thérapeutique évolutive – Bio et psychodynamique. *Therapie Psychomotrice*, n. 9-10.

5.2.4. Ritmoterapia (concepção psicopedagógica da expressão dinâmica)

A utilização das formas rítmicas no campo terapêutico encontra-se numa fase de expansão notável, quer no campo psiquiátrico, quer no campo reeducativo. As dimensões atuais da musicoterapia levam-nos a inúmeras aplicações terapêuticas (BRUCHON, 1972/1973) que asseguram um indispensável alicerce a toda uma linha da TPM que ambicione uma perspectiva epistemológica.

Já no século XIX, surgem figuras, como Fauré, Delibes e Bruckner (apud SACHS, s.d), que pretendiam uma educação musical baseada na experiência corporal. Dentro desta linha, surge-nos mais tarde Jaques Dalcroze (1920) que preconizava uma aprendizagem rítmico-corporal anterior a qualquer iniciação instrumental. Para este original professor de música, a percepção auditiva, o sentido rítmico e a expressão e o movimento deviam anteceder qualquer tipo de educação musical. Dalcroze (1916) surge com a noção de desenvolvimento da percepção, antes de iniciar o desenvolvimento do movimento e da expressão, manifestando uma preocupação de fazer sentir a música nos seus alunos, ao contrário das tradicionais perspectivas que apenas se interessavam pela representação (s.d.). Defendendo ao longo da sua obra a introdução da educação do ritmo nos programas escolares, Dalcroze desenvolveu uma visão da música que se relaciona muito diretamente com a nova visão do movimento humano. Aprender a ser músico é aprender a autoconhecer-se. A música é uma parte de expressão para a qual é necessário uma sensibilidade que prepare o terreno à expressividade. Para se sentir e se exprimir é necessário toda uma exploração do movimento corporal, que se pode entender como uma sinfonia de grupos musculares. Todo este panorama foi exposto em 1916 e só em 1959 é introduzido nos programas escolares franceses.

Este conjunto de idéias a respeito da educação musical e à expressão corporal foi na época considerado incompreensível, dado que nessa altura as concepções positivistas e mecanicistas prevaleciam na Europa (a "ginástica sueca" ligada aos nomes Per Henrick Ling (1776-1839) e Hjalmar Ling. Esta perspectiva global, de não separar a educação musical da expressão corporal, não foi bem compreendida no momento, e em muitos locais da Europa, fiéis à doutrina de Ling, está-se longe de a ver solucionada, como atestam as diferentes formações do professor da música e do professor de educação física, nomeadamente em Portugal.

Para Dalcroze qualquer perfeição dos meios de expressão exige uma educação corporal anterior (1916), baseada num despertar sinestésico e numa criatividade gestual que favoreçam a consciencialização do corpo, entendido como fonte de qualquer expressão, quer seja anímica, quer musical, quer teatral, artística ou gestual. Esta perspectiva acabou por influenciar altamente a evolução da ginástica e da dança, nas quais teremos de sublinhar nomes como Björksten (apud DIGELMANN, 1971), Mensendik (s.d.), Delsartre (apud LANGLADE, 1963), Isadora Duncan (apud LANGLADE, 1963), Bode (apud LANGLADE, 1963), Wigman (apud WIENER & LIDSTONE, 1969) Laban (1973), Shaw (apud DIGELMANN, 1971), Medau (1957), Sheleen (apud LANGLADE, 1963; 1964; 1965) e tantos outros.

Quer o movimento, quer a música, a dança ou a ginástica, não apresentam uma verdadeira teoria da expressão humana, isto no que se refere a figuras que se têm debruçado sobre o seu estudo. As inúmeras perspectivas apresentam-se mais ou menos com visões estreitadas, não oferecendo para a compreensão do problema uma panorâmica epistemológica do ser humano que se exprime como dimensão fundamentalmente antropológica. Não nos cabe essa tarefa, nem tampouco nossa contribuição visa atingir tal enigma, apenas alertamos o problema de uma expressão dinâmica, que procure reunir tudo o que se relaciona com movimento e a música.

A nossa experiência com a presente casuística esboçou alguns resultados que nos parecem animadores, visto traduzirem um ponto comum nos fatores da *estruturação perceptiva* (relação corpo e mundo exterior) e do *ajustamento motor* (relação atitude-praxias), que se encontram implicados em todas as formas de expressão humana (LE BOULCH, 1970), quer se trate da dança criativa, da dança moderna, da ginástica rítmica ou da expressão musical. O que se passa presentemente é que ninguém procurou interpretar quais os limites da dança e do *ballet*, da ginástica e do folclore, da expressão musical e da educação instrumental (BRUCHON, 1972/1973). Inúmeros autores, das mais diversas formações, como médicos, psicoterapeutas, psiquiatras, professores de música, professores de dança, impressionistas, expressionistas, professores de educação física, educadores de infância, professores primários, etc., embora utilizando a música, o ritmo e o movimento como meios de intervenção, ainda não equacionaram interdisciplinarmente o problema.

Os meios que hoje nos oferecem uma ritmoterapia ou uma musicoterapia, como prevenção das dificuldades escolares, relacionam-se primordialmente com a audição, a visão, a lateralização e a motricidade. Também a escrita e a leitura constituem uma harmonia de símbolos visuais, motores, sonoros, fonadores que se encontram ligados para traduzirem a linguagem.

Para este efeito, a música surge-nos não na visão existencial (LUSSY, s.d.) de instrumentos, de execuções, de concertos, de discos, de gravadores, etc. mas numa dimensão profilática e catártica que muito tem a dizer à Terapia Psicomotora. O que afirmamos para a música é paralelo para a dança, para o folclore, para a criação de expressões corporais, para improvisações ou coreografias (JOURNOUD, 1971). Pensamos que muito pouco se tem investigado no campo da reeducação e da prevenção de dificuldades escolares, através das imensas possibilidades do ritmo e da música. Cabe aqui referir que a formação neste âmbito deve cuidar de um rigoroso e profundo conhecimento musical, fundamentado nas modernas perspectivas psicofisiológicas do comportamento humano. Apenas a descoberta corporal do som, do ritmo, da melodia e da harmonia pode desempenhar uma superação das inúmeras causas que podem estar na origem das dificuldades escolares, como afirma Edgar Willems (1954). Foi humildemente nesta via que exploramos situações de memorização e reprodução de sons e de ritmos, de descoberta de objetos sonoros, de diferenciação de tom, de intensidade, de percussões com todo o corpo, de percussões com os dedos, utilizando e explorando a dissociação de movimentos, de batimentos de mãos e pés em movimento, de contraste sonoro, de marchas, voltas e saltitares, de simbolização gráfica de sons, etc.

O ritmo e a música, assim como o movimento, devem ser vistos num sentido de *expressão de dentro para fora*, na medida em que não há movimento, música ou ritmo para as pessoas, mas sim, pessoas que se movimentam, que vivem e sentem a música e o ritmo

O ritmo, a música, a dança, o folclore põem em jogo percepções têmporo-espaciais, memorizações gestuais, improvisações e criações expressivas limitadas (JOUSE, 1939), para além do fator de socialização que lhe pode estar inerente.

Bergés (1967) destaca o valor dos ritmos nos vários estádios de evolução biológica, que confirmam a maturação das diversas funções e constituem a ontogênese do sistema nervoso. A atividade rítmica em Fraise (1957) é o teatro principal da atividade tônico-motora, à qual se encontra ligada a percepção do próprio corpo e a percepção espácio-temporal, que resumem no seu todo as multiformas gestuais de expressão. Depois de uma anarquia rítmica inicial, conseqüência de uma ausência de *controle* das regiões subcórtico-mesencefálicas, até à harmonia rítmica, dependente do *controle* cortical, dá-se um enriquecimento dos aspectos sensoriais e sinestésicos, pósturo-motores e táteis, vestibulares e auditivos, que generalizados refletem a estrutura totalizante da evolução da expressividade, sinônimo de uma melodia relacional entre o indivíduo e o envolvimento (LEROI-GOURHAN, 1964). Como defende Kostemberg (1965) todos os fenômenos da aprendizagem devem favorecer a estabilidade da *ritmicidade preferencial* de cada indivíduo, como meio de ajustamento e adaptação. A valorização da atividade rítmica é um excelente veículo de comunicação não-verbal (BERGÉS, 1967) que abre caminho à comunicação verbal, com todo o seu interesse para uma reorganização das estruturas da linguagem.

Do muito que se poderia abordar, uma perspectiva nos nasce como essencial, o ritmo, a música e todas as formas gestuais inerentes aparecem-nos como alicerces da estruturação temporal, que joga um papel fulcral em todas as aprendizagens escolares triviais, visto favorecer um melhor investimento do corpo na ação e no real. O ritmo assim concebido é um meio para chegar a todas as artes e aprendizagem, daí o seu interesse terapêutico e reeducativo.

A música e o ritmo despertam a criança para o mundo, evocam-lhe a sua potencialidade expressiva. Tanto Orff (1966) ("Schulwerk") ou Kodaly (apud LUSSY, s.d.) valorizam o corpo e a voz como verdadeiros instrumentos musicais, parecendo demonstrar a importância de tais meios na autoconsciencialização das possibilidades do indivíduo, suprindo e combatendo por esse fato todos os obstáculos e inibições que impedem a sua expressão. A vivência corporal da música e do ritmo facilitam a diversidade das criações pessoais e a alegria de as exprimir, fator afetivo imprescindível à evolução da personalidade. Gesto, som e criação promovem uma satisfação sensorial integradora, ao mesmo tempo que geram uma amplitude de expressões socializantes.

Numa dimensão livre, natural, econômica, fácil, espontânea, total e global, o ritmo e a música, adicionados à criatividade e à improvisação de gestos, podem representar uma experiência preventiva de inadaptações que no seio escolar proliferam assustadoramente.

Não impondo ritmos nem melodias, mas sugerindo descobertas, criações espontâneas, possibilidades de expressão livre, libertação gestuais, fomos caminhando para uma expressão dinâmica cada vez mais disponível e criadora, que nos permitiu descobrir as várias dificuldades de expressão que as crianças da nossa casuística vinham manifestando.

O ritmo é inerente à natureza humana, e a sua atividade sensorial influencia toda a maturação intelectual, particularizando em cada indivíduo um binômio como sinônimo de modo peculiar de ser e de fazer. Há para cada indivíduo um modo particular de apreciar um momento vivido, segundo a natureza afetiva do acontecimento, e esse dado fundamental da pessoa deve ser respeitado em todas as praxias da fenomenologia da aprendizagem. O "tempo interior subjetivo" (LEROI-GOURHAN, 1964) deve-se ajustar ao "tempo social-objetivo" (LEROI-GOURHAN, 1964), de forma a não comprometer os êxitos do indivíduo face aos confrontos comportamentais desencadeados por qualquer aprendizagem humanizada.

É de grande importância este problema da percepção do tempo, na medida em que submete o indivíduo a uma predisposição para todas as formas de integração e transformação do mundo exterior (LEROI-GOURHAN, 1964). É necessário que em cada indivíduo se humanize o espaço e o tempo, para que se processe toda a aventura da relação eu-mundo.

O ritmo e a música proporcionam a indispensável instrumentalização do corpo (espaço e tempo personalizado), que por sua vez encarregarão de abrir caminho à expansão cerebral, isto é, no aumento de conexões nervosas entre o cérebro e o corpo (LEROI-GOURHAN, 1964). O afinamento perceptivo que o ritmo proporciona só por si garante um melhor ajustamento psicomotor valorizando a noção de autonomia e independência face aos ritmos impostos pelo quotidiano.

Muitos fenômenos de despersonalização resultam da dificuldade de estruturação da consciência subjetiva do espaço e do tempo. Segundo uma perspectiva antropofenomenológica, o caráter têmporo-espacial do ser humano constitui o fundamento da consciência do EU (LEROI-GOURHAN, 1964), isto é, retrata os pólos sobre os quais se apóiam o sentido da continuidade e da identidade individual em relação ao mundo. A não-estruturação do espaço e do tempo podem provocar situações psicopatológicas, que podem comprometer todas as relações do indivíduo com o seu meio.

A ritmoterapia e a musicoterapia não são acessórios da Terapia Psicomotora, mas sim aspectos essenciais com que qualquer intervenção reorganizadora deve contar. De qualquer forma, como já anteriormente defendemos pela concepção psicopedagógica do movimento, o ritmo e a música só poderão servir o campo terapêutico dentro de uma ótica que tome por base a totalidade do ser humano. Como André Joly (1970), concordamos que a ritmoterapia representa uma utilidade evidente e indispensável em qualquer processo terapêutico ou educativo, porque se enquadra numa dimensão dialética de vida, entendida como forma particular do movimento. A intervenção convergente, do ritmo, da música e do movimento oferece um manancial de facilitações neurológicas (WILLEMS, 1972), que podem representar uma verdadeira regeneração psicomotora da criança.

O movimento adicionado a uma ritmoterapia, a uma meloterapia ou a uma musicoterapia, desenvolve a sensibilidade com uma experiência corporal criativa. Para a criança, o movimento e a música constituem verdadeiros meios de expressão, onde a exuberância, a alegria e a espontaneidade sublinham a sua essencialidade.

Este conjunto de idéias está longe de uma coerência metodológica, no entanto merecem-nos uma certa reflexão que nos abre inúmeras pistas de estudo epistemológico relativo a uma antropologia do gesto integrado no ritmo cósmico universal, e é nela que queremos nos manter vivos.

Bibliografia

BERGÉS, J. (1967). *Les gests et la personnalité*. Paris: Hachette.

BRUCHON, M. (1972/1973). Une modalité expressive de la personnalité: l'expansivité gestuelle. *Bull. de Psychologie*, n. 303, XXVI.

DALCROZE, E.J. (1920). *Le rythme, la musique et l'éducation*. Lausanne: Jobin.

DALCROZE, E.J. (1916). A bâtons rompus, lettre aux rythemiciens. *Le rytheme*, jun.

_____ (s.d.). Fascicules genevois sur "lê rythme" [s.n.t.].

DIGELMANN, D. (1971). *L'eutonie*. Paris: Scarabée [Capítulos "Le mouvement em rythmique" e "La gymnastique et la danse"].

FRAISE, P. (1957). *Psychologie du temps*. Paris: PUF.

JOLY, A. (1970). *Rythmotherapie*. 2. ed. Paris: J.B. Joly.

JOUSE, M. (1939). *La psychologie du geste et du rythme*. Sorbonne: École d'Anthropologie.

JOURNOUD, M.A. (1971). *Le geste et le rythme*. Paris: Armand Colin.

LABAN, R. (1973). *Modern educational dance*. Londres: MacDonald & Evans.

LANGLADE, A. (1963/1964/1965). Recherche sur les origines, l'integration et l'actualité de la "gymnastique moderne". *Rev. L'Homme Sain* [1963, n. 3, 4, 5; 1964: n. 1, 2, 3, 4; 1965, n. 1].

LE BOULCH, J. (1970). La psychomotricité par la psychocinétique. *Psychomotricité: stage de perfectionnement de Généve*. Genebra: Medecine et Hygiene.

LEROI-GOURHAN, A. (1964). *Le geste et la parole* – La mémoire et les rythmes. Paris: Albin Michel [Capítulos: "Le geste et le programme" e "Les fondements corporelles des valeurs et des rythmes"].

LUSSY, M. (s.d.). *Traité de l'expression musicale* [s.n.t.].

MEDAU, H. (1957). *Rhythmisch* – Musisch Gymnastik. Frankfurt: Wilhelm Limpert.

MENSENDICK, B. (s.d.). *The Mensendick System of functional exercises*. Maine: Partlan.

ORFF, P. (1966). La relation musicalle. *Education et Developpement*, n. 20.

ROUBERTOUX, P. (1972/1973). Creativité et conduites d'exploration. *Bull. de Psychologie*, 303, XXVI.

SACHS, C. (s.d.). *Histoire de la dance*. [s.l.]: NRF.

VALLAT, N. (1973). Techniques d'expression corporelle et rééducation psychomotrice. *Therapie Psychomotrice*, n. 17.

WIENER, J. & LIDSTONE, J. (1969). *Creative movement for children* – A dance program for the classroom. Nova York: Von Nonstrand Reinhold Books.

WILLEMS, E. (1972). La dyslexie et la musique. *Conférence sous les auspices de l'Adopsed*. Estrasburgo.

_____ (1954). *Le rythme musical*. Paris: PUF, Paris.

5.2.5. Ortofonia (concepção psicopedagógica das condutas de comunicação)

Entendemos como conduta de comunicação um conjunto de símbolos expressivos, transformados em sons e gestos, cuja função é transmitir a outro indivíduo uma informação, tendo em vista uma certa inter-ação social (LEROI-GOURHAN, 1964). A perspectiva que desejamos alcançar procura reunir a mímica, os gestos, as atitudes, a dinâmica do olhar, a organização, de sons expressivos, o metabolismo emocional, num conjunto de informações e meios de que o nosso pensamento se serve para comunicar (MOOR, 1973). No sentido de uma análise antropológica, julgamos fundamental considerar que a primeira forma de linguagem humana se baseia numa dialética oral-gestual (LEROI-GOURHAN, 1964). O homem primitivo, assim como a criança, não podem utilizar o aparelho fonador conscientemente. A expressão natural é inicialmente corporal, gestual, mímico-emocional, e tônico-projetiva, e só depois se organiza num conjunto consciente de sons que no seu todo traduzem a conduta total (verbal e não-verbal).

É a associação verbal e gestual que possibilita uma organização motora melódica de sons e de gestos que objetivam a linguagem articulada. Paleontologicamente, o cérebro da palavra (córtex associativo) é o resultado de transformações anatômicas que se processaram por meio de bipedismo exclusivo humano, que levou à libertação da mão para o trabalho social (FONSECA, 1972/1973b) que, por sua vez, originou a necessidade de transmissão e comunicação, que se inter-relacionam na linguagem.

Mão e face (campo anterior) ao coordenarem-se na expressão humana, pelas suas maiores possibilidades de diferenciação e dissociação anatômica, enriquecem a área motora cortical, como conseqüência de um maior grau de libertação mecânica, não só em nível das extremidades (locomoção e preensão) como também em nível da abóbada craniana. Pelas possibilidades de uma *motricidade inteligente*, em relação à mão, e pelo *controle* de execução da visão, as áreas do córtex sensório-motor alargaram os seus dispositivos de representação corporal, que permitiram ao ser humano o despertar tecnológico (RUBINSTEIN, 1973). A hominização cultural é o resultado equilibrado de uma hominização do corpo que antecede a hominização do espírito. De fato, a disposição manual para o trabalho (ENGELS, 1961) permite ao homem caminhar na tecnicidade, como sinônimo de um poder criador e transformador do envolvimento, que se repercute no desenvolvimento das funções de nutrição e fabricação e nas relações preensão-visão e trabalho-linguagem (FONSECA, 1972/1973a).

A linguagem como instrumento do pensamento (LEONTIEV, 1971) (operação mental) surge sempre como ação externa, realizada com objetos materiais. Confirma-se em primeiro lugar uma operação motora e só, posteriormente, a elaboração de uma operação consciencializada e integrada. A conduta verbal é uma harmonia de gesto e de palavra, ambas são indissociáveis e estruturam-se dialeticamente. A unidade da expressão total do ser humano é um conjunto de expressão oral e de expressão gestual. Esta relação *voz-gesto* (BARBIZET, 1964) constitui uma das grandes bases do jogo dramático, que na nossa experiência terapêutica não foi esquecido.

A linguagem articulada transforma um som não organizado e esporádico num som consciente, finalizado e intencional, isto é, assumindo uma significação intelectual. Toda a significação intelectual da palavra sofre uma influência da *atividade simbólica* que é resultante de operações psicomotoras, que mobilizam o campo manual, ou retratam uma abstração das coordenações manuais. A palavra tem efetivamente uma relação com a vivência corporal do sujeito que a utiliza.

A linguagem articulada surge-nos aqui como resultado da estação bípede, privilégio do ser humano (PIVETEAU, 1973), que originou uma modificação profunda na suspensão craniana e na libertação da mão.

Como base num corpo mais disponível, o leque cortical do homem é alargado, como se tratasse de uma hipertrofia cerebral, implicando uma mais variada conexão entre os centros da linguagem. O homem escapando à especialização anatômica dos dentes, das mãos e dos pés, pode adquirir maior plasticidade adaptativa, maior capacidade manual de transformação e criação e melhor *controle* motor, na medida em que todas as suas funções dirigidas e intencionais são orientadas por um cérebro especializado na generalização. O afinamento psicomotor necessário para a fabricação de instrumentos úteis implica uma evolução intelectual, que está na origem da linguagem (BOULINIER, 1965). O animal também é portador de meios de comunicação, mas só o homem os utiliza conscientemente. Segundo Bouknak (1969), o emprego consciente dos grupos musculares do aparelho fonador depende de uma evolução da representação e da imagem do mundo exterior, postos em jogo como aquisição, pelo corpo e pelo movimento. A criação de imagens pressupõe uma determinada organização e planificação do comportamento, da atividade e da comunicação, que refletem a função reguladora da linguagem. O movimento intencional encarrega-se de ligar a atividade dos receptores (sentidos) à atividade do pensamento, a linguagem permite a preparação e a elaboração de todas as condutas de expressão (efetores) (FONSECA, 1973/1974).

A linguagem constitui no fundo uma capacidade de organização e de ordenação, que nos surge como conseqüência da função de trabalho, do qual teremos que equacionar a origem da linguagem. A abstração e a generalização que a linguagem mobiliza têm sempre uma base material na atividade consciente, isto é, na consciencialização corporal e no ajustamento motor, a que se resume a função prática (atividade laboral e colaboral) do trabalho. O trabalho não só traduz a transformação da natureza como a sua assimilação, originando como conseqüência um processo de dissociação entre o homem e o real, que abre caminho à tomada de consciência das suas relações com o mundo físico e inter-humano (BOREL-MAYSONNY & PICHON, 1964). A relação com o objetivo e com os outros seres (sempre realizada pelo instrumento corporal) coloca o ser humano num outro degrau de autoconsciência. As funções de previsão (trabalho-fim e trabalho-resultado) valorizam os analisadores perceptivos e os ordenadores vísuo-sinestésicos, ao mesmo tempo que objetivam as relações das imagens e das realizações concretas. Todo este complexo jogo tem por base uma consciencialização corporal que se vai alargando, promovendo paralelamente um maior horizonte perceptivo e uma nova faculdade de formulação de conceitos. Os nossos analisadores diferenciam a propriedade dos objetos e reconhecem a sua utilidade e função. Esta experiência objetal, e simultaneamente sensorial e corporal, desenvolve-se num sentido de diferenciação e de generalização, que nos leva a uma logicidade objetal e simbólica com a qual elaboramos os nossos conceitos e convivemos com os conhecimentos acumulados e transmitidos pela humanidade (PIÉRON, 1967).

O recurso a esta viagem evolutiva da linguagem pretende apenas colocar a linguagem articulada num plano instrumental e corporal resultante de uma *estrutura perceptiva* do corpo, do espaço e do tempo e de um *ajustamento motor*, provocado pela atitude postural e pela realização de gestos intencionais (praxias) (BOREL-MAISONNY, 1965). O trabalho dentro desta perspectiva desenvolve a motricidade e a instrumentalidade criativa, pondo em conexão, de um lado, a diferenciação e a dissociação tato-sinestésica, e, do outro, o *controle* visual e auditivo. Para além desta dimensão interiorizada e corporal do trabalho, a atividade colaboral provoca a união estreita entre as pessoas e desenvolve as necessidades de comunicação e os meios de compreensão. O conceito, portanto, é muito mais do que o significado imediato das palavras, mas por outro lado também não pode existir sem elas. A necessidade criou o órgão, a comunicação e a compreensão geram a produção (aparelho fonador) e a interpretação (aparelho auditivo) de sons conscientes, que se transformam em palavras por meio das quais comunicamos, conhecemos e convivemos (CHOMSKY, 1965).

O homem como totalidade inseparável do seu grupo social alarga a sua experiência pessoal pelo contato e experiência dos outros. As observações e os conhecimentos de toda a humanidade podem ser propriedade de cada um graças à linguagem (SAPIR, 1921).

Ação, objeto e sujeito assumem significado na linguagem, que se estabelece inicialmente de uma forma emocional, polissemântica, pré-lógica e mágica, exatamente para dar resposta às necessidades vitais de nutrição, conservação e reprodução (LEVY-STRAUSS, 1958). Posteriormente a seriação e a retenção de imagens tornam-se mais generalizadas e organizadas, permitindo pela palavra a comunicação, como resultado de uma vida coletiva (FONSECA, 1973/1974).

Assim como o homem primitivo, a criança passa por uma evolução da comunicação, baseada inicialmente em gritos difusos, gritos-apelo e gritos-chamada e depois em palavras-frase, em proposições e em categorias sintagmáticas, que levam à utilização da palavra como relação de uma situação (BOUKNAK, 1969). A maturação da laringe é um produto da necessidade de comunicação, que deu lugar como conseqüência a uma diferenciação polissonora, dependente das transformações anatômicas dos órgãos vocais, provocadas essencialmente por redução da língua, aumento da cavidade bucal, diminuição da inserção dos dentes e afinamento da motricidade línguo-labial (LEROI-GOURHAN, 1964).

Dos fatos psicomotores desencadeados pelo trabalho, atingimos os fatos perceptivos que se transformam por último em fatos da consciência. A organização de sensações e percepções, provocadas pelas relações do indivíduo com o seu mundo envolvente (objetos e os outros), leva-o a criar um sistema de sinais, graças aos quais comunica socialmente. Estabelecendo uma semiologia (SAUSSURE, 1955) o ser humano utiliza o som como sinal, índice e até mesmo como instrumento de comunicação e significação, o que traduz sempre uma relação dialética entre a ação e a situação.

A investigação lingüística (CHOMSKY, 1965) não pode nos esclarecer ainda sobre a origem da palavra, dado que não existem vestígios arqueológicos e paleontológicos. A palavra não se pode transformar em fóssil, ao contrário do esqueleto, e por isso não a podemos caracterizar etiologicamente. De qualquer forma, todos os autores são unânimes em considerar a origem da linguagem, numa comunicação gestual, baseada na emissão de movimentos e sons espontâneos, onde exercem particular importância, os sons de natureza (BOUKNAK, 1969). A linguagem está ligada a uma marca étnica, a um convívio com o sobrenatural e a uma fenomenologia do tempo e encontra-se relacionada com a pictografia e a ideografia (LEROI-GOURHAN, 1964).

Com base nesta evolução, procuramos utilizar a ortografia numa via essencialmente corporal, com reforço da descoberta lúdico-sinestésica dos grupos musculares que constituem o aparelho fonador. Depois desta etapa estar suficientemente adquirida, utilizamos o convívio da palavra e do gesto (LAPIÈRRE & ACOUTURIER, 1973) de forma a provocar no grupo das crianças uma intelectualização do vivido corporalmente. Só após a conquista de uma atmosfera de valorização do diálogo com a criança, nos preocupou a abordagem da atividade simbólica e das ligações corretas entre os elementos constituintes do discurso e as formas práticas que os simbolizam (GOLDSMIT,

1968). Com base em muito poucas situações, a nossa experiência neste campo ligou o fonema à letra, o som ao gráfico, a reprodução verbal à reprodução práxica, dentro de uma atmosfera lúdica e relacional (TASAN & VOLARD, 1971), suscetível de um fortalecimento motivacional e de um desbloqueio da inibição, com que normalmente se caracterizam as crianças com dificuldades léxicas (DIATKINE et al. 1963). A partir daqui pretendemos então valorizar a organização da expressão verbal, enriquecer o vocabulário, combater a disritmia e aperfeiçoar a percepção auditiva, espacial e temporal (BOURCIER, 1966). Não podemos esquecer que aos problemas da linguagem se encontram associados aspectos afetivos (TASAN & VOLARD, 1973), que por sua vez dependem de aspectos instrumentais.

A linguagem prolonga as capacidades motoras, gestuais, espaciais e temporais Luria (1961), é um fator de transcendência humana, que determina todas as condutas de comunicação.

As etapas da aquisição da linguagem (AJURIAGUERRA; INHELDER; SINCLAIR, 1965) foram também respeitadas no nosso processo terapêutico. Procuramos numa primeira fase que a criança verbalizasse a sua experiência corporal (GUGNET, 1976), numa segunda fase já nos preocupou a preparação verbal das atividades motoras (BILLOTEAU, 1965), e finalmente a formulação antecipada e incorporalizada da ação. A linguagem, na nossa visão terapêutica, deve acompanhar o comportamento da criança. Da orientação de sinais passamos no sentido pavloviano para a abstração e sistematização de sinais através de uma relação constante entre o gesto e a palavra. Somente provocando um campo relacional, entendemos a ortografia, como algo que utiliza a linguagem como vivência e desenvolvimento de um fenômeno coletivo (no sentido de LEVY-STRAUSS, 1958).

Gugnet (1976), Borel-Maisonny (1960), Guillaume (1952), Tomatis (1956), Chassagny (apud AJURIAGUERRA, 1953), Ajuriaguerra (1953) e Diatkine (1963), são unânimes em considerar a linguagem como um processo de aquisição individual, que passa sempre por um corpo lateralizado, situado e cultivado (CHILAND, 1966;

PITMAN, 1966), por meio do qual o ser humano exprime as suas faculdades mentais e sociais.

Bibliografia

AJURIAGUERRA, J. de (1953a). Langage, geste, attitude motrice. *La Voix* [s.n.t.].

_____ (1953b). Les dyslexies d'évolution – Problèmes théoriques et pratiques de neuropsychiatrie infantile. *Annales Médico-psychologiques*, vol. 1, n. 4.

AJURIAGUERRA, J. de; INHELDER, R.; SINCLAIR, H. (1965). L'ontogènese du langage. *Rev. Prat.*, n. 15-17.

BARBIZET, J. (1964). La notion de conduite verbale: son application à la pathologie du langage. *Rev. Rééd. Orthophonique*, n. 5.

BILLOTEAU, M. (1965). Lecture et École Maternelle. *Rev. Rééd. Orthophonique*, n. 9.

GUGNET, T. (1976). *Bon Départ* [s.l.]: Association pour l'Étude et l'Éducation Psychomotrice de l'Enfant.

BOREL-MAISONNY, S. (1965). Apprentissage. *Rev. Rééd. Orthophonique*, n. 9.

_____ (1960). *Langage oral et écrit* – I: Pédagogie des notions de base; II: Épreuves sensorielles et tests de langage. Paris: Delachaux et Niestlé.

BOREL-MAISONNY, S. & PICHON, E. (1964). Psychophysiologie du langage: ses troubles psychogénes-l'Aphasie. *Rev. Rééd. Orthophonique*, n. 5.

BOURCIER, A. (1966). *Traitement de la dyslexie*. Paris: Ed. Soc. Françaises.

BOULINIER, G. (1965). Paléontologie du langage. *In: Rev. Rééd. Orthophonique*, n. 14-15.

BOUKNAK, V.V. (1969). El origen del lenguaje. In: VALLOIS, H. & VANDEZ, A. *Los procesos de hominización*. México: Grijalbo.

CHASSAGNY, Ch. (1954). *L'apprentissage de la lecture chez l'enfant*. Paris: PUF.

CHILAND, C. (1966). Remarques sur l'Initial Teaching Alphabeth (I.T.A.). *Rev. Neuropsych. Infant.*, n. 7-8.

CHOMSKY, N. (1965). *De quelques constantes de la theórie du langage* – Diógene, 51. Paris: Gallimard.

DIATKINE, R. et al. (1963). Les troubles d'apprentissage du langage écrit: dyslexie et dysorthographie. *Psychiat. Enfant.*, vol. VI, fasc. 2.

ENGELS, F. (1961). *Dialéctica de la natureza* México: Grijalbo [Capítulo "El papel del trabajo em el proceso de transformación del mono em hombre"].

FONSECA, V. da (1973/1974). *Paleontologia do movimento e sua relação com a linguagem: uma busca antropológica* – Publicações e apontamentos de curso. Lisboa: Inef.

_____ (1972/1973a). Gênese da linguagem – Tentativa de relação antropológica entre o movimento e a linguagem humana. *Publicações de apoio à cadeira de Antropologia do 3º ano.* Lisboa: Inef.

_____ (1972/1973b). Meio de comunicação: gesto e palavra. *Publicações de apoio à cadeira de Antropologia do 3º ano.* Lisboa: Inef.

GOLDSMIT, L. (1968). Attitude thérapeutique au cours de la rééducation du langage. *Rev. Rééd. Orthophonique*, n. 37-38.

GUILLAUME, S. (1952). *Manuel da psychologie.* Paris: PUF.

LAPIÈRRE, A. & AUCOUTURIER, B. (1973). *Les contrastes et la découverte des notions fondamentals.* Paris: Doin.

LEONTIEV, A. (1971). *Linguagem e razão humana.* Lisboa: Presença.

LEROI-GOURHAN, A. (1964). *Le geste et la parole:* technique et langage. Paris: Albin Michel [Capítulos: "Le cerveau et la main" e "Les symboles du langage"].

LEVY-STRAUSS, C. (1958). *Anthropologie structurale.* Paris: Plon.

LURIA, A.R. (1961). *The role of speech in the regulation of normal and abnormal behavior.* Nova York: Liveright.

MOOR, L. (1973). Les conduites expressives et symboliques. *Biopsychologie du comportement.* Paris: Expansion.

PIAGET, J. (1962). Le langage et les opérations intelectuelles. *Problèmes de psycholinguistique.* Paris: PUF.

PIÈRON, H. (1967). *L'Homme rien que l'homme.* Paris: PUF [Capítulo "Les caractéristiques essentielles de l'anthropogénese].

PITMAN, J. (1966). L'avenir de l'apprentissage de la lecture. *Rev. Neuropsychiat. Infant,* n. 7-8.

PIVETEAU, J. (1973). *Origine et destinée de l'homme.* Paris: Masson & Cie. [Capítulos "Naissance de la pensée réfléchie" e "Langage et société"].

RUBINSTEIN, S.L. (1973). *Princípios de psicologia geral.* Vol. VI. Lisboa: Estampa [Capítulos "A linguagem" e "A actuação"].

SAPIR, E. (1921). *Language.* Nova York: Harcourt and Brace.

SAUSSURE, F. de (1955). *Linguistique gènèrale.* Paris: Payot.

TASAN, A. & VOLARD, R. (1973). *Le troisième père* – Symbolisme et dynamique de la rééducation. Paris: Payot, Paris.

_____ (1971). *Pourquoi des dyslexiques?* – Dyslexie et dysorthographie sa rééducation. Paris: Payot.

TOMATIS, A. (1956). Relations entre l'audition et la phonation. *Ann. Télécommunicat*, 11.

Conclusão

Ao concluirmos tão modesta contribuição para o estudo da gênese da psicomotricidade, não queremos suprimir a sua importância como medida dos problemas epidemiológicos da escola atual.

Segundo vários estudos, 8 a 10% das crianças de cada geração possuem problemas de não-adaptação escolar, que pela sua natureza e repercussão sociofamiliar, sociocultural e socioeconômica desencadeiam perturbações de natureza psicógena, reativa ou orgânica, que podem ser reorganizadas pela intervenção de psicomotricidade. Através da sua aplicação podemos recuperar crianças iletradas e incultas, suscetíveis de manifestarem no futuro condutas sociopáticas.

Trabalhos americanos (Robins, Myklebust, Bower e tantos outros) provaram que o fracasso escolar é equivalente a um fracasso na vida social, o que por si só acarreta problemas de saúde mental. A vida atual, baseada num progresso tecnológico, submete a instituição "escola" a uma dependência econômica de máxima produção, tendo como *matéria-prima* a criança e como *instrumento essencial* o professor. O progresso pedagógico, quer pelas suas estruturas, quer pelo seu conteúdo, metodologia e tecnologia, é definido socialmente como aumento de volume de informações e como amontoado crescente de exigências, quer para a criança, quer para o professor.

A sociedade atribui melhor, ordenado ao indivíduo que possua maior nível de instrução, restituindo à escola uma função reducionista e inquietante que a tornam um lugar geométrico de contradições psicológicas, econômicas e sociais. A célula familiar aponta a escola como solução para solucionar as suas ambigüidades afetivas, sem que se descubram as dificuldades quotidianas do mito fascinante da família e sem que se equacione a razão da sua destruição na nossa sociedade.

A criança neste contexto não é reconhecida nem respeitada, sofrendo uma dupla repressão ideológica, uma familiar e outra escolar, não pode com os seus próprios meios dar resposta a tantas solicitações. A criança é objeto de "todos os sacrifícios" para que "passe" os exames e possa ganhar a vida. O diploma é um meio de sobrevivência na nossa sociedade e constitui uma aspiração dos pais, que se reflete em todo o desenvolvimento da sua personalidade.

De um lado uma família, como microlugar de contradições; de outro, uma escola dependente da produtividade econômica, baseada em programas a cumprir e em modelos de autoridade a respeitar, no meio uma criança muito carente nas suas dimensões próprias. Poderá a criança abarcar todo este universo de problemas?

A criança é um sintoma da patologia familiar e social, quase totalmente marginalizada; só surge como centro de atenções quando apresenta maus resultados escolares. Stennett na sua obra concluiu que 10% das crianças com problemas escolares necessitam de ajuda psiquiátrica demonstrando, aliás como Bower, que o fracasso escolar constitui o primeiro passo para uma perturbação mental.

Tais problemas levam-nos a pôr várias interrogações:

• Estamos diante de crianças difíceis, ou perante famílias e sociedades difíceis?

• As dificuldades das crianças serão ou não uma das conseqüências das neuroses dos pais e dos professores?

• A escola compensará, ou tem compensado, as diferenças sociais das crianças?

• O trabalho escolar tem sido uma medida de prevenção de todo o agregado familiar?

• O problema resolve-se com reeducadores? (*remedial teachers*).

Destas interrogações nascem necessariamente tópicos de reflexão muito importantes, nomeadamente no que diz respeito à função da escola, à formação pedagógica e científica do professor, à sua dignidade social e ao seu prestígio cultural, para além do perigo social, que se nos oferece, a problemática da não-adaptação escolar.

O fracasso escolar da criança é sentido como um fracasso pessoal e profissional (ferida narcísica) do professor e dos pais, que os impedem de ajudar a criança na superação das dificuldades escolares.

As aprendizagens escolares aparecem à criança como fantasmas repressivos, por vezes requintadas com múltiplas inovações estrangeiras que não permitem objetivamente o *controle* das suas aquisições.

As aprendizagens escolares têm que conferir à criança os seus poderes de realização, ao mesmo tempo que devem respeitar os processos genéticos, da sua maturidade global, isto é, dar condições à criança de ser criadora na multiesfera fabulosa dos seus interesses e ter hipóteses de assumir comportamentos originais que combatem a normalidade conformista.

As dificuldades escolares, muitas vezes diagnosticadas superficialmente, não são perturbações de uma atividade, mas de uma aprendizagem, na qual devem ser postos em questão os métodos pedagógicos, as relações professor-aluno e as repercussões afetivas dos seus resultados.

A criança pertence a um mundo simbólico, que não tem nada de afinidade com o universo adulto. Colocando em causa o equilíbrio familiar, por motivos escolares, através da contradição, entre o "paraíso maternal" e a "realidade paternal", surgem-lhe posteriormente chantagens de abandono, que irão ter reflexo na sua evolução global.

As dificuldades escolares assumiram uma "nosologia neuropsiquiátrica" (Diatkine) que nos coloca no conflito terminológico das noções do "normal" e do "patológico". A normalidade ideal, muitas vezes ambicionada pela sociedade adulta, apenas reflete uma utopia da autoridade, à qual a criança, como ser mais fraco e mais dependente, terá que sujeitar-se docilmente. O conceito de normal está inundado, no contexto escolar, de noções quantitativas, de mais notas e mais valores, que não têm nada a ver como enriquecimento sociocultural da criança. A normalidade está envolvida por convicções sociais, que exigem uma reflexão crítica de base. A noção de "aluno perfeito" tem de ser banida das escolas e das concepções pedagógicas dos professores e dos pais. A vertigem do sucesso, em que embarcam professores pelos seus métodos, e os pais, pelas suas afirmações narcísicas, impedem a criança de adquirir a dimensão adequada do seu direito à cultura, ao jogo e ao trabalho. A criança não tem que se adaptar àquilo que os professores e os pais desejam, escolarmente, mas sim realizar-se nesse meio social, livre e aberto que deve ser a escola. Temos que aceitar que a eventual dificuldade de aprendizagem escolar, manifestada pela criança, apenas reflete uma defesa e uma resistência aos inúmeros traumatismos em que se encontra envolvida. Cada criança tem uma capacidade de adaptação original e singular que lhe permite evitar os problemas, daí muitas vezes a adaptação manifestar um conjunto de mecanismos de defesa, e um certo tipo de regressões, que não devem ser dramatizadas ou racionalizadas. É neste contexto que a psiquiatria e a psicologia de luxo têm que abandonar os seus "reinos abstratos" e passar rapidamente para uma integração efetiva e preventiva no seio da comunidade escolar. A escola ultrapassa socialmente os problemas dos professores e das famílias, ela constitui um problema fulcral para o qual é urgente uma solução interdisciplinar e comunitária. A escola não pode continuar a servir desigualdades sociais, nem limitar-se espacial e culturalmente às suas salas. Toda a sociedade deve impedir a imagem aflitiva que a escola deixa no espírito de numerosos "inadaptados sociais", todo o esforço a desenvolver é pouco para desenterrar do terreno da escola a afetividade, a alegria, a curiosidade, a aventura, a verdade, o diálogo crítico e construtivo, etc.

Parece-nos urgente, como remédio das dificuldades escolares, instituir o ensino pré-primário, onde os problemas de aprendizagem nos surgem com maior acuidade, onde se torna necessário um profundo conhecimento das estruturas neurofisiológicas e biopsicológicas da criança, colocada em situação de mudança de comportamento, para além de um domínio das coordenadas de uma pedagogia da procura, da crítica e da reflexão, que não são compatíveis com a formação acelerada e superficial das educadoras de infância ou dos professores primários. O ensino pré-primário desempenha uma função preventiva de inestimável valor, que não pode estar apenas a serviço de grupos sociais privilegiados, trata-se de um problema muito mais complexo, que exige rápidas intervenções, quer de assistência psicossocial quer de edificação de medidas socioescolares que visem compensar os diferentes graus de maturação neuropsicológica que são destacados pelas condições e origens socioeconômicas das crianças. A intervenção terapêutico-reeducativa deve pertencer à própria escola e não a clínicas requintadas. O problema não pode ser resolvido em formas instantâneas, mas exige uma medida de coordenação de vários ministérios, responsáveis pela "alfabetização" a todos os níveis e escalões-sociais.

Aqui sim o conhecimento e a aplicação da psicomotricidade justifica-se como fundamental, a fim de se evitarem problemas escolares que podem vir a ter direta influência com os problemas da saúde mental.

A formação dos professores, quer em nível das educadoras de infância, quer em nível de professores primários e secundários, nomeadamente os professores de educação física, de educação artística, musical, etc., não pode continuar alheia à investigação psicopedagógica, nem sujeita a segregacionismos de classe. De uma vez para sempre, se deve equacionar o problema numa ampla e profunda formação científico-pedagógica, independentemente do escalão de ensino por onde optarão profissionalmente. Ter-se-ão que estudar medidas de inserção nos diferentes parâmetros de ensino, conforme as capacidades relacionais e investigativas reveladas pelos professores, em função dos vários escalões etários, mas nunca limitar as justas aspirações de formação em nível superior de todos os professores. Temos que encarar frontalmente este problema, e devemos lutar com perseverança por uma perspectiva inovadora da formação dos professores em nível universitário.

A cultura marca a formação dos professores. Em termos sociais somos muitas vezes levados a valorizar inconscientemente a inteligência e a aquisição de conhecimentos escolares, que dentro das normas conformistas constitui um salvo-conduto para uma afirmação social. O êxito escolar é sinônimo de êxito social, e o fracasso escolar sinônimo de precocidade sociopatológica.

Por outro lado, os professores correm o risco de introduzir avaliações que favoreçam ainda mais os tribalismos sociais. As crianças, oriundas de meios economicamente débeis, são julgadas, como inadaptadas, em maior número que as crianças das classes médias. Os professores pertencendo, na sua maioria, às classes médias, desenvolvem inconscientemente "símbolos de classe" (Colette Chiland), que os levam a assumir atitudes conformistas com os quadros sociais instituídos, não permitindo que a escola ocupe a sua função crítica e antiautoritária. A escola deve estar ao serviço da coletividade nacional no seu todo e ao serviço do trabalho produtivo, ocupando todos os lugares nomeadamente: fábricas, instituições sociais, colônias de trabalho e de férias, vida municipal, centros de animação cultural, centro de alfabetização, etc.

A escola e todo o seu envolvimento confrontam-se com problemas sociais, políticos e econômicos, que exigem uma solução constantemente reajustada à mudança. A escola deve ser estruturada para as crianças e não o contrário, isto é, as crianças não podem ser colonizadas a um certo tipo de escola. A escola deve estar a serviço da vida das crianças e das suas necessidades quotidianas. A escola nova deve favorecer a relação antiautoritária entre crianças e adultos (pais e professores), permitindo que ela desempenhe um papel decisivo na integração progressiva da criança na realidade social.

A instituição-escola não pode ficar retida a um determinado período da vida das pessoas, a sua importância sociocultural transcende esse curto período, que vai da primeira infância até aos inícios da idade adulta. Dentro de uma perspectiva de formação inacabada, a escola tem de ocupar a sua função de inovação e de análise crítica e social, durante toda a vida da pessoa, desde o parto até a senilidade. A escola primária não pode fazer milagres, quando o período histórico dos primeiros anos de vida é caracterizado por inúmeras carências e desigualdades biossociais. No plano da assistência social há muito a realizar, no que diz respeito ao equipamento médico-familiar, psiquiátrico e socioescolar, através da criação de creches e de jardins-de-infância, construídos em funções das verdadeiras necessidades das crianças, que exigem o indispensável conhecimento psicopedagógico e uma profunda formação materno-infantil, que não podem estar ao arbítrio de oportunismos lucrativos. É fundamentalmente nas instituições que antecedem a escola primária que a criança deve adquirir uma adequada maturação funcional perceptiva, uma disponibilidade psicomotora, um aperfeiçoado *controle* psicotônico, um enriquecimento lingüístico, etc., que lhe permita encarar as aprendizagens escolares triviais sem quaisquer carências instrumentais.

É no âmbito da perspectiva anterior que a *psicomotricidade* assume uma *nova ótica psicopedagógica*, de *características marcadamente preventivas,* e que lhe confere um papel importantíssimo no contexto educativo-social. A psicomotricidade constitui, e a nossa casuística confirmou-a, uma medida preventiva essencial, suscetível de facilitar à criança a mudança de comportamento, que as aprendizagens escolares impõem. Arriscamos concluir que a psicomotricidade é um meio, de imprevisíveis recursos, para combater a inadaptação escolar. Não se trata de uma medida absoluta, ou de qualquer requinte pedagógico, a sua importância situa-se antes num terreno de crítica social, que pretende analisar e diagnosticar quais os obstáculos familiares e sociais, que impendem o desenvolvimento global da criança, onde a evolução do esquema corporal, da estruturação espácio-temporal e da maturação psicotônica, ocupam um lugar infra-estrutural de toda a atividade psíquica superior. Quando a criança entra na 1ª série (6 anos) segundo Piaget, ela atravessa o período da inteligência pré-operatória, expressão genética, baseada na importância da relação dialética, entre a ação corporal e o mundo envolvente, que é desenvolvida no período anterior (período sensório-motor).

O pré-primário e o primário têm que abordar as aprendizagens escolares, segundo o contraste do trabalho e do jogo, que são os alicerces da evolução da personalidade da criança, "sessões de conhecimento" e "lições de coisas" adquiridas sobre a forma lúdico-corporal, aproveitando profundamente o período *lúdico* da existência da criança, são um novo horizonte socioeducativo a explorar.

Muitos psicólogos, desde Grozz, Claparède, Spencer, Bühler e outros, defenderam a importância do jogo e do movimento (i.é, da psicomotricidade) no desenvolvimento das estruturas nervosas e sensório-sinestésicas, que se tornam indispensáveis para satisfazer com êxito os problemas postos pelas aprendizagens escolares. A psicomotricidade é um meio inesgotável de afinamento perceptivo-motor, que põe em evidência a complexidade dos processos mentais, que são caminhos para a polivalência preventiva e terapêutica das dificuldades de aprendizagem.

Carstairs (1961) reforçou no seu trabalho a necessidade de um amplo serviço preventivo para a família e para a criança em idade pré-escolar. De fato, não existem obstáculos à obrigação moral de tentar, por todos os meios científicos ao nosso alcance, ajudar as crianças e as famílias em dificuldades. Nenhum caso é irremediável e neste momento o combate à não-adaptação escolar deverá constituir um projeto educativo bem definido que necessariamente exige uma crítica permanente a todos os processos educativos em curso. A psicologia escolar é uma necessidade de primeira ordem, que deve merecer de quem de direito, a urgente inserção prática quotidiana no seio institucional escolar, nomeadamente no campo preventivo e no campo investigativo, tomando como exemplo as experiências efetuadas nos Estados Unidos, na Inglaterra, na Suécia, na Dinamarca e nos países socialistas.

Estamos no *século das inadaptações escolares*, para usar a expressão de Bower, que retrata todo um desajustamento social, que não diz respeito apenas à escola. Segundo o mesmo autor, 30% das crianças de escolas normais apresentam dificuldades de adaptação, 9% acusam problemas de ordem clínica, 3% dirigem-se aos serviços adequados e apenas 1% registra uma psicose evidente. Confirma o mesmo estudo minucioso, que há mais crianças inadaptadas na escola, nos meios socioeconômicos desfavorecidos e que se diagnosticam mais problemas nos rapazes (25%) que nas moças (10%).

É evidente que estes dados não são animadores e que na problemática nacional nada se tem investigado neste setor para se concluir ou prognosticar quaisquer medidas orientadoras. As dificuldades da leitura, da escrita, do ditado, do cálculo, da expressão artística, são sintomas não específicos que podem ser provocados por fatores variados, quer exógenos, quer endógenos. Em qualquer dos casos há que encarar seriamente a formação científica de todos os educadores e professores, fundamentalmente no setor primário e pré-primário, que justificam por si só uma urgente formação universitária. Os riscos que se correm de segregar os diferentes escalões do ensino podem ter repercussões sociais e econômicas de grande importância.

A agudização dos problemas escolares, em nível nacional, exige a restituição da dignidade socioprofissional do educador, não o marginalizando da formação científico-crítica que o momento justifica. Evitar a relação inadequada entre o *ser* e o *mundo* é uma árdua tarefa que o educador não pode descurar. É esta, no fundo, a finalidade última da psicomotricidade, entendida epistemologicamente como intervenção reorganizadora em todos os processos de aprendizagem na vida. A psicomotricidade, como unidade prático-teórica e psicopedagógica, isto é, como terapêutica do comportamento, pode eliminar os sintomas escolares assumindo dessa forma uma importância psico-higiênica de grande alcance. Todas as causas instrumentais dos problemas escolares podem ser superadas pela psicomotricidade, não esquecendo necessariamente o indispensável apoio aos pais, por meio do qual se criam melhores condições de relação com a criança em evolução, no sentido de se combaterem as atitudes de hiperexigência ou de conformismo desinteressado. O trabalho educativo com as famílias é fundamental, na medida em que a cooperação, entre o meio escolar e o meio familiar, pode constituir a chave do êxito para auxiliar uma criança com dificuldades escolares. Beneficiando as condições de vida do meio familiar e estimulando os pais a encorajarem o trabalho escolar da criança, proporciona-se outra atmosfera envolvente que pode influir favoravelmente no seu confronto com as aprendizagens escolares. Estas e outras medidas preventivas de caráter sociofamiliar são muitas vezes mais adequadas do que as intervenções clínicas, normalmente, economicamente inacessíveis à maioria das famílias. Efetivamente não podemos ter, quer na família, quer na escola, perspectiva igualitária utópica; pelo contrário, teremos que partir criticamente para uma dimensão conflituosa, suscetível de combater em nível de meio escolar qualquer tipo de segregação ou discriminação.

A perspectiva preventiva das dificuldades escolares deverá ter em conta paralelamente a assistência psicossocial à família, a intervenção psicomotora reorganizadora da criança. Mantendo este binômio e adotando a partir do jardim-de-infância e do pré-primário, isto é, o mais precocemente possível, uma pedagogia preventiva, fundamentada na investigação psicológica, podemos impedir a multiplicação assustadora dos fracassos escolares.

Para além desta medida preventiva essencial, a sociedade tem de reestruturar-se no sentido de considerar a criança em todas as suas manifestações, eliminando objetivamente todas as situações traumatizantes que caracterizam a sua vida quotidiana. A escola não pode ser um centro acumulador de dificuldades, nem uma fábrica de exigências adultas; é preciso restituir-lhe a aventura e o prazer na e pela cultura vivida. A célula escolar tem de acompanhar o trabalho produtivo e com ele constantemente renovar-se, através de uma nova ótica social. Terá de ser na escola e pela escola que se devem processar todas as "reeducações", e terá de ser o próprio professor ou educador a evitar comportamentos que possam pôr em perigo o êxito escolar de qualquer criança. Todos os esforços são reduzidos para se lutar contra a tendência do fracasso escolar, que naturalmente arrasta consigo problemas de insegurança, instabilidade, agitação, etc.

No campo social, quer familiarmente, quer na escola, teremos de equacionar *novos planos de urbanização* que combatam a atual tendência de estrangulamento de espaço, que constitui uma medida de repressão a todo o desenvolvimento psicomotor da criança. Quer em casa, quer na escola, cada vez é mais limitado o espaço de exploração e de criatividade, não permitindo que a criança adquira através da atividade corporal e do jogo os indispensáveis alicerces sensório-perceptivo-motores que vão estar na base dos comportamentos exigidos pelas aprendizagens escolares, isto é, o autodomínio corporal afetivo-emocional necessário para evitar as perturbações de concentração, de lateralização e de precisão psicomotora, que constituem os principais obstáculos às aprendizagens da leitura, da escrita e do cálculo. Aqui, efetivamente, o jogo, como as outras atividades desportivas, podem desempenhar um apoio essencial ao desenvolvimento intelectual e à ordenação endógena da evolução do pensamento (Harbauer), mas para isso tem que se combater os "homunculismos desportivos", a maioria das vezes só preocupados com êxitos e resultados, e não com repercussões que tais atividades, desinibidoras e compensadoras poderão ter no desenvolvimento psicomotor da criança. A escola deverá garantir meios que permitam à criança viver e utilizar o seu corpo, que constitui o suporte de todo o processo reflexivo que virá a edificar a sua consciência.

Não podemos esquecer que todas as relações com as situações escolares se baseiam na perfeita noção do corpo, cuja maturação se concretiza por meio de fatores psicofisiológicos (dados psicotônicos e proprioceptivos), afetivos (emocionais) e sociais (imitação, identificação e relação).

A psicomotricidade surge como medida anti-repressiva da educação, conferindo à criança o seu estatuto de ser descolonizado (Mendel), ao mesmo tempo que garante, através da sua aplicação, uma intervenção preventiva que toma como base a totalidade do seu desenvolvimento.

A psicomotricidade, como método psicopedagógico revolucionário, abre enormes horizontes de reflexão, no sentido de modificar e repensar toda a política educacional, que não pode estar ao serviço de processos de seleção social.

Para utilizar a psicomotricidade como medida de reestruturação psicopedagógica é necessário que os professores gostem mais de facilitar o desenvolvimento global das crianças do que comandá-las, permitindo que elas se exprimam, antes de se lhes impor o que devem pensar ou fazer, e solicitar-lhes as suas predisposições criadoras, antes de se preocuparem em cumprir programas e atingir resultados.

De fato, a finalidade de um processo reorganizativo e terapêutico deverá basear-se numa sedução intelectual, que não deve ser entendida como dependência, mas como compensação de imagens identificadoras mobilizadas no sentido de uma análise crítica e institucional da pedagogia. Não se trata de uma pedagogia da reparação, mas sim de uma pedagogia da expressão inteligível, isto é, fundamentalmente uma anti-reeducação, onde não se desempenha o papel dos pais nem dos professores, mas pelo contrário se procura eliminar as dificuldades da criança.

Quer as dislexias, quer as suas dificuldades atinentes, não podem ser concebidas apenas como dificuldades instrumentais, na medida em que são inseparáveis de problemas afetivos, que não podem ser reduzidos a técnicas reeducativas. O problema das dificuldades escolares abrange aspectos do conhecimento humano que só podem ter solução numa investigação epistemológica e numa transformação da sociedade.

Conscientes do grande caminho que teremos a percorrer no estudo da psicomotricidade, concluímos a nossa contribuição com a preocupação fundamental de coordenar, estimular, criticar e enriquecer com o nosso trabalho a investigação e a procura dos outros, dentro de uma perspectiva inacabada e de criação contínua.

Índice

Sumário, 7

Introdução, 9

Parte I. Abordagem pluridimensional da psicomotricidade, 19

1. Para uma epistemologia da psicomotricidade, 21
    Bibliografia, 38

2. Elementos metodológicos para um estudo epistemológico da psicomotricidade, 42
    Bibliografia, 53

3. A importância das obras de Wallon e de Piaget no estudo da gênese da psicomotricidade, 54
    Bibliografia, 74

4. Algumas bases do desenvolvimento psicomotor, 77
    Bibliografia, 90

5. Dados sobre a organização psicomotora – Abordagem à regulação sensório-motora e aos fatores psicotônicos, 94
    Bibliografia, 102

6. A importância do conhecimento do corpo no desenvolvimento psicológico da criança – Alguns aspectos da integração da somatognosia, 104
    6.1. Evolução das idéias, 104
        Bibliografia, 110

6.2. Gênese da noção do corpo, 112
Bibliografia, 122

6.3. Desintegração da imagem do corpo, 124
Bibliografia, 131

6.4. Uma abordagem neuropsicológica à somatognosia, 132
Bibliografia, 156

Parte II. Perspectivas da Terapia Psicomotora (TPM), 161

1. Conceito e parâmetros da Terapia Psicomotora (TPM), 163
Bibliografia, 175

2. Modelos de intervenção e de relação, 177
Bibliografia, 185

3. Terapias Psicomotoras e suas aplicações, 187
Bibliografia, 192

3.1. Debilidade motora, 191
Bibliografia, 192

3.2. Instabilidade, inibição e impulsividade, 193
Bibliografia, 195

3.3. Crianças psicóticas, 196
Bibliografia, 198

3.4. Deficientes motores, 199
Bibliografia, 202

3.5. Debilidade mental, 203
Bibliografia, 206

3.6. Deficiência visual, 207
Bibliografia, 209

3.7. Reinserção profissional, 209
Bibliografia, 213

3.8. Dados etiológicos das dificuldades escolares, 214

3.8.1. Evolução das dificuldades instrumentais e relação entre lateralidade e dispraxia, 214

3.8.2. Praxia e desenvolvimento intelectual, 227

3.8.3. Praxia e desenvolvimento motor, 232

3.8.4. Praxia e afetividade, 233
Bibliografia, 235

3.8.5. Dificuldades escolares (DL-DO-DG e DC), 237
Bibliografia, 254

Parte III. Análise sumária de uma casuística, 257

1. Considerações prévias, 259
Bibliografia, 261

2. Plano de Terapia Psicomotora, 262

2.1. Objetivos, 262

2.2. Aspectos metodológicos, 263

2.3. Fases de evolução do plano, 264

2.4. Meios materiais necessários, 265
Bibliografia, 266

3. Abordagem metodológica, 267

3.1. Generalidades, 267
Bibliografia, 268

3.2. Observação inicial, 268
Bibliografia, 271
Ficha de observação psicomotora, 272

3.3. Aspectos práticos utilizados na observação psicomotora, 280

3.3.1. Características do envolvimento familiar, 280

3.3.2. Nível de escolaridade, 280

3.3.3. Desenvolvimento psicomotor, 280

3.3.4. Comportamento durante a observação, 281

3.3.5. Aspectos somáticos, 281

3.3.6. Controle da respiração, 282

3.3.7. Tonicidade, extensibilidade e passividade,

3.3.8. Paratonias e sincinesias, 285

3.3.9. Sentido sinestésico, 288

3.3.10. Dismetria, 288

3.3.11. Imobilidade, 288

3.3.12. Controle visual, 289

3.3.13. Equilibração, 289

3.3.14. Dissociação, 291

3.3.15. Coordenação, 293

3.3.16. Noção do corpo, 294

3.3.17. Adaptação espacial, 295

3.3.18. Ritmo, 300

3.3.19. Lateralização, 303

3.3.20. Conclusão da observação psicomotora, plano terapêutico e perfil, 305

Bibliografia, 307

3.3.21. Apresentação de um exemplo prático, 310

4. Apresentação sumária da casuística – Centro de Investigação Pedagógica – 1972, 318

4.1. Metodologia de observação, 320

4.2. *Caracterização anamnésica*. Dados do envolvimento familiar, 326

4.2.1. Composição da amostra, 327

4.2.2. Distribuição etária, 327

4.2.3. Nível sociocultural da família, 328

4.2.4. Situação das mães de família, 329

4.2.5. Características da habitação, 330

4.2.6. Características da fratria, 332

4.3. *Caracterização ontogenética,* 333

4.3.1. Características do parto, 334

4.3.2. Acidentes na primeira infância, 334

4.3.3. Aquisição da marcha, 334

4.3.4. Primeiras palavras, 336

4.3.5. Sinais particulares, tipo motor e morfológico, 339

4.4. *Caracterização psicomotora,* 345

4.4.1. *Controle* respiratório, 345

4.4.2. Tonicidade, 346

4.4.2.1. Tônus de suporte, 349

4.4.2.2. Tônus de ação, 350

4.4.3. Praxia, 351

4.4.3.1. Equilibração, 354

4.4.3.2. Dissociação, 355

4.4.3.3. Coordenação, 356

4.4.3.4. Motricidade fina, 359

4.4.4. Somatognosia, 362

4.4.4.1. Esquema corporal, 365

4.4.4.2. Desenho do corpo (*bonhomme*), 367

4.4.5. Adaptação espacial,375

4.4.5.1. Estruturação espacial, 378

4.4.5.2. Representação espacial, 378

4.4.5.3. Organização espacial, 379

4.4.6. Adaptação temporal, 380

4.4.6.1. Gnosia do ritmo, 382

4.4.6.2. Praxia do ritmo, 384

4.4.6.3. Estruturação rítmica, 386

4.4.7. Lateralização, 386

4.5. *Caracterização escolar*, 391

4.5.1. Escolaridade, 392

4.5.2. História escolar, 392

4.5.3. Adaptação escolar, 394

4.5.4. Dificuldades eletivas, 394

4.6. *Caracterização diferencial,* 397

4.7. Estudo diferencial e evolução terapêutica, 402

M.R., 402

I.M.S., 408

A.G., 411

L.S., 417

G.S., 422

A.R., 425

P.G., 429

Bibliografia, 433

5. Alguns exemplos de sessões-tipo, 436

5.1. Síntese metodológica, 436

5.2. Algumas reflexões sobre os meios de intervenção utilizados, 444

5.2.1. Psicomotricidade (concepção psicopedagógica do movimento humano), 444

Bibliografia, 450

5.2.2. Ludoterapia (concepção psicopedagógica do jogo), 451

Bibliografia, 460

5.2.3. Relaxamento (concepção psicopedagógica da eutonia), 462

Bibliografia, 470

5.2.4. Ritmoterapia (concepção psicopedagógica da expressão dinâmica), 472

Bibliografia, 479

5.2.5. Ortofonia (concepção psicopedagógica das condutas de comunicação), 480

Bibliografia, 487

Conclusão, 491

CULTURAL

Administração
Antropologia
Biografias
Comunicação
Dinâmicas e Jogos
Ecologia e Meio-Ambiente
Educação e Pedagogia
Filosofia
História
Letras e Literatura
Obras de referência
Política
Psicologia
Saúde e Nutrição
Serviço Social e Trabalho
Sociologia

CATEQUÉTICO PASTORAL

Catequese
Geral
Crisma
Primeira Eucaristia

Pastoral
Geral
Sacramental
Familiar
Social
Ensino Religioso Escolar

TEOLÓGICO ESPIRITUAL

Biografias
Devocionários
Espiritualidade e Mística
Espiritualidade Mariana
Franciscanismo
Autoconhecimento
Liturgia
Obras de referência
Sagrada Escritura e Livros Apócrifos

Teologia
Bíblica
Histórica
Prática
Sistemática

REVISTAS

Concilium
Estudos Bíblicos
Grande Sinal
REB (Revista Eclesiástica Brasileira)
RIBLA (Revista de Interpretação Bíblica Latino-Americana)
SEDOC (Serviço de Documentação)

VOZES NOBILIS

O novo segmento de publicações da Editora Vozes.

PRODUTOS SAZONAIS

Folhinha do Sagrado Coração de Jesus
Calendário de Mesa do Sagrado Coração de Jesus
Almanaque Santo Antônio
Agendinha
Diário Vozes
Meditações para o dia-a-dia
Guia do Dizimista

CADASTRE-SE
www.vozes.com.br

EDITORA VOZES LTDA.
Rua Frei Luís, 100 – Centro – Cep 25.689-900 – Petrópolis, RJ – Tel.: (24) 2233-9000 – Fax: (24) 2231-4676 –
E-mail: vendas@vozes.com.br

UNIDADES NO BRASIL: Aparecida, SP – Belo Horizonte, MG – Boa Vista, RR – Brasília, DF – Campinas, SP –
Campos dos Goytacazes, RJ – Cuiabá, MT – Curitiba, PR – Florianópolis, SC – Fortaleza, CE – Goiânia, GO –
Juiz de Fora, MG – Londrina, PR – Manaus, AM – Natal, RN – Petrópolis, RJ – Porto Alegre, RS – Recife, PE –
Rio de Janeiro, RJ – Salvador, BA – São Luís, MA – São Paulo, SP
UNIDADE NO EXTERIOR: Lisboa – Portugal